Jesus und die Essener

von
Dolores Cannon

Übersetzt von: Mariam Schleiffer

© 1992 Dolores Cannon
Erstveröffentlichung von Gateway Books, UK - 1992
Erste amerikanische Veröffentlichung 2000 Ozark Mountain Publishing, Inc.
Erste deutsche Übersetzung - 2021

Alle Rechte vorbehalten. Kein Teil dieses Buches darf ganz oder teilweise in irgendeiner Weise oder mit jedweden Mitteln elektronisch, fotografisch oder mechanisch einschließlich Fotokopieren, Aufzeichnen oder durch ein beliebiges Informationsspeicherungs- und Abrufsystem ohne vorherige schriftliche Erlaubnis von Ozark Mountain Publishing reproduziert, übertragen oder verwendet werden - mit Ausnahme von kurzen Zitaten, die in literarischen Artikeln und Rezensionen enthalten sind.

Für Genehmigungen oder Serialisierungen, Kürzungen, Anpassungen oder bezüglich unseres Kataloges zu anderen Publikationen wenden Sie sich bitte an: Ozark Mountain Publishing, Inc., P.O. Box 754, Huntsville, AR 72740, Attn: Permissions Dept.

Kongressbibliotheks-Daten zur Katalogisierung in Publikationen
Cannon, Dolores, 1931 - 2014
   Jesus und die Essener von Dolores Cannon
   Augenzeugenberichte über die fehlenden Jahre Jesu, die Teile, die aus der Bibel entfernt wurden und die Gemeinschaft der Essener in Qumran. Die Informationen wurden durch Hypnoserückführungen gewonnen, die von Dolores Cannon durchgeführt wurden. Beinhaltet LIteraturverzeichnis und Index.

1. Jesus 2. Essener 3. Schriftrollen vom Toten Meer 4. Hypnose 5. Wiedergeburt I. Cannon, Dolores, 1931 – 2014 II. Essener III. Titel

Kongressbibliothek Katalogkartennummer: 2021933937
ISBN# 978-1-950608-36-2

Bucheinband-Design von Drawing Board Studio and Travis Garrison
Illustrationen von Joe Alexander
Buch gedruckt in Times New Roman
Übersetzt von: Mariam Schleiffer
Herausgegeben von:

P.O. Box 754
Huntsville, AR 72740

WWW.OZARKMT.COM
Amerikanische Ausgabe gedruckt in den Vereinigten Staaten von Amerika

Inhalt

Vorwort	i
Teil Eins: Die geheimnisvollen Essener	
1. Wie alles begann	3
2. Die Probandin	13
3. Begegnung mit Suddi	20
4. Wer waren die Essener?	32
5. Beschreibung von Qumran	38
6. Die Regierung der Qumran-Gesellschaft	63
7. Die geheimnisvolle Bibliothek	84
8. Die zwölf Gebote	99
9. Meditation und Chakren	106
10. Suddis erste Reise in die Außenwelt	116
11. Suddis Schwester Sarah	127
12. Auf dem Weg nach Bethesda	132
13. Befragung	142
14. Schriftrollen und biblische Geschichten	163
15. Mose und Hesekiel	184
16. Schöpfung, Katastrophe und die Kaloo	199
Teil Zwei: Das Leben Jesu	
17. Die Prophezeiungen	221
18. Der Stern von Bethlehem	226
19. Die Heiligen Drei Könige aus dem Morgenland und das Baby	233
20. Jesus und Johannes: Zwei Schüler in Qumran	245
21. Jesus und Johannes: Der Abschluss ihres Studiums	251
22. Jesu Reisen und Maria	257
23. Jesu Dienst beginnt	264
24. Vorbereitung auf die Kreuzigung	275
25. Kreuzigung und Wiederauferstehung	293
26. Der Zweck von Kreuzigung und Wiederauferstehung	312
Nachtrag	318
Literaturverzeichnis	326
Über Die Autor	329

Vorwort

Wer bin ich, dass ich es wage, ein Buch zu schreiben, das das Fundament des Glaubens vieler, Juden wie Christen, umstürzen oder zumindest erschüttern wird? Ich respektiere den Glauben. Der Mensch muss an etwas glauben, auch wenn er glaubt, dass es nichts gibt. Dies ist die Geschichte eines Volkes, das sein Leben dem Schutz und der Erhaltung von Wissen gewidmet hat. Das kann ich nachvollziehen. Für mich ist die Zerstörung von Wissen eine sehr schreckliche Angelegenheit. Diese Menschen scheinen mir die sprichwörtliche Fackel durch die Äonen von Raum und Zeit weitergereicht zu haben. Diese Information wurde mir nicht gegeben, damit sie in einem Regal liegt und Staub ansetzt. Sie sollte einmal mehr anderen wissenshungrigen Menschen offenbart werden. Es ist, als ob die Essener beinahe in meine Ohren flüstern. „Schreibe", sagen sie zu mir, „das Wissen ist zu lange verschüttet gewesen. Schreibe, lass das Wissen nicht wieder verloren gehen." Ich glaube also, dass ich das Gelernte weitergeben muss. Wenn das einige stört, hoffe ich, dass man versteht, dass ich nicht darauf abziele. Wenn es einige zum Nachdenken bringt, ist das meine Absicht.

Ich kann nicht behaupten, dass das, was ich in diesem Buch dargestellt habe, die absolute Wahrheit ist, unbestreitbare Fakten. Ich weiß es nicht und ich bezweifle ernsthaft, dass irgendjemand, der am Leben ist, die Antworten hat. Aber vielleicht brechen Sie zum ersten Mal aus der Form aus, die Sie seit Ihrer Kindheit gefangen gehalten hat. Öffnen Sie die Fenster Ihres Geistes und lassen Sie die Neugierde und die Suche nach Wissen wie eine frische Frühlingsbrise eindringen und die Spinnweben der Selbstgefälligkeit wegfegen. Wagen Sie es, das Undenkbare zu denken. Wagen Sie es, das Zweifellose in Frage zu stellen. Wagen Sie es, verschiedene Konzepte von Leben und Tod zu betrachten. Und Ihre Seele, Ihr ewiges „Selbst", wird dadurch umso reicher sein.

TEIL EINS

Die geheinmnisvollen Essener

KAPITEL 1

Wie alles begann

Es ist möglich, durch Zeit und Raum zu reisen und lange verlorene Zivilisationen zu besuchen. Es ist möglich, mit jenen zu sprechen, die seit langem tot sind und mit ihnen ihre Leben und ihre Tode wieder zu erleben. Es ist möglich, Hunderte oder sogar Tausende von Jahren rückwärts zu reisen, um die Vergangenheit zu erforschen. Ich weiß es, weil ich es nicht einmal, sondern hunderte Male getan habe.

Ich habe es mit regressiver Hypnose getan. Dies ist eine Technik oder Methode, die es Menschen ermöglicht, sich an ihre früheren Leben zu erinnern und sie häufig nochmals zu erleben. Die Vorstellung, dass wir nicht nur einmal, sondern viele Male leben, nennt man Reinkarnation. Dies sollte nicht mit „Transmigration" verwechselt werden, was der Irrglaube ist, dass der Mensch als Tier wiedergeboren werden könne. Meiner Recherche nach geschieht dies nicht. Wenn die Seele des Menschen inkarniert, bewohnt sie immer einen menschlichen Körper. Er mag vielleicht bedauerlicherweise so tief sinken, dass er in seiner Natur animalisch wird, aber er wird niemals die Form eines Tieres annehmen. Dies ist eine gänzlich andere Art von Geist.

Ich weiß nicht, warum manche Menschen die Idee der Reinkarnation so schwer zu verstehen finden, wenn sie sie doch zu ihrem eigenen Leben in Beziehung setzen können. Jeder verändert sich ständig. Sich nicht zu ändern würde bedeuten, dass man aufgehört hätte zu wachsen. An diesem Punkt würde man stagnieren und anfangen zu sterben. Wir ändern uns so sehr, dass wir oft das Gefühl haben, in diesem Leben viele verschiedene Leben geführt zu haben. Wir gehen zur Schule, wir heiraten, haben Kinder, heiraten manchmal wieder. Wir wechseln vielleicht die Berufe und gehen dadurch manchmal in eine ganz andere Richtung. Wir reisen oder leben für eine Weile in einem fremden Land. Wir erleben Traumata und Trauer mit dem Tod oder dem Unglück geliebter Menschen. Wir lernen hoffentlich, zu lieben und unsere Ziele im Leben zu erreichen. Jedes einzelne davon ist eine Stufe in unserem Leben und unterscheidet sich völlig von den anderen. Wir machen Fehler und lernen hoffentlich aus ihnen. Wir hören Leute sagen: „Ich weiß nicht, wie ich solch dumme Dinge habe tun können, als ich jünger war. Es ist fast so, als ob es jemand anderem passiert wäre."

Ich weiß, ich könnte niemals wieder zu dem jungen Teenager-Mädchen in der High School werden, das ich einmal war. Ich würde nicht einmal in der Lage sein, mich auf sie zu beziehen, so naiv und schüchtern wie sie war. Wir hätten jetzt nichts gemeinsam. Und sie wäre nie in der Lage gewesen, die komplexe Person zu verstehen, zu der ich geworden bin. Und dennoch sind wir ein und dieselbe Person.

Das ist die Art, wie ich vergangene Leben sehe. Wir wissen, dass wir sie gelebt haben, genauso wie wir wissen, dass wir unsere Kindheit gelebt haben. Sie könnten die Kindheit der Seele genannt werden. Hoffentlich haben wir gelernt, das Wissen anzuwenden, das wir während Jahrhunderten des Fehlermachens, des Menschlichseins erlangt haben. Aber gerade so wie es Menschen gibt, die länger brauchen, um erwachsen zu werden, gibt es auch Menschen, die viele Leben führen müssen, bevor sie auch nur eine Lektion lernen können.

Wir können unseren eigenen Körper als eine Form der Reinkarnation ansehen. Wir wissen, dass unser Körper ständig dabei ist, sich zu verändern. In einem endlosen Zyklus sterben Zellen ständig ab und werden erneuert. Wir haben zweifellos nicht denselben Körper wie vor zehn, zwanzig oder dreißig Jahren. Er hat sich zum Guten oder zum Schlechten verändert.

Wir können Reinkarnation als eine Schule für die Seele betrachten, eine Reihe von Lektionen und Stufen, die für unsere Bildung und unser Wachstum gelernt werden müssen. Dann können wir aufhören, die schlechten Zeiten zu verfluchen, die häufig über uns hereinbrechen, und lernen, sie als Tests und Prüfungen zu verstehen, die wir bestehen oder nicht bestehen müssen. Wir können nicht ändern, was uns in diesem oder in anderen Leben widerfahren ist. Wir können nur daraus lernen und vorwärts gehen, indem wir der Vergangenheit erlauben, uns zu leiten und zu lehren.

Die Reinkarnationslehre ist eine Philosophie und als solche ist sie keiner der etablierten Religionsformen abträglich. Eher verbessert sie sie, macht sie vollständiger. Jeder, der die Idee wirklich aufgeschlossen studiert, wird feststellen, dass man an beides glauben kann. Die beiden stehen sich wirklich überhaupt nicht entgegen. Reinkarnation gehört nicht zu den dunklen Künsten. Sie sollte nicht wahllos mit dem Okkulten über einen Kamm geschoren werden. Sie ist eine Lehre der Liebe und kann so mit jeder Religion kombiniert werden, deren Hauptgrundlage die Liebe ist. Viele Menschen, die blind im Dunkeln nach Antworten tasten, finden in ihr möglicherweise das, wonach sie suchen. Sie ist wie ein helles Licht am Ende eines Tunnels.

Du lebst tatsächlich für immer, weil die Seele ewig ist, sie kann nicht sterben. Das Leben ist eine einzige unaufhörliche Existenz, die lediglich von einem Körper zum anderen geht. Du wechselst Körper so leicht wie du einen Anzug wechselst. Ein Anzug wird ausrangiert, wenn er zu alt und abgenutzt ist oder zu verschlissen und beschädigt, um repariert zu werden. Dies ist für manche Menschen schwierig, es widerstrebt ihnen, ihn wegzuwerfen, egal wie zerlumpt er geworden ist. Sie werden letzten Endes an das Ding gebunden. Aber du hast einen Körper, du bist kein Körper.

Es wird Menschen geben, welche die Idee der Wiedergeburt für zu kompliziert, zu radikal und für zu schwer zu verstehen halten. Das sind Leute, die für das Konzept der Reinkarnation vielleicht noch nicht bereit sind. Diese sollten sich bemühen, durch ihren eigenen Glauben das beste Leben zu führen, das sie können, eines, mit dem sie sich identifizieren und wohlfühlen können. Niemand sollte versuchen, diese Überzeugungen irgendjemandem aufzuzwingen.

Das Konzept der Zeitreise übt auf viele Menschen eine Faszination aus. Warum? Ist es die Suche nach der Wahrheit, der Reiz des Unbekannten oder der Wunsch zu sehen, wie die Alten wirklich lebten? Vielleicht der Verdacht, dass die Vergangenheit irgendwie besser war als die Gegenwart? Ist das der Grund, warum die Geschichten von Zeitmaschinen so beliebt sind? Vielleicht möchte sich der Mensch insgeheim von den Ketten befreien, die ihn an die Gegenwart binden, und sich frei und ohne Einschränkungen durch die Zeit bewegen.

Ich bin eine Rückführungstherapeutin. Dies ist eine moderne Bezeichnung für einen Hypnotiseur, der sich auf Rückführungen in frühere Leben spezialisiert hat. Ich verwende Hypnose nicht in der herkömmlichen Weise, wie um anderen zu helfen, Gewicht zu verlieren, mit dem Rauchen aufzuhören oder Schmerzen zu lindern. Ich habe mich seit über zwanzig Jahren intensiv für die Reinkarnation interessiert. Alles begann, als ich meinem Mann, einem Hypnotiseur, zusah, wie er regressive Experimente durchführte. Er benutzte herkömmliche Hypnosemethoden und stieß eher „zufällig" auf Reinkarnation, als er mit einer Frau arbeitete, die abnehmen wollte.

Die Geschichte unseres ersten Abenteuers ins Unbekannte hinein und seiner tragischen Folgen wird in meinem Buch Fünf Erinnerte Leben erzählt. Mein Mann kam bei einem schrecklichen Autounfall beinahe ums Leben und verbrachte ein Jahr im Krankenhaus. Nach einem langen, schwierigen Genesungsprozess hatte er kein Interesse mehr an Hypnose. Sein Leben ist in eine vollkommen andere Richtung verlaufen.

Aber mein Appetit war durch den Geschmack der vergangenen Lebenserfahrungen, denen ich ausgesetzt gewesen war, geweckt worden. Die Tür zu einer völlig neuen Welt der Möglichkeiten war geöffnet worden. Ich habe Geschichte stets geliebt und dies war eine faszinierende Art, sie zu erkunden. Sie wurde lebendiger als durch die Geschichtsbücher mit ihren trockenen, muffigen Fakten und Daten. Diese Methode ähnelte dem Durchlaufen eines Zeittunnels und dem tatsächlichen Treffen von Menschen, die in der Vergangenheit lebten. Es war möglich, mit denjenigen zu sprechen, die die Geschichte erlebten, während sie geschah. Ja, die Tür war geöffnet worden und ich hatte das Unbekannte erblickt. Ich würde nicht zulassen, dass sie mir für immer verschlossen bliebe. Wenn mein Mann nicht mehr interessiert war, musste ich lernen, meine eigenen Forschungen durchzuführen.

Die herkömmlichen Induktionsmethoden sprachen mich nicht an. Ich hielt sie für zu zeitaufwändig und ermüdend - sowohl in Bezug auf den Probanden als auch auf den Hypnotiseur. Sie beinhalteten viele Tests, um die Tiefe der Trance zu bestimmen. Ich hatte häufig den Verdacht, dass die meisten Menschen es unbewusst ablehnen, getestet zu werden. Konditioniert durch viele Jahre Schulausbildung lehnen sie es ab, in eine Position versetzt zu werden, in der sie das Gefühl haben, entweder bestehen oder durchfallen zu müssen. Es ist schwierig für sie, sich zu entspannen, wenn sie in der Defensive sind. Diese Tests werden benutzt, um die Tiefe des Trancezustands zu messen in dem Irrglauben, dass dies etwas mit der Fähigkeit zu tun habe, das Unterbewusstsein zu erreichen. Dies hat sich als falsch erwiesen. Die Menschen sind tagsüber oft in einem hypnotischen Zustand und merken es nicht einmal. Sie erwarten, dass es etwas anderes sei, als das, was es wirklich ist, nämlich ein rein natürlicher Zustand.

Mindestens zweimal am Tag durchläuft jeder den tiefstmöglichen Trancezustand. Dies geschieht nachts beim Einschlafen und kurz vor dem vollständigen Erwachen am Morgen. Es ist bewiesen, dass wir jedes Mal, wenn wir fernsehen und uns in die Geschichte vertiefen, in einen veränderten Bewusstseinszustand treten. Es passiert auch häufig, wenn wir eine monotone Autobahnstrecke entlangfahren oder eine langweilige Predigt oder Vorlesung hören. Wir alle treten sehr leicht in veränderte Bewusstseinszustände ein und die Mehrheit der Menschen wäre schockiert, wenn ihnen mitgeteilt würde, dass sie sich unwissentlich in einem hypnotischen Zustand befunden haben.

Ich hatte das Gefühl, dass es einen schnelleren und einfacheren Weg geben müsse, Trance zum Zwecke der Rückführung zu induzieren, um diesen natürlichen Zustand zu nutzen. Ich studierte die modernen Techniken und stellte fest, dass es in der Tat viele schnellere und einfachere Methoden gibt. Diese Methoden werden derzeit von einigen Ärzten zur Kontrolle von Krankheiten und Schmerzen eingesetzt. Sie nutzen überwiegend die Gehirnregionen der Visualisierung, indem sie dem Probanden die Teilnahme an einem Spiel ermöglichen, während sie geführte Bilddarstellung einsetzen. Ich improvisierte eine zufriedenstellende Methode und fing 1979 an zu experimentieren. Ich fand leicht Probanden, denn anscheinend besteht ein Interesse an dieser philosophischen Idee, wenngleich das Interesse auch nur aus Neugierde heraus besteht.

Kritiker behaupten, der Hypnotiseur weise den Probanden an, in ein vergangenes Leben zu gehen, und die Erinnerungen seien das Ergebnis dessen, dass die Person dem Hypnotiseur gefallen möchte. In meiner Technik bin ich sehr bemüht, nichts zu suggerieren. Unter normalen Umständen fordere ich sie niemals auf, irgendwohin zu gehen. Alles geschieht spontan.

Ich hatte vor, meine Methode als wissenschaftliches Experiment zu behandeln und zu prüfen, ob sie wiederholbar sei. Ich wollte sie an so vielen verschiedenen Arten von Menschen wie möglich anwenden. Sollten die gleichen Ergebnisse erzielt werden, würde dies meiner Meinung nach zur Stichhaltigkeit der Reinkarnationstheorie beitragen. Ich versuchte, objektiv zu bleiben, aber als fünfundneunzig Prozent der von mir hypnotisierten Menschen dem gleichen Muster folgten, bei dem sie mit einem früheren Leben aufwarteten und ihre jeweiligen Geschichten gegenseitig bestätigten, war es schwierig, völlig neutral zu bleiben. Manche Leute sagten, es könne neben der Reinkarnation noch andere Erklärungen geben. Das ist natürlich möglich. Aber meine Nachforschungen führen mich zu dem Glauben, dass die Probanden sich tatsächliche Erinnerungen an ihre Vergangenheit ins Gedächtnis rufen. Als ich immer mehr Menschen zurückführte, sah ich, dass die Methode bei allen Menschentypen wiederholbar war, selbst bei den ungebildeten und skeptischen. Häufig glaubten die Probanden nicht an vergangene Leben oder verstanden nicht einmal, was ich da tat. Doch die Ergebnisse waren die gleichen.

Wie einige andere, die auf diesem Gebiet der Reinkarnationsforschung arbeiteten, hoffte auch ich, meine Daten zu der wachsenden Masse an Material hinzufügen zu können, welches von anderen gesammelt wurde. Einige Forscher interessieren sich nur für Statistiken darüber, wie viele Menschen sich an Leben in bestimmten Zeiträumen erinnern. Aber ich liebe Menschen, deshalb interessieren mich ihre Geschichten. Ich arbeite lieber eins zu eins mit dem Einzelnen als mit Gruppenrückführungen. Auf diese Weise kann man die ganze Story bekommen. Außerdem hat der Hypnotiseur (oder der Führer) eine bessere Kontrolle über jegliches Trauma, das sich aus den Erinnerungen ergeben kann.

Mit dieser Technik kann sich so gut wie jeder selbst im leichtesten hypnotischen Zustand an seine früheren Leben erinnern. Es gibt viele verschiedene Ebenen der hypnotischen Trance. Diese wurden im Labor mit wissenschaftlichen Instrumenten gemessen. Je tiefer der Zustand, desto mehr Details können bei Rückführungen gewonnen werden. Ich habe festgestellt, dass der Grad der Trance an den Körperreaktionen der Probanden gemessen werden kann und an der Art und Weise, wie sie die Fragen beantworten. In den leichteren Zuständen werden sie nicht einmal denken, dass etwas Ungewöhnliches vor sich gehe. Sie werden schwören, dass sie vollkommen wach sind und nicht verstehen können, woher die

Informationen kommen. Weil das Bewusstsein immer noch sehr aktiv ist, werden sie denken, dass es nur ihre Einbildung sei. In den leichteren Zuständen beobachtet der Proband die Ereignisse des vergangenen Lebens oft so, als würde er einen Film sehen. Wenn sich der hypnotische Zustand vertieft, wird der Proband abwechselnd das Leben beobachten und daran teilnehmen. Wenn sie alles mit den Augen der anderen Person beobachten und emotionale Reaktionen erleben, sinken sie in einen tieferen Bewusstseinszustand. Das Bewusstsein wird weniger aktiv und sie werden in das eingebunden, was sie sehen und erleben.

Die besten Probanden sind diejenigen, die den somnambulistischen Zustand erreichen können. In diesem Zustand werden sie vollständig zu der Persönlichkeit und erleben das Leben vollständig wieder, sogar bis zu dem Punkt, dass sie keine Erinnerung an irgendeine andere Zeitspanne besitzen. Sie werden in jeder Hinsicht zu der Person, die vor Hunderten oder Tausenden von Jahren gelebt hat. Sie sind in der Lage, ihre Versionen der Geschichte zu erzählen. Aber sie können nur sagen, was sie wissen. Wenn sie Bauern waren, werden sie nicht wissen, was im Palast des Königs vor sich geht und umgekehrt. Häufig kennen sie Ereignisse nicht, die in jedem Geschichtsbuch zu finden sind, die aber zu jener Zeit keinen persönlichen Einfluss auf ihr Leben hatten.

Sie werden sich beinahe an nichts erinnern, wenn sie aufgewacht sind, es sei denn, sie werden dazu angewiesen. Die Probanden denken, sie seien gerade eingeschlafen, und jegliche Szenen, die im Bewusstsein verbleiben, erscheinen wie die verblassenden Bruchstücke von Träumen. Im somnambulistischen Zustand können sie viele Informationen abrufen, weil sie in jeder Hinsicht jene Persönlichkeit sind, die tatsächlich in dieser vergangenen Zeit lebte. Für jemanden, der dieses Phänomen noch nie gesehen hat, können die Effekte recht verblüffend sein. Es ist eine faszinierende und manchmal beunruhigende Erfahrung, zu beobachten, wie sich ein Proband vollständig ändert und die Eigenheiten und den Tonfall eines völlig anderen Menschen annimmt.

Der Somnambulist ist schwer zu finden. Dick Sutphen, ein bekannter Reinkarnationsexperte, sagt, dass er bei in einem von zehn Probanden vorkommt. Er sagt, wenn in einem Raum dreißig Personen anwesend sind, sind drei von ihnen wahrscheinlich zum Erreichen des somnambulistischen Zustands in der Lage. Meine errechneten

Wahrscheinlichkeiten waren nicht so hoch. Ich habe festgestellt, dass es ungefähr einer von zwanzig ist. Die meisten Menschen sind sehr neugierig darauf, was vor sich geht und sie halten ihre Mauern und Wachen aufrecht, auch in Trance. Dies verhindert, dass sie in den tiefsten Zustand fallen. Ich habe festgestellt, dass erst ein Moment des Vertrauens aufgebaut werden muss, bevor diese Mauern zusammenbrechen. Der Proband muss wissen, dass er absolut sicher ist. Ich glaube, die Schutzvorrichtungen des Geistes funktionieren immer noch, denn ich ließ Menschen sofort aus einem tiefen Zustand aufwachen, wenn sie etwas für sie Unangenehmes oder Erschreckendes sahen oder erlebten. Das ist so ziemlich die gleiche Art, wie wir auch aus Albträumen erwachen. Meine Hypnosetechnik ist nicht Kontrolle über den Geist einer anderen Person, sondern die Fähigkeit, in diesem Geist Vertrauen und Zusammenarbeit aufzubauen. Das größere Vertrauen erbringt eine umfassendere Informationsfreigabe.

Nein, ich habe noch nie eine Cleopatra oder einen Napoleon gefunden. Für mich ist es ein Zeichen von Stichhaltigkeit, dass sich die meisten Menschen an gewöhnliche und alltägliche Leben erinnern. Ich bin der Meinung, dass jemand, der sich die Mühe macht, eine Fantasiegeschichte zu erfinden, um dem Hypnotiseur zu gefallen (wie von „Experten" nahegelegt), ein aufregendes Abenteuer kreieren würde. Das wäre für mich eine Fantasie. Sie würden sich als Helden sehen, der wunderbare und außergewöhnliche Taten vollbringt. Das ist nicht der Fall. Das bisweilen andere, aufregende Leben ist einzigartig. Die öden, langweiligen, alltäglichen Leben sind weitaus in der Überzahl. Dies würde dem wirklichen Leben entsprechen. Es gibt weitaus mehr einfache, gewöhnliche Menschen, die ihrem mittelmäßigen Leben nachgehen, als die wenigen, die es schaffen, Schlagzeilen in den Zeitungen zu machen.

Die Rückführungen, die ich durchgeführt habe, sind voll von solchen Fällen. Soldaten, die nie in den Krieg zogen, amerikanische Ureinwohner, die ein friedliches Leben lebten, anstatt gegen den weißen Mann zu kämpfen. Landwirte und frühe Siedler, die nichts anderes kannten als zermürbende Arbeit, Sorgen und Unglück. Einige haben nie etwas anderes getan als ihre Tiere zu pflegen, ihren Ernteertrag zu erhöhen und schließlich abgearbeitet vor ihrer Zeit zu sterben. Das aufregendste Ereignis in ihrem Leben war eine Hochzeit, die Geburt eines Kindes, ein Ausflug in die Stadt oder eine

Beerdigung. Die meisten heute lebenden Menschen würden in eine ähnliche Kategorie passen. Nein, das, was an den meisten Rückführungen beeindruckt, sind nicht die großen Taten und Abenteuer der Person, sondern die sehr realen menschlichen Emotionen, die sie erlebt haben. Wenn ein Mensch mit noch frischen Tränen auf den Wangen aus der Trance erwacht, nachdem er sich ein Ereignis ins Gedächtnis rief, das vor über zweihundert Jahren stattgefunden hat, kann ihm niemand sagen, dass das Fantasie sei.

Es ist dem Wiedererleben eines traumatischen Ereignisses aus der Kindheit ähnlich, das wieder zum Vorschein kommt mit all den unterdrückten Gefühlen, die nach vielen Jahren wieder an die Oberfläche drängen. Niemand kann einem sagen, dass ein solches Kindheitsereignis nicht stattgefunden hat, weil man sich oft bewusst daran erinnert oder es von anderen verifiziert werden kann. Die Rückführung ist also ähnlich wie das Ausbaggern von Kindheitserinnerungen. Man kann es an seinen richtigen Platz stellen, sehen, wie es das gegenwärtige Leben beeinflusst hat, und versuchen, aus der ausgegrabenen Erinnerung zu lernen.

Eine Erklärung für dieses Phänomen ist Kryptoamnesie oder „verstecktes Gedächtnis". Dies ist die Theorie, dass man es irgendwann gelesen, gesehen oder gehört hat und es in seinem Geist verstaut hat. Dann bringt man es unter Hypnose in geeigneter Weise wieder hervor und webt eine Geschichte daraus. Für mich ist das keine ausreichende Erklärung. Wenn man verborgene Erinnerungen bewahrt, bewahrt man auch die Erinnerungen an alles, was einem in diesem Leben widerfahren ist. Das ist ein Fakt. Aber der somnambulistische Proband vergisst alles, was nicht die Zeitspanne betrifft, die er noch einmal durchlebt. Es gibt zahlreiche Beispiele dazu in diesem Buch. Oft wissen die Probanden nicht, über welche Objekte ich spreche, weil sie in ihrem Zeitrahmen nicht existieren. Oder ich verwende ein Wort oder eine Phrase, die sie nicht verstehen. Es ist oft schwierig, zu versuchen, uns wohl vertraute Dinge in einfachen Worten zu erklären. Probieren Sie es mal aus. Wenn der Proband verborgene Erinnerungen verwendete, warum werden diese modernen Dinge dann vergessen? Sie sind doch ebenso Teil des Gedächtnisses der gegenwärtigen Persönlichkeit.

Eine andere Theorie besagt, dass der Proband „auf Nummer sicher gehen" und nur einen Zeitraum oder ein Land besprechen wird, über das er etwas weiß. Das habe ich schon oft widerlegt. Es ist durchaus üblich, dass Probanden über ein Leben in einer für sie völlig unbekannten Kultur sprechen. Oft wissen sie nicht einmal, wo sie sind, nichts ist vertraut. Ihre ausgezeichnete Erinnerung an das Land und die Bräuche oder Überzeugungen kann später durch Nachforschungen überprüft werden. Dies ist bei der in diesem Buch präsentierten Probandin schon oft vorgekommen. Ich würde es kaum als „auf Nummer sicher gehen" bezeichnen, über ein Leben zu sprechen, das vor zweitausend Jahren in einem Land auf halbem Weg um die Erde stattgefunden hat. Ihre extreme Genauigkeit kann jedoch nur bestaunt werden. Untersuchungen haben aufgedeckt, dass ihre Erinnerung verblüffend ist. Und dies ist nur eines der Leben, die sie während unserer Arbeit hervorbrachte.

Da ich eine Autorin mit einer unersättlichen Neugier bin, habe ich mich an diesem Forschungsprojekt mit einem gewissen Motiv beteiligt. Ich wollte so viele Freiwillige wie möglich rückführen und ihre Informationen in Büchern zusammentragen, in denen die verschiedenen Zeitalter der Geschichte beschrieben werden. Ich ließ viele Menschen zu denselben Zeitabschnitten gehen und ließ sie ihre Geschichten gegenseitig verifizieren, indem sie die gleichen Informationen über die zu jener Zeit herrschenden Lebensbedingungen gaben. Dieses Projekt kann noch Wirklichkeit werden.

Aber als ich Katherine Harris (ein Pseudonym) kennenlernte, wurde mir klar, dass meine Arbeit mit ihr frühere Pläne verdrängen und zu eigenen Büchern werden würde. Die Informationen, die aus ihrem Unterbewusstsein kamen, waren einzigartig und informativ und ich hielt sie für höchst wichtig.

KAPITEL 2

Die Probandin

Wer war Katherine Harris und wie kreuzten sich unsere Wege? Zum Zeitpunkt unseres Treffens hatte ich keine Ahnung, was das Schicksal für uns bereithielt. Ich hatte nicht ahnen können, dass wir uns auf eine Reise begeben würden, die ein Jahr dauern und uns zurück in die Zeit Christi führen würde. Ich glaube, solche Treffen sind niemals zufällig.

Ich war auf einer Party, die von einer Gruppe von Leuten gegeben wurde, die sich für Metaphysik und psychische Phänomene interessierten. Es waren viele dort, mit denen ich bereits in hypnotischen Rückführungen zusammengearbeitet hatte, aber es waren auch viele Fremde dort. Katherine, die ein Interesse an und eine Neugier für das Außergewöhnliche hatte, war mit einer Freundin dort. Während des Abends kam das Gespräch auf meine Arbeit, und wie üblich meldeten sich viele Leute freiwillig und wollten Termine als Probanden. Es gibt ein größeres Interesse an diesem Gebiet, als sich die meisten Menschen klarmachen. Oft gibt es einen echten Grund dafür, eine Rückführung zu wollen, zum Beispiel, um nach karmischen Beziehungen zu suchen oder eine Phobie loszuwerden, aber zum größten Teil herrscht reine Neugier. ‚Katherine wollte sich freiwillig melden, also vereinbarten wir einen Termin.

Katherine, oder Katie, wie sie unter Freunden genannt wurde, war erst zweiundzwanzig Jahre alt, als ich sie an diesem wichtigen Tag traf. Sie war klein und für ihr Alter eher drall mit kurz geschnittenem, blondem Haar und Augen, die funkelten und unter die Oberfläche zu sehen schienen. Ihre Persönlichkeit schien aus jeder Pore ihrer Haut zu strahlen. Sie schien so glücklich und lebendig zu sein, so interessiert an Menschen. Ich sollte später durch unseren Verein feststellen, dass dies häufig eine Fassade war, hinter der sie ihre grundlegende Schüchternheit und Unsicherheit verbarg. Sie war Krebs, und Menschen, die unter diesem Sternzeichen geboren wurden, sind normalerweise nicht so gesellig. Aber sie hatte eine echte Aufrichtigkeit an sich. Sie kümmerte sich wirklich um Menschen und bemühte sich sehr um sie. Sie besaß einen angeborenen Sinn für Weisheit, der über ihr wahres Alter hinwegtäuschte. Zu den Zeiten, in denen Anzeichen von Unreife auftauchten, schien dieser fehl am Platz zu sein. Ich musste mich immer wieder daran erinnern, dass sie erst zweiundzwanzig war, so alt wie mein eigener Sohn. Trotzdem erschienen sie ganz und gar nicht gleich. Sie wirkte wie eine sehr alte Seele in einem täuschend jungen Körper. Ich fragte mich manchmal, ob jemand anderes den gleichen Eindruck hatte.

Katherine wurde 1960 in Los Angeles als Tochter von Eltern geboren, deren Beruf viele Reisen und häufige Umzüge erforderte. Sie waren Mitglieder der Assembly of God Church, somit regte Katies religiöser Hintergrund sicherlich nicht dazu an, sich Gedanken über Reinkarnation und Hypnose zu machen. Sie sagte, sie habe sich bei den Gottesdiensten immer fehl am Platz gefühlt. Ein Großteil der Geräusche und der wiederkehrenden Abläufe, die vor sich gingen, erschreckte sie. Als junges Kirchenmädchen hatte sie oft den Drang, sich in der Art der Katholiken zu bekreuzen. Es schien eine ganz natürliche Sache zu sein. Aber nachdem sie von ihrer Mutter streng gerügt worden war, hielt sie es für besser, dies nicht in der Öffentlichkeit zu tun. Ihre Eltern betrachteten sie als den Sonderling in der Familie. Sie konnten ihren Widerwillen, so zu sein wie sie, nicht verstehen. Es war größtenteils aus Sorge um die Gefühle ihrer Eltern, dass sie darum bat, in diesem Buch anonym zu bleiben. Sie hatte das Gefühl, sie würden es nie verstehen, obwohl die Idee von mehreren Leben für sie ein leicht zu verstehendes Konzept war. Sie wollte nicht riskieren, dass ihr Privatleben durcheinandergebracht würde. Ich stimmte zu, ihre Wünsche zu respektieren und ihre Identität geheim zu halten.

Die vielen Umzüge ihrer Familie durch viele Bundesstaaten der USA hatten sie schließlich nach Texas gebracht, als Katie sechzehn Jahre alt war. Sie war während ihres zweiten Studienjahres an der High School zweimal umgezogen, und jetzt erneut zu Beginn ihres Juniorjahres. Sie war es leid, sich ständig an neue Schulen, andere Unterrichtsmethoden und vorübergehende Freunde anzupassen.

Gegen den Protest ihrer Eltern verließ sie die Schule zu Beginn ihres Juniorjahres. Das war der ganze Umfang ihrer formalen Ausbildung, zwei Jahre High School. Dies sollte ein Plus für unsere Arbeit werden. Wir konnten uns sicher sein, dass die Dinge, von denen sie unter Hypnose sprach, nicht aus ihrer Schulausbildung stammten. Ich kenne ohnehin keine Schule, die solche Dinge lehrt. Sie betonen die Geographie auch nicht mehr so stark wie früher. Sie ist ein extrem intelligentes Mädchen, aber ihr Wissen stammte nicht aus Büchern.

Als sie von der Schule abgegangen war und scheinbare Freiheit genoss, stellte sie fest, dass sie mit einem solchen Mangel an Bildung oder Ausbildung keine Arbeit finden konnte. Nach einem Jahr enttäuschender niederer Tätigkeiten entschied sie sich mit siebzehn Jahren für einen GED-Test (High School Äquivalenztest, im Deutschen vergleichbar mit der Externenprüfung zur Mittleren Reife, *Anm. d. Übersetzers) und trat der Air Force bei, um eine Berufsausbildung zu erhalten. Sie verbrachte dort zwei Jahre mit Computerspezialisierung. Ein weiterer wichtiger Punkt für unsere Arbeit war, dass sie die USA während ihrer Zeit bei der Air Force nie verlassen hat, wohingegen sie in tiefer Trance viele fremde Orte mit peinlich genauen Details beschrieb.

Als sie den Dienst verließ, zogen sie und ihre Familie noch einmal in die Stadt im Mittleren Westen, in der ich sie traf. Sie nutzt jetzt ihre Computerkenntnisse, um in einem Büro zu arbeiten. Sie wirkt ausgeglichen und hat ein normales soziales Leben. In ihrer Freizeit liest sie Liebesromane und Fantasy-Romane, die heute so beliebt sind. Die Idee, in einer Bibliothek nach Informationen zu suchen, die für diese Rückführungen so grundlegend sind, würde sie überhaupt nicht reizen.

Von der ersten Sitzung an wusste ich, dass dies keine gewöhnliche Probandin war. Sie ging schnell in tiefe Trance, zeigte sensorische Empfindungen wie Geschmack und Geruch, erlebte Gefühlsregungen und erinnerte sich beim Erwachen an nichts. Sie hatte immer geglaubt, dass sie keine Schwierigkeiten haben würde, in Trance zu geraten, aber sie war dann doch erstaunt über die Leichtigkeit, mit der dies erreicht wurde. Ich wusste, dass ich die perfekte somnambulistische Probandin gefunden hatte. Da dies der einfachste Typ ist, mit dem ich arbeiten kann, wollte ich mehr Sitzungen mit ihr, falls sie bereit war. Sie war ebenfalls neugierig und stimmte dem zu, solange ihre Eltern es nicht herausfanden. Ich hoffte, dass es in dieser Hinsicht keine

Probleme geben würde, aber rechtlich gesehen war sie eine Erwachsene und konnte eigene Entscheidungen treffen. Dann gab sie zu, ihr ganzes Leben lang von Erinnerungen heimgesucht worden zu sein, die fehl am Platz zu sein schienen. Sie dachte, die Antworten könnten in der Reinkarnation liegen, und sie wollte es herausfinden.

Als offensichtlich wurde, dass ich von diesem Mädchen viele wertvolle Informationen erhalten würde, trafen wir uns regelmäßig einmal pro Woche. Da ich in einer abgelegenen ländlichen Gegend lebe, vereinbarten wir, uns im Haus meiner Freundin Harriet zu treffen. Es befand sich in der Stadt und war für alle Beteiligten leicht zugänglich. Harriet ist eine ausgebildete Hypnosekollegin. Sie hatte noch nie mit einer Somnambulistin zusammengearbeitet und war an meiner Arbeit mit Katie interessiert. Sie war gespannt, zu sehen, was passieren würde. Nachdem die Informationen begannen, hervorzukommen, war ich froh, Harriet als Zeugin zu haben. Später waren auch andere während der Sitzungen anwesend. Es war schwer genug für uns zu glauben, was geschah. Wir konnten alle verfügbaren Zeugen heranziehen, um die Möglichkeit eines Vorwurfs der Falschmeldung auszuschließen.

Nach den ersten beiden Sitzungen konditionierte ich sie, um bei der Nennung eines Schlüsselworts in tiefe Trance zu geraten. Das geht viel schneller und spart zeitraubende Vorarbeiten. Wir hatten keine Ahnung, wohin dieses Experiment führen würde und so begann unser Abenteuer. Eine Reise, die uns zu Menschen und an Orte führen sollte, die wir uns in unseren wildesten Träumen nicht hätten vorstellen können. Es wurde eine wahrhaftige Reise durch Zeit und Raum.

Am Anfang wurde sie nie angewiesen, an einen bestimmten Ort oder in einen bestimmten Zeitraum zu gehen. Ich ließ die Informationen spontan herauskommen. Ein Monat verging und ich beschloss, systematischer zu werden und zu versuchen, die Rückführungen in eine Art chronologische Reihenfolge zu lenken. Ich begann, in Sprüngen von hundert Jahren rückwärts zu gehen und herauszufinden, wie viele Leben sie gelebt hatte, aber es ist durchaus möglich, dass ich einige auf dem Weg verpasst habe. Oft tauchten dunkle Tatsachen auf, die nur durch gewissenhafte Nachforschungen überprüft werden konnten. Wir stießen sogar auf das faszinierende Geistige Reich, wo wir Informationen darüber erhielten, was passiert, nachdem die Seele den Körper verlässt und in den sogenannten

„toten" Zustand eintritt. Vieles davon wird in einem anderen Buch behandelt: Zwischen Tod und Leben.

Jede Woche versuchte ich, mindestens ein weiteres Leben zurückzugehen. Ich dachte, wenn eines von ihnen besonders interessant wäre, könnten wir später zurückkehren und weitere Fragen stellen. Dies war die Methode, die in Fünf Erinnerte Leben verwendet wurde, aber der Proband jenes Buches erlebte nur fünf Leben wieder. Es war viel einfacher gewesen.

Als ich Katie langsam rückführte, hatten wir zu dem Zeitpunkt, als wir zu dem Beginn der christlichen Ära kamen, bereits 26 verschiedene Leben aufgedeckt. Die vielen Leben schienen fast gleichmäßig zwischen Männern und Frauen, Reichen und Armen, Intelligenten und Ungebildeten aufgeteilt zu sein. Jedes Einzelne war mit einer Fülle von Details über das religiöse Dogma und die kulturellen Bräuche der Zeit gefüllt. Ich bin überzeugt, dass selbst eine in Geschichte und Anthropologie ausgebildete Wissenschaftlerin nicht die unglaublichen Details hervorbringen könnte, die sie uns gegeben hat. Nein, dieses Wissen kam woanders her. Ich ziehe es vor zu glauben, dass sie all diese Leben tatsächlich gelebt hat und das Wissen in den riesigen Computer-Speicherbänken verborgen geblieben ist, die man „Unterbewusstsein" nennt. Es war nur erforderlich, die richtigen Knöpfe zu drücken und dem Geist die richtigen Signale zu geben, damit das Wissen hervortrat und wiedererlebt wurde. Wir haben keine Vorstellung, wie viele weitere Leben dort liegen und darauf warten, wieder das Licht der Welt zu erblicken. Die Geschichten dieser anderen Leben werden in einem anderen Buch niedergeschrieben. Es würde ihnen nicht gerecht werden, wenn man versuchte, sie in ein Buch zu pressen. Dort sind viel zu viele Informationen.

Als ich herausfand, dass das Wesen, auf das wir gestoßen waren, möglicherweise Informationen über das Leben Christi geben könnte, hielt ich es für wichtig, bei diesem Zeitabschnitt zu bleiben und zu sehen, was zutage treten würde. Ich hatte keine Ahnung, wohin das Experiment führte oder ob irgendetwas von Wert dabei herauskommen würde. Aber bei der geringsten Chance, dass etwas gefunden werden konnte, hörte ich auf, sie weiter zurückzubringen, und kehrte zu dem Leben von Suddi zurück, einem der Essener Lehrer Jesu, um weitere Informationen zu erhalten. Wir blieben dabei dreizehn Sitzungen lang, über drei Monate.

Wäre dieses Leben das erste gewesen, dem ich bei der Arbeit mit Katie begegnete hätte ich das Ganze sofort als Fantasie abgetan und die Sitzungen abgebrochen. Jeder denkt automatisch, dass wenn jemand erwähnt, Jesus gekannt zu haben, er auf einem Ego-Trip sein müsse. Aber diese Information kam erst heraus, nachdem ich bereits neun Monate mit ihr zusammengearbeitet hatte. Zu diesem Zeitpunkt wusste ich, woher sie kam. Ich wusste, welche enormen Fähigkeiten sie hatte, um vergangene Leben detailgetreu abzurufen. In jener Zeit hatten wir ein sehr starkes Vertrauensverhältnis aufgebaut. Ich glaube, dies ist der einzige Weg, auf dem die Geschichte hatte hervorkommen können. Es erforderte viel Geduld, mit einem Probanden weiterzuarbeiten und systematisch rückwärts zu gehen. Aber wenn ich zu früh aufgehört hätte, wäre diese Geschichte nie geschrieben worden. Obwohl ich sie so gut kannte, wollte ich noch niemandem erzählen, dass ich jemanden entdeckt hatte, der einer der Essener Lehrer Jesu war. Ich war mir sicher, dass ich ein ungläubiges Grinsen und eine abfällige Bemerkung bekommen würde, wie zum Beispiel: „Oh ja? Erzähl mir noch einen", als ob ich sie für leichtgläubig genug hielte, alles zu schlucken. Ich kann das verstehen. Ich bin sicher, ich wäre selbst skeptisch gewesen, wenn ich das von jemand anderem gehört hätte. Aber ihr musste ich glauben.

Es gab keine andere Möglichkeit zu erklären, was geschah. Es gab keine Möglichkeit zu lügen; sie sprach aus einer hypnotischen Trance heraus, die so tief war, dass dies unmöglich war. Und die Informationen, die herauskamen, erforderten strenge Recherchen und Gespräche mit mehreren Experten zu den Themen. Doch wusste sie zu keiner Zeit, wohin wir als nächstes gehen würden und was ich sie fragen würde. Ihre Antworten kamen spontan und natürlich.

In den ersten Tagen unserer Arbeit wollte sie die Tonbandaufnahmen hören, nachdem die Sitzung beendet war. Später zeigte sie weniger Interesse und fragte lediglich nach dem Erwachen: „Nun, wohin sind wir heute gegangen?" Sie kümmerte sich nicht darum, die Sitzung anzuhören. Sie drückte häufig Erstaunen aus, weil sie sagte, sie wisse sehr wenig über den Zeitabschnitt oder das behandelte Land.

Nachdem das Jesus-Material begann, herauszukommen, fing es an, sie irgendwie zu stören. Vielleicht war es ihr alter religiöser Hintergrund, der sich aufbäumte. Besonders als sie anfing, Dinge zu sagen, die kontrovers waren und im Widerspruch zur Bibel standen, begann es, sie zu überwältigen. Sie sagte, es schien nicht möglich zu sein, dass all dies von ihr kam. Es war verblüffend. Dieses eine Leben störte sie mehr als jedes andere, das wir durchgegangen sind. Was auch immer der Grund war, zu diesem Zeitpunkt entschied sie, dass sie keine weiteren Sitzungen mehr haben wollte. Sie plante ohnehin einen Umzug. Ihre Firma wollte, dass sie mit einer Beförderung und mehr Bezahlung in eine andere Niederlassung wechselt. Sie dachte auch, ein Jahr sei lang genug, um an Rückführungsexperimenten zu arbeiten. Es war an der Zeit, es zum Stillstand zu bringen. Ich stimmte zu, dass sie ihr Leben dort führen sollte, wo immer es sie hinführt.

Ich hätte gerne noch ein paar weitere Sitzungen gehabt. Zu jener Zeit betrieb ich Nachforschungen und wollte Antworten auf Dinge, die mich verwirrten. Aber ich dachte: „Würde ich jemals alle meine Fragen beantwortet bekommen?" Und selbst wenn es so wäre, würde es immer Fragen geben, die durch jemand anderen aufgeworfen würden. Wir werden wahrscheinlich niemals alle möglichen Fragen beantworten und das Buch über dieses Leben souverän schließen können, um es als völlig abgeschlossen zu betrachten. Ich glaube, ich habe ein sehr breites Spektrum abgedeckt, indem ich nach den Lebensbedingungen und den Bräuchen und Kenntnissen gefragt habe, die von den Essenern gelehrt wurden.

KAPITEL 3

Begegnung mit Suddi

Ich behielt die Zeiträume ziemlich genau im Auge, während wir langsam in der Zeit zurückgingen. Ich verzeichnete die verschiedenen Leben in einem Notizbuch. Nur so konnte ich sie auseinanderhalten. Sie war nie verwirrt darüber, wer und wo sie war, aber oft wusste ich nicht mehr weiter, so dass das Notizbuch für mich von wesentlicher Bedeutung war. Ich musste mich häufig darauf beziehen.

Es ist schwierig, das Erscheinen dieses Phänomens mittels auf Papier gedruckter Worte zu vermitteln. Die Menschen, zu denen sie wurde, waren sehr real, mit Emotionen und Eigenheiten im Gesichtsausdruck sowie in der Körpererscheinung, die für jeden Einzelnen charakteristisch waren. Ich wurde mit diesen verschiedenen Individuen so vertraut, dass ich bald in der Lage war, jedes Einzelne wiederzuerkennen, bevor es seinen Namen preisgab.

In den letzten Wochen hatten wir sie als den Arzt in Alexandria gesehen, der über die Medikamente und Operationsmethoden sprach, die in der Zeit 400 n. Chr. angewandt wurden. Dann war sie ein Mönch in gelbem Gewand in den Bergen Tibets, der 300 n. Chr. über buddhistische Philosophie sprach. Dann fanden wir als Überraschung ein Mädchen um 200 n. Chr. vor, das weder hören noch sprechen konnte. Normalerweise hätte ich Katie angewiesen, noch weitere hundert Jahre zurückzugehen. Diesmal jedoch musste meine Anweisung anders formuliert werden. Da sie nicht sehr gut kommunizieren konnte, waren wir uns nicht sicher, in welchem Zeitraum wir uns befanden.

Die Persönlichkeiten hatten oft starke Akzente, welche das Transkribieren erschwerten. Ich habe ein merkwürdiges Muster in der

Art und Weise festgestellt, in der die verschiedenen Entitäten Englisch sprechen. Es ist, als würden sie mental von einer Sprache in eine andere übersetzen. Wenn dies geschieht, werden die Wörter aus ihrer natürlichen Reihenfolge geschoben. Was nach schlechter Grammatik klingt, ist häufig ein weiteres Beispiel für dieses seltsame Phänomen. Es gibt einem den Eindruck, als ob die Entität (das Wesen, mit dem wir in Kontakt kommen) kein Englisch sprechen kann und versucht, die richtigen Wörter irgendwo in Katies Gehirn oder Datenbanken zu finden. Dies hat häufig Fehler in der Grammatik, Satzstruktur oder Wortreihenfolge zur Folge, die sie in ihrem natürlichen Wachzustand niemals gemacht hätte. Ich glaube, das ist nur ein weiterer kleiner Punkt, der auf Reinkarnation hindeutet. Ihr Wachbewusstsein würde diese Dinge nicht tun.

Ich lernte die Entität namens „Suddi" ziemlich gut kennen und konnte schließlich seinen starken Akzent verstehen. Seine Stimme änderte sich auch mit dem Alter. Als Kind war sie jung und lebhaft, dann allmählich reifer, bis er im hohen Alter mit einer sehr müden Stimme sprach.

Die Frage des Geschlechts wird ein Problem beim Erzählen dieser Geschichte darstellen. Sie ist ein Mädchen, das die Geschichte eines Mannes erzählt. Es wäre verwirrend, ständig von „er" zu „sie" und wieder zurück zu wechseln. Ich denke, die Lösung wäre, die Entität „er" zu nennen und sich nur auf „sie" zu beziehen, wenn man sich auf Katies physischen Körper und seine Bewegungen bezieht. In gleicher Weise geht in den meisten Fällen dem von Suddi gesprochenen Dialog der Buchstabe S: voraus, während in den späteren Abschnitten, wenn wir nach Suddis Tod mit Katies „Seele" sprechen, der Buchstabe K: vor dem Dialog steht. Ich, Dolores, bin D:.

Ich möchte, dass der Leser ihn so antrifft, wie wir es getan haben.

Dolores: Gehen wir weiter in der Zeit zurück, zu einer Zeit vor diesem Mädchen, das nicht hören und nicht sprechen konnte. Ich werde bis drei zählen und wir werden da sein. 1, 2, 3, wir sind in der Zeit weiter zurückgegangen.

Auf diese Weise hatte ich keine Ahnung, in welchem Zeitraum wir uns befanden, außer dass es früher als 200 n. Chr. sein musste. Die Persönlichkeit, die auftauchte, war ein Mann. Er ging auf dem Weg nach Nazareth, um seine Cousins zu sehen. Seine Stimme kam mit so einem starken Akzent hervor, dass es schwierig war, ihn zu verstehen. Seine Aussprache des Wortes „Nazareth" war so andersartig, dass ich es erst erkannte, als ich die Tonbandaufnahme später nochmals abspielte und sie mir genau anhörte. Es klang wie „Nathareth", schnell gesprochen. Er sagte, dass es in Galiläa liege. Auch hier sprach er das Wort anders aus, als ich es zu hören gewohnt war. Er sagte: „Galilay". Diese Namen wurden erst deutlich, als sie abgespielt wurden. Ich war mir damals nicht sicher, wo Katie war. Ich fuhr fort und hoffte, dass das Tonbandgerät es aufgenommen hatte.

Es ist wirklich nichts Ungewöhnliches, einen Probanden zu finden, der ein früheres Leben in Israel beschreibt. Das ist schon oft vorgekommen. Ich habe einige rückgeführt, die während der römischen Besatzungen dort lebten, aber keiner von diesen hat je Jesus erwähnt oder sich auf ihn bezogen. Die Erwähnung eines Ortes gibt keinen Hinweis auf die Lebensumstände des Einzelnen. Wenn ich einer neuen Persönlichkeit das erste Mal begegne, habe ich bestimmte Routinefragen, die ich immer stelle, bis der Standort und die Kultur festgestellt sind. Wenn ich weiß, wo wir uns befinden, kann ich spezifischere Fragen stellen. Ich fragte nach seinem Namen.

Suddi: Ich bin Benzahmare. (Phonetisch)

Es klang in etwa wie „Benjamin" und ich fragte ihn, ob das der Name sei. Aber er antwortete abermals „Benzahmare" mit Betonung auf der letzten Silbe. Er sagte, dass der andere Name (Vorname) nicht verwendet werde, es sei denn, man ist jemand Wichtiges. Ich fragte ihn, wie ich ihn nennen solle und er gab mir die Erlaubnis, ihn „Suddi" zu nennen, was ein „Spielname" war. (Spitzname?) Die Aussprache klang wie Saudi oder Saddi, mit Betonung auf der letzten Silbe. Ich werde in diesem Buch Suddi verwenden, da es einfacher ist als Benzahmare.

In diesen alten Kulturen weiß die Person häufig nicht, wie alt sie ist oder sie haben eine andere Terminologie. Aber er sagte: „Ich habe dreißig Jahre". Er war nicht verheiratet.

S: Nein, es ist nicht Teil meines Lebens. Es gibt diejenigen, die sich nichts mehr als eine Familie wünschen. Und es gibt solche, die in ihrem Leben viele Dinge zu bewältigen haben, so dass eine Frau

und eventuell Kinder zu haben ihnen Leid bringen würde. Daher ist es für andere unnötig grausam, sie zum Teilen aufzufordern.
D: Ist das der Grund, warum du kein Verlangen danach hast, zu heiraten?
S: Ich habe nicht gesagt, dass ich nicht das Verlangen habe. Ich sagte nur, dass ich wahrscheinlich nicht heiraten würde.

Er sagte, dass er normalerweise in den Hügeln lebe. Es gab dort eine Gemeinde, die vielleicht zwei Tagesreisen entfernt war. Als ich nach dem Namen der Gemeinde fragte, was eine normale Frage ist, veränderte sich die Persönlichkeit. Normalerweise beantwortete Katie Fragen ohne Zögern. Aber Suddi zeigte plötzlich Misstrauen und fragte knapp: „Warum willst du das wissen?" Das war ungewöhnlich und ich konnte die Reaktion nicht verstehen. Ich erklärte, dass ich einfach neugierig war. Nach langem Zögern sagte er schließlich, es heiße Qumran, was er aussprach als: Kum-a-ran. Zu jenem Zeitpunkt sagte mir dieser Name nichts und ich nahm meine Fragen wieder auf. Ich fragte nach seinem Beruf.

S: Ich studiere die Bücher der Thora und ich studiere Recht, hebräisches Recht.

Das sagte mir ebenfalls nichts. Als Protestantin wusste ich nicht, was die Thora ist und ich dachte, er meine Gesetze wie das vor Gericht geltende Recht. Ich sollte innerhalb der nächsten Monate viel Bildung empfangen, indem ich entdeckte, dass die Thora das jüdische Religionsbuch ist und das Gesetz sich auf die Gesetze Moses bezog, nach denen das jüdische Volk sein Leben bildet. Ich fragte, ob er das sei, was manche Leute einen „Rabbiner" nennen. Ich nahm an, wir seien auf einen gebildeten jüdischen Mann gestoßen und ich wusste, dass ein Rabbiner etwas mit ihrer Religion und möglicherweise auch mit ihrer Ausbildung zu tun hatte. Wir (die Leute, die an diesem Experiment beteiligt waren) hatten wenig Kontakt zu Juden gehabt, wussten fast nichts über die jüdische Religion und waren nie in einer Synagoge gewesen. Er antwortete, er sei kein Lehrer, lediglich ein Schüler. Zumindest habe ich also herausgefunden, Rabbi bedeutet: Lehrer.

Wenn ich mit Katie zusammenarbeite, fühle ich mich oft ziemlich dumm, weil ich über den Zeitabschnitt, in dem sie sich befindet, die grundlegenden Dinge nicht weiß. Aber dann wiederum weiß ich nie, wohin sie gehen wird und kann nicht auf alle Möglichkeiten vorbereitet sein. Ich muss mich also auf das begrenzte Wissen stützen, das ich habe oder an das ich mich durch Fragen herantasten kann. Ich denke, die Leute, die sagen, dass ich Suggestivfragen stellen müsse, um diese Leben zum Leben zu erwecken, können sehen, dass dies nicht wahr ist. Ich habe keine Möglichkeit, vorauszuwissen, was als Nächstes passieren wird, und habe oft das Gefühl, dass ich einfach nur mitfahre.

D: Was wirst du tun, wenn du dein Training beendest?
S: *Ins Ausland unter die Leute gehen und mit ihnen teilen, was wir gelernt haben.*
D: Dauert es sehr lange, ein Lehrer zu werden?
S: *Bei manchen dauert es ein Leben lang. Für andere beginnt ihr Pfad früh. Ich kann mich nicht an eine Zeit erinnern, zu der ich nicht studiert habe.*
D: Sind es die Rabbiner, die dich unterrichten?
S: *Du sprichst von Rabbinern. Ich glaube, du meinst das im Sinne des Dorfrabbis? Ich habe meine Meister, die mich unterrichten. Aber ich werde nicht von den Rabbinern im Dorf unterrichtet.*
D: Wer sind deine Meister?

Ich meinte mit meiner Frage, welcher Religion oder welcher Schulart sie angehören. Aber er dachte, ich meinte ihre Namen.

S: *Es gibt Bendavid, den Mathematiklehrer. Dann ist da Mechalava, der Mysterienlehrer. Und dann gibt es meinen Thoralehrer, das ist Zahmare, mein Vater.*

Er (durch Katies Gesicht) lächelte bei der Erwähnung seines Vaters und ich zog die Schlussfolgerung, dass es zwischen ihnen Zuneigung geben müsse.

S: *Und meine Lehrerin der Gerechtigkeit ist (ein langer Name, den ich nicht transkribieren konnte). Sie lehrt die Dinge, die überliefert wurden, alle Gesetze der Wahrheit und der Dinge, die geschützt sind. Da ist Judith Beseziher. (Phonetisch, schwer zu verstehen.) Was sie mir beigebracht hat, sind die Prophezeiungen der Sterne, das Wissen über ihre Umlaufbahnen. Es wird gesagt, dass wenn sie spricht, alle zuhören. Sie ist hochbetagt. Sie ist vielleicht siebzig, vielleicht sogar älter. Ich bin mir nicht sicher. Sie hat großes Wissen in anderen Bereichen, dies ist nur einer.*

D: Müssen die meisten Jungen irgendwann in ihrem Leben diese Dinge studieren?

S: *Es gibt einen Punkt im Leben eines jeden jungen hebräischen Mannes, an dem er das Gesetz und die Thora studieren muss, aber normalerweise ist es dann, wenn er seine Barmitzwa hat. Wenn man jedoch ein Meister oder ein Lehrer werden möchte, um dem Pfad zu folgen, muss man sich selbst stets für weiteres Lernen offenhalten.*

D: Bekommst du noch von anderen Stellen Unterrichtungen?

S: *Du meinst, ob das Wissen aus der Ferne kommt? Das tut es. Aber meine Lehrer, sie leben bei uns. Als mein Vater jung war, reiste er an viele uns bekannte Orte und studierte viele Dinge, die er mir zu vermitteln versucht.*

D: Ist das der Brauch, dass einige in andere Länder gehen, um von anderen zu lernen?

S: *So ist es bei uns, ja. Es ist Pflicht, Wissen weiterzugeben. Denn es ist eine große Sünde, nicht mit denen zu teilen, die Durst haben.*

Suddi war bisher noch nicht in andere Länder gereist, um sich Wissen anzueignen, aber er hielt es für sehr wahrscheinlich, dass er genug Glück haben werde, es einst zu tun.

D: Wie wird diese Entscheidung getroffen?

S: *Es wird ein Zeichen für uns geben, dass es an der Zeit ist und dass er gekommen ist und dass wir umziehen müssen. Mein Vater sagt, dass es im Himmel erzählt wird und dass wir es wissen werden.*

Ich verstand nicht, was er meinte, also fragte ich, wer kommen würde. Er antwortete in einer sehr nüchternen Weise: „Der Messias. Die Zeit ist einigen wenigen bekannt." Ich war mir nicht sicher, was ich von dieser Aussage halten sollte.

D: Wurde nicht gesagt, dass der Messias bereits gekommen sei?

Ich war mir nicht sicher, in welchem Zeitabschnitt wir uns befanden, und ich wusste, dass die Juden nie anerkannt haben, dass der Messias jemals gekommen sei. Sie warten noch immer auf ihn bis zum heutigen Tag. Ich dachte, Suddi sei wahrscheinlich ein jüdischer Mann, der einige Zeit nach der Geburt Christi lebte. Es bestand stets die Möglichkeit, Informationen über den Mann Jesus zu erhalten. Sicher würde ein gelehrter Mann die Geschichten seiner Zeit kennen.

S: *Nein, er ist nicht gekommen, denn der Himmel hat es uns noch nicht wissen lassen. Es wird gesagt, dass die Sterne aus vier Himmelsrichtungen gemeinsam aufsteigen und wenn sie sich treffen, wird die Zeit Seiner Geburt sein.*
D: Aber ich habe gehört, es werde gesagt, dass er schon gekommen sei. Hast du diese Geschichten gehört?
S: *Nein, er ist nicht gekommen. Denn seit es Juden gibt, gibt es Gerüchte über falsche Propheten und falsche Messias. Aber er ist nicht hier.*
D: Haben deine Leute jemals von dem Mann namens Jesus gehört? Einige Leute sagten, dass er der Messias gewesen sei, der gekommen sei. Es heißt, er habe in Nazareth und Bethlehem gelebt.
S: *Ich habe diesen Namen noch nicht einmal gehört, er ist mir unbekannt. Es gibt niemanden in Nazareth, der diesen Namen hat, sonst würde ich ihn kennen.*

Dieses Mal, als er Nazareth erwähnte, wurde mir klar, dass er im oder in der Nähe des Heiligen Landes sein könnte. Ich fragte, ob Bethlehem in der Nähe sei, und er bestätigte, dass dies der Fall ist.

D: Ich habe auch vom Land Judäa gehört. Ist das in der Nähe?
S: *(Eher ungeduldig) Es ist hier!*

Sie wusste stets, wo sie war, selbst wenn ich oft verwirrt war. Nun, da ich definitiv das Land, den Schauplatz, hatte, machte ich mich daran, den Zeitraum zu bestimmen.

D: Wer ist zu jener Zeit der Herrscher in deinem Land?
S: *König Herodes.*

Ich wusste, dass es laut der Bibel mehr als einen König Herodes gab. Einen, der zur Zeit der Geburt Jesu regierte und einen anderen zur Zeit seines Todes. Soweit ich wusste, könnte es sogar noch mehr geben haben.

D: Ich habe gehört, dass es viele Könige namens Herodes gab. Ist das wahr?
S: *(Er schien verwirrt zu sein.) Dies ist ... Herodes der Erste. Es gab keine anderen. Er ist der Vater von Antipas und Philip, aber das ist Herodes.*

Ich fühlte einen Schauer der Aufregung. Vielleicht war Jesus noch nicht geboren worden.

D: Was denkst du über König Herodes?
S: *Er steht sehr in der Gewalt der Römer. Das ist nicht gut. (Seufzer) Er ist ein blutrünstiger Wüstling.*

Seine Emotion überraschte mich.

D: Oh? Ich habe viele Geschichten gehört, manch gute und manch schlechte.
S: *Ach nein! Du kannst nichts über Herodes wissen, wenn du diese Fragen stellst. Ich habe noch nie etwas Gutes über Herodes gehört.*
D: Lebt Herodes in Jerusalem?
S: *Manchmal. Er hat überall viele Residenzen. Manchmal reist er in andere Gebiete.*
D: Hast du ihn jemals gesehen?
S: *Nein! Ich habe nicht den Wunsch, ihn zu sehen.*

Es war sehr offensichtlich, dass er Herodes nicht mochte. Er sprach nicht gerne über ihn. Ich fragte mich immer noch, in welcher Zeit wir uns befanden. Es war schwierig, das Jahr herauszubekommen, da unsere Jahre von der Zeit Christi an gerechnet werden. Diese Leute müssen eine andere Methode benutzt haben, um die Jahre zu berechnen, wenn er noch nicht geboren war.

S: Für jeden der zwölf Stämme gibt es zwölf Monate. Das Jahr ist ... (er schien Schwierigkeiten zu haben, eine Antwort zu finden). Die Jahre werden nach den Jahren des Königs gezählt. Ich bin mir nicht sicher. Ich denke, dies ist das ... zwanzigste Jahr seiner Herrschaft.

Aus irgendeinem Grund, den nicht einmal Harriet selbst erklären konnte, war sie besessen davon, etwas über die als Essener bekannte Gruppe herauszufinden. Sie hatte wiederholt gesagt: „Ich wünschte, ihr würdet euch beeilen und in diese Zeit gelangen." Sie sagte später, sie wusste irgendwie, dass dort etwas Wichtiges wartete. Als sie das sagte, antwortete ich: „Aber ich weiß nicht einmal, wann sie lebten." Sie sagte, sie dachte, dass es während der Zeit Christi gewesen sei.

Ich sagte dann: „Nun, wir bewegen uns in diese Richtung" und sehr zu ihrer Frustration setzte ich mein methodisches Rückwärtstrotten in Fünfziger- und Hundertersprüngen fort. Jedes einzelne Leben enthielt seinen eigenen Anteil an Überraschungen und historischem Wissen, ich hatte es also nicht eilig, das Verfahren zu beschleunigen, das sich als so effektiv erwiesen hatte. Jetzt, da es offensichtlich war, dass wir uns im richtigen Zeitraum befanden, ergriff Harriet die Gelegenheit und fragte: „Hast du jemals von einer Gruppe gehört, die als die Essener bekannt ist?"

Suddi überraschte uns mit der Antwort: „Ja. Warum fragst du danach?" Freudig erregt antwortete Harriet: „Ich habe mich nur gefragt, ob du etwas über sie weißt. Ob sie euren Lehren folgen." Suddi sagte: „Sie sind meine Lehrer."

Dies war eine Überraschung und versprach einen monumentalen Durchbruch, der uns in die Lage versetzen würde, etwas über diese so geheimnisvolle, unbekannte Gruppe zu erfahren. „Oh!", äußerte Harriet, „wir haben nach ihnen gesucht."

S: Sie haben nicht den Wunsch, gefunden zu werden. Wenn sie es nicht wünschen, werdet ihr uns nicht finden.

Damit hatte er zu erkennen gegeben, dass auch er ein Mitglied der Gruppe war. Ich fragte mich, ob diese Geheimhaltung Schwierigkeiten dabei bereiten würde, Antworten über sie zu finden.

D: Ich habe gehört, die Essener seien so etwas wie eine Geheimorganisation. Ist das richtig?

S: *Sie werden von den Machthabern sehr gefürchtet, weil wir die Mysterien untersucht haben, die andere nur angedeutet haben. Und sie befürchten, dass sie ihren Platz verlieren, wenn wir zu viel Macht und Wissen erlangen.*

H: Wie unterscheiden sie sich von der herkömmlichen jüdischen Gemeinde?

S: *Es gibt eine strengere Einhaltung der Gesetze. Mehr Einhaltung bedeutet für den Durchschnittsjuden: Am Ende des Sabbats verlässt er die Synagoge und erinnert sich erst wieder zu Beginn des nächsten Sabbats daran. Für uns sind das Gesetz und die Thora alles. Wir dürfen nicht vergessen, dass das der Grund ist, weshalb wir leben. Es wird viel Zeit darauf verwendet, die empfangenen Prophezeiungen zu erklären. Und zu wissen, dass dies die Zeit ist, in der sie ihren Höhepunkt finden sollen. Und es ist unsere Pflicht, andere auf diese Zeit vorzubereiten und den Weg dafür vorzubereiten.*

Wir waren abermals überrascht, als er uns erzählte, dass sowohl Frauen als auch Männer Mitglieder ihrer Sekte seien. Sie waren ohne Unterschied Lehrer und Schüler. Dies war überraschend, weil den Frauen in der durchschnittlichen jüdischen Gemeinde zu dieser Zeit die Auszeichnung der Gleichberechtigung mit Männern nicht zugestanden wurde. Suddi bestätigte dies: „In die meisten Synagogen dürfen Frauen nicht einmal hineingehen. Für sie gibt es die Frauenterrasse." Ich wollte wissen, warum den Frauen diese Ehre bei den Essenern zuteil wurde.

S: *Man sagt, dass der eine ohne den anderen nicht vollständig ist. Also muss alles Wissen geteilt werden, damit es niemals verloren geht. Ich kannte Frauen, die mehr Verstand haben als der durchschnittliche Rabbiner.*

Diese Aussage amüsierte und erfreute uns. Doch er wurde abermals misstrauisch, als ich nach einem Hinweis auf die Größe der Gemeinde fragte. Er fragte vorsichtig: „Warum willst du das wissen?" Ich musste mir eine Antwort ausdenken, die er nicht für bedrohlich halten würde. „Ich interessiere mich einfach für die Größe der

Gemeinde wegen der Lebensbedingungen. Ich denke, wenn sie sehr groß wäre, könnte es schwierig sein, Leute zu beherbergen oder zu verpflegen." Suddi entspannte sich und sagte, die Zahl sei nicht gesichert.

D: Gibt es irgendwelche Meinungsverschiedenheiten zwischen den Essener Lehrern und den jüdischen Lehrern in der Region?
S: *Ja, sie nennen uns verrückt, weil wir glauben, dass die Zeit nahe ist. Sie haben die Hoffnung auf das Kommen des Messias aufgegeben. (Er blickte finster drein und schien sich unbehaglich zu fühlen.) Ich wüsste gerne, warum du dies wissen willst? Ich würde es vorziehen, nicht mehr zu antworten. Es gibt viele, die etwas über unsere Gemeinschaft erfahren und sie zerstört sehen wollen.*

Mir war nicht bewusst, dass die Essener zu dieser Zeit Feinde hatten.

D: Du sagtest, du seist dabei, zu deinen Cousins zu gehen. Wenn deine Leute Feinde haben, hast du dann keine Angst, dass dich jemand findet, während du so unterwegs bist?
S: *Sie wissen nicht, wer ich bin. Für sie bin ich nur ein Reisender. Ich habe keine blaue Haut. (Wir lachten.) Wir mögen uns untereinander auf bestimmte Weise erkennen, aber andere können uns nicht erkennen.*

Da ich gehört hatte, dass die Essener ein geheimer religiöser Orden waren, der in Abgeschiedenheit lebte, wie Mönche in einem Kloster, fragte ich, ob es einen Namen für ihre Art Religion gebe.

S: *Sie hat keinen Namen, wir sind als die Essener bekannt. Aber dies ist, wie mein Vater sagt, eine Denkschule, keine Religion. (Er hatte Schwierigkeiten mit diesem Wort.) Wir glauben an Gott, den Vater.*
D: Habt ihr in eurer Sprache einen Namen für Gott?
S: *Jahwe. Das bedeutet ... „ohne Namen", denn Gott ist der Namenlose. Er hat keinen Namen, von dem der Mensch Kenntnis hat. Sie sind auch als die Elorhim und Elori bekannt. Sie sind im Grunde dasselbe. Sie sprechen von Gott. Es gibt viele Namen,*

unter denen man Ihn anrufen kann und Er wird wissen, dass man von Ihm spricht. Dies sind nur einige davon. Wenn ich zu Ihm spreche, nenne ich Ihn nicht Jahwe. Ich nenne Ihn Abba, was Vater bedeutet.

Wir hatten den Durchbruch in die Zeit Christi geschafft und einen der Essener getroffen, der mysteriösesten und verschwiegensten Gruppierung der Geschichte. Als ich das Potenzial dessen erkannte, was wir damit haben könnten, beschloss ich, bei diesem Leben zu bleiben und es genauer zu erforschen. Wer weiß? Es könnte sogar etwas über das Leben Christi verraten. Und wir könnten in der Lage sein, einige Informationen über diese wenig bekannte Gruppe herauszufinden. Natürlich zeigte Suddi Anzeichen von Misstrauen und Widerwillen, bestimmte Fragen zu beantworten, aber ich hatte das Gefühl, dass dies behoben werden konnte. Es gibt viele Möglichkeiten, ein Thema zu umgehen und dennoch die gewünschten Antworten zu erhalten. Trotzdem hätte ich nie erwartet, was in den nächsten drei Monaten geschah. Die unglaubliche Menge an Wissen und Informationen, die hervorsprudelte, war wie ein Wirbelsturm. Es kam so rasant und heftig, dass es uns zuweilen den Atem raubte. Wir hatten nicht mit dem gerechnet, was da kommen sollte und wir bekamen mehr, als worauf wir gefasst waren.

In den nächsten Kapiteln habe ich versucht, die Informationen gemäß dem Inhalt zusammenzustellen. Sie kamen nicht auf diese Weise durch. Es war, als würde man ein unglaublich kompliziertes Puzzle zusammensetzen, indem man ein Teil aus einer Sitzung und ein Teil aus einer anderen herausnimmt. Aber ich denke, diese Art der Präsentation erleichtert das Lesen.

Es steckt eine doppelte Absicht hinter diesem Buch. Eine besteht darin, das gesammelte Wissen über die Bräuche und Lebensbedingungen der vagen, schemenhaften Gruppe der Essener zu präsentieren. Die andere ist, das Leben Christi vor diesem Hintergrund zu erzählen, wie er mit dieser Gruppe verbunden war und wie er durch die Augen eines liebenden Lehrers gesehen wurde.

KAPITEL 4

Wer waren die Essener?

Hätte mich jemand um Informationen über die Essener und Qumran gebeten, bevor wir diese Sitzungen begannen, hätte ich ihm gesagt, dass ich so gut wie nichts wisse. Ich war mir nicht einmal sicher, wie ich ihren Namen aussprechen sollte. Die Essener waren für mich eine geheimnisumwobene Gruppe, bedeckt von Verschwiegenheit. Wie andere auch, nahm ich an, dass sie eine Mönchen ähnliche religiöse Gruppe gewesen seien, die isoliert in einer klosterartigen Umgebung gelebt habe. Das hatte ich gehört.

Es gab auch ein Gerücht oder eine Legende, dass Jesus mit ihnen studiert oder sie zumindest besucht habe. Aber diese Idee klang wie all die anderen Legenden über ihn. Legenden darüber, dass er während der „verschollenen Jahre" andere Teile der Welt besucht habe. Wenn ich mit Gruppen sprach, die an Metaphysik interessiert sind, erhielt ich die gleiche Reaktion. Die Namen sind irgendwie vage vertraut, aber nur wenige können irgendwelche Informationen über sie liefern. Ich hätte nicht einmal sagen können, wo sich Qumran befindet. Harriet gab zu, dass sie nicht mehr über diese Gruppe wusste als ich.

Ich erinnere mich an die Aufregung in den frühen 1950er Jahren, als die Entdeckung der Schriftrollen vom Toten Meer die Szene betrat. Sie waren irgendwie mit den Essenern und Qumran verbunden. Ich fragte mich manchmal, was mit den zutage geförderten Manuskripten passiert war. Nach der ersten großen Aufregung schienen sie so sicher wieder zu verschwinden, als wären sie in die Höhlen zurückgeschoben worden, denen sie entsprungen waren. Es war ein Jammer, denn es wurde gesagt, dass sie eine frühe Version unserer Bibel seien.

Brad Steiger, bekannter Autor und Experte für Reinkarnationsstudien, schlägt vor, dass Rückführungstherapeuten, die an der Verifikation arbeiten, jegliche Recherche aufschieben sollten, bis sie ihre Arbeit mit dem Probanden oder dem Zeitabschnitt beendet haben. Er meint, eine Theorie besage, dass durch Hypnose die Bewusstheit des Probanden stark gesteigert werde. Es bestehe immer die Möglichkeit, wie schwach auch immer, dass er die Informationen durch Telepathie oder ESP (Abkürzung für „Extrasensory Perception, im Deutschen etwa: „Der sechste Sinn" oder ASW für Außersinnliche Wahrnehmung, *Anm. des Übersetzers) aus dem Geist aller Teilnehmenden abrufen kann. Ich war der Meinung, dass dies ein vernünftiger Rat sei und dies die Gültigkeit des Materials noch besser sichere. Abgesehen davon, dass ich mir Karten ansah, um Qumran zu lokalisieren, wartete ich also auf den richtigen Augenblick. Nachdem ich drei Monate daran gearbeitet hatte, dachte ich, wir hätten genügend Informationen, um endlich mit meiner historischen Recherche beginnen zu können.

Ich sollte herausfinden, dass die Essener selbst heute, mehr als dreißig Jahre nach den Ausgrabungen der Ruinen von Qumran, eine geheimnisvolle, verschwiegene Gruppe bleiben. Ich war enttäuscht, zu erkennen, dass die Bücher meistens Wiederholungen voneinander waren. Alle bis auf eines wurden in den frühen fünfziger Jahren geschrieben. Sie beschrieben jeweils die Entdeckungen der Schriftrollen und die spätere Ausgrabung von Qumran. Jedes diskutierte die Übersetzungen einiger der Schriftrollen, die intakt vorgefunden worden waren. Sie alle kamen zu den gleichen Schlussfolgerungen darüber, wer oder was die Gemeinschaft war. Die Autoren bezeichneten sich gegenseitig alle als Experten zu diesem Thema. Ich hätte genauso gut nur ein Buch lesen können. Ich fragte mich, warum nach all den begeisterten Berichten über die „größte Entdeckung in der Geschichte der Menschheit" keine späteren Bücher über weitere Übersetzungen der Schriftrollen geschrieben wurden. Es war, als ob eine Tür geöffnet und dann plötzlich zugeschlagen worden wäre.

Diese eine Ausnahme war The Essene Heritage (Das Erbe der Essener) von Martin A. Larson, veröffentlicht im Jahr 1967. Hier war endlich ein frischer Ansatz. Er wagte es, die Möglichkeit einer Vertuschung aufzuwerfen. Vielleicht war das, was begann, zutage zu treten, zu viel für die konventionelle Kirche, um es zu akzeptieren.

Möglicherweise gab es Diskrepanzen zwischen diesen viel älteren Versionen und unserer heutigen Bibel. Es gab auch Hinweise darauf, dass das Christentum nicht komplett durch Jesus begründet wurde, sondern seine Anfänge in den Bräuchen und Überzeugungen der Essener hatte. Larson deutet an, dass dies von der Kirche nicht toleriert werden würde. Moderne Geistliche würden denken, dass die Idee eines Christentums, bevor es einen Christus gab, für den Laien zu viel wäre, um sie zu akzeptieren.

John Marco Allegro hat ebenfalls ähnliche Vorstellungen. Er war ursprünglich ein Mitglied des internationalen Teams von acht Wissenschaftlern, die mit der Aufbereitung der Schriftrollen vom Toten Meer begannen. Von diesen Männern waren vier römisch-katholisch und er war das einzige Mitglied ohne religiöses Bekenntnis. Ironischerweise ist es Professor Allegro jetzt nicht einmal gestattet, die Schriftrollen zu sehen! Bis Ende der sechziger Jahre waren mindestens vierhundert Dokumente zusammengesetzt und für die Veröffentlichung vorbereitet worden, aber nur vier oder fünf wurden für die Öffentlichkeit freigegeben. Er stellt auch eindringliche Fragen danach, warum diese Informationen zurückgehalten wurden.

Die Schriftrollen wurden leise ins Gebälk zurückgeschoben und einige von ihnen sind wieder verschwunden. Ein Theologe war bekannt für seine Bemerkung: „Ich wünschte, sie würden einfach verschwinden und nach etwa zwei weiteren Generationen wieder auftauchen." Er meinte auf diese Weise müsse er sie seiner Herde nicht erklären. Ich denke, das ist sehr naheliegend, was passiert ist. Ich denke auch, dass sie einige derselben Dinge gefunden haben, die ich während unseres Experiments zutage gefördert habe - und sie konnten damit nicht umgehen.

Die Dokumente sollen jetzt angeblich im Schrein des Buches in Israel untergebracht sein. Dieses Gebäude wurde speziell für das Studium und die Übersetzung der Schriftrollen gebaut und diente als Verwahrungsort, um das Zusammensetzen der unzähligen Fragmente zu erleichtern.

Ich weiß, dass die Informationen in diesem Buch nicht aus den Köpfen von Personen gekommen sein konnten, die an dem Experiment beteiligt waren, da die Informationen zu dunkel waren. Aber jetzt bin ich überzeugt, dass sie nicht aus den Köpfen von jemandem gekommen sein konnte, der heute lebt. Ich glaube, wir haben ein vollständigeres Bild von dieser wunderbaren Gruppe von Menschen enthüllt als jemals zuvor präsentiert worden ist.

Wenn es jemals einen Versuch gab, eine ganze Gruppe von Menschen von der Landkarte zu streichen, war es das, was mit den Essenern geschah. Es gibt keinerlei Erwähnung von ihnen in der Bibel. Es wurde daraus geschlossen, dass alle Verweise auf sie wegen der Ähnlichkeit zwischen ihrer Doktrin und dem Christentum absichtlich gestrichen wurden.

Wenn es nicht einige fleißige Schriftsteller und Historiker zu Beginn der christlichen Ära gegeben hätte, hätten wir überhaupt keine Kenntnis von den Essenern. Diese antiken Autoren waren: Philo, ein jüdisch-alexandrinischer Philosoph, Plinius, ein römischer Schriftsteller und Josephus, ein jüdischer Krieger und Historiker. Ich ging zur Quelle und las die Übersetzungen ihrer Werke. Ich werde in diesem Buch gelegentlich auf sie Bezug nehmen.

Philo soll zwischen 20 v. Chr. und 60 n. Chr. gelebt haben, also wäre er während des Zeitraums, den unsere Geschichte abdeckt, am Leben gewesen. Aber seine Berichte sollen nach dem Hörensagen geschrieben worden sein. Er war nicht persönlich mit den Essenern oder ihrer Gemeinde bekannt. Dies könnte etwaige Unstimmigkeiten zwischen seinem Bericht und dem von Josephus erklären. Plinius lebte von etwa 23 bis 79 n. Chr. und schrieb nur einen kleinen Beitrag über die Essener. Josephus gilt als die zuverlässigste Quelle und ist die am häufigsten zitierte. Er wurde um 37 n. Chr. in Jerusalem geboren und lebte tatsächlich in der Gemeinschaft und hatte Wissen aus erster Hand über sie aus ihren letzten Tagen. Es heißt allerdings, er neigte dazu, seinen Bericht zu färben, um ihn mit den seinerzeit populären Systemen der griechischen Philosophie in Einklang zu bringen. Er lebte und schrieb zu einer späteren Zeit als Suddi. Dennoch bestätigen diese Aufzeichnungen die unglaubliche Genauigkeit, die wir in unserem Experiment entdeckt haben. Die Beschreibungen von Lebensstil und Überzeugungen stimmen sehr genau überein.

Dies sind die einzigen bekannten schriftlichen Aufzeichnungen über die mysteriösen Essener. Diese Autoren erwähnten nur, dass sich die seltsame Gemeinde im Gebiet des Toten Meeres befand. Archäologen wussten nie genau, wo und hatten nie versucht, Qumran zu finden. Das furchtbare Klima dieser Gegend ist der Albtraum eines jeden Wissenschaftlers und diese hatten keine Lust, ohne besonderen Grund danach zu suchen.

Nach der Zerstörung von Qumran durch die Krieg führenden römischen Armeen im Jahr 68 n. Chr. standen die Ruinen fast zweitausend Jahre lang oben auf den Salzklippen am Toten Meer. Sie zerfielen in trostloser Stille und blieben praktisch unbemerkt. Die Männer, die ihr Leben der Ansammlung und Bewahrung von Wissen geweiht hatten, schienen unter der unerbittlichen Sonne und dem sich verlagernden Sand der Wüste völlig verschwunden zu sein. Es war, als hätten sie nie existiert. Obwohl die Ruinen als stille Gedenkstätten für die großen Geister dienten, die einst dort erblühten, wurden sie nicht als das erkannt, was sie waren. Viele Epochen lang dachten die Menschen, sie seien lediglich die Überreste einer der vielen römischen Garnisonen, die nach der Invasion wie Pilze aus dem Boden schossen. An einem solch gottverlassenen Flecken hätte sicherlich nichts von Wichtigkeit gedeihen können.

Bis zur Entdeckung der ersten Schriftrollen vom Toten Meer im Jahr 1947 waren die Ruinen völlig ignoriert worden. Die Höhlen in den Salzklippen hatten zweitausend Jahre lang ihre Geheimnisse fest unter Verschluss gehalten. Dann nahm das Schicksal seinen Lauf und führte den Beduinenhirtenjungen auf der Suche nach seiner verlorenen Ziege zur Entdeckung der in Gefäßen verwahrten und in einer Höhle versteckten Schriftrollen. Die Geschichte dieses aufregenden Fundes wurde aber- und abermals erzählt. Es steht fest, dass vieles wohl verloren ging oder versehentlich zerstört wurde, bevor der Außenwelt das ungeheure Ausmaß der Entdeckung bekannt wurde und die Wissenschaftler in die Wüste hinabstiegen. Mit Hilfe der einheimischen Araber wurden immer mehr Schriftrollen und Zehntausende Fragmente aus benachbarten Höhlen freigelegt. Was zunächst für einen isolierten „Glücksfund" gehalten wurde, wurde bald als „größte Entdeckung in der Geschichte der Menschheit" verkündet.

Als immer mehr Höhlen ihren verborgenen Wissensschatz preisgaben, begannen die Archäologen, sich zu fragen, wie es dazu kam, dass solche eine Ansammlung in der Wüste versteckt wurde. Erst dann fingen sie an, die nahe gelegenen Ruinen prüfend zu betrachten. Vielleicht war es mehr als nur eine Armee-Garnison, vielleicht gab es eine Verbindung. Die ersten Ausgrabungen im Winter 1951 brachten nichts zum Vorschein, was die Theorie stützen könnte. Im Laufe des Jahres 1952 wurde jedoch schlüssig bewiesen, dass die Schriftrollen ursprünglich von denjenigen stammten, die in den Ruinen gelebt hatten.

Dann begannen die Schriften von Philo, Plinius und Josephus Licht darauf zu werfen, wer die Bewohner gewesen sein könnten. Alles passte schließlich zusammen und Qumran wurde zur Heimat der geheimen, kommunistischen Essener erklärt. Das Wort „kommunistisch" hat heutzutage in unserer heutigen Welt eine ganz andere Bedeutung angenommen, und es sind einige Fragen aufgekommen, warum ich dieses Wort zur Beschreibung dieser alten Gruppe verwendet habe. Die Essener galten als im puristischen Sinne des Wortes kommunistisch. Sie lebten zusammen in einer Gemeinschaft, teilten alles und benötigten kein Geld.

Alles, was heute über diese Menschen bekannt ist, stammt aus den alten Schriften und dem, was die Archäologen in drei Jahren Grabungen herausgefunden haben. Es gibt viele Lücken und Fragen. Vielleicht wird unser Experiment helfen, Antworten zu liefern.

KAPITEL 5

Beschreibung von Qumran

Die Archäologen glaubten, dass die Gruppe, die in Qumran lebte, eine religiöse Gruppe von mönchsähnlichen Männern gewesen sei, abgeschnitten von einer Welt, mit der sie sich nicht identifizieren konnten. Sie glaubten, dass die Essener nach einem strengen Disziplinarkodex und starren Regeln lebten. Ich werde versuchen zu zeigen, dass viele der Vorstellungen, die sich die Wissenschaftler von diesen wunderbaren Menschen machten, gemäß den durch Katie in tiefer Trance erhaltenen Informationen nicht korrekt sind.

Ich habe alle über die Gemeinschaft von Qumran gewonnenen Informationen zusammengetragen und werde sie in einem zusammenhängenden Kapitel präsentieren, obwohl sie tatsächlich über die vielen Sitzungen zerstreut waren. Katie wiederholte oft dieselben Beschreibungen, widersprach sich aber nie. Ich glaube, dass das Bild, das durch die Augen von Suddi zutage trat, wesentlich menschlicher ist als jenes, welches durch die Schaufeln der Wissenschaftler enthüllt wurde.

Ich hatte das Gefühl, dass ich, um diese Person, die ich entdeckt hatte, zu verstehen, mehr über ihren Lebensort und ihre Lebensweise wissen musste. Insbesondere deshalb, weil dies auch die Umstände widerspiegeln würde, unter denen Jesus während des verwundbarsten Teils seines Lebens lebte. Als ich mit Suddi sprach, während er noch ein Kind war, nannte er den Ort eine Gemeinschaft. Er hat ihn nie anders genannt. Er verstand das Wort „Stadt" oder „Dorf" nicht und kannte keinen anderen Ort als Qumran. So haben ihn auch die Archäologen genannt, und sie sagen, es sei keine Stadt gewesen.

In seiner Beschreibung sagte Suddi: „Es ist nicht sehr groß, aber es ist ein Ort, an dem viele Menschen leben. Dort gibt es die Bibliotheken, die Häuser und den Tempel. Wir befinden uns in den Hügeln und blicken über das Meer. Die Gebäude sind aus Lehm. Sie sind aus Ziegeln gebaut, haben flache Dächer und alles ist aneinandergebaut." Er sagte, die meisten Wände seien miteinander verbunden.

Ich war verwirrt, als er sagte, die Gemeinde sei von einer Mauer eingefasst, die sechs Seiten habe. Es klang seltsam, aber das Merkwürdige ist, dass wenn man sich die Zeichnung der archäologischen Ausgrabungen ansieht, man sehen kann, dass sie definitiv nicht quadratisch ist. Es kann diskutiert werden, ob es sich um eine sechsseitige Form handelt oder nicht, da es keine geometrische sechsseitige Figur ist. Aus der Zeichnung ist auch ersichtlich, dass die Räume meistens alle miteinander verbunden sind. Die meisten sind mit gemeinsamen Mauern gebaut.

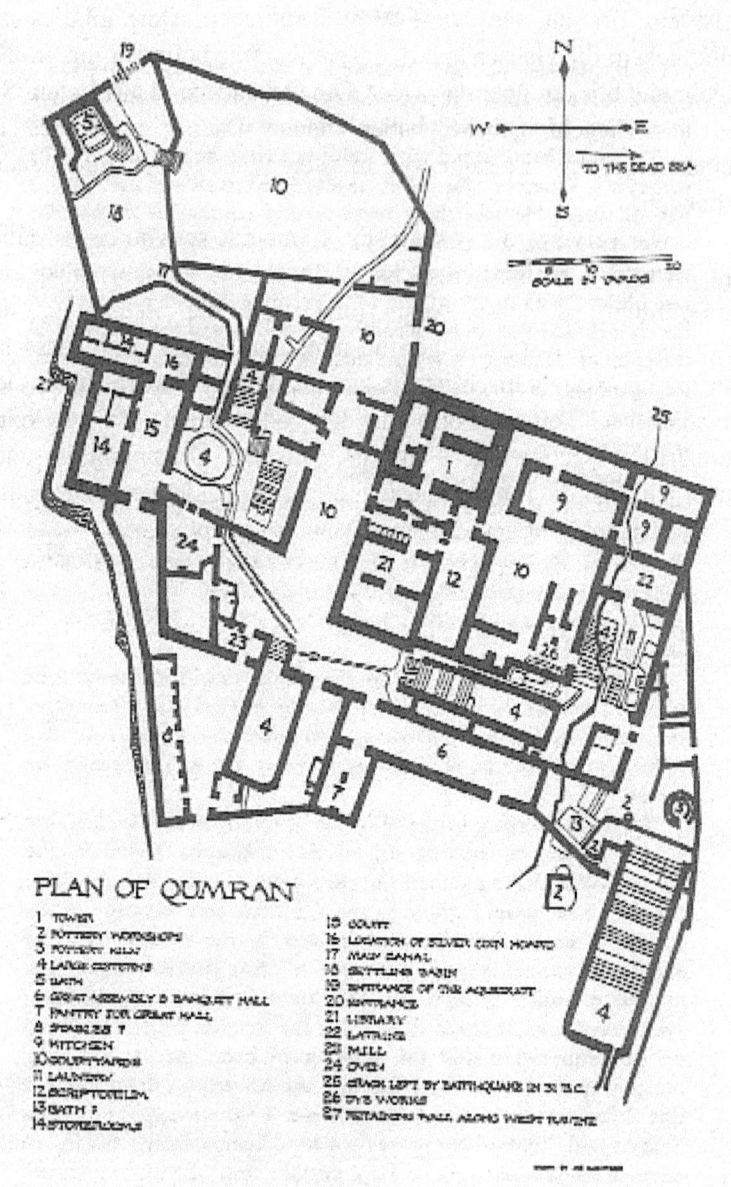

Zuweilen, wenn ich mit Suddi dem Kind sprach, spielte er in einem Innenhof. Auch als er älter war, saß er gern in einem von diesen und meditierte dort. Er sagte, es gebe mehrere Höfe innerhalb der

Gemeinde. Ich bin es gewohnt, dass ein Innenhof im Zentrum von etwas steht, aber diese hier waren überall verstreut. Er sagte, das Studierzimmer und die Bibliothek befänden sich genau im Zentrum, wo sich alle für den Unterricht versammelten. Dort wurden auch die Papyri (oder Schriftrollen) verwahrt. In einem der Höfe gab es Springbrunnen. In anderen gab es Gärten, aber nicht Gärten, wie ich sie vermutet hätte, sondern wunderschöne Blumengärten. „Sie sind in den Farben des Regenbogens. Sie sind wie viele Juwelen, die funkeln."

Ich fragte mich, wie sie an einem so heißen Ort Blumen züchten konnten. Ich hätte nicht gedacht, dass irgendetwas in der Wüste wachsen würde. Er wandte ein: „Oh, aber das tun sie! Blumen wachsen in der Wüste, solange es Regen gibt. Solange es Wasser gibt, spielt die Hitze keine Rolle. Wenn der Regen im Frühling kommt, ist die Wüste in voller Blüte. Denn die Samen, die herniedergefallen sind, gehen plötzlich auf und werden zu Blumen. Die Wüste kann sehr schön sein."

Im Hof nahe den Essbereichen standen Obstbäume. „Es gibt die Bäume, die sie heranzüchten, die Feigen, Datteln, Granatapfel, Orange und Zitrone. Es ist fast so, als ob sie den Himmel berühren. Und es gibt Pfade, auf denen man zwischen ihnen gehen kann, oder man kann inmitten der Blumen sitzen."

Wiederum anhand der Zeichnung ist ersichtlich, dass es tatsächlich mehrere Innenhöfe gibt. In allen Diagrammen haben die Archäologen die Höfe jedoch als dürr dargestellt. Sie dachten, dass aufgrund der Wasserknappheit im Gebiet von Qumran wenig wachse. Sie wussten, dass Korn kultiviert wurde, weil sie um eine Quelle namens „Ain Feshka" herum ausgegraben hatten, die sich zwei Meilen südlich befindet. Sie dachten, dies sei die landwirtschaftliche Nutzfläche der Essener und kamen zu dem Schluss, dass die isoliert lebenden Menschen von diesem Anbau und der Haltung von Bienen usw. existierten und nur dürftiges, eintöniges Essen aßen. Aber die alten Schriftsteller stimmen damit nicht überein. Plinius erwähnte, dass die Essener unter Palmen lebten. Solinus sagte: „Palmbeeren sind ihr Essen" und bezog sich offenbar auf Datteln. Dies wurde für einen Fehler gehalten, bis die Archäologen Reste von Dattelpalmen und Dattelsamen ausgruben. Es scheint, dass Suddi Recht damit hatte, dass in Qumran Bäume wuchsen.

Suddi sagte, dass die Mehrheit der Essener nicht innerhalb der Gemeindemauern lebte. Es gab Unterkünfte für die Familien weiter oben auf dem Hügel, nördlich, außerhalb des Hauptkomplexes. Diese Häuser hatten offenbar die gleiche Bauanordnung wie die Gemeinde, nämlich das Aneinanderschließen von Häusern durch gemeinsame Wände. Die Archäologen glauben, dass die Menschen in Höhlen und Zelten gelebt haben, was mir befremdlich erscheint. Warum sollten sie eine so schöne und effiziente Gemeinschaft aufbauen und dann hingehen und unter primitiven Bedingungen leben?

Soweit ich es herausfinden konnte, glaube ich nicht, dass in dem Gebiet außerhalb der Mauern viele Ausgrabungen gemacht wurden. In ihren Berichten wird nur das Graben im Hauptkomplex und das Exhumieren einiger Gräber auf dem angrenzenden Friedhof erwähnt. Im Übrigen glaubten die Wissenschaftler immer noch, dass in Qumran lediglich eine Bruderschaft von Mönchen lebte, bis sie auf dem Friedhof die Skelette von Frauen und Kindern fanden. Sie mussten ihre Ansicht schnell korrigieren, denn es war offensichtlich, dass dort Familien lebten.

Suddis Familie lebte weiter oben auf dem Hügel als die meisten anderen. Er konnte aus dem Haus schauen und weit hinaus über das Tote Meer sehen. Die einzigen Menschen, die innerhalb der Gemeinde selbst lebten, waren die Priester Jahwes, die den Tempel und die Schriftrollen hüteten sowie die Feuer am Brennen hielten.

Suddi lebte mit seiner Mutter, seinem Vater und seiner Schwester Sarah zusammen. Ich bat um eine Beschreibung der Wohnräume. Wenn das Wetter heiß war, schliefen sie draußen auf dem Flachdach. Wenn es kühler war, teilte er sich ein Zimmer mit seiner Schwester. Es gab einen Raum, der als Familienzimmer galt, in welchem die Mahlzeiten gekocht wurden. Seine Eltern hatten ein eigenes Schlafzimmer und es gab einen weiteren Raum, in dem sein Vater studierte, der voller Papyri war. Die Unterkünfte teilten sich gemeinsame Mauern mit den anderen Familien.

Die Archäologen haben, basierend auf den Ruinen, angenommen, dass alle stets im großen Speisesaal im Inneren des Gemeindekomplexes zusammen aßen. Aber Suddi sagte, die Familien aßen meistens in ihren eigenen Unterkünften. Wenn es großartige Anlässe gab, bei denen jemand eine Rede hielt, gingen sie in den Hauptspeisesaal. Die Essener glaubten, dass es weniger Konflikte gebe, wenn jeder einen eigenen Bereich hat.

Die Bibliothek und der Speisesaal waren beide große rechteckige Räume. Abgedeckte Öffnungen in den Dächern erlaubten dem Licht, hereinzuscheinen. Es gab auch Öffnungen in den Wänden, die bedeckt waren, um den Sand draußen zu halten. Er war sich nicht sicher, welches das größte Gebäude war, weil er sie noch nicht „abgeschritten" hatte.

Der üblichste Weg, die Gemeinde von außen zu betreten, war durch ein Tor neben der hohen Klippe. Es war groß genug, um notfalls eine Karawane durchzulassen. Als ich fragte, ob es noch andere Möglichkeiten gebe, hineinzugelangen, gab er vorsichtig zu, dass es solche gebe, bot aber keine weiteren Informationen. Dies war offenbar eines der vielen Themen, bei denen ich feststellen sollte, dass er nicht über sie sprechen durfte. Die Essener waren in vielerlei Hinsicht äußerst verschwiegen und ich sollte noch so manche Schwierigkeiten haben, diese Verteidigungsbarriere zu durchbrechen.

Er sagte, es gebe mehrere Gebäude mit mehr als einem Stockwerk. Die Bibliothek hatte eine zweite Etage. Die Aula (Speisesaal) hatte die Höhe von zwei Stockwerken, es gab aber nur die hohe Decke. Er sagte, der Turm nahe dem Tor habe drei Stockwerke. Den Archäologen führten Beweise an, dass einige der Räume zweistöckig waren. Sie sagten, der Turm habe zwei Stockwerke gehabt, aber sie erwähnen auch einen Keller für die Vorratshaltung, was dreien entsprechen würde. Der Zweck des Turms war hauptsächlich zur Beobachtung. Von diesem Aussichtspunkt aus konnten die Essener jeden sehen, der sich der Gemeinde näherte. Suddi erwähnte, dass er auch zum Schutz benutzt wurde, als ich ihn allerdings bat, dies zu erläutern, weigerte er sich zu antworten. Dies war ein weiteres verbotenes Thema.

Als er älter wurde, lebte er nicht mehr mit seinen Eltern in der Wohnung, sondern war in einen für unverheiratete junge Erwachsene reservierten Teil gezogen. Hier wohnten die Männer und Frauen in etwas, was er „Apartments" nannte, obwohl er sich dieses Wortes nicht sicher war. Wo sie ihre Mahlzeiten einnahmen, war ihrer individuellen Vorliebe überlassen. Während er in diesen Vierteln lebte, aß er oft aus Geselligkeit und zur Unterhaltung mit den anderen zusammen. Es standen viele Tische im Speisesaal oder „Saal der Mahlzeiten", aber das Kochen wurde in Räumen außerhalb des Saals oder draußen in Lehmöfen verrichtet.

Die Wissenschaftler sagten, dass die Essener alle zusammen im Speisesaal aßen, während sie feierlich Zeremonien oder Rituale verfolgten, die während des Essens abgehalten wurden. Suddi war anderer Meinung: Er sagte, es habe nur den Segen gegeben und dass während des Essens keine Unterrichtung oder sonst etwas abgehalten worden sei. Es wurde auch geglaubt, dass sie während des Tages strenge religiöse Rituale befolgten. Wieder war Suddi anderer Meinung und sagte, nichts sei obligatorisch gewesen; es wurde dem Einzelnen überlassen. Die meisten religiösen Festlichkeiten fanden am Sabbat statt.

Wenn die Leute in ihrem eigenen Quartier essen wollten, gingen sie zu einem der „Wächter der Geschäfte" und nahmen, was sie brauchten. Sie sollten nicht hungern, es war aber keine „Völlerei" erlaubt.

Ich war neugierig auf die Arten von Lebensmitteln, die gegessen wurden. Hirse war ein Grundnahrungsmittel. Dies war eine Getreideart, die außerhalb angebaut wurde - wahrscheinlich in „Ain Feshka". Nach der Ernte wurden die Körner abgetrennt und in großen Säcken gelagert. Er beschrieb eine Speise aus Hirse. Um sie zuzubereiten, „nahm man eine Handvoll davon und einen Topf mit kochendem Wasser und warf es mit ein wenig Salz hinein". Manchmal wurden Kräuter hinzugefügt. Es klang wie eine Suppe, aber er sagte, man könne es rollen und mit den Händen essen, also wird es eine Art Brot gewesen sein.

Es wurden verschiedene Fleischsorten gegessen: Lamm und Ziege, gelegentlich ein Rind oder ein junger Ochse und verschiedene Vogelarten. Ich erinnerte mich an die Lebensmittelgesetze im Alten Testament und erkundigte mich nach jeglichen Einschränkungen. Er sagte: „an darf nicht von Schweinen oder von anderen Tieren essen, deren Hufe nicht gespalten sind. Das Schwein frisst alles. Es würde Mist fressen, wenn es das ist, was ihm gefüttert wird, es wäre ihm egal. Deshalb wird es als unrein erachtet. Man darf nur diejenigen Tiere mit Paarhufen essen, die wiederkäuen. Das Kamel käut wieder, aber wir essen das Kamel nicht."

Er persönlich aß nicht gerne Fleisch, obwohl es keine strenge Regel gab, die dies den Gemeinschaftsmitgliedern untersagt. Es war seine persönliche Entscheidung. „Es ist nicht gut, etwas zu töten für sein eigenes ... nur ... zum Vergnügen. Dies ist Gottes Kreatur, die man zerstört. Fleisch zu essen heißt, sich hier zu binden, seine Seele an die Erde zu binden."

Er verstand das Wort „Getränke" nicht, aber sie tranken Wein, Wasser und manchmal die Milch verschiedener Tiere. Als ein Trick fragte ich nach Kaffee, aber er sagte: „Das kenne ich nicht. Das ist mir nicht vertraut. Ich trank Tees, die aus Minzen und verschiedenen Arten von Blättern zubereitet wurden." „Gemüse" war ein weiteres Wort, das er selbst nach vielen Erklärungen nicht verstand. Es wurden noch andere Dinge außer Getreide und Früchten gegessen, aber diese wurden von vorbeifahrenden Karawanen gekauft.

Er beschrieb die Möbel in den Wohnräumen. „Da gibt es Betten, Rahmen mit gekreuzten Seilen, in die man einen Rahmen einlässt. Und dann werden die Polsterung und alles andere daraufgelegt. Und so schläft man darauf. Es gibt Stühle und Tische. Wenn du dich hinsetzen oder entspannen möchtest, nimm ein Kissen und setze dich auf den Boden. Es ist vorzuziehen." Der Rahmen des Bettes war etwa 30 Zentimeter hoch. Er verstand nicht, was ich meinte, als ich nach Wolldecken oder Bettdecken fragte. Als ich es erklärte, antwortete er: „Es gibt keinen Grund, diese Decken zu haben. Es wäre zu viel. Wenn man in den Bergen lebte, würde man sie vielleicht brauchen."

Er wusste ebenfalls nicht, was ein Kopfkissen ist, aber da er das Wort „Kissen" verwendet hatte, wusste ich, dass er dieses Wort erkennen würde. Er konnte nicht verstehen, warum wir im Schlaf ein Kissen unter den Kopf legen wollten. „Der Kopf ist nicht erhöht. Die ideale Art zu schlafen ist, die Füße höher als den Kopf zu legen, um den Kreislauf zu unterstützen. Würde man den Kopf erhöhen, dann hätte man Probleme mit schwellenden Füßen. Habt ihr das nicht? Den Kopf zu erhöhen würde Kopfschmerzen und viele andere Probleme hervorrufen. Das Anheben der Füße fördert den Kreislauf des Körpers und verhindert sein Absinken." Sie legten entweder ein Kissen unter die Füße legen oder neigten das Bett. Die einzigen weiteren Einrichtungsgegenstände im Haus waren Regale, in die man Dinge wie Kleidung und Ähnliches legen konnte.

Ich fragte nach Dekorationen und er runzelte die Stirn, abermals verwirrt. Ich dachte an Bilder oder Statuen. Das Wort „Statuen" störte ihn. „Wir haben keine Statuen! Es werden keine Statuen gefertigt. Wir haben gelegentlich ein Gemälde. Aber es sind keine Statuen in der Gemeinschaft erlaubt. Man soll nachbilden, was Gott geschaffen hat. Es ist gemäß den Geboten nicht erlaubt, ein Götzenbild zu machen."

„Selbst wenn es keinen Gott darstellen sollte? Zum Beispiel eine Tierstatue?" „Viele falsche Götter werden als Tiere verehrt."

Ich versuchte zu erklären, dass einige Leute gerne Statuen und Gemälde in ihren Häusern haben, nur weil sie schön anzusehen seien. Sie haben nicht die Absicht, sie zur Anbetung zu verwenden. Aber Suddi konnte dieses Konzept nicht verstehen. „Ich würde die Natur betrachten und die Schönheit darin finden. Warum eine grobe Nachahmung betrachten, wenn die Realität vor einem liegt? Ich kann die Schönheit und das Bedürfnis zu erschaffen verstehen, aber könntet ihr nicht viele weitaus größere Dinge erschaffen? Die Malereien sind sehr schön."

Als ich nach einer Erklärung der Malereien fragte, hatte ich nicht die Art Malerei erwartet, mit der er vertraut war. Sie waren auf Papyrus oder Holz gemalt und hingen im Haus verteilt, aber es waren keine Bilder von Gegenständen oder lebenden Dingen, wie wir sie haben. Sie klangen eher nach einer Art abstrakter Malerei.

S: Die Farben und wie die Lichter und Formen und ... ich male nicht. Ich kann das nicht sehr gut erklären. Es sind Dinge, die zur Seele sprechen. Sie kommen von innen und sind mehr als das, was die Augen sehen können. Sie sind das, was die Seele sieht. Sie haben nur eine Bedeutung für den, der sie malt.

D: Was ist mit den Römern? Sie haben viele Statuen, nicht wahr?

S: Ja, aber sie sind Heiden. Sie verehren sie. Sie messen ihnen Qualitäten bei, die es nicht gibt. Sie sind nur Stein.

D: Verehren sie tatsächlich die Statue selbst oder verehren sie eine Idee dahinter?

S: Es gibt alle möglichen Varianten. Einige von ihnen verehren die Statue als echt, andere sagen, dass sie nur das sei, was sie repräsentiert. Alle dieser Einstellungen scheinen sehr gefährliche Ideen zu sein.

Er war sehr schockiert, als ich fragte, ob er jemals in einem römischen Tempel gewesen sei. „Ich habe mit Römern über ihren Glauben gesprochen. Aber in ihren Tempeln töten sie Tiere und besudeln den Namen der Anbetung. Es ist etwas von Entsetzen und Unreinheit geworden. Es gibt einen in Bethesda, dies ist der einzige, den ich kenne. Ich hörte von dem in Jerusalem und von verschiedenen anderen. In Kapernaum soll es einen geben. Natürlich hat Tiberias den

Tempel. Dieser wurde von ihrem Imperator gebaut." (Tiberias wurde schnell ausgesprochen und die Silben wurden undeutlich.)

Ich fragte nach Nazareth, aber er sagte, das Dorf sei zu klein, sie würden sich nicht die Mühe machen, dort einen hinzustellen. Ich dachte, er hätte vielleicht aus Neugier einen sehen wollen, aber die Idee war abstoßend für ihn. „Unser Tempel beginnt von innen. Wenn es eine Ganzheit von innen heraus gibt, breitet sie sich ohne Tempel aus. Man braucht kein Haus oder eine Kammer, um das darin zu bergen." Ich habe immer gedacht, dass der Tempel und die Synagoge derselbe Ort nur mit unterschiedlichen Namen seien. Ich erinnerte mich an die Geschichte von Jesus in der Bibel, als er im Tempel vorgefunden wurde, wo er die Ärzte lehrte.

S: Ein Tempel dient nur der Anbetung von Elorhim, wohingegen die Synagoge auch ein Ort des Lehrens ist. Der Tempel birgt das Allerheiligste, während sie in der Synagoge vielleicht nur das Heiligtum für die Thora haben. Der Tempel ist für Gott, die Synagoge ist für die Anbetung in der Art des jüdischen Glaubens.
D: Also könnte jede Person, die eine andere Religion ausübt, in den Tempel kommen, aber nicht in die Synagoge?
S: Ja. In der Synagoge gibt es einen Platz für die Nichtjuden oder auch einen Frauenhof. Und zum Tempel werden alle zugelassen, die Gott anbeten.

Obwohl die Bibel erwähnte, dass Jesus die Ärzte befragte, kannte Suddi dieses Wort nicht. Was er als Heiler betrachtete, wurde Mediziner genannt, und diese Art von Person lehrte nur ihre Spezialität. Sie unterrichtete nicht im Tempel. Was in der Bibel gemeint ist, ist anscheinend jemand wie ein Lehrer, der sehr gelehrt ist, vielleicht ein Meister.

S: Diejenigen, die im Tempel lehren, sind die Rechtslehrer. Es gibt Priester und jeder hat seine eigene Spezialität. So hatte einer das Gesetz und ein anderer hatte die Mysterien und andere sprachen über das unterschiedliche Wissen, das weitergegeben wurde. Ein Rabbi ist anders, er lehrt sozusagen jüdisches Recht und jüdische Religion.

Ich bat um eine Beschreibung des Tempels von Qumran und bekam mehr als ich erwartet hatte.

S: *Es gibt den Bereich, in dem sich die Leute versammelten. Sie knieten oder setzten sich auf den Boden. Und dann ist da noch der Altar. Hinter dem Altar ist der Vorhang, das innere Heiligtum, über dem sich der Schleier befindet. Und dort drinnen werden die Thora und die Schriftrollen aufbewahrt, im geheimen Bund. Während des Studiums oder der Feierlichkeiten der heiligen Tage oder was auch immer vor sich geht, brachten sie diese hervor und lasen aus ihnen vor und teilten sie mit anderen. Es gab das Teilen von Seelen, dann Diskussionen über die Handlungsweisen Gottes und das Leben und viele Dinge. In der Synagoge werden die Frauen nur zum Frauengericht zugelassen. Hier werden alle zugelasssen.*

D: Befinden sich religiöse Gegenstände im Tempel, zum Beispiel auf dem Altar?

S: *Da ist der Kelch und normalerweise ein Räuchergefäß, das ist in der Tat alles.*

D: Welchen Zweck hat der Kelch? Was ist seine Bedeutung?

S: *Es ist das Vorüberziehen an allen und auf diese Weise das Teilen. Es verbindet uns und macht uns eins.*

Das hatte eine unerwartete Vertrautheit an sich. Harriet fragte aufgeregt: „Alle trinken aus demselben Kelch? Was trinken sie, Wasser?" „Für gewöhnlich gibt es Wein." Dies war eine bedeutsame Neuentwicklung. Was Suddi da beschrieb, klang wie die Heilige Kommunion oder das Abendmahl. Aber es wird angenommen, dass dies mit Christus zusammenhänge und der wurde noch nicht geboren. Suddi sagte, dass zu dieser Zeit kein Essen gereicht wurde (ich dachte an das Brot oder die Waffel in der Kommunion), nur der Kelch wurde unter den Menschen herumgereicht.

S: *Es ist der Kelch mit dem Lebensblut. Es ist das Teilen des Lebens zwischen allen. Der Wein repräsentiert das Blut aller und das Teilen miteinander.*

D: Das ist die Bedeutung? Das bedeutet, dass alle von einem Blut sind? Dürfen nur die Mitglieder der Essener Community an dem Kelch teilhaben?

S: *Man muss die Gebote akzeptiert haben, um an dem Einssein teilhaben zu können. Teilweise aufgrund der Tatsache, dass sie vielleicht nicht verstehen würden, worum es dabei geht. Es ist nicht so, dass wir nicht glauben, dass sie eins mit uns sind, denn das glauben wir. Es ist nur so, dass das Teilen in der ihnen eigenen Zeit herbeigeführt wird. Wenn sie nicht dazu bereit sind, wird es nicht erzwungen.*

Ein durchreisender Fremder würde also nicht daran teilnehmen dürfen. Dieses Ritual wurde bei Zeremonien abgehalten, bei denen alle zusammen waren und daran teilnehmen konnten. Es wurde am Sabbat ausgeführt, war aber nicht auf diesen Tag beschränkt. Suddi sagte, dass diese Zeremonie seines Wissens nicht von der gesamten jüdischen Gemeinde durchgeführt wurde.

Ich hielt dies für eine wichtige Entdeckung. Offenbar führte Jesus kein neues Ritual ein, als er mit seinen Jüngern im Obergeschoss das Letzte Abendmahl abhielt. Er benutzte eines, an dem er schon viele Male mit den Essenern teilgenommen hatte. Die Symbolik des Brotes soll ein jüdischer Brauch sein. Ich denke, er kombinierte das mit dem Brauch, den Kelch zu reichen und gab ihm eine neue Bedeutung. Für die Essener symbolisierte diese Zeremonie, dass sie alle von einem Blut waren und das Teilen des Lebens unter allen. Was könnte natürlicher sein, als dass Jesus dies am Vorabend seines Prozesses und seines letztendlichen Todes tun wollte? Es sollte eine letzte Darbietung der Brüderlichkeit zwischen ihm und seinen Jüngern sein.

Sandelholz wurde im Weihrauchbrenner verbrannt, denn „Es kann angeblich dazu beitragen, einige der Zentren (Chakren?) in uns selbst zu öffnen. Nochmals, ich bin nicht mit den Lehren all der Mysterien und den Zeremonien vertraut." Während das Überreichen des Kelches strikt ein Brauch der Essener war, verwendeten das Räucherwerk auch andere Religionen, sogar die Römer.

Mir kam der Gedanke, dass wenn sie ein Ritual hatten, das der christlichen Kirche bekannt war, sie vielleicht ein noch ein weiteres hatten. Ich nutzte die Gelegenheit und fragte nach der Taufe. Suddi wirkte durcheinander, verwirrt, weil er dieses Wort nicht kannte.

D: Es ist eine Waschung, eine zeremonielle Reinigung mit Wasser.
S: *Es gibt eine Zeremonie der Reinigung. Nachdem eine Person ihre Barmitzva erhalten hat, wird sie herausgenommen und es muss*

sorgfältig geprüft werden, ob sie das Einwilligungsalter erreicht hat. Und sie entscheidet sich dann entweder dafür, dem Weg Jahwes zu folgen oder vielleicht abzufallen. Wenn sie sich dazu entschließt, ihm zu folgen, wird sie mit den Wassern gereinigt. Und es wird gesagt, dass sie ihre Vergangenheit abwaschen und dass sie von diesem Punkt an neu beginnen wird. Es gibt verschiedene Arten, dies zu tun. Einige gießen das Wasser über sie und andere lassen sie sich ins Wasser hineinlegen.

D: Würdest du dafür ans Tote Meer gehen?
S: *Nein, niemand würde in das Meer des Todes gehen. Es wird normalerweise in einem der Brunnen hier vollzogen.*
D: Gibt es spezielle Kleidung, die man zu dieser Zeit trägt?
S: *Entweder eine Robe aus Flachs oder überhaupt nichts. Es ist Teil der Läuterung, der Entblößung der Seele.*
D: Führt der Priester die Zeremonie durch?
S: *Ja oder einer der Ältesten. Normalerweise wird dies nur einmal im Leben eines Menschen getan.*

Dies würde erklären, woher Johannes der Täufer die Idee für das Ritual der Taufe hatte. Als er im Fluss Jordan Menschen taufte, war das nichts Neues. Er folgte lediglich einem bestehenden Brauch der Essener.

Die Übersetzer der Schriftrollen vom Toten Meer sind sich dieses Zufalls bewusst. Ich fand heraus, dass es in den Schriftrollen zahlreiche Verweise auf diese beiden Zeremonien gibt. Viele dieser Experten sind zu dem Schluss gekommen, dass dies Johannes den Täufer direkt mit den Essenern verbindet. Es zeigt an, dass er zu irgendeiner Zeit in seinem Leben unter ihrem Einfluss stand.

Die Essener kleideten sich recht einfach. Sowohl Männer als auch Frauen trugen ein einfarbiges Gewand, gefertigt entweder „aus gesponnenem und gewebtem Schafshaar (Wolle) oder aus verarbeitetem Flachs" (Leinen). Die Gewänder waren in der Taille gerafft und gingen bis zum Boden. Sie galten als kühl. Unter der Robe trugen die Männer einen Lendenschurz. Beide Geschlechter trugen Sandalen. Die Gewänder waren immer weiß, obwohl manchmal „eher die Farbe der Fettcreme der Kühe. Das war nicht ganz weiß." Es wurde selten kühl genug, um etwas anderes zu tragen, aber wenn doch, hatten sie Umhänge in verschiedenen Farben. Die erwachsenen Männer ttrugen einen Bart. „Es ist ein Zeichen der Zugehörigkeit zur

Gemeinschaft der Männer." Außerhalb von Qumran gab es Menschen, die sich dafür entschieden, glatt rasiert zu sein. „Es gibt Gemeinschaften, die sich nie die Haare schneiden. Die Römer tragen ihre kurz. Für uns sind sie in jeder Länge erlaubt, solange diese gepflegt und sauber sind. Die meisten mögen sie bis zu den Schultern."

Wenn jemand die Gemeinschaft verließ, um in die Außenwelt zu gehen, musste er sich wie die anderen Menschen kleiden, damit er nicht anders aussah. Die Auswärtigen trugen keine weißen Roben, sie trugen bunte Kleidung mit verschiedenartigen Kopfbedeckungen. In dieser Hinsicht waren die Essener einzigartig und wären schnell erkannt worden, da sie unter den anderen aufgefallen wären. Die alten Schriften bestätigten diese Tatsachen über ihre Kleidung.

Es muss daran erinnert werden, dass die Essener außerhalb der Mauern in Gefahr waren. Aber solange niemand wusste, wer sie waren, waren sie in Sicherheit. Wie Suddi sagte: „Wir haben keine blaue Haut." Anscheinend konnten sie nicht leicht erkannt werden, wenn sie sich wie alle anderen kleideten. Aber wenn sie in Qumran waren, trugen alle sozusagen die gleiche „Uniform". Es erschien, als ob sie alle absolut identisch wären, aber sie hatten eine Methode zur Identifizierung des „Ranges". Sie trugen ein Stoffband über ihre Stirn gebunden. Diese Bänder hatten unterschiedliche Farben, je nach dem Stand ihres Trägers in der Community. Es war wie ein Amtsabzeichen, anhand dessen sie schnell den Status des jeweils anderen erkennen konnten.

S: So ist die Farbe Grau für die jungen Studenten. Die Farbe Grün sind die Suchenden. Sie stehen über dem Niveau der Studenten. Sie haben das abgeschlossen, was jeder lernen muss, aber sie suchen immer noch mehr. Sie wurden erst vor Kurzem zugelassen, aber ihre Seele dürstet noch immer nach Wissen. Sie sind immer noch Studenten, aber sie sind keine Meister. Und da sind die Blauen, welche die Meister sind. Und dann gibt es den Weißen, welcher der Älteste ist. Es gibt den Roten, der eigentlich kein Mitglied von diesen anderen ist. Er steht außerhalb von ihnen. Er lernt, aber vielleicht zu anderen Zwecken. Dieser ist wie ein auswärtiger Student, als ob er nur ein Besucher wäre. Obgleich sie gleichgesinnt sind, zeigt uns das Rot, dass sie vielleicht nicht ganz zu uns gehören. Es ist wirklich nur das Grün, das Blau und

das Weiß, die zu uns gehören und dann das Grau für die jungen Studenten.
D: Wenn also jemand ein rotes Stirnband trägt, wohnt er nicht die ganze Zeit dort?
S: *Nun, es ist nicht so, dass sie nicht die ganze Zeit hier leben. Vielleicht kommen sie von woanders her, um zu lernen, zu suchen, zu studieren.*
D: Wenn sie dann ihr Studium beenden, werden sie wieder fortgehen. Haben sie diese Farben aus einem bestimmten Grund gewählt?
S: *Das Blau zeigt viel von innerem Frieden. Es ist fast auf dem Niveau des Weiß. Das Weiß ist die höchste Errungenschaft. Man verweilt in völliger Ruhe und hat alles erreicht, was es zu erreichen gilt. Das Blau ist nur eine Stufe darunter, wenn dies verständlich ist.*

Diese farbigen Stirnbänder wurden auch von Frauen getragen, da sie als den Männern ebenbürtig betrachtet und auch belehrt wurden. Er konnte meine Überraschung nicht verstehen, als ich sagte: „In einigen Gemeinden wird Mädchen gar nichts beigebracht." „Aber wie könnte ...? Wenn ein Mädchen nicht belehrt wurde, wie kann sie eins bleiben mit ihrem Ehemann oder ... ich verstehe nicht."

Wir waren sehr erfreut über seine Denkweise, die gegen die volkstümlichen jüdischen Bräuche jener Zeit verstoßen haben muss. Dies würde einige der Einstellungen Jesu gegenüber Frauen erklären. Sie waren in Qumran während seiner Zeit dort nicht anders behandelt worden. Wenn eine Frau keine Studentin war, konnte sie je nach Wahl einen Schal oder einen Schleier tragen. Aber meistens trugen die Frauen nichts auf dem Kopf.

Zu der Zeit, als ich mit ihm sprach, trug er Grün. „Es bedeutet, dass ich ein Student bin. Ich bin eine Stufe unter dem Meister. Ich bin kein ungeborener Student, ich bin ein Sucher. Die jüngeren tragen Grau."

Während der Sitzung, in der Suddi die Lebensumstände von Qumran beschrieb, befand sich Katie in tiefer Trance, aber sie schlug sich plötzlich und unerwartet auf die rechte Wange, was uns überraschte. Abgesehen von Handbewegungen und Gesten, um etwas zu beschreiben, treten solch schnelle Bewegungen normalerweise nicht auf. Später fing sie an, sich an der Stelle zu kratzen, auf die sie geschlagen hatte. Suddi meinte einfach: „Ähm, die Käfer werden schlimm. Ich fand das sehr amüsant, weil es so unerwartet war. Er sagte, es handele sich hauptsächlich um Stechmücken, „kleine fliegende Dinge", aber es gab dort viele Arten von Insekten in Qumran, unter denen Heuschrecken und Ameisen ein Problem darstellten. Als ich nach gefährlichen Insekten fragte, die einem einen giftigen Biss zufügen können, sagte er, er wisse nichts davon, obwohl er selbst „nicht mit dem Studium der niederen Lebensformen befasst" sei.

Es gab Tiere, die zum Verzehr aufgezogen wurden: Schafe, Ziegen und Ochsen. Aber ich hatte den Eindruck, dass diese nicht in Qumran gehalten wurden. Sie befanden sich wahrscheinlich außerhalb der Mauern oder in der Nähe von „Ain Feshka", wo sich die Landwirtschaft befand. Wir gerieten in eine interessante und fruchtlose Diskussion, als ich fragte, ob sie Haustiere hielten. Er kannte das Wort nicht. Dies ist häufig der Fall, wenn ich mit Menschen aus einer anderen Kultur zu tun habe; sie verstehen nicht oder haben kein entsprechendes Wort. Ich werde immer wieder überrascht, weil das Wort (wie in diesem Fall) ein für uns so gebräuchliches ist. Oft muss ich mir schnell eine passende Erklärung einfallen lassen, und das ist schwierig. Probieren Sie es einmal aus. Ich habe versucht, schnell nachzudenken und eine Definition für das Wort „Haustier" zu finden.

D: Nun, es ist ein Tier, das niemand isst. Jemand nimmt ein Tier und macht es sich zu eigen. Er behält es nur zu seinem eigenen Vergnügen, als Haustier.
S: *Das klingt egoistisch. Woher wissen wir, dass das Tier nicht andere Freuden hat als diese?*
D: Nun ... es ist wie ein Freund.
S: *Wie kann ein Tier ein Freund sein? Es pflegt keine intelligente Konversation.*

Er wirkte völlig verwirrt. Ich sagte: „Manche Leute haben gerne Tiere bei sich. Sie leben mit ihnen in ihren Quartieren." „Das klingt nicht sehr hygienisch." Wir lachten. Mir war nicht klar, wie schwierig es sein würde, dies zu erklären. Ganz gleich, was ich sagte, es schien nicht klarer zu werden. Ich fragte, ob er wisse, was eine Katze oder ein Hund ist. Er kannte das Wort Katze, aber nicht Hund. Mit gerunzelter Stirn sagte er: „Ich habe ... Schakale gesehen" (ausgesprochen: Yackals). Ich nehme an, das war das beste mentale

Bild, das ihm für das Wort „Hund" einfiel. Ich erklärte, dass sie ähnlich, aber nicht ganz gleich seien. „Ich glaube nicht, dass irgendjemand eine Katze besitzen kann. Das ist merkwürdig. Warum sollte jemand etwas als Haustier haben wollen, das tote Tiere frisst? Ich würde keines bei mir haben wollen. Sie haben alle Ungeziefer. Das ist nicht gut. Ungeziefer überträgt Krankheiten. Wir verwenden Schwefel, um es fernzuhalten.

Es war offensichtlich, dass ich nicht würde definieren können, was wir als Haustiere betrachten, also fuhr ich fort. Ich wollte wissen, ob es irgendwelche Probleme mit Schlangen in der Gemeinschaft gab Er sagte, dass es viele Kreuzottern gab, die in der Größe variierten. Sie reichten von ziemlich klein bis ziemlich groß, mehrere Armlängen lang. Sie kamen gelegentlich in die Gemeinde und wurden dann getötet, weil der Biss der meisten tödlich war. Ich war überrascht von diesem Eingeständnis, dass seine Leute manchmal tatsächlich töteten. Er schien so sehr gegen das Verletzen jedweden Geschöpfes Gottes und gegen jegliche Art von Gewalt zu sein. Er sagte, sie töteten, wenn es Gefahr gab.

Ich versuchte immer noch herauszufinden, ob sie jemals irgendeine Art Schutz verwendeten, wenn sie bedroht wurden. Er hatte zuvor angedeutet, dass es da etwas gab, aber es war eines der verbotenen Gesprächsthemen. Als ich diesmal fragte, ob es noch etwas gebe, das sie als Gefahr betrachteten, ging er erneut in die Defensive und weigerte sich, zu antworten. Wann immer dies geschah, war es immer am besten, das Thema zu wechseln.

Während meiner Befragungen stellte ich oft fest, dass Qumran weit entfernt davon war, primitiv zu sein. Ich bin ihm einmal beim Baden begegnet. Er sagte, dies sei etwas, das täglich gemacht werde, üblicherweise morgens. Der „Raum zum Baden" war ein großer Raum, in welchem das Bad fast den gesamten Raum umfasste. Es führten Stufen in das Becken und es gab einen Bereich an der Seite, auf dem Bänke zum „Sich-entblößen" standen. Sie zogen alle ihre Kleider aus, um ins Wasser zu gehen. Viele Menschen (sowohl Männer als auch Frauen) badeten gleichzeitig und verwendeten Bimsstein anstelle jeglicher Art von Seife. Das Wasser kam von irgendwo unter der Erde in das Becken. Es war ein stetiger Zufluss, der immer aufgefrischt und verändert wurde. Er wusste nicht, wohin das Wasser floss, weil er, wie er sagte, das System weder entwarf noch baute, aber er glaubte, dass die Bereiche, durch die das Wasser lief, abgedeckt waren. Ich vermute, wenn jemand einen durchschnittlichen modernen Stadtbewohner nach seinem Wassersystem fragen würde, hätte auch er Schwierigkeiten, dies zu erklären, es sei denn, er wäre aus irgendeinem Grund in dessen Funktionsweisen involviert.

Es gab Orte in der Gemeinde, an denen das Wasser an die Oberfläche kam. Das Trinkwasser wurde aus zwei Quellen gewonnen. Ich dachte, vielleicht meinte er einen Brunnen, aber er war ziemlich nachdrücklich in seinen Definitionen. Er wusste, was ein Brunnen ist, und er sagte, das sei es nicht. „Es ist das, wo das Wasser von unten und drückt nach oben kommt. Es kommt aus den Bergen und es steigt aus dem Boden heraus nach oben. Es gibt ein Areal für die Speicherung dieses Wassers, das recht viel Wasser enthält. Es ist quadratisch und vielleicht so tief wie die Taille eines Mannes. Und anderthalb mal so lang wie eine gestreckte Armlänge. Während der heißesten Monate werden sie häufig abgedeckt, damit das Wasser nicht verschwendet wird und der Staub nicht eindringt und es beschmutzt."

Das Wasser wurde mit Eimern entnommen; man musste den Eimer nur nach unten tunken und es herausschöpfen. Das überraschte mich, weil die Gegend um Qumran so trocken ist. Ich hätte nicht gedacht, dass es einen stetigen Wasserfluss geben könne. „Wieso nicht? So nahe am Meer des Todes gelegen, da gibt es Wasser hier. Es kommt aus vielen Quellen. Solange diese nicht im Meer liegt, kann es ohne Probleme zum Trinken und Dergleichen verwendet werden."

Ich wollte herausfinden, ob es dort sanitäre Einrichtungen gab, welche die Harnabsonderungen und Darmentleerungen entsorgten. Gemäß der Bibel (5. Buch Mose 23:12-14) durften die Menschen zu mosaischen Zeiten dies nicht innerhalb der Stadt tun, da es unrein war. Sie mussten außerhalb der Mauern gehen, ein Loch graben und es hinterher zudecken. Suddi war ein Experte für jüdisches Recht und ich fragte mich, was er dazu sagen würde. Ich war mir nicht ganz sicher, wie ich es ausdrücken sollte. Ich hatte keine Ahnung, was andere Kulturen als anstößig empfinden würden. „Also, wann immer Menschen urinieren müssen? Aus hygienischen Gründen musste man die Mauern verlassen, um dies zu tun?" „Nein, es gibt einen Ort, der für diese Körperfunktion genutzt wird. Es ist ein Raum mit mehreren Abteilungen ... (nach dem richtigen Wort suchend) ... Kabinen, in denen man urinierte oder Stuhlgang hatte. Ich glaube, es ist ein ausgeschachtetes Grubensystem und es wird immer wieder frischgemacht. Ich bin mir nicht sicher, mit welcher Methode sie es entfernen." Es befand sich innerhalb der Gemeindemauern und alle gingen zu demselben Ort. Es gab Wasser in diesen Kabinen, aber er wusste nicht, ob es auch fließendes Wasser wie in den Bädern war.

S: *Es gibt Dinge, die in das vorhandene Wasser geschüttet werden, um es frisch zu halten.*
D: Steht es nicht im jüdischen Gesetz, dass sie die Stadt verlassen müssen?
S: *Ich weiß nicht. Und was, wenn ein Mann in der Nacht raus musste? (Er lachte) Verließ er dann die Stadt?*

Anscheinend galten also nicht alle jüdischen Gesetze für alle Menschen. Es ist fraglich, ob andere Städte in Israel die Wunder der sanitären Einrichtungen und der Wasserversorgung besaßen, die in Qumran vorhanden waren. Aber die Essener hatten offenbar Zugang zu vielen Informationen, möglicherweise gar zu dieser Art von Ingenieurwissen.

Als die Archäologen die Ruinen von Qumran ausgruben, waren sie erstaunt über das wunderbar komplexe Wassersystem, das sie vorfanden (siehe Zeichnung). Es gab zwei Bäder mit hinabführenden Stufen, mehrere Zisternen (wie die Wissenschaftler sie nannten) und Wasserspeicherbecken. Es gab weiterhin viele kleine Kanäle, die das ganze System miteinander verbanden und die wahrscheinlich während der Zeit, als die Essener dort lebten, überdeckt wurden. Es ist interessant zu erwähnen, dass die Wissenschaftler angenommen haben, dass die Bäder offen gewesen seien, wohingegen Suddi sagt, dass sie von Räumen umschlossen waren und dass die Speicherorte und die Brunnen offen waren.

Sie nahmen an, dass die Essener während der sehr seltenen Regenfälle von den Hügeln herabrinnendes Wasser auffingen und in diesem System speicherten. Pere de Vaux sagte jedoch, dass während der drei Jahre, in denen er und seine Gruppe auf der Ausgrabungsstätte waren, das Wasser lediglich zweimal von den Hügeln herabgekommen sei. Es ist schwer zu glauben, dass sie ausreichend Wasser für lange Zeiträume hätten speichern können, wenn sie auf den unvorhersehbaren Regen angewiesen gewesen wären. Suddi sagte, das Wasser sei geflossen. Ich glaube, sie hatten eine Quelle gefunden und das Wasser durch die Gemeinde geleitet. Ich glaube, dass in der dazwischen liegenden Zeit von zweitausend Jahren etwas mit der Quelle geschehen ist, entweder durch Erdbeben oder durch natürliche Bodenverschiebungen. Es gibt bekannte Quellen in der Gegend, die bemerkenswerteste in „Ain Feshka", einige Kilometer südlich. Warum sollten die Essener ihre landwirtschaftliche Fläche nahe einer Quelle legen aber dann ihre Gemeinde in einer unfruchtbaren Gegend aufbauen?

Auch ist bekannt, dass die Römer das Wassersystem zugrunde richteten, als sie die Gemeinde zerstörten. Vielleicht haben sie die Wasserquelle aus Unwissenheit stillgelegt.

Die Archäologen fanden die Überreste von etwas, das sie ein Sanitärsystem nannten, eine Art Klärgrube. Sie entdeckten auch die Ruinen eines Gebäudes mit Kabinen, von dem sie annahmen, dass es ein Stall gewesen sei. War es das?

Was Suddis Tagesablauf anbelangt: „Normalerweise erwachte ich mit der Sonne, ging baden und brach dann mein Fasten. Studierte für eine gewisse Zeit und begann dann mit den Lektionen oder ging den Lehren des Tages nach. Und brach dann wieder ab und aß das Mittagsmahl. Dann studierte ich für gewöhnlich. Es gibt vieles, von dem ich nichts weiß. Dann aß ich zu Abend und verbrachte meine Abende in Kontemplation." „Musst du mit der Sonne aufstehen?" Dies ist eines der Dinge, die die Wissenschaftler angenommen haben. „Es ist nur eine Frage der Sitte. Es hängt davon ab, was man tut. Es gibt diejenigen, die die Sterne studieren. Sie bleiben natürlich die ganze Nacht auf und schlafen tagsüber. Wenn man die Sterne studiert, steht man nicht auf und verbringt den ganzen Tag wach und geht schlafen, wenn die Sterne am Himmel sind. Es gibt diejenigen, die bis spät in die Nacht hinein arbeiten, aber die meisten von uns stehen mit der Sonne auf." „Gibt es eine festgelegte Zeit, zu der du nachts zu Bett gehst?" „Nein, nicht generell, wenn es Dinge gibt, die du tun musst, kann das bis spät in den Abend dauern. Es könnte einfach Lernen sein. Es könnte das Sprechen sein mit jemandem, der seit langer Zeit nicht da gewesen war. Vielerlei Dinge."

Wenn sie bis nach Sonnenuntergang aufblieben, hatten sie offensichtlich Mittel zur Lichtproduktion. Mir war bewusst, dass sie in diesem Teil der Welt Lampen verwendeten, die Olivenöl enthielten. Ich hatte diese Informationen von anderen Probanden erhalten. Aber ich hätte mittlerweile lernen sollen, nichts für selbstverständlich zu halten, wenn ich mit dieser Methode in die Vergangenheit eintauche.

Während meiner Arbeit mit Katie wusste ich nie, wohin eine unschuldige Frage führen würde. Als er nach ihren Beleuchtungsmethoden gefragt wurde, war seine Antwort unerwartet und bewies abermals, dass Qumran kein gewöhnlicher Ort war. Seine Wände bargen viele unsichtbare Geheimnisse. „Wir hatten entweder die Öllampen oder die Lichter, die brannten."

Wenn man mit Rückführung arbeitet, muss man wachsam bleiben und bereit sein, alles aufzugreifen und nachzuverfolgen, das sich auch nur das kleinste Bisschen ungewöhnlich anhört. Da das etwas für ihre Lebensweise Übliches ist, werden sie es nicht näher ausführen, es sei denn, man hakt mit Fragen nach. Man weiß nie, wohin es führen wird. Dies ist eines dieser Beispiele. Warum erwähnte er zwei Arten von Lampen?

S: *Für gewöhnlich benutze ich diejenige, die Öl enthält und zünde sie dann an. Es gibt aber auch die Lichter, die Licht ohne Flamme haben.*
D: Welches ist die Quelle seiner Energie?
S: *(Er hatte Schwierigkeiten, es zu erklären.) Ich habe sie nicht gebaut, ich weiß es nicht. Es speist sich aus einem Standgefäß, auf welchem das Licht platziert wurde. Das Gefäß hat einige Eigenschaften. Es wird auf einem Gefäß platziert, das einen ... (suchte nach dem Wort) Kugel hat, die sich von ihm löst, die beleuchtet wird. Das Gefäß ist ungefähr ... so ... (er maß mit seinen Händen - es sah ungefähr dreizehn Zentimeter groß aus).*
D: Mit der Kugel meinst du eine Kugel aus Glas?
S: *(Zögerte) Was ist ... Glas?*
D: (Wie erklärt man das?) Vielleicht habt ihr es nicht in eurer Gemeinde. Glas ist ein Material, aber es ist etwas, durch das man durchschauen kann. Wie eine Tonware, aber es ist klar. (Das war schwierig.)
S: *Klingt interessant. Es ist ungefähr so, ja. Ich weiß nicht, wie es hergestellt wird.*

Harriet schlug die Idee von etwas Ähnlichem wie einem Kristallmaterial vor und er antwortete mit einem nachdrücklichen „Ja!" Das war ähnlich wie Glas. Zumindest war es ein Material, durch das man durchschauen konnte, also hatte er etwas zum Vergleich. Ich fragte, ob die runde Kugel wie eine Sphäre sei und er wurde ganz aufgeregt, dass er sich endlich verständlich gemacht hatte. Als ich aber ich fragte, ob die Sphäre hohl sei, wurde er abermals verwirrt.

S: *Ich verstehe nichts von diesen Dingen. Ich entwerfe sie nicht.*
D: Aber es sitzt oben auf dem Gefäß und das Gefäß ist Tonware. Ist das richtig?
S: *Ich weiß nicht. Es sieht aus wie Stein.*
D: Befindet sich irgendetwas im Glas?
S: *Ich habe es nicht auseinandergenommen, um es herauszufinden.*

Er begann, sich über meine wiederholten Fragen zu ärgern, aber ich wollte möglichst verstehen, wie dieses seltsame Gerät funktioniert, denn so etwas hätte nicht existieren sollen. Ich wollte wissen, ob es die ganze Zeit eingeschaltet blieb und ob es nicht ausgeschaltet werden konnte. „Nein. Es wird ein- und ausgeschaltet, indem man es stellt ... Entweder hat man den Typ, den man in ein anderes Glas hineinstellt, was dieses zum Leuchten bringt, oder man hat eines, das eine Verwindung bekommt, wodurch es zum Leuchten gebracht wird. Aber es ist niemals konstant an, es sei denn, dass man das wünscht." Ich fragte, ob es ihm besser gefalle als die Lampe mit dem Öl. Er sagte, das Fremde sei viel heller und es bestehe nicht diese Brandgefahr.

D: Werden diese in der Gemeinde hergestellt?
S: *Nein, sie sind sehr alt.*
D: Sie müssen eine große Energiequelle haben, um so lange zu halten. Gibt es sehr viele von ihnen in der Gemeinde?
S: *Es gibt genug davon. Ich habe sie nicht gezählt. Sie sind überall. Sie sind zugelassen, wo auch immer sie gebraucht werden.*

Bei meinen Recherchen fand ich die Beschreibung von Objekten, die der Archäologe Pere de Vaux aus den Ruinen von Qumran ausgegraben hat. Unter den vielen Tonscherben fand er ein paar Steinkrüge und ein paar Glasscherben. Könnten sie die Überreste der Lampen gewesen sein und nicht als das erkannt worden sein, was sie waren?

Der Gedanke an ein derartig funktionierendes Gefäß weckte eine Erinnerung. Ich erinnerte mich, etwas Ähnliches in einem der Bücher von Erich von Däniken gelesen zu haben. Seine Arbeiten beinhalten viele ungeklärte Kuriositäten.

The Community of Qumran

Ich fand es auf Seite 174, Bild 252, in In Search of Ancient Gods (Zu deutsch: Auf der Suche nach alten Göttern, Dt. Titel: Meine Welt in Bildern, *Anm. des Übersetzers). Es war ein Bild von einem kleinen Gefäß von etwa der Größe, die Suddi angegeben hatte, und es zeigte jemanden, der einen länglichen schwarzen metallischen (?) Gegenstand in das Gefäß einführte. Die Inschrift besagte, dass es eine Batterie sei, die nach dem galvanischen Prinzip arbeitete. Sie war sehr alt, aber auch heute noch könnten ihr 1,5 Volt entlockt werden. Sie befindet sich jetzt im Irak-Museum in Bagdad.

Weitere Informationen zu diesem Gerät enthält Charles Berlitz' Buch Atlantis, the Eighth Continent (S. 39) (Dt. Titel: Der Achte Kontinent: Wiege aller Kulturen, *Anm. des Übersetzers). Der Bilduntertitel lautet: „Dr. Wilhelm Konig, ein österreichischer Archäologe am Irak-Museum, grub 1936 eine 2000 Jahre alte Vase mit einer Höhe von 15 Zentimetern aus, in deren Inneren sich ein in Pech eingelassener Kupferzylinder befand und darin wiederum ein mit einem Asphaltpfropfen befestigter Eisenstab. Dieses Objekt ähnelte anderen im Berliner Museum, einige größer mit einer Wiederholung der Zylinderfassung. Es gibt keinen Hinweis auf ihre Funktion, außer dass es sich um „Religions- oder Kultgegenstände" handelte. Es kam einigen Forschern, unter ihnen auch Dr. Konig, in den Sinn, dass es sich um Trockenbatterien handeln könnte, die sich nach mehreren tausend Jahren verständlicherweise nicht mehr in funktionierendem Zustand befanden. Als sie aber genauestens rekonstruiert und mit einem neuen Elektrolyten versehen wurden, funktionierten sie! Diese uralte Verwendung von Elektrizität kann natürlich nur beweisen, dass elektrische Energie für die Galvanisierung von Metallen mit Gold und Silber verwendet wurde, wie es noch immer in den Basaren des Nahen Ostens geschieht. Es ist aber auch wahrscheinlich, dass sie für die Beleuchtung von Tempeln und Palästen verwendet wurde, obwohl ihr Gebrauch vor der mittleren Epoche der Antike wieder verschwand, der Epoche der Griechen und Römer, welche Öl zur Beleuchtung verwendeten. (Quellennachweis: Museen von Berlin und Irak)."

Die Menschheit ist sehr selbstgefällig geworden und glaubt, sie sei die erste, die unsere modernen Annehmlichkeiten erfunden hat. Es scheint, dass die Menschen der Antike nicht so primitiv waren, wie wir glauben. Sie hatten tatsächlich viele dieser Dinge und nach dem

Blackout des Dunklen Zeitalters haben wir sie lediglich wiederentdeckt. Eine faszinierende Idee.

Ich fragte mich, welche weiteren Überraschungen wohl hinter den verschlossenen und geschützten Mauern von Qumran stecken.

KAPITEL 6

Die Regierung der Qumran-Gemeinschaft

Laut Archäologen wurde die Gemeinschaft von den Regeln und Vorschriften bestimmt, die von einer Gruppe von Priestern aufgestellt worden waren. Beruhend auf ihren Übersetzungen der Schriftrollen vom Toten Meer glauben sie, dass die Essener einige sehr strenge und allem Anschein nach grausame Vorschriften hatten. Dies stand im Gegensatz zu dem, was ich gefunden habe. Ich fand nicht, dass dies nach den sanftmütigen und gerechten Essenern klang, die ich kennengelernt hatte, und Suddis Informationen bewiesen, dass ich damit richtig lag. Häufig liegt die Schwierigkeit natürlich in der Art und Weise der Übersetzung.

Laut Suddi gab es einen Ältestenrat, der die Regeln für die Gemeindeverwaltung festlegte, über Strafen usw. urteilte und entschied. Es hieß, dass es zu früherer Zeit jemanden gab, der wie ein Vorsteher für den Rat verantwortlich war, aber nun nicht mehr, denn es wurde entschieden, dass dies einer Person zu viel Macht gab. Die Ältesten wurden von den Leuten aus ihrem Distrikt oder aus ihrem Fachgebiet ausgewählt. Die Qualifikationen hingen davon ab, wie lange sie in dem jeweiligen Fach studiert hatten und wie viel Wissen sie erworben hatten. Die Anzahl der Ältesten im Rat variierte von Zeit zu Zeit, lag jedoch im Allgemeinen bei neun oder zehn, je nachdem, welchen Fachbereich ein Ältester hatte.

Ich fragte mich, ob jeder in der Gemeinde eine Stimme hatte, so wie wir in unseren demokratischen Ländern. Er sagte, es wurde innerhalb der Familien diskutiert, aber nur die Meister und Studenten des jeweiligen Studienfachs hatten etwas dazu zu sagen. Es zeigte sich, dass die Wahl der Ältesten beim intellektuellen Teil der Gemeinschaft lag, bei denjenigen, die in den verschiedenen Bereichen studierten. Der gewöhnliche Arbeiter hatte nichts zu sagen, aber eine Frau hatte etwas zu sagen, wenn sie Studentin war. Wenn jemand in den Rat gewählt wurde, war das eine lebenslange Aufgabe und es musste bei jeder zu treffenden Entscheidung eine Mehrheit übereinkommen. Ich fragte mich, ob es jemals den Fall geben würde, dass sie jemanden aus dem Rat entfernen wollen. Er sagte, das sei vorgekommen, aber er selbst könne sich nicht daran erinnern.

Suddi hatte Strafen erwähnt, und ich war überrascht, dass solche mitfühlenden Menschen Strafen anwenden mussten. Ich fragte mich, was für Strafen das wohl sein könnten.

S: Es gibt ein paar kleinere. Wenn eine Übertretung schwerwiegend ist, wird die Person aus der Gemeinschaft ausgeschlossen, diese Strafe wird jedoch selten verhängt. Sie wird nur in Fällen von Gewalt verhängt, in denen ein anderer Körperverletzungen erleidet. Jede Art von Gewalt wie diese. Gewalt ist gegen das, woran wir glauben. Dies ist die einzige große Bestrafung, die es gibt, dass man gezwungen wird, die Gemeinschaft zu verlassen. Und das auch nur für ein sehr großes Unrecht. Zuletzt geschah dies, als einer der Studenten einen der anderen tötete.

Gewalt war also möglich, sogar in einem solch idealen Umfeld. Ich fragte, ob er wüsste, was bei diesem Vorfall passiert war.

S: Nein, die Geschichte wurde uns nicht erzählt. Es oblag nicht uns, zu urteilen. Es ist sein Kreuz, das er tragen muss, nicht meins.
D: Ich kann mir nicht vorstellen, dass deine Leute jemals so wütend werden konnten.
S: Er war nur ein Student, er war keiner von uns.

Er meinte, der Täter sei nicht in Qumran geboren worden. Er sei einer gewesen, der das rote Band trug.

D: Welche Art Bestrafung wäre typisch für eine kleinere Straftat?
S: Es gibt Bestrafungen von einem unserer Meister, ja. Aber das spielt sich zwischen den beiden ab - der Person, die das Unrecht

begangen hat, und dem Meister, dem er dient. Wie bereits erwähnt, klärte der Meister das im Einzelfall und tat, was er für richtig hielt. Manchmal ist Fasten nötig. Buße durch das Studium bestimmter Dinge oder die Entfernung gewisser Privilegien.

Die archäologischen Übersetzer glauben, dass die Essener ein religiöser Orden gewesen seien und die Priester die Führer, über allen stehend, die letztgültige Stimme der Autorität. Suddi sagte, die Priester hatten nur Autorität über die Schüler, die sie unterrichteten. Sie seien nicht höherstehend gewesen als der Rat.

D: Verlassen überhaupt jemals Menschen die Community aufgrund von Unzufriedenheit?
S: *Es gibt ein paar Wenige, die zu Unterrichtszwecken gehen. Aber warum sollte jemand gehen wollen?*
D: Ich stimme dir im Grunde zu, aber ich fragte mich, ob ihr jemals Leute hattet, die unzufrieden waren.
S: *Es wäre wohl möglich. Ich habe nicht gehört, dass es nicht so ist. Aber warum sollten sie?*
D: Wenn sie unglücklich wären und dächten, sie würden woanders glücklicher sein. Ist es ihnen erlaubt, wenn sie gehen wollen?
S: *Ich nehme an. (Entrüstet) Wir sind keine Sklaven! Wir tragen keine Ketten!*
D: Dann bleiben sie, weil sie es wollen. Wird jemals jemand abgewiesen, der hier Student sein möchte?
S: *Ja. Ihre Absichten werden von den Meistern untersucht, und sie werden wissen, zu welchem Zweck diese Pe*

D: Weißt du, was getan werden würde, wenn dies geschähe?
S: *Ich weiß es nicht. Ich bin kein Meister, es ist nicht meine Entscheidung.*
D: (Ich versuchte immer noch, etwas über ihre Verteidigungsmittel herauszufinden). Hast du irgendwelche Möglichkeiten, deine Gemeinde zu schützen? Ich meine wie Waffen oder so etwas?
S: *Ja. (Er wurde vorsichtig und zögerte). Verschiedene Methoden.*

Er sagte, sie benutzten keine Waffen im herkömmlichen Sinne, aber er werde keine weiteren Informationen zur Verfügung stellen. Dann ergriff Harriet die Chance und fragte: „Benutzt ihr den Klang?"

Er zögerte lange und antwortete dann leise und vorsichtig: „Ja". Ich könnte sagen, dass wir uns auf gefährlichem Boden befanden. Vielleicht hatte er das Gefühl, er habe ein Vertrauen gebrochen, indem er dies Wenige preisgab. Er schien sich unwohl zu fühlen und ich wusste, dass wir die Frage nicht weiter verfolgen sollten, obwohl ich gerne mehr herausgefunden hätte. Ich versuchte ihn zu beschwichtigen, indem ich ihm sagte, wie wunderbar ich fand, dass sie keine Waffen brauchten und dass dies für die meisten Gemeinschaften die einzige Möglichkeit sei, sich selbst zu schützen. Er fand mich zu neugierig. Ich sagte ihm, wir wollten so gerne lernen, dass es aber schwierig sei, Lehrer zu finden. Natürlich sagte er, dass es dort viele Lehrer gebe. Unser Problem war jedoch unsere Unfähigkeit, diese zu befragen.

D: Hat eure Gemeinschaft irgendeine Art Regeln, die sich von denen der normalen jüdischen Gemeinde unterscheiden?
S: *Wie kann ich das sagen, wenn ich mit der Außenwelt und ihren Gesetzen doch nicht besonders vertraut bin?*

Ich wusste aus dem Alten Testament, dass die Juden an Tieropfer glaubten. Als ich aber nach dieser Praxis fragte, sprach er sich nachdrücklich dagegen aus.

S: *Ich opfere kein Blut! Warum sollte es Jahwe gefallen, etwas zu töten, das Er geschaffen hatte? Das klingt nicht sehr logisch.*
D: Ich dachte, ihr glaubet an viele dieser jüdischen Lehren, an die Thora und die Gesetze.
S: *Sie sind Teil des Glaubens, aber sie sind nicht das Ganze.*
D: Aber die Juden folgen dieser Opferpraxis, nicht wahr?
S: *Ja. Nach meinem Verständnis wurden diese Praktiken von anderen Religionen übernommen, wie ihr es nennen würdet. Sie waren nicht etwas, das in den ursprünglichen Lehren stand. Aber wir bringen keine Opfer dar. Wir stellen Weihrauch auf die Altäre und brennen ihn und solcherlei Dinge, als eine Form der Opfergabe. Aber das ist das Einzige.*

Er war so entschieden dagegen, dass ich beschloss, das Thema zu wechseln und fragte nach Festen oder Feiertagen, die sein Volk beobachtete. Er verstand das Wort „Feiertag" nicht. „Das ist mir nicht vertraut", sagte er.

D: Ein Feiertag ist ein besonderer Tag, der anders ist.
S: *Du sprichst von heiligen Tagen. Natürlich gibt es das Passah-Fest (israelisches Familienfest zur Befreiung der Israeliten aus der Sklaverei, *Anm. des Übersetzers). Auch Jom Kippur (das Versöhnungsfest, *Anm. des Übersetzers) und Rosh Schofar. Es ist das Fest des neuen Jahres, der neuen Jahreszeiten.*

Da ich keine Jüdin bin, hatte ich natürlich noch nie etwas von all dem gehört, außer vom Passah, das in der Bibel erwähnt wird. Ich fragte nach dem Versöhnungsfest.

S: *Es ist die Zeit im Jahr, wenn wir die Dinge, die wir getan haben, beiseite legen und um Vergebung bitten. Und wir leisten Wiedergutmachung an diejenigen, denen wir in irgendeiner Weise Leid zugefügt haben.*
D: Das klingt nach einer guten Idee. Damit macht man in gewisser Weise reinen Tisch und dann fängt man wieder ganz von vorne an. Gibt es noch weitere Feiertage?
S: *Nur das Erntefest und noch verschiedene ähnliche Feste. Es gibt viele Feiertage und viele Dinge, die gefeiert werden. Wir sind kein missmutiges Volk. Wir haben Lebensfreude!*

Dies stand im Widerspruch zu dem, was die Übersetzer denken. Diese nahmen an, dass die Essener ein ernstes Volk waren. Ich wusste aus der Bibel von dem Brauch, anderen Menschen die Füße zu waschen, und fragte, ob er jemals davon gehört habe.

S: *Ja. Die Zeit, zu der dies überwiegend getan wird, ist, wenn eine Person zum Essen vorbeikommt, dann wäscht der Gastgeber ihre Füße. Es ist ein Symbol für Demut. Es wird auch am Versöhnungstag getan, um Jahwe zu zeigen, dass man sich vor seinem Antlitz demütigt.*

Das jüdische Neujahr nennt sich heute „Rosh Hashanah". Der Name, den Suddi nannte, war anders: „Rosh Shofar". War das ein Fehler? Ich fand heraus, dass „Rosh" „Anfang" bedeutet. Ich war sehr überrascht, als meine Nachforschungen offenbarten, dass ein besonderes Merkmal bei der Einhaltung von Rosh Hashana das Blasen des Shofar, des Widderhorns in der Synagoge ist, als Aufforderung zum Gericht oder zur Buße. Könnte es möglich sein, dass es aufgrund dieses Brauchs in jenen frühen Tagen Rosh Shofar hieß?

Ich fand heraus, dass der Versöhnungstag heute als Jom Kippur bekannt ist, der heiligste Tag des Jahres in der jüdischen Religion. Es ist der Höhepunkt der zehn Bußtage, die mit Rosh Hashana oder Neujahr beginnen. Es wird als ein Tag des jüngsten Gerichts beschrieben, eine Gelegenheit, um Vergebung für die Sünden zu erbitten, die gegen Gott begangen wurden. Auch im Falle von Sünden, die gegen einen Mitmenschen begangen werden, ist dies die Zeit, um auch um seine Vergebung zu bitten. Das Ende dieses Tages ist auch durch das Blasen des Shofar oder Widderhorns gekennzeichnet. Anscheinend nannte Suddi den gesamten Zehn-Tage-Zeitraum die „Tage der Versöhnung".

Ich wollte mehr über die Bräuche im Land Israel erfahren. Ich fragte nach den sanitären Einrichtungen.

S: Ich weiß, dass diejenigen, die rein sind, definitiv weniger anfällig für Krankheiten sind. Dies ist unter den Gelehrten seit langem bekannt. Aus diesem Grund sucht die Pest immer zuerst die niedrigste Stadt heim. Und wenn es sich dann um eine schwere Pest handelt, geht sie weiter nach oben bis in die höchste Stadt. Doch dies hat immens viel mit Reinlichkeit zu tun. Es gibt verschiedene Wannen, die für unterschiedliche Arten der Waschung verwendet werden. Der Mann verwendet nicht dieselbe, in der sich seine Frau wäscht, da dies als unrein angesehen würde. Das gleiche gilt für Kleidung, es gibt verschiedene Dinge, die zum Waschen verwendet werden.

Er hatte mir bereits von dem Badesystem in Qumran erzählt, ich fragte mich aber, wie sich der Durchschnittsbürger in Israel sauber hielt.

S: Wenn es Wasser im Überfluss gibt, dann badet man. Somit müssen sich diejenigen, die in Meeresnähe leben, keine Sorgen um das Wasser machen. Doch diejenigen, die in der Wüste leben, verwenden häufig Sand. Wenn man mitten in der Wüste lebt, verwendet man nicht seinen letzten Tropfen Wassers, um darin zu baden.

D: Wird jemals Öl auf die Haut aufgetragen?

S: *Nein. Öl wird nicht verwendet, denn wenn man in dieser Wüste, in der es trocken, heiß und staubig ist, Öl auf seine Haut aufträgt, haftet der gesamte Staub daran.*

Als ich nach weiteren Informationen über die Gesetze der Reinlichkeit fragte, war mir nicht klar, dass das eine derart komplizierte Frage war.

S: *(Seufzer) Ich werde weiter erklären. Ich meine, sprichst du von der Reinlichkeit der Tiere oder der Reinlichkeit des Körpers oder der Seele? Man sollte den Körper baden und von allen Übeln reinhalten, die in ihn eindringen möchten. Fasten hilft dabei, den Körper im Gleichgewicht zu halten.*

D: Ist Fasten nicht gefährlich für eure Gesundheit?

S: *Wenn es nicht extrem betrieben wird oder aus den falschen Gründen, kann es sehr hilfreich sein.*

D: Was ist mit der Reinigung der Seele?

S: *Es gibt diesbezüglich viele Gesetze. Viele von ihnen sind Gesetze über Karma. (Seufzer) Ich bin zwar kein Religionslehrer. Doch du verwechselst das Gesetz mit der Verehrung des Höchsten, die andere haben. Dies ist nicht das, was das Gesetz bezweckte. Es gibt viele Unklarheiten in diesem Bereich, die es nicht geben sollte.*

Er erörterte das Karma zu diesem Zeitpunkt nicht, aber bei anderen Gelegenheiten tat er es. Dies wird in einem anderen Kapitel vorkommen. Ich kehrte zurück zu meinen Fragen bezüglich ihrer Bräuche in Qumran.

D: Dürfen die Menschen in eurer Gemeinschaft heiraten und Familien haben?

S: *Ja. Aber allermeist werden Ehemann und Ehefrau von den Ältesten für einander ausgewählt. Es heißt, dass eine Karte erstellt wird, wenn eine Person geboren wird, und sie werden darin miteinander abgeglichen. Ich weiß das nicht.*

Es klang wie das Erstellen eines Horoskops. Ich dachte, die Essener seien zu demokratisch gewesen, als dass sie die Ehepartner für die Mitglieder auswählten. Ich habe inzwischen festgestellt, dass dieser Brauch in Asien sehr alt ist und an einigen Orten auch heute noch ausgeübt wird. Sie verlassen sich auch heute noch sehr stark auf Horoskope.

D: Haben die Leute dabei etwas zu sagen, oder müssen sie den Partner heiraten, den die Ältesten auswählen?
S: *Sie können sich weigern zu heiraten, aber dann werden sie niemals einen Partner haben. Sie können auch ledig bleiben.*

Frauen hatten in Qumran viel mehr Freiheit als anderswo in Israel. Sie konnten sich entscheiden, ledig zu bleiben, wenn sie dies wünschten, und konnten Lehrer in der Gemeinde werden. Dies überraschte mich wegen der mosaischen Gesetze im Alten Testament und der jüdischen Bräuche, die die Aktivitäten von Frauen stark beschnitten.

S: *Natürlich können sie Lehrer werden, und warum nicht?*
D: Nun, in manchen Gemeinden dürfen Frauen nichts anderes tun als heiraten und Kinder haben.
S: *Wenn dies der Fall ist, geht oft ein großer Geist verloren. Das ist sehr traurig, denn werden nicht die ersten Jahre eines Kindes durch seine Mutter geprägt? Und wenn sie keine Frau von Intelligenz ist, wie kann es dann ein Kind von Intelligenz sein?*
D: Das leuchtet mir ein, aber es gibt viele Leute, die nicht so denken.
S: *Dann ist es eine Schande für sie. Gott schuf zwei Formen, sowohl männliche als auch weibliche, um sich zu ergänzen und nicht, um über oder unter dem anderen zu stehen.*
D: Gibt es irgendwelche Vorschriften, gemäß denen jemand wie ein Priester oder religiöser Führer nicht heiraten darf?

Ich dachte an die Priester und solche, die vielleicht zölibatär leben müssen. Er runzelte die Stirn, als hätte er es nicht verstanden.

S: *Warum? Das klingt für mich sehr albern. Jeder kann heiraten, wenn er das möchte. Es wird gesagt, dass zwei zu einer gewissen Zeit geboren werden, dazu bestimmt, den Rest ihres Lebens zusammen zu verbringen. Wenn der andere zu dem Zeitpunkt nicht geboren wäre, würden sie sich vielleicht dafür entscheiden, gar niemand anderes zu nehmen. Aber das wäre wohl der einzige Grund.*

D: Was ist mit der Arbeit in der Gemeinde? Gibt es Abteilungen? Gibt es Arbeiten, die nur Frauen und welche, die nur Männer tun?
S: Die Frauen haben die Kinder.
D: (Wir lachten) That's right! But what about cooking?
S: Zum Kochen gibt es in der Regel die Diener.

Das überraschte mich. Ich ging davon aus, dass in einer so sozialistischen Gesellschaft jeder als gleich gelten würde, und niemand als Diener.

D: Wäre ein Diener nicht jemand, der unter einem steht?
S: Er demütigt sich selbst, ja. Er ist jemand, der sich aus irgendeinem Grund dazu entschlossen hat, anderen für einen bestimmten Zeitraum zu dienen. Manchmal ist es ein Student, der Buße tut. Es gibt verschiedene Gründe dafür, dies zu tun, ja. Ein Mensch sieht etwas an sich, das er vielleicht nicht mag. Und um es zu heilen, geht er einem anderen dienen, weil er zu hochmütig war und zu großen Stolz hatte. Er erniedrigt sich selbst, um sich zu demütigen und die Sünde des Stolzes zu überwinden.
D: Wird jemals jemand von außen hereingebracht, um als Sklave zu dienen?
S: Wir haben keine Sklaven! Wir haben nur freie Männer. Manchmal gibt es Menschen, die wir befreit haben. Mein Vater sagt, er habe auf dem Markt einen Mann gesehen und gekauft, der freigegeben wurde. Und dieser Mann beschloss, bei uns zu bleiben.

In diesen Fällen durften befreite Sklaven jeden Job machen, den sie wollten, und sie durften auch lernen, wenn sie den Wunsch hatten. Als Buße wechselten sich die Studenten oft beim Servieren und Kochen sowie beim Ausführen verschiedener anderer demütigender Aufgaben ab.

Ich fragte, ob die Gemeinschaft Geld verwendete und er verstand nicht, was ich meinte. Ich gab ein schlechtes Bild dabei ab, zu erklären, wie Menschen Dinge besitzen. In einer kommunistischen

Gesellschaft ist eine solche Idee fremd. Er konnte auch die Idee, etwas zu kaufen, nicht verstehen.

S: *Wir haben einige Dinge, die uns gehören; Ich beispielsweise habe meine Flöte. Aber wenn etwas allen gehört, wird es geteilt.*
D: Gibt es jemals Streitereien oder Auseinandersetzungen, die entstehen, wenn Menschen etwas teilen müssen?
S: *Nicht dass ich wüsste. Ich sage nicht, dass es nie passiert ist. Aber jeder besitzt das Gleiche. Außer ... Man kann bestimmte Dinge besitzen, indem man an verschiedenen Dingen arbeitet. Jeder wird nach Verdienst beurteilt. Wenn er in allem, was er tut, das Beste tut, was er kann, dann wird er auf der gleichen Grundlage beurteilt wie jemand, der, ähm ... wenn er nur gut in der Gartenpflege ist, er dies aber nach besten Kräften tut, wird er als einem Mann gleichwertig erachtet, der ein brillanter Gelehrter ist, aber auch das Beste auf seinem Gebiet leistet. Sie sind gleich, sie sind ebenbürtig, weil sie beide ihr Bestes bei dem geben, was sie tun. Darin wird man nach Verdienst beurteilt. Wenn man nicht so gut arbeitet, hat man vielleicht nicht so viel.*

Es klang wie ein gutes System, aber was konnte man jemandem geben, der es verdient, wenn die Gemeinschaft kein Geld verwendet?

S: *Nun, es kommt darauf an ... also für jemanden, der Gärtner ist, vielleicht neues Gelände, um Platz zu haben. Wenn man der Gelehrte wäre, würde man vielleicht mehr Papyri verdienen. Es würde von einem selbst abhängen. Niemand geht leer aus. Wenn es Bedarf gibt, ist es da. Die Dinge, die lohnenswert sind, sind die Dinge, die man sich verdingt. Die Dinge, die benötigt werden, werden gegeben.*

Das ergab Sinn. Geld hatte keinen Wert, weil es nichts zu kaufen gab.

Er hatte die Sünde des Stolzes erwähnt, obwohl ich es als eine Sünde betrachte, wenn man einer anderen Person Unrecht antut.

S: *Andere so zu behandeln, wie sie nicht behandelt werden möchten, herablassend zu ihnen zu sprechen, ist eine Sünde. Denn es ist nicht unser Recht, zu urteilen. Du bist nicht hier, um über einen anderen zu richten, sondern nur, um über dich selbst zu urteilen.*

D: Einige Leute denken, dass das Brechen eines der Gebote Sünde sei.

S: *Es wäre ein großer Fehltritt.*

D: Habt ihr irgendeine Möglichkeit der Wiedergutmachung für diese Fehltritte, diese Sünden?

S: *Man muss um die Vergebung des anderen bitten, der Person, der dies angetan wurde, dafür, dass man ihr Unrecht angetan hat. Und nachdem diese Vergebung gewährt wurde, muss man sich selbst bitten, sich selbst zu vergeben. Dies anzunehmen ist der schwierigste Teil. Und wenn man beispielsweise etwas gestohlen hat, müsste man es ersetzen.*

D: Wie kann man das tun, wenn man kein Geld hat?

S: *Nein, wir haben keines, aber wir haben Dinge, die uns persönlich gehören und die wir im Gegenzug für so etwas hergeben würden.*

Es wäre um einiges bedeutsamer, wenn man dem Verletzten etwas geben müsste, das einem wirklich am Herzen liegt. Offenbar kam ein solches Fehlverhalten selten und nur vereinzelt vor, aber es war ein wunderschönes System.

S: *Warum sollte jemand so große Schulden auf sich nehmen wollen, um jemandem etwas anzutun, der ihm nicht geschadet hat?*

D: Nun, ich denke, wenn du außerhalb der Mauern gehst, wirst du feststellen, dass es viele Leute gibt, die diese Dinge tun.

S: *(Unterbrach) Dann glaube ich nicht, dass ich gehen will!*

Es schien ein Jammer zu sein, dass eines Tages die Zeit kommen sollte, da er von der Art und Weise, wie andere außerhalb der Gemeinschaft leben, desillusioniert werden würde. Ich frage mich, ob es Jesus genauso ging, als seine Zeit kam.

D: Viele Menschen würden gerne eine Gemeinschaft wie die eure haben.

S: *Aber es ist doch für alle möglich! Es beruht nur auf Liebe. Wenn man andere liebt, dann gibt es keine Probleme.*

D: Aber das versteht nicht jeder.

S: *Aber es schafft doch mehr Probleme, wenn sie dies nicht jetzt begreifen. Sie werden weitermachen und vielleicht für immer vergessen, woher sie kamen. Das wäre nicht gut.*
D: Das ist Teil des Problems, sie haben es vergessen. Es ist gut, dass eurem Volk beigebracht wurde, sich zu erinnern und diese Lehren weiterzutragen. (Das ist wirklich nicht mehr als das, was Jesus versuchte, den Menschen zu zeigen.) Würde es uns erlaubt sein, zu kommen und dort zu leben?
S: *Ich weiß es nicht. Wir nehmen schließlich auch Menschen von anderen Orten, ich wüsste nicht, warum nicht. Du musst vor die Ältesten treten, es ist ihre Entscheidung.*

Suddi ging durch viele verschiedene Altersgruppen, als ich ihn antraf und Fragen an ihn stellte. Die vorgenannten Informationen erhielt ich, als er jung war. Die folgenden Fragen wurden gestellt, als er ein älterer Mann war. Ich kannte einige der Gesetze des Alten Testaments, aber ich wollte seine Version hören. Ich fragte, was mit den Witwen in Qumran geschah.

S: *Sie werden versorgt. Falls sie von außerhalb der Gemeinschaft kommen und sie zu ihren Familien zurückkehren wollen, erhalten sie genug Eigentum oder was auch immer, damit sie in das Leben ihrer Familie aufgenommen werden können, falls sie dies wünschen.* (Anscheinend konnten sie nicht mit leeren Händen nach Hause zurückkehren.) *Wenn sie Frauen von uns sind oder einfach nur bleiben wollen, dürfen sie das auch tun. Und wir stellen sicher, dass sie versorgt werden.*
D: Du sagtest, wenn man heiratet, müsse das mit der Erstellung des Geburtshoroskops getan werden. Darf eine Witwe jemals wieder heiraten?
S: *Es ist möglich, ja. Wenn sie jung genug ist und es angeordnet wird, ja. Aber auch hier, nur wenn die Horoskope zusammenpassen.*
D: Ich dachte, du sagtest, eure Leute heirateten nur einmal. Ist dies die einzige Möglichkeit, ein weiteres Mal heiraten zu dürfen?
S: *Wenn der Partner gestorben ist, ja.*
D: Sagt das hebräische Gesetz nicht, dass, wenn ein Mann ... wenn einer seiner Brüder stirbt, der Bruder dann ...
S: *(Unterbrach) Dann nimmt er sie zur Frau. Und die Kinder, wenn es welche aus dieser Verbindung gibt, gehören dem ältesten Sohn.*

Das ist das hebräische Gesetz, ja. Dies stammt nicht aus der Thora. Es ist in vielen Fällen überhaupt nicht nützlich, aufgrund der Tatsache, dass ... nur weil ein Mann und eine Frau heiraten wollten und vielleicht sehr glücklich waren, wäre sie nicht unbedingt zufrieden mit seinem Bruder oder dem nächsten überlebenden Mann oder wie auch immer die Lage wäre, sollte sie Witwe werden.

D: Das ist richtig. Sie dachten wahrscheinlich, es sei ein Weg, dass sie versorgt ist.

S: *Aber es gibt großartigere Möglichkeiten, sich um sie zu kümmern, die viel vorteilhafter sind.*

D: Ist es in deiner Gemeinschaft einer Frau oder einem Mann je erlaubt, den Partner beiseite zu stellen? Verstehst du, was ich meine?

Ich hätte nicht gedacht, dass er das Wort „Scheidung" verstehen würde. Seine Antwort überraschte mich.

S: *Es gibt Zeiten, zu denen sie ein getrenntes Leben führen. Und ich habe von Fällen gehört, in denen sie aus Gründen, die den Ältesten offenbart wurden, so gestellt wurden, als wären sie nie verheiratet gewesen. Die Gründe dafür sind nur den Ältesten bekannt. Es handelt sich nicht um ein gewöhnliches Ereignis.*

Das klang wie das Äquivalent zu einer Scheidung oder Annullierung. Gemäß der Bibel konnte man das tun, aber unter bestimmten Umständen konnte es als Ehebruch angesehen werden. In Qumran durfte man wieder heiraten.

S: *Die Ehe wird so gestellt, als bestünde sie nicht. Das ist der Grund, warum der Anlass nur den Ältesten bekannt ist, die dies tun. Es ist nichts, das im Allgemeinen praktiziert wird. Deshalb kannst du nicht, nur weil du Probleme hast, einfach entscheiden, dass die Ehe nicht mehr bestehe. Es ist sehr, sehr ungewöhnlich.*

Das klang sehr rücksichtsvoll. Wenn nur die Ältesten die Gründe für die Scheidung (oder Annullierung) kannten, gab es nicht den Klatsch und die öffentliche Züchtigung, die manchmal damit einhergehen. Außerdem, wenn die Ältesten die einzigen waren, die wussten, welche Gründe akzeptabel sind, war das Paar nicht in der Lage, Gründe zu erfinden, nur um aus einer unerwünschten Situation herauszukommen. Das war viel privater, ausschließlich etwas zwischen dem beteiligten Paar und den Ältesten. Ich war jedoch verwirrt, weil es gegen die biblischen Gesetze über akzeptiertes Verhalten zu sein schien.er

S: *Im hebräischen Recht ist dies verboten, ja. Der Mann darf seine Frau beiseite stellen, aber wenn er wieder heiratet, ist er nach hebräischem Recht ein Ehebrecher.*
D: Ich dachte, wenn eure Leute heiraten, heiraten sie fürs Leben.
S: *Nein. Es gibt Fälle von Fehlern, in denen die Person oder Seele beschlossen hat, ihre Meinung zu ändern. Dass stattdessen eine andere Lektion gelernt werden müsse.*
D: Dann sind sie auf diese Weise sehr nachsichtig, es kann...
S: *(Unterbrach mit Nachdruck) Sie sind nicht nachsichtig, aber es kann getan werden. Das ist nicht einfach zu erwirken.*
D: Aber wenn sie doch nur wieder heiraten können, wenn die Horoskope übereinstimmen, bedeutet das, dass es mehr als einen möglichen Partner geben muss. Ist das richtig?
S: *Nicht immer. Aber wenn es einen guten Grund dafür gab, dass die Ehe aufgehoben wird, gibt es sehr gute Gründe zu glauben, dass es einen anderen Partner geben mag.*
D: Ich dachte, sie machten nie einen Fehler, wenn sie die Horoskope erstellten?
S: *Kein Sterblicher ist unfehlbar. Wir sind keine Götter.*

Dies zeigte, dass die Essener menschlicher waren als ihre Nachbarn, wenn sie Fehler verzeihen konnten und die Menschen nicht ein Leben lang zusammenzwangen oder sie als Ehebrecher brandmarkten.

S: *Es heißt, dass in den frühen Tagen der Welt Mann und Frau nicht in dem Sinne verheiratet waren, wie wir das kennen. Und dass eine Frau viele Gefährten hatte und ebenso auch ein Mann. Um für die Kinder der Kinder so viele verschiedene Möglichkeiten an Gefährten zu erschaffen wie möglich, wurden viele Vermischungen ausprobiert. Und dass eine Frau viele Kinder von vielen verschiedenen Männern hatte.*

Plötzlich dachte ich an die vielen Legenden von Halb-Mensch und Halb-Tier. Er hatte „verschiedene Vermischungen" gesagt. Ich wollte wissen, ob er damit meinte, dass sie sich in dieser lange zurückliegenden Zeit der beginnenden Welt auch mit den Tieren vermischten. Diese Idee ärgerte ihn: „Das wäre falsch!" Also anscheinend habe ich eine falsche Saite angeschlagen. Ich fand immerhin eine Sache, die verpönt war.

D: Aber sie missbilligten nicht die Idee, viele Gefährten zu haben, um viele Kinder hervorzubringen?
S: *Nein, erst nachdem die Idee von Scham und Schuld in die Welt getragen wurde, wurde dies verpönt.*
D: Steht nicht in den Geboten: „Du sollst nicht ehebrechen"?
S: *Aber das wurde abermals viel später überliefert, nach Adam und Eva. Die Gebote wurden Mose übergeben.*
D: Was würdest du dann als Ehebruch ansehen?
S: *Ehebruch wäre, mit einem anderen zu liegen und zwar nicht offen mit Genehmigung. Wenn es etwas wäre, das zwischen den beiden diskutiert und was beschlossen worden wäre, dann wäre das akzeptabel. Die ganze Idee des Ehebruchs war sehr seltsam. Denn hatte Abraham nicht zwei Frauen? Wenn es also nicht von Sarah akzeptiert würde, dass er eine andere Frau hat, wäre er dann nicht auch ein Ehebrecher?*
D: Aber in welchen Fällen wäre es falsch?
S: *Wenn man das verbirgt, um zu versuchen, die andere Partei zum Narren zu halten. Ehebruch ist, wenn es alle wissen, außer derjenige, den es am meisten verletzt. Wenn es besprochen und offen vereinbart wird, kann es kein Ehebruch sein. Dies ist nur eine andere Art des Teilens. Es wurde über viele, viele Jahre hinweg falsch dargestellt.*

Dies schien eine radikale Abkehr von dem Konzept zu sein, das die Bibel vom Ehebruch präsentiert. Wenn sich alle Parteien einig waren und es eine Offenheit darüber gab, wurde es anscheinend nicht als Ehebruch angesehen. Es war nur als solcher gebrandmarkt, wenn jemand verletzt wurde oder wenn es eine Verletzungsabsicht gab.

D: Das ist meiner Meinung nach etwas, worüber sich viele Leute nicht einig sind.
S: *Das ist etwas, worüber sich viele Menschen nie einigen werden.*
D: (Ich lachte.) Ich stimme dir zu!

Ich möchte nicht, dass irgendjemand denkt, dass ich Ehebruch befürworte, und ich glaube nicht unbedingt, dass Suddis Standpunkt richtig ist. Aber es ist eine andere Art, etwas so Komplexes zu betrachten. Ich kann erkennen, wie sie das akzeptieren konnten, obgleich es völlig gegen die hebräischen Gesetze und Lehren verstieß. Wenn Jesus tatsächlich von den Essenern gelehrt wurde, denke ich, dass die Tatsache, dass er diesen Dingen ausgesetzt war, seine Verteidigung der Frau erklären würde, die im Begriff war, gesteinigt zu werden. Er hätte verstanden, dass Sex zwischen einwilligenden Erwachsenen von den Menschen der Qumran-Gemeinschaft nicht als Ehebruch angesehen wurde. Eine ganze Reihe ihrer Überzeugungen und Lehren sind im Leben Jesu zu sehen.

Ich war an ihren Todesbräuchen interessiert. Ich fragte nach dem Berüchtigtsten von allen, der Kreuzigung.

S: *Die Römer wenden diese an. Hier wird ein Verbrecher an ein Kreuz genagelt. Zuerst werden seine Arme und Füße gefesselt. Und dann werden hier so lange Nägel (er zeigte mit den Fingern ein Maß von etwa fünfzehn bis zwanzig Zentimetern) hindurchgetrieben. (Er zeigte auf den Bereich unterhalb des Handgelenks, zwischen Elle und Unterarmknochen.) Und durch die Füße.*
D: Warum sollten sie etwas so Schreckliches tun?
S: *Wenn du jemanden siehst, der ein Verbrechen begangen hat tagelang dort sterbend hinausgehängt wurde und du seine Qualen kennst, wirst du mehr als einmal darüber nachdenken, selbst dasselbe Verbrechen zu verüben. Es ist nicht unser Recht, sie zu richten ... sondern ein Leben zu nehmen!*

Sie schauderte am ganzen Körper, als ob der bloße Gedanke daran für ihn schrecklich wäre. Ich beschloss, das Thema zu wechseln und nach den Bestattungsbräuchen zu fragen. Ich fragte, wie eine Leiche in der Gemeinde beseitigt wurde.

S: *Oft wird sie mit den Ölen und dem Weihrauch gesalbt und dann wird sie in Tüchern begraben. Aber es gibt diejenigen unter uns, die es vorziehen, den Körper vollständig zu zerstören und zu verbrennen. Ich bevorzuge die Idee des Einäscherns.*
D: Glaubst du, es schadet, den Körper zu verbrennen? Indem ihr es so tut, wie du es bevorzugst?
S: *Nein, warum sollte es da Schaden geben? Meines Wissens ist dieser Brauch sehr alt.*

Ich war neugierig auf die Bestattungsbräuche, weil in der Bibel steht, dass Jesus in der Grabstätte beerdigt wurde. Ich fragte nach dem Bewahren von Leichen in Höhlen und ob er das Wort „Grabstätte" kannte.

S: *Das wird von den anderen gemacht, ja. Eine Grabstätte bedeutet ein Grab. Es handelt sich um einen größeren Bereich, der vielleicht ausgehöhlt und vorbereitet wurde. Es ist etwas, das von den Ägyptern übernommen wurde. Sie glaubten, dass wir viele Dinge mit auf unsere Reise nehmen müssen.*
D: Aber der Körper wird verfallen. Wenn er in eine Grabstätte, in ein Grab, eine Höhle gelegt würde, würde er nicht von Schmutz oder Ähnlichem bedeckt.
S: *Eine Art Tür wird eingesetzt, entweder ein Stein oder so etwas. Deshalb ist es verschlossen.*
D: Aber ihr legt sie nicht in Höhlen?

Ich meinte seine Leute, aber er interpretierte meine Frage auf seine eigene Weise.

S: *Es ist sehr selten, dass einer von uns die Körper anderer begräbt. Der Körper hat keinen Nutzen mehr, nachdem er keine Seele mehr beherbergt. Warum also nicht ganz bei Null anfangen und ihn wieder zu dem Staub zurückverwandeln, von dem er kam?*
D: Was ist der Zweck der Öle?
S: *Der Großteil dieses Grundes ist wegen des Geruches. In Judäa, Galiläa und in dieser Gegend salben viele der Menschen den Körper mit den Ölen. Wenn es eine Krankheit war, die die Person zum Tod führte, sagt man, dass dies diese Krankheit von den anderen fernhält. Wenn sie dann begraben werden soll oder was*

auch immer, wenn ein Scheiterhaufen gebaut wird, geschieht es am Tag ihres Todes, vor Sonnenuntergang.

D: Wie lauten die Namen einiger dieser Öle oder Kräuter, die verwendet werden?
S: *Es gibt Myrrhe, Weihrauch und viele andere, die ich nicht nennen kann. Aber diese sind die am häufigsten Verwendeten.*

Das war eine Überraschung. Ich hatte nur von Myrrhe und Weihrauch im Zusammenhang mit den Gaben der Drei Weisen gehört. Ich dachte, es seien Räucherwerke und wusste nicht, dass sie etwas mit Bestattungen zu tun hatten.

D: Ich habe immer gehört, dass Weihrauch nur wegen des guten Geruchs zum Räuchern verwendet wurde.
S: *Es wird in den Körper eingerieben. Andere Male wird es dann verbrannt, bevor der Körper verbrannt wird. Der Geruch, der Duft ist sehr schön und deshalb schützt er die Nase derjenigen Menschen, die den Körper herrichten.*

Meine Nachforschungen ergaben, dass Weihrauch und Myrrhe hauptsächlich aus den von ihm genannten Gründen verwendet wurden, um den Geruch des verfaulenden Körpers zu beseitigen. Weihrauch wurde auch als Salbe oder Balsam zur Heilung von Furunkeln und Wunden verwendet, so dass er nach dem Tod eine gewisse konservierende Wirkungen auf die Haut gehabt haben kann. Es war auch ein ausgezeichnetes Abwehrmittel, das verwendet wurde, um Insekten zu verjagen.

D: Wenn man die Leiche in der Erde vergräbt, legt man sie in irgendetwas hinein?
S: *Manchmal, jedoch sehr selten, denn Holz ist kostbar und für gewöhnlich wird sie nur in Leichentücher gehüllt und in das Grab oder in die vorbereitete Gruft gelegt.*

Der Friedhof von Qumran wurde außerhalb der Mauern gefunden und grenzte an die Gemeinde an. Es gab über tausend Gruften. Als de Vaux versuchte, die Identität der in Qumran lebenden Menschen zu ermitteln, zog er viele Möglichkeiten in Erwägung. Die Gräber wurden zunächst für gewöhnliche arabische Gräber gehalten. Aber die lokalen Führer sagten, dies sei unmöglich, weil die Leichen mit dem Kopf nach Süden und den Füßen nach Norden begraben wurden, genau das Gegenteil von ihrem arabischen Brauch. Sie wussten, dass dies die Gräber von Ungläubigen oder Nicht-Arabern waren.

Es war ein sehr ungewöhnlicher Friedhof, anders als alle, die man in diesem Teil der Welt je gefunden hat. Es wurden einige wenige Särge gefunden, aber keine Artefakte oder Gegenstände, die mit den Toten begraben wurden, wie es in vielen Gebieten der Brauch war. Pere de Vaux war überrascht, dass es in den Gräbern keinen Schmuck oder Zierrat gab. Er sagte, dies bedeute, dass die Menschen entweder von Armut geplagt waren oder eine strenge Disziplin hatten, die es ihnen nicht erlaubte, Putz zu tragen. Man war auch überrascht, als die Gräber die Skelette von Frauen und Kindern hervorbrachten. Sie hatten lange Zeit angenommen, dass dort nur Männer in einer klösterlichen Gemeinschaft lebten. Abermals scheinen die Ausgrabungen unsere Ergebnisse mit großer Detailtreue und Exaktheit zu unterstützen.

D: Was machen die Römer mit ihren Toten? Haben sie andere Bräuche?
S: *Sie haben so viele Bräuche wie sie Götter haben. Sie haben mehr Götter, als der Mensch zählen kann. Ich denke, dass eine Nation vielleicht deshalb viele Götter hat, weil sie sich ihrer selbst nicht sicher ist und deshalb erschafft sie ihre Götter in ihrer Vorstellung. Wenn also das Volk entehrt ist, so sind es auch die Götter. Sobald bei den Römern ein neuer Gott am Horizont aufgetaucht ist, wird er fast sofort ebenso herabgewürdigt, wie der Rest von ihnen. In jeder Nation gibt es gute Männer, aber Rom neigt dazu, diejenigen zu vernichten, die die Wahrheit sagen. Deshalb ist das nicht gut.*
D: Habt ihr einen Römer, der in eurem Gebiet der Führer ist?
S: *Es gibt einen Mann, der sich selbst als unseren Kaiser bezeichnet, ja. Er betrachtet sich selbst als Kaiser der Welt.*
D: Gibt es jemanden, der die Kontrolle über euer Gebiet hat?
S: *Zurzeit ist Herodes Antipas unser König. Es gibt einen Römer, der ... was wollte ich sagen ... ? ähm, Gouverneur dieses Gebiets. Ja, Pontius Pilatus. Wenn er befiehlt zu hüpfen, hüpft Herodes.*
D: Dann ist er wichtiger?
S: *Er ist der Mann mit den Soldaten, somit ist er wichtiger, ja.*

D: Hast du irgendwelche Geschichten über ihn gehört? Ist er ein guter Mann?
S: *Man sagt, er sei gerecht.*
D: Was ist mit König Herodes?
S: *(Seufzer) Dieser Mann ist ein Narr! Er kann sich nicht entscheiden, ob er Grieche oder Jude sein will. Und deshalb ist er auch von keinem der beiden ein sehr Guter.*
D: Hat er jemals deine Gemeinde gestört?
S: *Er ist zu schlau, um das zu tun. Es zu versuchen würde seinen Tod bedeuten.*

Dies zeigte erneut, dass sie eine geheime Art von Verteidigung der Gemeinschaft gehabt haben müssen, obwohl sie nicht an Waffen glaubten. Als ich diese Fragen stellte, dachte ich an die Bibelgeschichten von Herodes.

D: Hat er eine Königin oder eine Frau, die mit ihm regiert?
S: *Herodius. (Er hätte das Wort beinahe ausgespuckt.) Das ist seine Hure!*

Ich war überrascht von seiner starken Antwort. Ich fragte, ob er irgendwelche Geschichten über sie gehört habe.

S: *(Seufzer) Sie war dreimal verheiratet. Ihren ersten Mann tötete sie, um Philip zu heiraten. Und dann verließ sie Philippus, um Antipas zu heiraten.*

Er wollte nicht über sie sprechen, es war widerlich für ihn. Ich fragte mich, wie sie so viele Ehemänner haben konnte. Musste sie sich gemäß ihrem Gesetz nicht erst von einem lossagen, bevor sie einen anderen nehmen konnte?

S: *Es gab viele Gesetzeslücken, durch die sie schlüpfen konnte. Es wird gesagt, dass, als sie zum ersten Mal mit Philippus zusammen ging, ihr erster Mann nicht tot war und sie sich deshalb von ihm lossagen konnte. Und nun, da ihr erster Mann tot war, war sie in der Lage, zu bestechen, zu töten und was auch immer, um Antipas als Ehemann zu gewinnen.*

Das klang kompliziert. Es war mit anderen Worten offenbar eine illegale Ehe.

S: *Die zweite nicht. Wer weiß Bescheid über diesen? Sie wird der Untergang von Antipas sein. Es ist ihr Schicksal. Ich weiß nicht, welchen Weg sie wählen wird. Ich weiß nur, dass sie seinen Sturz verursachen wird.*

D: Ich frage mich, warum ein Mensch, wenn er ins Leben tritt, sich dafür entscheidet, Böses zu tun oder Dinge zu tun, die es anderen schwer machen.

S: *Es ist nicht wirklich eine Entscheidung. Es ist ... einige Leute tun es durch äußeren Druck, vielleicht durch die Menschen, mit denen sie leben, oder die Gemeinschaft, in der sie leben, oder Menschen, die nicht gut sind. Sie drängen sie dazu, Dinge zu tun, von denen die Person insgeheim weiß, dass sie falsch sind. Niemand sucht es sich aus, schlecht zu sein.*

D: Die Wahl liegt tatsächlich beim Einzelnen, je nachdem, welche Art von Einfluss vorliegt?

S: *Und er hat auch die Wahl, zu widerstehen.*

KAPITEL 7

Die geheimnisvolle Bibliothek

Während einer Sitzung mit Suddi als jungem Studenten erhielt ich meinen ersten Hinweis, dass Qumran keine gewöhnliche Schule war. Es wurden dort viel tiefschürfendere Fächer unterrichtet, als man sich vorstellen kann. Ich erfuhr auch, dass die Bibliothek viele seltsame und wundersame Geheimnisse enthielt. Suddi befand sich im Lehrbereich der Bibliothek und ich bat ihn um eine Beschreibung.

S: *Die Gebäude sind verbunden. Sie sind nicht ganz getrennt. Sie sind alle wie eins. Die Bibliothek befindet sich im Zentralgebäude. Sie ist sehr groß. Sie hat viele Fenster und ist sehr hell. Licht schimmert von oben herein, es kommt durch verschiedene Öffnungen. Es gibt Regale, auf denen die Schriftrollen platziert sind. Sie sind in Häute und verschiedene Dinge gewickelt. Manche sind nicht einmal Schriftrollen. Manche sind nur Dinge, die bedruckt wurden, daneben viele Häute und alles zusammenplatziert. Es gibt viele Dinge hier, die wir studieren. Die meisten Dinge hier sind die Bücher, die das ganze Wissen beinhalten, wie wir es kennen. Ein Mensch könnte all seine Jahre hier verbringen und würde es nie schaffen, alle Schriftrollen, Bücher und so weiter zu lesen.*

D: Du sagtest zuvor, dass die Bibliothek zwei Stockwerke habe. Was ist im andern Stockwerk?

S: *Die Schriftrollen. Die Mitte des Gebäudes ist offen, so dass man vom zweiten nach unten schauen und den Boden des ersten Stockwerks sehen kann.*

Es klang, als ob ein oberer Balkon den Raum umrandete. Dies ermöglichte dem Licht, in den ersten Stock hinunter zu scheinen. Ich wollte wissen, ob irgendeine Sturzgefahr bestand.

S: *Es gibt Geländer, um einen davor zu schützen, falls jemand unvorsichtig genug war, darüber hinauszugehen. Die Bibliothek, der zentrale Bereich, ist hell, aber hinten, wo sich der Lagerort der Schriftrollen und anderer Dinge befindet, ist es dunkler, so dass das Licht sie nicht beschädigt. Es gibt Fenster in der Decke. Sie sind mit Häuten bedeckt, die so bearbeitet wurden, dass das Licht durchscheinen kann. Damit der Staub und die Dinge ferngehalten werden, aber das Licht durchscheint.*

In dem Bereich, in dem sie studierten, gab es speziell angefertigte Tische, die konstruiert wurden, um das Studium einer Schriftrolle zu erleichtern. Aus ihren Bewegungen und seinen Beschreibungen schien es, dass Halterungen an den Seiten des Tisches angebracht waren und die Schriftrolle parallel zum Tisch platziert und aufgerollt wurde. Ich hatte immer angenommen, dass eine Schriftrolle von einer Seite zur anderen abgerollt werde, nicht auf und ab. Er zeigte mit seinem Finger an, dass er von rechts nach links las. Ich nahm an, dies bedeute, dass er vom unteren Ende der Schriftrolle aus lesen würde. Er widersprach und sagte, dass es von der Schrift abhänge. Einige Dinge beginnen unten und einige oben. Er sagte, dass die Schriftrollen in jeder bekannten Sprache geschrieben werden: „Eine ist Griechisch, eine Vulgata, Aramäisch, Arabisch. Es gibt die Sprache der Babylonier, der Syrer, das (es klang wie: 'ta') der Ägypter, die Hieroglyphen."

D: Woher kamen diese alle? Wurden sie alle hier geschrieben?
S: *Die meisten von ihnen wurden hier zumindest kopiert. Aber viele darunter wurden von anderen Orten hergebracht und gesammelt. Es ist eine ständige Jagd nach neuem Wissen und dieses Wissen ist endlos. Es werden jeden Tag neue Dinge hereingebracht. Von den Räumen, in denen sie abgeschrieben werden befindet sich einer außerhalb der Bibliothek. Er ist sogar heller als die Bibliothek. Es gibt große Tische, die aufrecht stehen, so dass die Schriftrolle vor einem steht. Sie sind den Lesetischen sehr ähnlich. Es steckt etwas dahinter, um dem Druck standzuhalten, auch*

wenn man darauf schreibt. Ein Brett ist hier in diesem Winkel dahinter angebracht, so dass, wenn man mit dem Stift nach unten drückt, dies gleichmäßig geschieht und das Brett nicht schwankt. Diese Tische sind aus Holz gefertigt. Ein Teil der Hocker an einigen von ihnen ist aus Stein gefertigt, aber zum größten Teil sind sie aus Holz. (Sie schienen den Zeichentischen sehr ähnlich zu sein.)

D: Was lernt ihr in eurem Unterricht?

S: *(Großer Seufzer) Alles! Oh, es ist nicht so schlimm. Man lehrt uns über die Sterne und die Mathematik. Das Gesetz und die Thora und verschiedene ähnliche Dinge.*

Ich wollte mehr über die Methoden wissen, die die Ältesten in der Mathematik anwandten. Wie gewöhnlich bekam ich mehr, als ich erwartet hatte.

S: *Mir wurde von meinen Lehrern gesagt, dass ein Esel mehr über Mathematik wisse als ich. (Diese Bemerkung verursachte Gelächter unter den Zuhörern.) Für mich ist das Gesetz lebendig. Darin stecken Gefühl und Emotion und Tiefe. Mathematik ist kalt und Fakten und Zahlen, und welche Bedeutung hat das für mich? Und deshalb ist sie mir nicht wichtig. Es wird der Mathematik große Bedeutung beigemessen. Und es heißt, es gebe verborgenes Wissen in der Mathematik, das später entdeckt und wiederverwendet werden soll. Also müssen wir den Lehrsatz und die Art und Weise, wie wir Dinge tun, erlernen, damit wir lernen können, verschiedene Dinge innerhalb der Mathematik zu tun und sie hoffentlich in unserem Leben zu nutzen. Es gibt viele verschiedene Arten der Mathematik. Sie befassen sich mit Absoluten und Theoremen. Diese besagen, dass wenn dieses so ist, dann jenes auch wahr sein muss. Figuren und Geometrien sind eine Form der Mathematik, die sich mit den Formen und Tiefen und allen Dingen beschäftigt.*

D: Mal sehen, du kennst vielleicht die Begriffe einiger Dinge, die wir verwenden, nicht. Zum Beispiel haben wir Addition, Subtraktion und Multiplikation.

S: *Erkläre es mir. Diese sind mir nicht bekannt.*

D: Die Art und Weise, wie man Zahlen verwendet. Addition ist, wenn man zwei Zahlen nimmt und sie zusammensetzt.

S: Um sie zusammenzurechnen? Ja, das ist wird getan. Und auch, um sie um ein Vielfaches von einander zu erhöhen. Auch, um etwas wegzunehmen. Und verschiedene Möglichkeiten, Höhen und Festkörper und Dinge darzustellen. Es gibt viele Formeln dafür.

D: Habt ihr irgendwelche Werkzeuge oder Instrumente, die euch helfen, eure Berechnungen durchzuführen, falls du dieses Wort kennst?

S: Wie für den... der Begriff, den du benutzt hast, war... ähm, Addition? Am einfachsten sind die Knoten, die Knotengürtel. Es ist ein Gürtel, der geknotet wurde und Schnüre in unterschiedlicher Länge hat. Es gibt einen Knoten, der eine bestimmte Menge in Zahlen bedeutet. Und es gibt Menschen, die darin sehr gut sind, die den ganzen Tag dort sitzen und damit rechnen können. Das sind Werkzeuge, die man benutzt. Du kannst jene haben, die sehr groß sind, die immer aufgehängt werden. Oder du kannst eines haben, das an einem Gürtel aufgehängt ist, das zum Dasitzen und Rechnen verwendet wird. Als ob du ein Händler auf dem Markt wärst oder so. Er könnte solch einen zum Rechnen nutzen. Er wird verwendet, um verschiedene Dinge zusammenzurechnen und zu zählen. Die Menschen, die gebildet sind oder mit Zahlen zu tun haben, müssten wissen, wie man damit umgeht. (Er lachte.) Man sagt, er sei am einfachsten zu benutzen.

Als ich anfing, in Büchern nach einer Verifizierung der Dinge zu suchen, von denen Suddi sprach, konnte ich keinerlei Erwähnung finden, dass in diesem Teil der Welt auch nur irgendetwas Ähnliches verwendet wird. Aber es klingt sehr nach dem Quipu, das von den alten Inkas in Peru verwendet wurde. Das Quipu wurde als Zeichenkettencomputer bezeichnet und in ihrer Gesellschaft zum Rechnen verwendet. Es bestand aus Schnüren verschiedener Längen, die von zweieinhalb bis zu etwa sechzig Zentimetern reichten und an einem Halter aufgehängt waren. Die Art des Knotens und seine Position auf der Schnur stellten Zahlen in einem Dezimalsystem dar, von eins bis neun, während ein Leerzeichen auf der Schnur Null darstellte. Zugegeben, die Inkas lebten eine halbe Welt von Qumran entfernt, aber könnte es möglich sein, dass auch andere diese numerische Methode verwendeten und das Wissen darüber verloren gegangen ist? Die Gemeinschaft in Qumran hatte offenbar eine unglaubliche Menge an Wissen, das von überall her gesammelt wurde. Ich fing an, alles für möglich zu halten.

S: *Manchmal gibt es solche, die Stöcke mit verschiedenen Farben für verschiedene Mengen benutzen. Und man kann Dinge auf viele unterschiedliche Arten verwenden, um dies zu tun. Sie sind nur etwa so lang. (Er maß mit den Fingern ein Länge von etwa zehn Zentimetern.) Also eine Farbe bedeutet das Eine und eine andere Farbe bedeutet... und man addiert sie auf und es kommt alles zusammen. Ich bin nicht sehr gut darin. Ich bin nicht mit ihren einzelnen Bedeutungen vertraut, aber es gibt Blau-, Rot-, Gelb- und Orangetöne sowie Schwarz und Weiß. Verschiedene Farben. Ich habe auch von einem anderen Gerät gehört, das verwendet wird und das einen Rahmen hat. Es hat Perlen auf Drähten. Ich habe eines von diesen gesehen, aber ich weiß nicht, wie man das macht. Man zählt diese Perlen.*

Das klang nach dem chinesischen Abakus. Er ist sehr alt und es ist möglich, dass sie von ihm Kenntnis hatten. Wenn sie davon Kenntnis haben konnten, wüsste ich nicht, warum es zu weit hergeholt sein sollte, das Quipu zu kennen, außer dass China tatsächlich näher war und sie durch Handelskarawanen vielleicht leichteren Kontakt gehabt hatten.

S: *Mathematik wird auch benutzt, wenn man die Sterne studiert. Man benutzt die Mathematik, um die Richtung einzuzeichnen, aus der ein Stern kommt, von hier an diesem Punkt bis dort drüben. (Er gestikulierte.) Und mit den Karten ist man in der Lage, das zu tun. Wir haben die Karten, die uns helfen, uns zu erinnern, wo die Sterne sind. Es gibt Sterngucker, wie ihr sie habt. Wir haben einige wenige, die sehr stark sind. (Ich bat um eine Erklärung). Bei denen man durch das kleinste Ende dieses Rohres schaut. Und man schaut damit in den Himmel und es ist, als würde man ihn euch direkt vor das Gesicht bringen. Es ist sehr, sehr alt. Man sagt, dass unser Volk, so wie es war, dies geschaffen hat, aber die Kunst ging verloren. Es wurde nicht hier gefertigt. Es war vor vielen Generationen.*

Ein Teleskop! Aber Teleskope sollen erst viele hundert Jahre später erfunden worden sein. Ich weiß nicht, warum das wirklich so überraschend sein sollte. Die Kunst der Glasherstellung geht auf die Zeit der alten Ägypter zurück. Sicherlich muss jemand in all der Zeit neugierig genug gewesen sein, um durch ein Stück Glas zu schauen und die Größenverzerrung zu bemerken. Erich von Däniken gibt in seinen Büchern zwei Beispiele für die Entdeckung der Kristalllinse. Eine wurde in einem Grab in Helwan, Ägypten, gefunden und befindet sich heute im Britischen Museum. Der andere stammt aus Assyrien und geht auf das 7. Jahrhundert vor Christus zurück. Sie wurden mechanisch geschliffen und das Wissen dazu erforderte eine hochkomplizierte mathematische Formel. Wofür wurden diese Linsen verwendet? Möglicherweise Sterngucker?

Es gab drei verschiedene Sterngucker von unterschiedlicher Größe in Qumran. Sie befanden sich nicht in der Bibliothek, sondern in einer Sternwarte weiter oben auf dem Hügel oberhalb der Gemeinde. Zwei davon waren dort fest montiert und der dritte, ein kleinerer, war tragbar. Es gab einige Meister, die in der Sternwarte lebten und die Sterne ständig studierten und beobachteten. Den Studenten war es erlaubt, durch diese Sterngucker zu schauen, wenn sie an diesem Studium teilnahmen.

Ich versuchte noch immer, diese neue Entwicklung aufzunehmen, als er mir eine weitere zuwarf. Diese ganze Sitzung war voll von Unerwartetem.

S: Sie haben Himmelsmodelle, die sich ständig bewegen, wie unser System es tut. Sie haben das Modell des Sternensystems, in welchem wir leben.

Ich dachte: „Moment mal, lass uns nochmals zurückgehen." Sicher, dass ich ihn richtig verstanden habe? Ein Modell?

Das Konzept des Modells war für mich so befremdlich, dass ich entschlossen war, es verstehen zu lernen. So stellte ich viele Fragen, in dem Versuch, ein klares Bild davon zu bekommen, wie es aussah. Der Inhalt dieser Bibliothek überraschte mich, obwohl ich bald herausfand, dass ich über nichts überrascht sein sollte, das in Qumran sei.

Es war frustrierend für ihn, zu versuchen, etwas zu beschreiben und zu erklären, das ihm so vertraut war. Er wurde durch meine beharrliche Befragung noch gereizt. Er fragte sich wahrscheinlich, warum ich es nicht auch sehen konnte.

Das Modell, oder Planetarium, befand sich in der Bibliothek, wie viele andere der Mysterien auch. Es stand in der Mitte des Raumes. Es war groß, „vielleicht die Spannweite von zwei Männern mit ausgestreckten Armen. Das ist die Breite und vielleicht doppelt so groß wie ein Mann". Der gesamte Apparat war aus Bronze gefertigt. In der Mitte befand sich eine große runde Kugel, welche die Sonne darstellte. Ein Stab verlief durch das Ganze und war in den Boden getrieben. Vom Grund oder vom Boden aus gab es viele andere Stäbe, die nach außen ragten. Jeder Stab hatte eine Bronzekugel am Ende. Diese stellten die verschiedenen Planeten in unserem Sonnensystem dar. Jeder befand sich in der Position, in welcher er sich im Orbit um die Sonne befinden würde. Es waren keine Monde dargestellt, nur eine Kugel gleicher Größe für jeden Planeten.

Dieses ganze Modell war in ständiger Bewegung: Die Sonne in ihrer Umlaufbewegung, die Stäbe ihre Planeten in der exakten Position und Entfernung ihres Orbits um die Sonne bewegend und die kleineren Kugeln sich an den Enden der Stäbe drehend. Die Kugeln bewegten sich in einem ovalen, elliptischen Kreis um die Sonne. Suddi erklärte all dies mit viel Bewegung und Gestik. Er beschrieb den Orbit als: „er ist elliptisch. Er ist hier etwas hoch und verjüngt sich an den Enden. Es ist wie ein Kreis, der gedehnt wurde ... tief." Ich fand es erstaunlich, dass das gesamte Sonnensystem auf diese anspruchsvolle Weise nachgebildet werden konnte. Ich konnte nicht verstehen, welche Energiequelle genutzt wurde, um es am Rotieren zu halten.

S: Wenn sich die Erde dreht, behält sie diese Drehung auch bei. Die Erde, sie dreht sich und dreht sich und es ist, wie wenn man etwas nähme und es in einem großen Kreis um einen herum drehen würde. Zuerst beginnt es am Boden und sobald man sich schneller dreht, schwebt es in den Himmel, wie du siehst. Und es geht so. Es wird durch die gleiche Sache in Bewegung gehalten, die das Ding, an welchem du ziehst ... oben hält. Die Bewegung bewirkt, dass es in Bewegung bleibt.

Ich konnte mir das so vorstellen, als hätte man etwas am Ende einer Schnur und finge an, sich im Kreis zu drehen. Das Objekt würde den Boden verlassen und nach oben steigen, während man sich schneller dreht. Es klang für mich, als ob das Planetarium eine Perpetuum mobile-Maschine wäre, angetrieben durch Zentrifugalkraft. Vielleicht hat jemand anderes eine bessere Erklärung dafür.

Das Modell war von einem Geländer umgeben, um zu verhindern, dass ihm jemand zu nahe kommt. Es war anscheinend ein sehr empfindlicher Antriebsmechanismus und seine Bewegung konnten sehr leicht gestört werden.

S: Die Schüler werden gewarnt, sich ihm nicht zu nähern. Man sagt, dass selbst darauf zu blasen es zum Stillstand brächte und dann würde es eine lange Zeit dauern, bis es wieder begänne. Deshalb dürfen wir uns nicht in seine Nähe begeben.

Ob es nun wirklich so fein ausbalanciert war oder nicht, die Drohung wirkte anscheinend und alle hielten einen respektablen Abstand. Da der Boden aus Stein war, störte die Bewegung der Menschen im Raum den Apparat nicht. Er konnte mir keine Informationen darüber geben, wie er konstruiert oder am Boden befestigt war, da er sehr alt war und schon lange dort stand.

Ich erlebte eine weitere Überraschung, als ich fragte, wie viele Planeten durch die Kugeln verkörpert werden. Er antwortete in einer sachlichen Art, dass es zehn seien. Das erschütterte mich wirklich, denn selbst in unserer heutigen Zeit sind uns nur neun bekannt. Der neunte Planet, Pluto, wurde erst 1930 entdeckt. Es gab Diskussionen unter den Astronomen, dass es da draußen einen Zehnten geben könnte, weil etwas die Umlaufbahnen der anderen zu beeinflussen schien. Ich versuchte, gleichgültig zu bleiben, als ob nichts von Bedeutung offenbart worden sei, und fragte, ob er mir die Planeten nennen könne.

S: Ich werde ihnen ihre römischen Namen geben, mit denen du wahrscheinlich sehr vertraut bist. Sie sind unter vielen Namen bekannt, aber diese sind vielleicht die bekanntesten. (Er sprach langsam, als ob er nachdachte.) Zum Inneren hin sind da Merkur und Venus oder Mathusias (phonetisch) und Terra und Mars und Jupiter und Saturn ... Mal sehen, nach dem Saturn kommt Urana und Neptun und Pluto. Und hinter Pluto gibt es einen namens -

mal sehen, ich glaube, sie haben ihm den Namen Juna gegeben. Wessen Idee es war, sie danach zu benennen, ich habe keine Ahnung. Ich glaube, das sind alle. Ich weiß, dass es zehn sind. Von Juna, also demjenigen, der am weitesten entfernt ist, sagt man, dass er eine sehr unregelmäßige Umlaufbahn habe. Sie ist nicht elliptisch, sondern schwingt hinein und hinaus und macht eine Art Schleife um Pluto. Er braucht ziemlich viel Zeit, um seine Umlaufbahn zu beenden.

Er gestikulierte mit den Händen, um etwas zu zeigen, das zwischen den anderen ein- und ausging.

D: Sehen einige dieser Planeten anders aus?
S: In dem Modell sehen sie alle gleich aus, aber in Wirklichkeit sind sie größer oder kleiner. Sie sind alle individuell. Nichts ist gleich im Universum. (Sein kindlicher Enthusiasmus war sprudelnd in seinem Wunsch, sein Wissen zu teilen.) Nicht einmal zwei Ameisen, die man sich ansehen und denken würde, das sie identisch seien. Es gibt etwas an der Einen, was die Andere nicht hat. Es gibt nichts im Universum, das identisch ist.
D: Kannst du mir von der Sonne ausgehend ungefähr die relative Größe jedes Planeten sagen?
S: (Er kann sich hier auf eine Karte oder ein Diagramm bezogen haben) Die Sonne ist hier, und ihr habt einen kleinen, und ihr habt also zwei, die ziemlich klein sind, und ihr habt einen, der größer wird. Und jeder wird für eine Weile größer. Und dann ist es, als würde es einen Kreismittelpunkt erreichen, und dann beginnen sie wieder, sich zu verkleinern. Der Größte ist der Jupiter und der Kleinste der Juna. Und jeder hat Monde, einige haben davon viele. Sie wurden aber nicht dem Modell hinzugefügt. Es wird uns nur erzählt, dass sie da sind. Je größer ein Planet ist, desto mehr Monde hat er. Saturn hat Ringe, die aus... Man sagt, dass dies möglicherweise ein anderer Planet war, der einmal dort war und er hat ihn eingefangen und es nennt sich... Ringe. Wenn du ihn dir ansiehst, wirst du diese sehen. Es gibt viele Hundert und Aberhunderte von ihnen. Diese sind auch nicht auf dem Modell vorhanden. Diese Dinge werden uns erzählt und wir haben sie mit den Sternguckern gesehen. Unser Planet ist Terra. Er hat den einen Mond, der keine Luft hat.

Ich fragte, ob er jemals von einem anderen Planeten gehört habe, der vor vielen, vielen Jahren explodierte. Ich dachte an die Theorie der Entstehung des Asteroidengürtels. Es sollte etwas zwischen Jupiter und Mars sein.

S: Etwas traf wahrscheinlich Jupiter. Ich habe keine Kenntnis davon. Es wird gesagt, dass unser Universum noch neu ist und sich noch immer verändert, so dass dies durchaus möglich ist.
D: Woher weißt du von all diesen Planeten? Du kannst sie sicher nicht alle sehen, auch nicht mit deinen Sternguckern?
S: Ich habe sie nicht gesehen. Es wird gesagt, dass ein Großteil des Wissens über unser System, wie wir es kennen, seit vielen, vielen Generationen weitergegeben wurde.
D: Weißt du, wer dieses Modell gebaut hat?
S: Man sagt, dass es die Kaloo getan haben.
D: Wer sind die Kaloo?
S: Wie soll ich das sagen ...? Sie sind das Volk, das sein Land verlassen hat, um das Wissen, das es erworben hat, mit anderen zu teilen. Und man hat gesagt, dass wir von diesen Menschen abstammen. Es wird gesagt, dass wir Mitglieder ihrer sterbenden Rasse seien. Wir werden gelehrt, Wissen unter den Unkundigen zu verbreiten, in der Hoffnung, das Zeitalter der Erleuchtung wieder herbeizuführen. Ich weiß nicht viel über sie. Einige der Meister wissen sehr genau, welche Dinge sie lehren und wer sie waren. Es ist Wissen, das nur den Augen bestimmter Menschen gestattet ist. Und es ist nicht erlaubt, unter Fremden davon zu sprechen.

Ich überlegte, ob sie vielleicht eine Verbindung mit dem verlorenen Kontinent Atlantis gehabt haben könnten, und fragte, ob er den Namen des Ortes kenne, von dem sie gekommen waren.

S: Ich kenne ihn nicht. Es wird gesagt, dass dieser verloren gegangen ist. Man sagt, dass sie aus der Richtung kamen, wo die Sonne untergeht, aus dem Westen. Dass sie sich in Ägypten niederließen und dann auf diesem Weg reisten. Ich weiß nicht, wohin sie gingen. Das war vor vielen, vielen Vätern.

D: Du sagtest, dass du das Zeitalter der Eleuchtung zurückbringen wirst. Gab es eine Zeit, als die Dinge erleuchteter waren als jetzt?
S: Ich weiß nicht viel darüber. Es wird gesagt, dass es zu einer Zeit war, als große Dinge vollbracht wurden, als alle Menschen eins waren. Und wir haben nur wenige der Dinge, wie z.B. das Modell. Unsere Dinge, die geschützt und aufbewahrt wurden, um zu zeigen, dass diese Dinge möglich waren. Dass sie nicht nur Legenden waren. Es wird gesagt, dass die Kaloo wandern. Das ist Teil ihres Schicksals. Einige von ihnen sollen in der Hoffnung gereist sein, andere aus ihrem Volk zu finden, und sind immer noch unterwegs. Und es heißt, dass einige von ihnen sogar vergessen haben, woher sie kamen. Andere sind wie wir hier, Nachfahren einiger von ihnen und einiger anderer, die von hier kamen und die versuchen, einen Teil des Wissens zu schützen, das einmal war.

Dies würde ihre Sorge um das Modell erklären. Wenn ihm etwas zustieße, wüssten sie nicht, wie sie ein Weiteres bauen sollten.

D: Ist dies der Grund, warum du isoliert bleibst? Warum lebst du abgeschieden von anderen Städten, von anderen Menschen?
S: Es wird gesagt, dass wenn wir dorthin gingen, wo die anderen sind, ein Großteil des Wissens verloren gehen würde, weil die Menschen von ihm abgelenkt würden. Wegen der Versuchungen und sie würden sich nicht darum kümmern, das alte Wissen am Leben zu erhalten.
D: Gibt es außerdem noch etwas, das sie eurem Volk gebracht haben?
S: Das Wissen, dass es irgendwann in naher Zukunft einen Messias geben wird. Es wird berichtet, dass sie an vielen der Orte, an die sie gingen, über die Geschichte seines Kommens sprechen. Und dass sie von dem Zeitpunkt, wann dies geschehen wird, wüssten und diesen benennen würden. Es gibt noch mehr Wissen, aber das sind Dinge, die für diejenigen aufbewahrt werden, die diese Dinge in der Tiefe studieren. Es wurde beschlossen, dass ich Recht studieren solle und dies soll das sein, was ich am besten kann. Und deshalb brauche ich von diesen Dingen nichts zu wissen, denn es würde mir nur den Verstand für andere Dinge durcheinanderbringen. Ich habe gehört, dass sie über den Messias sprechen, aber es ist nichts, von dem sie wollen, dass es

ein Kind weiß. Ich habe meine Barmitzvah nicht gehabt. Die macht mich erst zu einem Mann. Dann werde ich Teil der Erwachsenengemeinschaft sein. Ich habe noch keinen Grund, diese Dinge für mein Schicksal zu wissen. Warum also auf diese Weise in mein Schicksal eingreifen?

D: Wenn du das Recht studieren willst, warum ist es dann nötig, etwas über die Sterne zu wissen?

S: Es ist aus bestimmten Gründen des täglichen Lebens notwendig, vielleicht ein wenig von unserem Schicksal zu wissen, aber nicht zu viel. Es gibt auch andere Gründe für das Studieren der Sterne am Himmel und derjenigen unseres Sonnensystems. Weil sie in vielerlei Hinsicht festgelegt sind. Es wird gesagt, dass, wenn die Planeten auf eine bestimmte Weise platziert werden... wenn man geboren wird, sind sie dieses Setzmuster, und dass dies eine große Bedeutung hat für das, was du mit deinem Leben anstellen wirst. Ich weiß nicht, wie man das lesen muss. Auch hier sind es die Meister, die dies lehren. Es heißt, dass die Sterne den Menschen die Wahrheit über die Dinge sagen, aber wir untersuchen nur, wo sie sind und solcherlei Dinge. Wir studieren Astron.

Er benutzte nicht das ganze Wort „Astronomie". Im Wörterbuch ist astron, als Präfix für Stern verwendet, das griechische Wort für Stern. Er sagte, der hellste Stern in ihrem Teil der Welt heiße Garata (phonetisch) und befinde sich im nördlichen Teil des Himmels. Er sagte, dass einige Leute denken, die Sternengruppen würden wie Menschen oder Tiere da oben aussehen. Für ihn sah es so aus, als ob „jemand einfach einen Eimer Sand genommen und diesen einfach hingeschleudert" hätte.

Ich fragte mich, was sonst noch in dieser fantastischen Bibliothek sein könnte. Er sagte, es gebe Skelette von verschiedenen Tieren, die für Studien aufbewahrt worden waren. Ich hätte mittlerweile auf Überraschungen vorbereitet sein sollen, aber die nächste Antwort hat mich wieder überrascht.

S: Es gibt vieles hier. Es gibt einen großen Kristall, der... wie soll ich sagen...? geformt mit vier Seiten, die zu einem Punkt kommen, und der fünften Seite auf der Unterseite (eine Pyramide). Es ist ein Energieerhöher, wenn ich die richtigen Begriffe verwende. Wenn die Energie in diesen eingebracht wird, ist die Leistung weitaus größer als das, was dort eingebracht wurde. Er wird in verschiedenen Dingen eingesetzt. Ich bin mir nicht sicher, was. Er wird auch geschützt. Es gibt eine Mauer, die um ihn herum gebaut wurde. Die Wand geht etwa bis hier (etwa taillenhoch). Man kann ihn sehen, aber man kann nicht in seine Nähe gelangen. Der Kristall sitzt auf einem Sockel hinter der Wand. Er wird abgeschirmt in einem Bereich, in dem es Vorhänge gibt, die um ihn herum zugezogen werden können. (Mit Handbewegungen deutete er an, dass es ein großer Kristall war, etwa zweitausend Quadratzentimeter groß. Aber die Farbe war ungewiss) Die Farbe verändert sich. Sie ist nie dieselbe. Du schaust ihn dir einmal an und du siehst, dass er blau ist. Du siehst ihn dir noch einmal an und vielleicht ist er lila oder grün oder... er hat nie dieselbe Farbe.

Er wusste nicht, woher der Kristall kam, er war dort gewesen, „solange ich mich erinnere". Die Mauer war zum Schutz. Der Kristall war so mächtig, dass er einen verbrennen würde, falls man ihn berührte. Nur eine Person hatte die Fähigkeit, ihm nahezukommen.

S: *Mechalava, (phonetisch: May-chal-ava) der Meister der Mysterien. Er ist in der Lage, seine Kraft zu kanalisieren und seine Schüler, die in diesen Methoden unterrichtet werden, auch. Sie konzentrieren ihre Energie auf ihn und er überträgt sie auf diesen Kristall, der auf viele verschiedene Arten verwendet wird, die wir weder verstehen können noch dürfen.*
D: Du meinst, die Energie wird von den Schülern zum Meister und dann in den Kristall gespeichert und nicht umgekehrt?
S: *Und dann geht sie von dem Kristall aus, für welchen Zweck auch immer sie wollen. Sie haben die Fähigkeit, sie zu kanalisieren, zu lenken oder zu fokussieren, wohin sie wollen. Es wird gesagt, dass der Wille Mechalavas der stärkste ist. Er ist sehr alt und wartet darauf, dass jemand geboren wird, der genauso wie er ist, damit er die Verantwortung weitergeben kann. Das wird schon von der Zeit an gestartet, da dieser ein kleines Baby ist. Ein Teil des Wissens wurde weitergegeben, aber nicht das ganze. Mechalava wird ihn die Dinge lehren, die den meisten von uns unbekannt sind. Es wird gesagt, dass einst alle dieses Wissen hatten, und deswegen wurde großer Schaden angerichtet. Deshalb war es*

dann nur noch bestimmten Personen erlaubt, die als verantwortlich genug erachtet wurden, dieses Wissen besitzen zu dürfen. Damit es in eine Zeit weitergetragen werden kann, in der wieder alle in der Lage sein werden, dieses Wissen zu haben und davon zu profitieren. Deshalb ist er (Mechalava) an der Fortführung des bestehenden Wissens beteiligt.

Die Archäologen fanden zwei sonderbar platzierte Säulensockel in einem der Gebäude. Sie waren dicht beieinander im Boden platziert, als ob sie ein Gestell für etwas gewesen wären. Sie hatten keine Erklärung für sie. Dürfte ich spekulieren, dass dies der erwähnte Sockel sein könnte, auf dem der Kristall saß?

Ich versuchte, einige der Geheimnisse herauszufinden, die Suddi wohl beigebracht wurden.

S: Ich darf nicht darüber sprechen, weil dies Teil der Verantwortung ist. Wenn der Schüler nicht verifiziert worden ist, ist es uns nicht erlaubt, zu sprechen.

Ich versuchte, seine Einwände zu umgehen, indem ich fragte, in welchen Bereichen die Geheimnisse lagen, zum Beispiel im Recht oder in der Geschichte. Ich dachte, wir könnten uns im Gespräch mit ihm in jungen Jahren leicht informieren, aber schon damals war das Band der Verschwiegenheit vorhanden.

S: Nein, sie liegen bei... anderen Dingen. Ein Teil davon ist die Nutzung des Geistes. Dies ist die Quelle großer Macht.

Er weigerte sich unerschütterlich, mehr über die Geheimnisse zu verraten, also beschloss ich, das Thema zu wechseln. Vielleicht würde ich später durch meine Karussellmethoden mehr aufdecken können.

D: Du sagtest, dass der Kristall der Energiespeicher sei? Kannst du mir sagen, ob du von irgendwelchen Metallen weißt, die auch Energie speichern?

S: Mehrere. Gold... bis zu einem gewissen Grad, Kupfer. Es hängt davon ab, welche Schwingung man braucht. Sie funktionieren für verschiedene Dinge. So wäre die höhere Stufe das Silber oder das

Gold und die niedrigere Stufe das Kupfer und das Messing. Die Steine haben die größere Speicherkapazität.

D: Es scheint, dass du dort eine Menge Wissen hast, das andere Leute nicht haben.

S: *Wir müssen versuchen, es lebendig zu erhalten, damit es nicht vergessen wird.*

KAPITEL 8

Die zwölf Gebote

Während dieser Sitzung sprach ich mit Suddi im Alter von zwölf Jahren. Ich nahm an, dass er noch nicht lange am Studieren war, aber er war anderer Meinung und sagte, dass es wie eine Ewigkeit schien.

S: Ich weiß nicht, wie es anderswo ist, aber dort, wo wir leben, beginnen wir mit etwa sechs oder sieben Jahren. Es gibt welche unter uns hier, die von hebräischer Abstammung sind. Es gibt welche unter uns, die Syrer sind. Und es gibt welche, die ägyptischer Herkunft sind. Es gibt viele hier. Wir sind alle verschiedene Menschen, aber wir haben alle ein Denken und einen Glauben. Wir sind diejenigen, die an Gott Abba glauben und sich hier versammeln, um Licht in eine Welt zu bringen, in der es nichts als Dunkelheit gibt.

Man beachte die Ähnlichkeit zwischen dieser Aussage und den Bibelworten, dass Jesus das Licht der Welt war.

D: Ich hörte Leute sagen, dass die Essener eine religiöse Gruppe seien.
S: Wir sind eine religiöse Gruppe, insofern, als wir an Gott glauben. Aber zu sagen, dass unser Weg eine Religion sei, ist etwas anderes. Weil das eingrenzend erscheint. Es ist nicht dasselbe. Da ist so viel mehr, weil wir das Wissen schützen und am Leben erhalten und helfen, Wissen und Licht in die Welt zu bringen.

Während ich mit ihm sprach, war er dabei, Teile der Thora abzuschreiben. Ich dachte, der einzige Grund, den sie haben könnten, eine Schriftrolle zu kopieren, sei, wenn die Schriftrolle in schlechtem Zustand war und sich noch verschlechterte. Aber er sagte, die ursprüngliche „Haut" sei immer noch sehr gut. Sein Vater dachte, es werde ihm helfen, sich daran zu erinnern, wenn er es aufschreibt.

S: *Er sagt, es könne helfen. Mein Kopf ist so dick, dass er alles versuchen wird. Ich habe kein gutes Gedächtnis. Was kann man dazu sagen?*

Ich war an ihrer Schreibmethode interessiert. Er sagte, wenn sie übten, benutzten sie Tontafeln, weil sie sie nicht aufbewahren würden. Nur was dauerhaft sein sollte, wurde auf Papyrus geschrieben.

S: *Mit den Tontafeln ist es für einen Schüler leicht zu sehen, wie er ein Wort bildet. Er sieht es auf der Tafel und bekommt das Gefühl dafür, was es ist. Und es ist billiger, es ist einfach, mehr Tontafeln oder Wachs herzustellen, das eingeschmolzen und wiederaufbereitet werden kann. Aber, Papyrus, sobald es benutzt wird, war es das.*

Er benutzte einen Stift, der aus einem Stock mit einer scharfen Spitze bestand, um auf die Tafeln zu schreiben. Auf Papyrus konnte man entweder den in Tinte getauchten Stift oder einen Pinsel verwenden. Er schrieb hauptsächlich auf Aramäisch, was seine Muttersprache war. Damals wusste ich nichts über die Sprachen in seinem Teil der Welt, und ich sorgte für Verwirrung, als ich nach seinem Alphabet fragte. Er hatte keine Ahnung, wovon ich sprach, und es ist immer schwierig, etwas, das uns so vertraut ist, in einfachen Begriffen zu erklären. Es ist mir nie in den Sinn gekommen, dass Menschen in anderen Ländern keine Buchstaben verwenden könnten, wie wir. Diese Sitzungen erwiesen sich als sehr lehrreich, sowohl für Katie als auch für mich selbst. Er versuchte zu erklären, dass es nicht Buchstaben, sondern Geräusche waren, die seine Sprache ausmachten. Ich verstand nicht, was er meinte. Später, als ich anfing zu recherchieren, stellte ich fest, dass sich die Sprachen in Suddis Teil der Welt stark von unseren unterscheiden. Sie verwenden Symbole, die einer Form von Stenografie ähneln. Jedes steht für einen bestimmten Klang und die Klänge bilden die Worte. Er hatte völlig Recht und es war kein Wunder, dass ich ihm nicht das erklären konnte, was ich wollte. Ich fragte ihn, ob er mir vorlesen könne, was er abschrieb. Während seiner Rezitation sprach er mehrere Wörter aus, die definitiv in einer Fremdsprache waren, dann sprach er langsam auf Englisch, als ob er übersetzte, was er sah.

S: Es ist Teil der Gebote Moses. Es spricht von... es sagt... der Herr, dein Gott... du sollst keine anderen Götter haben außer mir. Wir sollen keine Abbilder aus Stein... von anderen Göttern zur Anbetung machen. Und wir sollten... unseren Vater und unsere Mutter ehren. Und... du sollst nicht töten oder stehlen oder... Ehebruch begehen. Es gibt viele davon. Mose war ein großer Gesetzesgeber. Dies sind nur einige der ersten Gebote. Er sprach immer weiter von ihnen.

Es war offensichtlich, dass er aus den Zehn Geboten vorlas, aber er erschreckte mich, als er sagte, dass es zwölf Gebote gebe. Damals konnte ich dies während jener Sitzung nicht verfolgen.

Später, als ich mit Suddi als älterem Mann sprach, bot sich eine ausgezeichnete Gelegenheit, ihn nach den zusätzlichen Geboten zu fragen. Ich hatte ihn zu einem wichtigen Tag gebracht, als er etwa vierzig Jahre alt war. Er praktizierte seine tägliche Meditation. „Es gibt mir ein sehr gutes Gefühl, das zu tun. Ich fühle mich geerdet, als hätte ich eine Basis, von der aus ich arbeiten kann." An diesem Tag meditierte er, um sich zu beruhigen, denn es war ein sehr wichtiger Tag.

S: Heute werde ich getestet und es wird die Entscheidung getroffen. Ob ich das Verdienst des blauen Bandes habe oder nicht.

Wenn ein Essener das Recht erworben hatte, das blaue Band quer über seiner Stirn zu tragen, hatte er den Rang eines Meisters erlangt. Der Test war das letzte Erfordernis und der Höhepunkt all seiner Studienjahre.

S: Eine Person geht durch die Lektionen und wird von den Ältesten getestet, um herauszufinden, wie viel von dem Wissen angehäuft wurde. Wie viel Verständnis vorhanden ist. Ein Mensch kann großes Wissen haben und doch kein Verständnis davon haben, und deshalb ist das Wissen dann nutzlos. Um ein Meister zu sein, muss man das Wissen haben und das Verständnis davon. Von was auch immer man studiert, sei es Recht oder das Studium der Sterne oder etwas anderes. Du musst Verständnis haben, um ein Meister zu sein. Deshalb wirst du von den Ältesten geprüft. Sie alle werden mich befragen, um mein Verständnis zu herauszufinden.

D: Wird es ein langer Test?

S: (Recht ernst) Nicht, wenn ich sofort durchfalle. Es könnte eine ganze Weile dauern. Aber ich werde nicht versagen. Die Antworten werden kommen.

Ich hielt dies für einen ausgezeichneten Zeitpunkt, um nach den zusätzlichen Geboten zu fragen, da dies eine Frage sein könnte, die sie ihm während des Tests stellen. Er seufzte und fing an, sie für mich aufzuzählen, während er an seinen Fingern zählte.

S: Das Erste ist: Ich bin der Herr, dein Gott, und du sollst keine anderen Götter über mir haben. Du sollst keine Götzenbilder machen. (Großer Seufzer.) Ehre deinen Vater und deine Mutter. Denke an den Sabbattag und halte ihn heilig. Du sollst nicht stehlen. Du sollst nicht ehebrechen. Du sollst nicht begehren... ah, das Eigentum eines anderen. Ah... ich erinnere mich allmählich. Das ist sieben? Du sollst nicht den Wegen des Baals folgen.

Er brach frustriert zusammen und vergaß, wie viele er genannt hatte. Aber ich hatte bereits eines gehört, das mir nicht vertraut war, das über Baal. Ich sagte ihm, das sei eine gute Vorbereitung auf die Begegnung mit den Ältesten. Er atmete tief durch. „Ich denke, ich bin nervöser als ich....". Dann völlig unerwartet, erschreckte er mich mit der Frage: „Wer bist du?" Ich wurde überrumpelt und musste schnell nachdenken. Ich habe mich oft gefragt, wie die Probanden mich wahrnehmen oder ob sie das überhaupt tun. Sehen sie mich als eine echte Person oder bin ich nur eine leise Stimme, die in ihrem Kopf summt? Gelegentlich scheinen ihre Antworten darauf hinzudeuten, dass sie mich sehen, aber ich bin eine Fremde für sie. Während einer Sitzung sah mich ein Proband gekleidet, wie die Menschen aus seiner Kultur, aber er warnte mich, dass ich zu viele Fragen stelle und dass das gefährlich sei. Meist betrachte ich mich selbst nur als eine Stimme.

Ich denke, in diesem Fall nahm Suddi mich anders wahr, weil er meditierte. Das mag ihn offener für meine Anwesenheit gemacht haben. In der Vergangenheit, wenn dies vorkam und diese Frage aufgeworfen wurde, sagte ich ihm lediglich, dass ich ein Freund sei und diese Antwort war ausreichend. Ich verstehe nicht warum, vielleicht reicht die bloße Zusicherung, dass ich ihnen keinen Schaden zufügen will. Ich fragte ihn, ob es ihn störe, mit mir zu sprechen.

S: *Es macht mich neugierig. Du bist hier, und bist doch nicht hier. Ich glaube, du bist nicht aus... dem Jetzt. Es ist... du bist hier im Geiste, aber nicht im Körper.*

Ich hatte das eigenartige Gefühl, dass ich vielleicht durch einen Prozess, den wir nicht verstanden, rückwärts durch die Zeit projiziert worden war und diesem armen verwirrten Mann erschien. Es war ein seltsames Gefühl, zu wissen, dass man irgendwie an zwei Orten gleichzeitig existiert. Aber war das im Wesentlichen nicht das, was Katie auch tat? Ich musste darauf achten, ihn nicht zu stören oder zu verärgern, also versuchte ich, ihn in allen seinen Befürchtungen zu besänftigen, damit wir weitermachen konnten.

D: Stört es dich?
S: *Ein wenig. Bist du mein Meister?*
D: Oh, ich glaube nicht, dass ich so hochstehend bin. Nein, ich bin eher ein Wächter. Ich bin sehr interessiert an deinem Leben und daran, was du tust. Ist das akzeptabel? Ich will überhaupt nichts Böses.
S: *(Misstrauisch) Du willst, nichts Böses? Ich fühle eine... Wärme von dir ausgehend, aber manche Leute, die sehr sachkundig sind, können viele Dinge projizieren.*
D: Ich interessiere mich für dein Wohlergehen. Deshalb stelle ich viele Fragen, weil ich an der Zeit und dem Ort, an dem du lebst, interessiert bin. Ich dürste nach Wissen.
S: *Ja, ich spüre eine sehr große Neugierde in dir. Ich kann ein Bild sehen, aber es ist... es ist, als ob du nicht hier wärst. (War es wie ein Traumbild?) Es schadet mir nicht, mit denen zu sprechen, die nicht im Körper leben, aber nicht alle sind wohlwollend.*

Ich musste versuchen, seinen Verstand von mir abzubringen, also führte ich ihn zurück zu den zwölf Geboten. Er seufzte und ging sie nochmals durch, während er mit den Fingern zählte. Diesmal nahm er ein weiteres Gebot auf: „Du sollst anderen nur das antun, was du du willst, dass sie mit dir tun." Dies ist die Goldene Regel und ist normalerweise nicht in den Zehn Geboten enthalten. Ich hinterfragte dieses.

S: *Es hat damit zu tun, dass man sich daran erinnert, ob man andere so behandelt, wie man selbst behandelt werden möchte. Denn das ist es, was ihr vor euch hertragen werdet. (Bezog er sich auf Karma?)*
D: Es macht Sinn, aber wir haben es nie zu den anderen Geboten geschrieben.
S: *Wie nicht? Ich habe gehört, dass das Gebot der Anbetung, nicht nur der Götzenbilder, sondern auch von Baal, dass man versucht habe, es zur Zeit Mose wegen des Kalbes zu streichen, aber ich habe nicht gehört, dass jemand versucht habe, dieses „Tue anderen Gutes" zu streichen. Ich habe noch nie davon gehört. Das wäre sehr falsch.*

Ich pflichtete ihm bei, dass es ein gutes Gesetz sei und zu den anderen gehöre.
Während einer weiteren Sitzung erinnerte ich ihn an den Test und fragte, ob er bestanden habe. Er war ungehalten.

S: *Trage ich etwa nicht das blaue Band? Natürlich habe ich meinen Meister. Wie könnte man die Prüfung nicht bestehen und kein Meister werden?*

So war er damals ein Meister des Rechts, der Thora, aber er hielt sich mit 46 Jahren für einen sehr alten Mann. Ich war anderer Meinung, aber er bestand darauf: „Aber es ist so! Das ist ein Alter, da viele Männer bereits früher gestorben sind. (Seufzer) Ich bin ein alter Mann."
Wenn ein Mann in seinen Vierzigern in diesem Zeitalter als alt angesehen wurde, ließ mich das vermuten, dass Jesus kein junger Mann war, als er gekreuzigt wurde. Mit dreißig Jahren wäre er mindestens im mittleren Alter gewesen.

KAPITEL 9

Meditation und Chakren

Für die Anwendung der Meditation wurden uns zu zwei verschiedenen Gelegenheiten Übungen gegeben, einmal als Suddi noch ein Kind war und ein anderes Mal, als er älter war. Ich denke nicht, dass es zu abstrus ist anzunehmen, dass auch Jesus diese Verfahren gelehrt wurden, zumal sie in Qumran allgemein üblich waren.

Als ein Junge sagte Suddi, dass für jeden Tag eine Meditationszeit vorgesehen war.

S: Wir sitzen einfach da und müssen sehr still sein und über die Art und Weise nachdenken, wie wir atmen und uns eine Weile darauf konzentrieren. Und wenn der Atem unter Kontrolle ist, hat man genug gelernt, sodass man nicht darüber nachdenken muss. Dann muss man sich auf etwas konzentrieren. Man nimmt ein Objekt und setzt seinen Fokus irgendwo in dessen Mitte und wird eins mit ihm und studiert es und lernt es kennen. Dann lässt man es los. Sobald man eins mit ihm geworden ist und es versteht, muss man dann den Fokuspunkt „aufheben", so dass man nicht mehr im Zentrum, sondern in der Peripherie ist. So dass es alles aktiviert, was drum herum ist und einen umgibt. Ich kann es nicht sehr gut erklären. Ein Schüler wird darin unterrichtet, wenn er beinahe drei, vier Jahre alt ist.

Demnach begann das Geistestraining in Qumran in einem sehr jungen Alter. Als Suddi ein älterer Mann war, erwähnte er einmal während einer Sitzung, dass König Herodes (anscheinend der erste

König Herodes) bald sterben werde. Er schien diese Informationen auf psychischem Wege erhalten zu haben und ich wollte wissen, ob andere in der Gemeinschaft auch diese Gaben hatten. Suddi war überrascht von meiner Frage.

S: *Wer hat sie nicht? Jeder, den ich kenne, hat sie. Es wird gesagt, alltägliche Menschen seien vielleicht nicht so... mal sehen, was... ? begabt? Aber wir werden von klein auf gelehrt, uns für das zu öffnen, was ist. Aber es ist eine Fähigkeit, die es zu fördern und zu entwickeln gilt. Jeder hat die Fähigkeit, aber wenn man das Alter von vielleicht dreizehn Jahren erreicht und dies nie benutzt hat, und man es abgeschottet hat, beginnt man, die Fähigkeit zu verlieren, die Kluft zu überwinden. Denn oft war man in der Gesellschaft anderer, die kopflos sind. Die einen nicht hören können, die nicht verstehen können, was man spricht. Und deshalb hat man sie wegen des hohen Niveaus an Intensität abgeschottet. Und wenn man sein ganzes Leben damit verbringt, etwas zu blockieren, ist es sehr schwierig, sich zu öffnen.*

D: Ist dreizehn ein bedeutsames Alter?

S: *Es ist einfach eine Zeit, in der der Körper Veränderungen durchläuft. Es wird gesagt, dass es eine große Verbindung zwischen beidem gibt. Ich bin mir da nicht sicher. Ich studiere das nicht. Aber das ist es, was ich gehört habe, dass, wenn die Entwicklung der Männlichkeit oder Weiblichkeit einsetzt, dies auch der Zeitpunkt ist, da sich alles öffnet, in vielleicht größerer Weise als je zuvor, wenn man es zulässt. (Es klang, als wäre es mit der Pubertät verbunden.)*

D: Dann sollte man diese andere Fähigkeit vor jenem Alter entwickeln?

S: *Ja, man sollte sich ihrer zumindest bewusst sein. Damit ihre Intensität einen nicht erschreckt und einen nicht dazu bringt, sie abzuschotten. Es gibt viele verschiedene Konzentrationsübungen, die verwendet werden können. Das Einfachste ist, etwas zu nehmen, irgendetwas, worauf man sich konzentriert, und es als Fokus zu verwenden. Man sollte es vor sich stellen und es anschauen und eins mit ihm werden. Damit man, während man sich konzentriert, seine Aufmerksamkeit auf diesen einen Punkt eingrenzt. Und wenn alles fokussiert ist, lässt man es einfach los. (Er machte Gesten, als ob er etwas loslassen und wegwerfen*

würde.) Und nach dem Loslassen wird man anfangen, sich anderer Empfindungen um einen herum bewusst zu werden, und man nimmt diese zur Kenntnis. Und jedes Mal wird das Bewusstsein für diese anderen Empfindungen stärker, so dass es ist, als ob sie zu einem gesprochen worden wären.
D: Besteht irgendeine Gefahr in Verbindung mit dieser Übung?
S: Ich weiß von keiner. Ich würde sie nicht an einem Ort tun, wo es Unterbrechungen oder vielleicht ein unsanftes Erwachen gibt. Es gibt keine festgelegte Zeit. Ich würde jedes Mal die Länge vielleicht etwas ausdehnen, bis sie mir angenehm ist.

Ich hatte viele Male mit ihm gesprochen, während er meditierte. Oftmals rieb er geistesabwesend das Zentrum seiner Stirn mit der Seite seines rechten Daumens, als würde er es massieren. Ich fragte mich, warum gerade dieser spezielle Bereich, da sich hier das Stirnchakra oder das dritte Auge befindet. Als er es diesmal tat, beschloss ich, danach zu fragen. „Das ist eine Gewohnheit. Es ist eine Konzentrationsmethode. Es geht darum, die Energie, seine Gedanken zu bündeln. Es ist ein Energiepunkt."

Seine Beschreibungen werden denjenigen, die Metaphysik studiert haben, sehr vertraut vorkommen. Der Begriff „Energiepunkt" wäre eine gute Definition für „Chakra". Die Chakren sind im Grunde genommen Energiepunkte, die sich an verschiedenen Stellen im Körper befinden. Sie können mental und psychisch stimuliert werden, um die Gesundheit des Körpers kontrollieren zu helfen und die psychischen Fähigkeiten und das Bewusstsein zu fördern. Nach der modernen Lehre befinden sie sich an sieben Stellen im Körper:

1. Krone: oben auf dem Kopf, wo die Körperenergie angeblich eindringt;
2. Stirn oder Drittes Auge: in der Mitte der Stirn liegend;
3. Hals: an der Vorderseite des Halses liegend;
4. Herz: in der Mitte der Brust liegend;
5. Solarplexus: in der Mitte des Bauches liegend;
6. Milz oder Sakral: direkt unter dem Bauchnabel liegend;
7. Wurzel: in der Nähe der Geschlechtsorgane, zwischen den Beinen liegend.

Die Energie tritt angeblich durch das Kronenchakra ein und versorgt jedes der Chakren wiederum beim Durchlaufen des Körpers mit Energie. Schließlich wird die überschüssige Energie durch die Füße ausgeschieden.

Da er sie Energiepunkte statt Chakren nannte, benutzte ich seine Terminologie. Er sagte, wenn man diesen Punkt während der Meditation rieb, half das, ihn zu stimulieren. Mir wurde immer beigebracht, dass man beim Meditieren sehr still sitzen solle.

S: *Es gibt verschiedene Formen der Meditation. Meditation ist im Grunde genommen immer Konzentration. Ob man sich auf einen Punkt konzentriert, der hier ist (auf seine Stirn gerichtet) oder ob man sich auf einen Punkt außerhalb seiner selbst konzentriert, alles, was Meditation ist, ist eine Fokussierung all deiner Gedanken und Energien auf diesen einen Punkt.*

Ich fragte, ob es noch weitere Energiepunkte im Körper gebe. Er zeigte der Reihe nach auf die verschiedenen herkömmlichen Chakrapositionen, außer dass er einen mehr hatte als die normalen sieben. Er deutete an, dass es zwei im oberen Brustbereich gibt, einen auf jeder Seite. Er zeigte auch auf einen an jedem Knie. Ich fragte nach dem Zusätzlichen im Brustbereich.

S: *Einer liegt beim Herzen und es gibt dort noch einen weiteren Energiepunkt. Er ist nicht bei allen Menschen geöffnet. Es ist einer, von dem ein großer Anteil verloren gegangen ist. Manchmal liegt er an der Seite, es hängt von der Person ab. So ist auch meiner. Es gibt auch einen an der Rückseite des Kopfes, an der Schädelbasis. (Er deutete auf den Hinterkopf, dort, wo er mit der Wirbelsäule verbunden ist). Es ist in hohem Maße gefährlich, ihn zu stimulieren. Er kann viele Probleme verursachen. Aber er ist dennoch da. Es ist wichtig, ihn nicht zu stimulieren. Die meisten Menschen wären nicht in der Lage, mit der Stimulation umzugehen. Es ist eine zu starke Kraft. Ich kenne nur einen Menschen, bei welchem er offen und stimuliert ist, und dieser ist ein großer mentaler Baumeister. Er ist der Meister der Mysterien. (Könnte das derselbe Mann sein, der die Energie in den großen Kristall leiten und sie lenken konnte?) Es ist für die meisten Menschen zu überwältigend.*

Ich fragte nach demjenigen oben auf dem Kopf, dem Kronenchakra.

S: *Es ist nicht unbedingt ein Energiepunkt, sondern der Punkt, an dem die Energie in den Körper eintritt. Ebenso sind die Füße nicht wirklich Energiepunkte, sie sind die Stelle, an der die Energie austritt.*

Ich wollte wissen, ob einer der Energiepunkte wichtiger ist als die anderen.

S: *Sie alle haben gleich große Bedeutung. Es hängt davon ab, welche man stimulieren will, was man mit seinem Leben vorhat. Wenn man Wissen erlangen will, wäre das hier (die Stirn) ein guter Punkt zum Stimulieren. Der am Hals wäre für verschiedene Gesundheitsprobleme, auch im Zusammenhang mit dem Energieniveau und -gleichgewicht. Derjenige über dem Herzen ist für die reine Energie, die durch den ganzen Körper strahlt. Und der Andere (im Brustbereich) hat mit der Energie des anderen Selbst und dem anderen Wissen zu tun. Wie erkläre ich das? Es hat mit den Energien zu tun, durch die man die Fähigkeit kontrolliert, Dinge zu wissen, die anderen unbekannt sind, durch einfaches Wissen. Es geht um die mentale Kommunikation. Bei den meisten Menschen wurde dies für immer verschlossen.*

Es klang, als hätte es viel mit psychischer oder intuitiver Fähigkeit zu tun, da dies der Energiepunkt war, den zu nutzen die Mehrheit der Menschen die Fähigkeit verloren hat. War dies derjenige, der zur Zeit der Kaloo offen war? (Siehe Kapitel 15.)

S: *(Er zeigte auf den Solarplexusbereich.) Dieser hat mit der Ganzheit des Selbst zu tun. Es ist wichtig, um sich wieder auszubalancieren. Er hat mit der Verbindung zwischen dem höheren Selbst und dem Körper zu tun. Er hat viel mit dieser Verbindung zu tun und mit dessen Zusammenhalten und dem Einssein. (Er zeigte auf die beiden im Bauchbereich, das Milz- und das Wurzelchakra.) Sie haben mit der Männlichkeit oder der Weiblichkeit zu tun, je nach Person. So ist bei dem Einen das Eine stärker. Wenn eine Frau ein stärkeres männliches Zentrum hätte, würde sie emotionale Probleme haben. Gleichermaßen würde ein Mann mit einem stärkeren weiblichen Zentrum große Probleme haben, sich selbst zu identifizieren, als wer er ist und Dinge dieser Natur.*

Könnte dies eine Anspielung auf Homosexualität sein, wenn diese Chakren nicht so funktionierten, wie sie bei den meisten Menschen funktionieren? Ich fragte nach der Stimulationsmethode der anderen Chakren.

S: *Es gibt verschiedene Methoden der Stimulation, die auf verschiedene Bereiche wirken. Bei einigen von ihnen nutzt man einfach den inneren Fokus umgeben von Licht und spürt, wie die Energie von außen in einen hineingezogen wird. Dies ist wahrscheinlich der einfachste Weg, dies zu tun. Es gibt kompliziertere Methoden, aber diese erfordern ein jahrelanges Studium. Man zieht die Energie durch die Oberseite des Kopfes direkt zu diesem Teil. Wenn man anfängt, das Kribbeln der Energie zu spüren, in dem Wissen, dass sie da ist, leitet man sie hinaus. Und dann kanalisiert man sie für eine Weile. Und riegelt sie an beiden Enden ab, indem man sie durch die Füße freigibt.*

D: Kann es einem schaden, sie am Fließen zu halten und sie nicht freizugeben?

S: *Überreizung, ja. Es kann großen Schaden anrichten, wenn die Person emotional oder physisch nicht in der Lage ist, mit der Energie umzugehen. Man kann durch mangelnde Vorsicht zu viel davon erzeugen. Man muss sie in andere Bereiche kanalisieren.*

D: Kann man die Energie an eine andere Person weitergeben

S: *Oh, ja! Dies wird bei der Heilung angewandt. Mann muss sie nur zu dieser Person hindenken, und es liegt an ihr, die Energie anzunehmen oder nicht. Es ist nicht deine Pflicht, ihr etwas aufzuzwingen. Die Energie wird angeboten, das ist alles, was man tun kann. Wenn sie nicht akzeptiert wird, wird sie an jemand anderen weitergeleitet oder durch die Füße freigegeben. Sie muss irgendwo hingehen.*

D: Du sagtest, es sei gefährlich, sie immer wieder zu generieren. Wie könnte sich das auf den Körper auswirken?

S: *Sollte man sie nicht freigeben, könnte man bei sich selbst bewirken... dass das Herz zum Stillstand kommt, oder dass viele andere Dinge nicht mehr funktionieren. Das ist kein Spiel, das ist kein Spielzeug.*

D: Dann ist es gefährlich, wenn man Kindern beibringt, dies zu tun?

S: *Nein, denn ein Kind ist offener für die Gefühle. Wenn es das Gefühl bekommt, dass es zu viel wird, ist das Kind bereit, sie weiterzugeben. Sie sind dafür empfänglicher. Die Beherrschung ist als Kind leichter zu erlernen.*

D: Ich denke, jetzt kann ich diese Energiepunkte besser verstehen. Mein Lehrer hat es nicht so gut erklärt wie du -- In unserer Gemeinschaft nehmen Menschen manchmal bestimmte Dinge, wie z.B. starke Getränke oder bestimmte Pflanzenstoffe ein, die sie dazu bringen, sich anders zu verhalten. Geschehen solche Dinge dort, wo du wohnst?

S: *Du sprichst davon, wenn ein Mensch vielleicht zu viel Wein trinkt. Die Leute in unserer Gemeinschaft schwelgen nicht im Übermaß. Das heißt nicht, dass sie nicht trinken, denn es ist sehr akzeptabel, Wein zu trinken. Aber alles im Übermaß ist schlecht. Es raubt einem den Willen, wenn man dies tut. Man ersetzt seinen eigenen Willen durch den einer anderen Sache oder einer anderen Person, denn dann ist man leicht kontrollierbar. Es verändert den Blutfluss und auch die Atmung verändert sich. So dass je nach dem, was eingenommen wird, mehr oder weniger Sauerstoff zugeführt wird und dies führt zu unterschiedlichen Folgen. Das verursacht viel von dem, was ihr „Persönlichkeitsveränderung" nennt. Sie tun in diesem Zustand Dinge, die sie in ihrem normalen, kontrollierten Lage niemals tun würden.*

D: Verbessert es die Fähigkeit, Gott zu hören, wenn man in einer Gruppe zusammenkommt und in ein Gebäude geht, wie in einen Tempel oder eine Synagoge?

S: *Einige Menschen brauchen eine nach außen hin erhöhte Stärke, um zu sagen: „Ja, ich habe Gott gehört". Wenn man Glauben hat und ihn lebt, ist es so einfach, sich allein auf ihn zu stützen, manchmal einfacher als wenn man es mit einer Gruppe teilt. Obwohl es diejenigen gibt, die dieses Teilen brauchen, um sich selbst genug vertrauen zu können, um sich zu öffnen, zu hören.*

D: Glaubst du, dass Menschen einen Tempel oder eine Synagoge brauchen?

S: *Nicht alle. Es gibt diejenigen, die es brauchen, weil ihr Glaube nicht stark genug ist.*

D: Neigen Gebäude dazu, Vibrationen von Menschen anzusammeln?
S: *Sie nehmen positive Schwingungen auf, genauso wie ein Gebäude negative Schwingungen bewahren kann. Wenn es ein Ort ist, an dem viele, viele schlimme Dinge passiert sind, dann wird er Negatives ausstrahlen. Wenn es ein Ort ist, an dem es viel Glück und viel Freude gab, dann strahlt er auch dieses aus. Gebäude können eine Stärke haben, auf die sich eine Person beziehen kann. Manchmal hat es mit dem Ort zu tun, auf welchen das Gebäude gebaut wurde. Wenn es ein Punkt ist, an dem es starke Erdenergien gibt, kann dies helfen, sich zu öffnen. Aber es kann auch gefährlich sein, und zwar für diejenigen, die zu sensibel, zu offen sind. Dann muss man sich dagegen abschirmen.*
D: Wie kann man einen solchen Ort finden?
S: *Man muss jemanden nehmen, der dafür offen ist, diese Orte zu finden, und er wäre in der Lage, einen zu ihnen zu führen.*
D: Wenn man ein Haus bauen wollte, woher wüsste man dann den richtigen Ort dafür?
S: *Man würde sich für das Gebiet entscheiden, wo man es bauen will und man würde es abschreiten einen Punkt finden. Wenn es einen in der Gegend gibt, wird man zu ihm geführt. Wenn man offen ist, wird man es wissen. Im Inneren wird man es spüren. Man würde die Energie spüren, die durch einen fließen würde. Es könnte auch ein Gefühl von Frieden und Zufriedenheit sein.*
D: Hast du je von den Pyramiden gehört?
S: *Sie befinden sich in Ägypten. Es ist ein Bauwerk, welches so aufgebaut wurde, dass es eine Seite hat, die so ist. (Sie machte Bewegungen mit den Händen, indem sie ihre Finger wie bei der Spitze eines Dreiecks zusammenbrachte.) Und jede von ihnen erhebt sich so und es hat die vier Seiten und erhebt sich bis zu einem gewissen Punkt. Jede muss von einer bestimmten Höhe und Breite sein. Nicht in dem Maß, dass sie gleich groß sein müssen, also dass das eine die gleiche Größe wie das andere hätte, sondern der Raumabstand - wenn du verstehst, was ich versuche zu sagen - muss auf allen vier Seiten gleich sein. Und die Basis muss... die Gleichung muss immer gleich sein.*
D: Was ist ihr Zweck?
S: *Kraft zu bündeln ist ein Teil ihres Wissensspeichers. Die Gleichung, so heißt es auch, spricht von Entfernungen der Erde sowie der Planeten und Sonnen. Es gibt viel Wissen, das ich nicht*

verstehe. (Er betonte sehr nachdrücklich, dass es sich nicht um Begräbnisstätten für die Könige handelte.) Jemand log! Vielleicht ist das eine große Lüge, um das Wissen von denen fernzuhalten, die nicht wissen sollten. Sie sind Wissensspeicher. Die Aufzeichnung sind die Pyramiden selbst. Es gibt andere Speicher, die die Schriftrollen haben, die sich anderswo befinden. Aber dieses Wissen steckt in den Pyramiden selbst. In der Art und Weise, wie sie konstruiert sind und in der zugrundeliegenden Mathematik.

Da er Mose und seine Lehren wohl kannte, fragte ich mich, ob die Pyramiden während der Zeit Moses existierten.

S: Man sagt, dass hier ihre Anfänge lagen. Ich weiß das nicht. Ich für mich selbst glaube, dass sie schon viel länger hier gewwesen sind als jedes noch so kleine Königreich Ägyptens. Das Wissen ist viel größer als das eines jeden Pharaos, von dem ich je gehört habe.
D: Weißt du, wie sie erbaut wurden?
S: Ich habe viele unterschiedliche Ideen gehört. Ich habe gehört, dass sie Sklavenarbeit genutzt haben, was unmöglich klingt. Man konnte die Menschen, die es brauchte, um in diesem Gebiet zu bauen, nicht ernähren. Ich habe gehört, dass und sie vor Ort gebaut wurden. Dass die Formen angeordnet mit Erde gefüllt wurden, sie dann aushärtete und die Formen entfernt wurden. Dies ist möglich, aber zeitaufwendig. Ich habe auch gehört, dass sie Musik benutzt haben, um die zu erheben. Ich weiß, dass es möglich ist, Musik zu nutzen, um Dinge anzuheben. Aber das müsste mit einem Aufwand geschehen, der größer ist, als der Aufwand, von dem ich weiß, dass er betrieben wurde. Wissen tue ich es nicht. Ich denke, vielleicht ein wenig von allen dreien.

Anscheinend war es schon zu ihrer Zeit ein Rätsel. Ich hatte noch nie von der Idee gehört, Musik auf diese Weise zu nutzen. Könnte es einen Zusammenhang st eine andere Art von Einblick in die Pyramiden gegeben, aber keine echten Antworten. Ich nahm an, dass es spezielle Leute brauchen würde, um das Wissen, das in den Pyramiden steckt, zu entschlüsseln.

S: *Es dauert viele Jahre, bis man sie überhaupt verstehen kann. Es gibt Personen, die dieses Wissen besitzen und versuchen, es weiterzugeben.*
D: Weißt du, wer das Wissen überhaupt erst dorthin gebracht hat?
S: *Es wird abermals gesagt, dass die Leute, die die Pyramiden gebaut haben, die Bewohner von Ur waren.*

Harriet hatte eine Liste verschiedener Begriffe und Namen erstellt, die sie aus Büchern in Erinnerung hatte, welche sie gelesen hatte. Es war wirklich nur durcheinandergewürfelter Krimskrams. Sie fragte, ob er von der Sphinx gehört habe, und er sagte, sie sei die Hüterin des Wissens. Harriet fragte: „Hast du jemals von der Bundeslade von Ammon gehört?"

Suddi machte einige abrupt fragende Bemerkungen, die nicht in Englisch waren. Dann korrigierte er ihre Aussprache und antwortete: „Ja, das ist das Symbol des Lebens". Als sie um eine Erklärung bat, wurde er aufgebracht. „Du fragst das, als ob du unwissend wärst. Dabei hast du Fragen an mich, die von Wissen zeugen. Warum?"

„Ich bin neugierig, in welcher Weise es für euer Volk symbolisiert wird. Habt ihr ein Symbol dafür?" Es klang, als ob er sagte: „Die Lade." Ich bat ihn, es zu wiederholen, und es klang immer noch so, obwohl ich nicht wusste, was es bedeutet.

Harriet: Steht in euren Schriften etwas über Horus?
S: *Ja, er war unter den ägyptischen Göttern der erste, der auf dem Erdboden wandelte, als er neu war. Es heißt, dass er... ähm, wie soll ich das sagen? sich mit den Frauen des Landes paarte und das war der Anfang Ägyptens.*
D: War dies vor der Zeit der Wanderschaft der Kaloo?
S: *Das ist etwas, das aus den Tiefen der unendlichen Zeit kommt. Es gibt keinerlei Möglichkeit zu wissen, wann dies geschah. „Es war vor dem Beginn der Zeit".*

KAPITEL 10

Suddis erste Reise in die Außenwelt

Suddi war geboren und aufgewachsen innerhalb der Mauern von Qumran, der isolierten Gemeinschaft über den Salzfelsen, die das Tote Meer umgeben. Ich wusste, dass er nicht sein ganzes Leben dort abgesondert verbracht hatte, denn bei unserem ersten Treffen war er auf dem Weg, um seine Cousins in Nazareth zu besuchen. Ich fragte mich, was er erlebt hatte, als er die Gemeinschaft verließ. Was sein erster Eindruck von der Außenwelt gewesen war und was er über die Lebensweise anderer Menschen gedacht hatte. Also brachte ich ihn zu dieser Zeit, um es herauszufinden. Er war siebzehn Jahre alt und machte sich bereit, mit einer Karawane nach Nazareth zu ziehen. Er war noch nie zuvor irgendwo gewesen: Qumran war alles, was er kannte. Ich hatte gehofft, dass er in eine größere Stadt wie Jerusalem gehen würde, die eigentlich näher an Qumran gelegen war. Aber da ich auch über Nazareth keine Kenntnis hatte, dachte ich, es wäre interessant, Fragen über den Ort zu stellen, an dem die Bibel sagt, dass Jesus die meisten Jahre seines Heranwachsens verbracht hatte. Die Karawane war eine, die häufig am Meer hielt, um Salz zu sammeln.

S: *Es ist alles so anders als alles, was ich gewohnt bin. Die Karawane ist sehr lang, es gibt vielleicht zwanzig Kamele, und sie alle machen viel Lärm und Gequietsche. Und alles geschieht auf einmal. Ich bin ein wenig nervös und aufgeregt.*
D: *Nimmst du irgendwelche Dinge mit?*
S: *Ein paar Dinge. Ich soll eine Tasche mit ein paar Kleidern und ein wenig Essen und dergleichen mitnehmen.*

Er hatte zuvor gesagt, dass immer wenn jemand aus der Gemeinde fortging, er sich anders kleiden musste, damit er nicht erkannt wurde. Die anderen Menschen im Land trugen keine weißen Gewänder.

S: Ich trage die... (Fremdwort, das wie „Shardom" klang) und den Burnus der Araber. (Ein Burnus ist ein langer Umhang mit Kapuze.) Sie hält die Hitze und die Sonne fern, so dass nicht so schlimm ist. Ein Burnus ist ähnlich wie ein Gewand, aber es ist ungewöhnlich, etwas an meinem Kopf zu haben, das wallt. Aber es ist nicht ungut, es ist interessant. Dies ist wie ein großes Abenteuer, es ist etwas Neues und Aufregendes.

The Camel Caravan to Jerusalem

Er hatte vor, allein zu reisen. Er wollte „Menschen aus meiner Familie" treffen, seine Cousins, die er noch nie zuvor getroffen hatte. Sie lebten seit vielen Jahren in Nazareth. Er plante, dort für ein paar Wochen zu bleiben, „um zu erfahren, wie es ist, draußen zu leben". Sie sollten ihn auf dem Platz treffen, wo die Karawane anhalten würde, um das Salz zu verkaufen. Ich brachte ihn weiter vorwärts, bis die Reise vorbei war und er in Nazareth war. Ich wollte seine ersten Eindrücke von dem Ort wissen. Er klang ein wenig enttäuscht: „Es ist sehr klein." „Hat dir die Reise gefallen?" „Bis auf den derben Ritt, ja. Es war eine interessante Erfahrung. Kamele sind bekannt für ihren Mangel an Temperament, aber es hat Spaß gemacht."

Die Reise hatte ein paar Tage gedauert und sie hatten nur an ein paar Brunnen am Wegesrand angehalten, an keinen anderen Orten. Ich erinnerte mich an einige Namen von Orten aus der Bibel. Ich dachte, ich werfe sie einmal ein und schaue, ob er weiß, wo sie liegen. „Weißt du, wo Kapernaum ist?" „Ah, lass mich mal nachdenken ... Am Nordufer des Sees Genezareth. Ich bin mir nicht ganz sicher, wo." Als ich mir später die Karte in meiner Bibel ansah, war ich nicht wirklich überrascht, zu sehen, dass Katie wieder einmal absolut richtig lag. Ihr Wissen wurde nun zu Allgemeinwissen. Manchmal fragte ich mich, warum ich mir überhaupt die Mühe machte, noch einmal zu überprüfen, außer um meine Liebe zur Forschung zu befriedigen.

D: Liegt der See Genezareth nahe bei Nazareth?
S: *Er liegt eine Reise entfernt.*
D: Weißt du, wo die Stadt Jericho liegt?
S: *Nördlich der Gemeinde.*
D: Hast du je vom Fluss Jordan gehört?
S: *Ja, es ist der Fluss, der in das Meer des Todes mündet.*
D: Als du deine Reise unternahmst, gingst du da in diese Richtung?
S: *Nein. Wir gingen durch die Hügel und Berge.*
D: Wie ist es mit Masada? Hast du jemals von dieser Stadt gehört?
S: *Sie liegt im Süden. Es ist keine Stadt, es ist eine Festung. Zu einer Zeit, als Israel stärker war, war es eine Schutzburg. Meines Wissens ist sie verlassen.*
D: Sieht das Land um Nazareth genauso aus wie das Land um Qumran?
S. *Nein, hier ist es grüner. Abseits der Stadt kann man sehen, dass draußen auf den Hügeln Bäume wachsen und Landwirtschaft*

betrieben wird. Um Qumran herum gibt es vielleicht noch ein paar Hügel und Berge mehr. Es ist nicht sehr grün am Meer des Todes. Dort wächst nur Buschwerk und nicht viel mehr. Hier wachsen Obstgärten auf den Hügeln. Aber Nazareth ist nur eine kleine Stadt. (Er klang abermals enttäuscht.)
D: Ist es gleich groß wie die Gemeinde?
S: Das vielleicht nicht gerade. Es ist schwer zu beurteilen. Lass mich mal nachdenken. Die Landfläche ist vielleicht die Gleiche, aber es gibt dort nicht annähernd die Anzahl Menschen oder die Anzahl Gebäude.

Dies scheint ein weiterer Hinweis darauf zu sein, dass Qumran größer war als die Fläche, die von den Archäologen ausgegraben wurde, da er wahrscheinlich den Siedlungsbereich und das Observatorium in seine Schätzung einbezog.

D: Ich dachte, Nazareth sei ein großer Ort.
S: Wer hat dir das denn gesagt? Nazareth ist nur ein... Fleck. Es ist nichts.
D: Wie sieht Nazareth aus, wenn man sich aus der Ferne nähert?
S: Staubig. Sehr staubig.
D: Ich meine, gibt es irgendeine Art von Mauer um die Stadt herum oder so etwas in der Art?
S: Nein, es ist ein offenes Dorf. Es ist nicht... man könnte das nicht eine Stadt nennen. Es ist einfach unbedeutend.

Seine Enttäuschung war sehr offensichtlich. Er dachte, er würde sich auf ein großes Abenteuer einlassen, und Nazareth schien ein Reinfall zu sein. Ich nehme an, er erwartete etwas mit mehr Herrlichkeit. Suddi hatte gesagt, dass die Gebäude in Qumran aus einer Art Ziegel gebaut seien. Die Gebäude in Nazareth waren es nicht.

S: Sie sind quadratisch mit vielleicht ein, zwei Stockwerken, mit der Öffnung auf dem Dach, um unter den Sternen zu schlafen, wenn man will. Sie sind ganz anders als in Qumran die darin besteht, dass es ein Erscheinungsbild auf diese und jene Weise gibt. Sie sind alle unterschiedlich, es gibt nicht Gleichheit in allem. Hier ist es, als hätte ein Kind diese Dinge, aus denen man Häuser baut und würde sie einfach auf die eine und andere Weise aufeinanderstapeln. Das ist das Erscheinungsbild, das man zu sehen bekommt. Das ist es, was anders ist. Sie sind quadratisch, aber sie stimmen nicht überein. Es ist, als ob sie nicht zusammenpassen.

In Qumran waren die Gebäude alle miteinander verbunden und müssen ein viel geordneteres Aussehen gehabt haben. Ich fragte mich, ob diese einzelne Höfe hatten, deren Mauern sie voneinander trennten.

S: *Natürlich hängt dies von der finanziellen Lage des Einzelnen ab. Wenn mehr Geld vorhanden ist, haben sie einen Innenhof. Wenn sie sehr arm sind, haben sie natürlich keinen. Sie könnten sich das zusätzliche Land, das der Innenhof einnehmen würde, nicht leisten. Sie müssten diesen im Haus haben, oder aber mehr Platz, was auch immer.*
D: Gibt es in Nazareth große Gebäude?
S: *Nichts ist groß in Nazareth.*
D: Kannst du sehen, woher er Wasserzufluss kommt?
S: *Es ist ein Brunnen. Es ist eigentlich eine runde Öffnung in einer Wand. Eine Stelle in einer Wand, aus der das Wasser austritt. Ich bin mir nicht sicher, ob es eine Quelle ist, die fließt. Das Wasser ist konstant, wie es scheint. Es gibt ein... (das Wort ist schwer zu finden) durch das, was vorne ist, worauf sie ihre Gläser stellen können, um das Wasser zu holen. Ich weiß nicht genau, wohin das Wasser fließt. Es muss wohl an anderer Stelle durch Rohre geleitet werden. Es gibt keine Überschwemmung, soweit ich sehe. Entweder das, oder sie verwerten es ganz. Aber es kommt mit einer solchen Geschwindigkeit heraus, dass es woanders hinfließen muss.*

Meine Recherchen ergaben, dass Nazareth auch heute noch eine kleine Stadt ist. Die Überreste des Alten Nazareth sind weiter oben auf dem Hügel, vom modernen Nazareth entfernt. In The Bible as History, von Werner Keller (im Deutschen: Und die Bibel hat doch recht: Forscher beweisen die Wahrheit der Bibel, *Anm. des Übersetzers), vergleicht er die beiden Gebiete, Qumran und Nazareth. „Nazareth ist, wie Jerusalem, von Hügeln umgeben. Aber wie unterschiedlich ist der Charakter der beiden Schauplätze, wie ungleich sind sie in Aussehen und Atmosphäre. Die jüdischen Berge (Gebiet Qumran) haben ein bedrohliches oder düsteres Aussehen. Friedlich und charmant sind im Gegensatz dazu die sanften Konturen der Umgebung von Nazareth. Gärten und Felder umgeben das kleine Dorf mit seinen Bauern und Handwerkern. Haine von Dattelpalmen, Feigenbäumen und Granatapfelbäumen kleiden die umliegenden Hügel in freundliches Grün. Die Felder sind voller Weizen und Gerste, Weinberge tragen ihre köstlichen Früchte und überall auf den Straßen und Nebenstraßen wächst eine Fülle farbenprächtiger Blumen." Herr Keller sagt, dass es eine römische Militärstraße gab, die von Norden herabführte und eine Karawanenstraße nicht weit südlich. Es gibt auch die Überreste der Karawanenpfade nahe Qumran.

Keller schreibt auch von Ain Maryam, dem „Marienbrunnen" in Nazareth. Es ist ein Brunnen am Fuße des Hügels, wo ihn eine kleine Quelle mit Wasser versorgt. Frauen ziehen immer noch Wasser in Krügen hoch, genau wie zur Zeit Jesu. Er sagt, dass dieser Brunnen seit Menschengedenken „Marienbrunnen" genannt wird und die einzige Wasserversorgung weit und breit bietet. Er befindet sich nicht länger außerhalb, sondern ist in einen Schrein der Kirche St. Gabriel aus dem 18. Jahrhundert eingeschlossen.

Man beachte die verblüffenden Ähnlichkeiten zwischen diesen Beschreibungen und denen, die Suddi gegeben hat.

D: Kannst du einen Marktplatz sehen?
S: *(Ungeduldig) Wir sind auf dem Markt. Hier genau ist der Platz, der Brunnen. Kannst du nicht sehen? Das ist es!*
D: (Ich lachte) Nun, ich dachte, es sei eine größere Stadt und dass der Markt woanders sei.
S: *Ich weiß nicht, wer dir von Nazareth erzählt hat, aber ich denke, du willst mich auf den Arm nehmen?*
D: Okay, habe einfach Geduld mit mir. Ist der Marktplatz sehr belebt?
S: *Wenn du ein paar Ziegen und kleine herumrennende Jungs und in einer Ecke stehende und redende Frauen, belebt nennst. Vielleicht. Aber ich denke so nicht. Es ist jedoch Mittag und die meisten sind nach Hause gegangen, um einen Mittagsschlaf zu halten oder mittagzuessen. Es ist zu heiß, um hier draußen viel zu tun.*

Ich fragte mich, ob die Leute irgendeine Möglichkeit hatten, sich vor der Sonne zu schützen, wenn sie ihre Produkte auf dem Markt verkauften.

S: *Wenn es ihnen gut genug geht, haben sie ein Faltzelt. Es wird über sie gebracht und mit Pfählen versehen, damit es ihre Köpfe bedeckt. Aber die ganz Armen haben keins.*
D: Ist dein Cousin schon gekommen?
S: *Nein, er wird bald da sein. Ich hoffe, es ist bald soweit, ich bin sehr hungrig. Ich habe noch etwas Essen übrig, das ich für die Reise mitgebracht habe. Ich würde jedoch ein gutes Essen bevorzugen.*
D: Hast du Geld?
S: *Ich habe ein paar Schekel, die mir mein Vater in einem Beutel an meinem Gürtel gesteckt hat.*
D: Du sagtest mir, dass ihr in Qumran kein Geld benutzt.
S: *Es gibt keine Notwendigkeit. Was könnte man dort kaufen? Es gibt niemanden, der verkauft.*
D: Wie sieht das Geld aus?
S: *Das, was ich habe, ist rund und aus Silber. Es hat ein Loch im oberen Teil, so dass es in der Handtasche auf ein Lederband geschlungen werden kann, damit es nicht verloren geht.*

Nicht alle Münzen hatten ein Loch. Er glaubte, dass jemand die Löcher in sie hineingemacht habe. Sie wurden wahrscheinlich nicht ursprünglich so gemacht. Ich hoffte auf etwas, das ich überprüfen konnte, als ich fragte, ob irgendwelche Bilder auf ihnen zu sehen waren.

S: *Auf einigen von ihnen, ja. Bei manchen ist es schwer zu sagen, was sie einmal waren. Es gibt eine, auf der auf einer Seite ein Vogel ist, der fliegt und ich denke, das Gesicht eines Mannes auf der anderen. Ich bin mir nicht ganz sicher, sie ist sehr abgenutzt. Und bei den meisten anderen kann man es nicht einmal erkennen. Es ist nur ein grobes Gefühl auf der Seite der Münzen, als ob etwas gewesen wäre und es abgegriffen wurde.*
D: Weißt du, woher dein Vater die Münzen hat?
S: *Ich kann das unmöglich wissen. Ich habe nicht gefragt, er hat es mir nicht gesagt. Er wies mich an, sie weise einzusetzen. Und gut*

auf sie zu achten, denn die Menschen würden schon für weniger töten.

D: Ja, einige Leute würden denken, dass du reich bist, wenn sie sie sähen.

S: *Sie würden mich nicht mit jemandem verwechseln, der reich ist.*

D: Nun, was ist dein erster Eindruck von der Außenwelt?

S: *Ich denke, ich wäre besser glücklich zu Hause.*

D: Scheinen die Leute anders zu sein?

S: *Die Menschen sind gleich. Vielleicht sind sie in ihrer Existenz etwas beschränkter. Sie stellen bezüglich des täglichen Überlebens nichts in Frage.*

D: Was ist mit Soldaten? Gibt es hier welche?

S: *Warum sollten hier Soldaten sein? Es gibt keine Garnison. Wenn es hier eine Garnison gäbe, würde es Soldaten geben. Es gibt keinen Platz für sie zum Leben. Wir befinden uns nicht im Krieg mit den Römern. Sie wissen, dass sie das Volk der Nation gefangen genommen haben. Sie sind nicht beunruhigt. Sie haben Garnisonen an anderen Orten, aber warum sollten sie hier eine haben wollen? Hier gibt es nichts. Sie sind in den größeren Städten und an Orten stationiert, an denen es Probleme geben könnte. Wer würde jemals hierher kommen und Probleme kreieren?*

D: Hast du jemals römische Soldaten gesehen?

S: *Wir sahen einige vor einem Tag auf der Straße, als sie mit ihren Pferden an uns vorbeigingen.*

D: Wie denkst du über sie?

S: *Ich hatte keine Gelegenheit, sie zu treffen, deshalb kann ich kein Urteil fällen. Sie trugen ihre Helme und ihre glänzenden Schwerter. Sie waren in Leder gekleidet, es sah sehr warm aus.*

Er wurde offensichtlich zunehmend ungeduldig wegen der Ankunft seiner Cousins. Er sagte, sie haben einen Sohn, der etwa in seinem Alter war.

D: Vielleicht wirst du einen Freund finden, während du dort bist.

S: *Vielleicht. Wir werden sehen.*

D: Musst du arbeiten, während du dort bist?

S: *Aber natürlich! Um zu essen, muss man arbeiten. Dies ist allgemein üblich. Wie sonst?*

Ich beschloss, nicht mehr länger zu warten, also brachte ich ihn in der Zeit voran, bis er im Haus seines Cousins war. Seine Enttäuschung über Nazareth verflog, als er in das Haus seines Cousins in den Hügeln wenige Kilometer von Nazareth entfernt gebracht wurde. Es schien ihm zu gefallen. Es war kein großes Haus.

S: *Es ist vielleicht von mittlerer Größe, mit mehreren Räumen, aber es gibt einem ein Gefühl von Raum, von Offenheit. Es ist sehr schön. Oben in den Hügeln. Es gibt einem ein Gefühl der Freiheit. Es gibt niemanden hier, der einem immerzu sagt, dass man die Dinge auf diese oder jene Weise tun sollte. Und das Gefühl, etwas über sich selbst zu erfahren und sich eher auf sich selbst und nicht auf andere zu verlassen. Das ist sehr gut. In Qumran war immer jemand um einen herum.*

Er hatte sich von dem Moment an, als er seine Cousins sah, sehr zuhause gefühlt. Sie kannten sich sofort; es war, als wären sie alte Freunde. Die Familie bestand aus Sahad, seiner Frau Thresmant und ihrem Sohn Siv. Seine Cousins lebten von einem Weinberg, indem sie Trauben und Oliven gegen Obst und verschiedene Dinge tauschten oder verkauften. Sie behielten, was sie brauchten und erzeugten genug Wein für die Familie. Ein paar Schafe wurden wegen der Wolle gezüchtet. Ein Mann arbeitete für sie, um in den Weinbergen zu helfen.

Meistens schlief Suddi auf dem Dach, weil es draußen viel kühler und ruhiger war. Er schlief gerne ein während er die Sterne anstarrte. Sein Bett war eine Unterlage aus Binsen und ein paar darübergelegter Decken. Es gab viel zu essen und er wurde mit einigen neuen Arten von Lebensmitteln vertraut gemacht, die er noch nie zuvor genossen hatte. Eine Art von Gemüse war im

S: Sie haben Feigen. Sie haben Reis. Das ist etwas anderes als das, was ich kenne. Ich bin mir nicht sicher, ob ich es ebenso sehr mag wie Hirse oder Gerste.
D: Haben sie eine Arbeit für dich gefunden?
S: *Ich helfe einfach bei allem, was tagsüber so los ist. Ob es nun Dinge um das Haus herum oder auf dem Feld sind. Wir kommen zurecht.*
D: Dann vermisst du Qumran nicht allzu sehr?

S: *Ich genieße meine Zeit auf Reisen. Ich studiere hier, nur auf andere Weise, nicht mit Schriftrollen.*

Er sollte dort insgesamt zwei Monate bleiben. Dies schien eine kluge Wahl für die erste Reise eines jungen Mannes außerhalb der Mauern zu sein. Nazareth war ein kleiner und ruhiger Ort. Es würde wohl ein zu großer Schock für ihn gewesen sein, an einen Ort wie Jerusalem zu gehen. Für jemanden, der in einer so geschützten Umgebung aufgewachsen war, wäre das ein böses Erwachen gewesen.

D: Woran erkennt man die Monate?
S: *Die Tage werden auf den Kalendern abgehakt. Es hat die verschiedenen Punkte, in welchen Phasen sich der Mond befindet und wenn ein Tag vergeht, wird er abgehakt. Auf diese Weise wissen wir, wann wir von einem Monat zum nächsten treten, anhand der Mondphasen.*

Die Kalender wurden auf Tontafeln hergestellt. Es gab zwölf Monate für die zwölf Stämme Israels und jeder Monat bestand aus neunundzwanzig Tagen, weil dies der Zyklus des Mondes war. Ich versuchte, ihn dazu zu bringen, mir einige der Namen der Monate zu nennen. Er wurde verwirrt und hatte damit Schwierigkeiten. Er nannte über sechs verschiedene Wörter, die nicht Englisch waren, aber ich kann sie nicht übertragen.

S: *Ich weiß, dass es zwölf sind. Ich weiß nicht, wie sie sie (die Monate) abzählen. Das ist Teil der täglichen Arbeit des Rabbiners. Sie lassen uns wissen, wenn Feiertage sind.*

Nachforschungen ergaben, dass Suddi wieder richtig lag. Die Festivals wurden vom Sanhedrin in Jerusalem ausgerufen und dann wurden Läufer ausgesandt, um diese den Rabbinern mitzuteilen. Der Monat basierte auf den Phasen des Mondes, der seinen Zyklus etwa alle 29½ Tage abschließt, wobei der Neumond als der neunundzwanzigste Tag gilt. In jenen frühen Tagen hatten die Monate keine Namen, sondern Zahlen: der erste Monat, der zweite Monat, etc.

Er verstand das Wort „Woche", die von einem Sabbat zum anderen ging und aus sieben Tagen bestand. Wieder legte er

Verwirrung an den Tag, als ich nach den Namen der Tage fragte. Er verstand nicht, was ich meinte. Sie wussten, wann es Zeit für den Sabbat war, denn sie setzten die Markierungen von Tag zu Tag.

Ich war überrascht, als ich feststellte, dass die Tage im hebräischen Kalender selbst heute noch keine Namen haben. Sie haben Nummern: Sonntag ist der 1. Tag, Montag ist der 2. Tag, etc. Nur der Sabbat hat seinen eigenen Namen, obwohl er manchmal als der 7. Tag bezeichnet wird. Für uns als amerikanische Protestanten war dies etwas, was wir nie vermutet hätten. Wir sind es so sehr gewohnt, Namen für die Tage und Monate zu haben. Dies war ein weiteres Beispiel für Katies extreme Genauigkeit. Ich ging in dieser Befragung noch einen Schritt weiter: „Weißt du, was eine Stunde ist?"

S: Das ist auf einer Seiluhr von einem Knoten zum nächsten. Es gibt Seiluhren, die angezündet werden, und wenn es von einem Knoten zum nächsten brennt, ist eine Stunde vergangen. (Das klang so seltsam, ich wollte eine bessere Beschreibung.) Es ist ein Ding, das unversehrt ist und aus einem sehr großen Seil besteht. (Mit Handbewegungen zeigte sie eine Dicke oder einen Durchmesser von etwa siebeneinhalb Zentimeter oder mehr.) Es gibt auch Kerzen, die die Markierungen haben. Wenn eine solche verbrannt ist, ist etwa eine Stunde vergangen.
D: *Stehen diese Seiluhren in den Häusern?*
S: *Einige Leute können sich Häuser mit Uhren darin leisten. Manchmal gibt es nur eine pro Stadt, weswegen man immer weiß, wie spät es ist. Manche Städte haben nicht einmal das. Manche lesen lediglich vom Stand der Sonne ab, welche Tageszeit es ist.*

Dies war seine erste Reise zu seinen Cousins in Nazareth, aber er sollte mehrmals in seinem Leben zurückkehren. Jene anderen Male reiste er nicht mit der Karawane, sondern mit einem Esel, der sein Essen, Wasser und Zelt trug. Die Reise dauerte mindestens zwei Tage, und er musste zwei Nächte draußen schlafen. Ich fragte ihn einmal, ob es nicht einfacher wäre, auf dem Esel zu reiten. Er antwortete: „Wahrscheinlich, aber dann müssten wir zwei haben, um die Last zu tragen, also gehe ich. Es ermüdet mich, aber es ist gut für die Seele, weiterzumachen."

Dies wurde zu seinem Lieblingsort, wenn er nicht gerade lehrte oder studierte. Bei seinen Cousins ging er oft in die Berge, um zu meditieren, innere Zwiesprache zu halten. Wie er sagte: „Ich versuche, mich in Kontakt mit dem Universum zu bringen. Ich meditiere über meinen Blick in mein Inneres und befasse mich damit, was ich bin."

Es war ruhig dort und er liebte es. Später in seinem Leben, als er zu alt und krank wurde, um die Reise hin und zurück zu machen, blieb er dauerhaft in dem an die Hügel über Nazareth geschmiegten Haus. Und es war an diesem friedlichen Ort, wo er schließlich starb.

KAPITEL 11

Suddis Schwester Sarah

Meist gab es in Qumran nur wenige Fremde.

D: Was ist mit Leuten, die nur durch die Wüste wanderten? Dürfen sie hereinkommen und eine Weile bleiben?
S: *Nicht in den Hauptbereich, es sei denn, sie wurden von den Ältesten überprüft. Sie erhielten Nahrung und Kleidung und wurden wieder auf ihren Weg geschickt.*

Dies erklärte etwas von seiner Zurückhaltung, mit mir über Dinge zu sprechen, die sie als Geheimnisse betrachteten: Für ihn war ich ein Fremder. Selbst während wir zusammenarbeiteten, war es noch immer sehr schwierig, diese von Natur aus eingebaute Verteidigungshaltung zu überwinden.

Die meisten der Auswärtigen kamen, weil sie Studenten sein wollten. Sie waren diejenigen, die das rote Band trugen. Es war nicht einfach, Student in Qumran zu werden. Die Ältesten mussten die Gründe des Antragstellers kennen und dieser musste eine Prüfung ablegen. „Da er diesen Prozess nicht durchlaufen hatte", konnte Suddi nicht wissen, woraus die Prüfung bestand. Die Mehrheit der Studenten war dort geboren, wie im Falle von Suddi und seiner Schwester Sarah.

Sarah lebte nicht mehr in Qumran. Sie lebte in Bethesda, das sich in der Gegend von Jerusalem befand. Ich war überrascht, dass es ihr erlaubt war, die Gemeinschaft zu verlassen und anderswo zu leben.

S: *Natürlich! Das ist ja kein Gefängnis! Es war ihr Wunsch. Es war nicht der für sie vorgesehene Weg. Sie hat ein anderes Leben zu führen. Sie begegnete hier einem Studenten, der... sie beschlossen, dass sie zusammen sein wollten, und heirateten und gingen fort.*

D: Dann gibt es also Menschen, die nicht ihr ganzes Leben in der Gemeinschaft leben?

S: *Es gibt viele Menschen auf der Welt. Natürlich will nicht jeder, der hier geboren ist, hier bleiben. Und einige, die nicht hier geboren sind, möchten gerne kommen. Daher ist es eine Situation des Gebens und Nehmens. Er war ein Student. Einer von jenen, die nicht zu uns gehörten, dafür aber hierher kam, um einfach von uns und unseren Überzeugungen zu lernen und unser Wissen zu teilen. Er war einer der auswärtigen Studenten. Er glaubte an einige unserer Anhänger und unserer Lehren, aber er war nicht von uns. Sein Vater wollte, dass er bei uns lerne, und deshalb sandten sie ihn, um die Erfahrung zu machen.*

Er war einer, der das rote Band trug. Vielleicht musste er etwas für die Kenntnisse bezahlen, aber Suddi wusste es nicht sicher. Er blieb dort fünf Jahre lang, bevor er und Sarah heirateten und nach Bethesda zogen. Ein Student konnte sein Studium innerhalb fünf Jahren abschließen, aber normalerweise dauerte es etwas länger. Es hing von dem Schüler ab und seinem Wunsch zu lernen und seiner Fähigkeit, die Konzepte zu begreifen. Ich fragte, welche Art von Arbeit Sarahs Mann in Bethesda verrichtete. „Er tut nichts. Er ist reich."

Ich hatte das Gefühl, dass er seine Schwester vermisste und sich über die Tatsache ärgerte, dass sie Qumran verließ und so weit wegging. Sein Tonfall deutete darauf hin, dass er nicht gerne darüber sprach.

S: *Seine Familie ist wohlhabend und sie sind Mitglieder des Sanhedrins (phonetisch: „Sanhadrin", im Judentum der „Hohe Rat", *Anm. des Übersetzers). Es ist das Gleiche wie der römische Senat für Israel.*

D: Du sagtest, eurem Volk sei es nicht erlaubt, viele materielle Besitztümer zu haben. Wenn jemand kommt, ein Student von außen wie er und er ist reich, darf er dann seine Besitztümer behalten?

S: *Es hängt davon ab, ob sie dies als ihre Lebensweise annehmen wollen oder nicht. Einige wollen kommen und einfach lernen und gehen. Andere wollen kommen und als Mitglied akzeptiert werden, dann müssen sie ihren Besitz der Gemeinschaft geben. Aber es ist ihre Entscheidung. Sollten sie ein Mitglied werden, um hier zu bleiben, ja, dann wird er unter allen Menschen geteilt, damit alle das bekommen, was als notwendig erachtet wird. Anderenfalls bleibt es ihr Eigentum. Da er nicht beabsichtigte zu bleiben, war er nicht verpflichtet, seinen Besitz aufzugeben. Er wurde kein Mitglied. Alles wird in einem Lagerhaus aufbewahrt, und wenn wir irgendwelche Bedürfnisse haben, teilen wir es mit, und wenn festgestellt wird, dass man es wirklich braucht, bekommt man den Gegenwert dafür. Die Bedürfnisse werden mit dem gedeckt, was allen gehört.*

Anscheinend kam das Geld, das Suddi auf seiner ersten Reise nach Nazareth mitgenommen hatte, daher.

D: Wird der Besitz oder das Geld jemals an den Besitzer zurückgegeben?
S: *Ich habe noch nie gehört, dass dies getan wird. Es dauert lange, bis die Entscheidung über das Bleiberecht gefällt wird. Und es erfordert viele Überlegungen über beides, ob sie als Mitglied akzeptiert werden oder nicht und über ihre eigene Entscheidung. Deshalb habe ich noch nie von irgendjemandem gehört, der gehen wollte, nachdem er Mitglied geworden ist. Die Entscheidung, zu bleiben, wird nicht leicht oder schnell getroffen. Sie wird nur nach langem Nachdenken und Bitten um Führung und Meditation über Letzteres getroffen. Alle Entscheidungen, die getroffen werden, wenn sie getroffen werden - es erfordert nicht immer viel Zeit, um gute Entscheidungen zu treffen, einige Leute sind einfach anders. Aber wir geben ihnen die Möglichkeit, sich selbst zu entscheiden. Es braucht nicht immer viel Zeit, aber es wird zumindest ein tiefes In-sich-gehen praktiziert, bevor die Entscheidung Bestand hat. Es ist von Person zu Person unterschiedlich. Es gibt solche, die sofort wissen, dass es das ist, was sie sich für den Rest ihres Lebens wünschen. Es ist, als wären sie bei uns geboren worden. Bei anderen dauert es eine Weile, bis es akzeptiert wird.*
D: Was ist mit denen, die niemals Meister werden?

S: *Es gibt viel zu tun für diejenigen, die keine Meister sind. Der Zweck (seltsam ausgesprochen) der Dinge. Einfach die alltäglichen Dinge, die getan werden müssen. Es gibt viel zu tun. Meister zu werden, ist nicht der einzige aller Wege.*

D: Wenn ein Mann und eine Frau verheiratet sind und in der Gemeinschaft leben und Kinder haben, erwartet man dann von den Kindern, dass sie bleiben?

S: *Sie haben auch die Wahl, so wie es meine Schwester getan hat. Es war ihre Entscheidung, lieber mit dem Mann zu gehen, den sie liebte, um ihr Leben mit ihm zu teilen. Das war ihre Entscheidung, und die Männer und Frauen haben alle die gleiche Wahl, ob sie bleiben wollen oder nicht. Die Entscheidung wird in der Regel nicht vor der Barmitzvah oder Botmitzvah getroffen, aber manchmal wissen sie viele Jahre im Voraus, dass sie das nicht tun wollen. Und dann würden sie etwas anderes finden. Es gibt viele Wege zum Ziel. Schlussendlich führen sie alle zusammen.*

Da ich nichts über die jüdischen Bräuche wusste, habe ich die Bedeutung dieser Passage nicht sofort verstanden. Mir wurde später gesagt, dass Barmitzvah die Zeremonie für Jungen ist, die in das Mannesalter kommen, da „Bar" „Sohn" bedeutet. „Bot" bedeutet „Tochter". Die Botmitzvah ist ein recht neues Ritual für Mädchen, das vor allem wegen der Frauenbewegung eingeführt wurde. Mir wurde von einem Rabbiner gesagt, dass dieses Ritual nicht erlaubt werden sollte, denn: „Wie kann ein Mädchen in die Männlichkeit kommen?" Ich glaube, dass, obwohl die Botmitzvah erst in jüngster Zeit ausgeübt wurde, dies nicht bedeutet, dass die liberaleren Essener sie während ihrer Zeit in Qumran nicht ausgeübt haben. Sie glaubten an die Gleichberechtigung der Frauen. Frauen durften unterrichten und jedes Amt ausüben, für das sie qualifiziert waren. Es ist bedeutsam, dass Suddi hier beide Rituale erwähnte. Das könnte repräsentativ für beide Geschlechter gewesen sein, die ins Erwachsenenalter kamen.

S: *Ich wollte nicht... es ist nicht so, dass ich es nicht gewollt hätte. Ich habe nicht geheiratet, weil es diesmal nicht mein Weg war. (Seufzer) Die Person, die zu mir gepasst hätte, wurde als meine Schwester geboren.*

D: (Das war eine Überraschung.) Es gab sonst niemanden, den du hättest heiraten können?

Er wurde ungeduldig mit mir; er wollte nicht darüber sprechen.

S: Ich hätte heiraten können, aber ich sage nochmals, dass es nicht mein Weg war. Als ich beschloss, was mein Weg sein würde, wurde darüber beratschlagt und es wurde vorgezogen, dass ich diesmal Lehrer werde.

Ich dachte, die Suche nach Bethesda werde eine einfache Sache sein, weil es ein Name ist, der mit der Bibel verknüpft ist. Wir haben Städte in den Vereinigten Staaten, die danach benannt sind, am bemerkenswertesten: Bethesda, Maryland. Aber wenn wir uns auf Annahmen stützen, stellen wir oft fest, dass sie falsch sind, wenn wir etwas tiefer graben. Bethesda wird nur einmal in der Bibel erwähnt, in Johannes 5,2, und wird als ein Becken in der Nähe von Jerusalem beschrieben. Suddi sprach davon, als wäre es ein Ort, eine Stadt. Ich bin geneigt zu denken, dass es das war, denn ich habe herausgefunden, dass „Beth" vor einem Namen „Haus von" bedeutet, wie Bethlehem (Haus von Brot), Bethanien (Haus von Feigen) und Bethesda übersetzt sich als „Haus der Barmherzigkeit".

Nirgendwo war dieses Präfix mit Wasser verbunden, außer in diesem Fall. Bibelforschungen zeigen, dass sich der Pool außerhalb der alten Mauern Jerusalems und innerhalb der heutigen Mauern befand. Es ist ein Gebiet, das in verschiedenen Büchern und Landkarten als Bezetha und Bethzatha bekannt ist, und scheint ein Gebiet gewesen zu sein, ähnlich einem Vorort von Jerusalem. Ausgehend von unserer Geschichte denke ich, dass sie wahrscheinlich alle ein und derselbe Ort waren, zumal seine seltsame Aussprache es oft schwierig machte, exakt zu transkribieren. Es musste in der Nähe von Jerusalem sein, weil er sagte, dass seine Schwester Sarah in eine Familie eingeheiratet habe, in welcher der Vater Mitglied des Sanhedrins war und dieser Hof in Jerusalem lag. Sie waren maßgeblich an dem Prozess und der letztendlichen Kreuzigung Jesu beteiligt.

KAPITEL 12

Auf dem Weg nach Bethesda

Während einer der Sitzungen stießen wir auf Suddi als älteren Mann. Er reiste gerade nach Bethesda, um seine Schwester Sarah zu besuchen. Sie hatte jetzt zwei Kinder, einen Jungen namens Amare und ein Mädchen namens Sarah. Diesmal ritt er auf dem Esel, anstatt zu laufen. Anscheinend war er zu alt geworden, um die langen Strecken zu gehen, die er einst zurückgelegt hatte. Er war eisern entschlossen, diese Reise zu unternehmen, obwohl es offensichtlich eine Belastung für ihn war.

S: *(Traurig) Sie hat das Bedürfnis... mich zu sehen. Um sich zu verabschieden. (Er wiederholte feierlich)... Um sich zu verabschieden, denn bald wird sie... die Reise machen, die wir alle machen müssen.*

Ich war ein wenig verwirrt. Meinte er, seine Schwester werde sterben? War sie krank? "Nein. Sie hat nur den Wunsch, zu entschlafen." Er sprach offensichtlich vom Tod und nicht von einer echten Reise. Er hatte diese unwillkommene Nachricht offenbar psychisch empfangen und wollte sie noch einmal sehen. Er schien sehr traurig zu sein, obwohl er sich damit abgefunden hatte.

D: Hat sie Angst?
S: *Nein. Warum sollte es Angst geben? Sie hat nur den Wunsch, sich zu verabschieden. Schlicht gesagt, wir wissen, dass wir folgen werden. Der Tod ist nicht zu fürchten. Das ist Torheit. Es ist nur ein Wimpernschlag, und dann ist es, als wäre nichts passiert. Man*

ist nur ohne den physischen Körper. Es ist wie die Projektion von sich selbst (Astralprojektion?) Man findet sich genauso wieder wie man war, aber irgendwie subtil anders. Aber es ist dieselbe Identität. Es ist nur ein weiterer Schritt.

D: Viele Menschen fürchten es, weil sie Angst vor dem Unbekannten haben.

S: *Ist es nicht weit weniger bekannt, was mit einem in den nächsten zwei Tagen passieren wird, als es wäre, wenn man darauf gehört hätte, wovon die Propheten und die Weisen gesprochen hatten? Dann wüsste man, was passieren wird, sobald man durch diese Tür geht.*

D: Gibt es in euren Schriften etwas, das darauf hinweist, was wir erwarten können, wenn wir den physischen Körper verlassen?

S: *Es gibt viele Dinge in unseren Schriften, ja. Sie sprechen von dem Gefühl des großen Friedens, der auf einen herniederkommt, wenn man an sich selbst herabblickt und erkennt, dass man die Schwelle überschritten hat. Dass man nicht mehr eins ist mit dem Physischen und ein Wesen ist, das wieder ganz das ist, was ihr eine Seele oder einen Geist nennen würdet. Es gibt Menschen, die verwirrt sind (nachdem sie gestorben sind). Sie werden von jemandem begrüßt, der wohl hilft, die Wege zu ebnen, die sie beschreiten müssen. Und alle, die da sind, um zu helfen, wünschen einem alles Gute. Es gibt keinen Grund für Angst, denn nichts kann einem schaden.*

D: Findet sich das in der Thora?

S: *Nein, es findet sich in den Schriften der Weisen, der Kaloo.*

D: In einigen unserer Bücher und Schriftrollen wird von Orten gesprochen, an die man gehen kann, nachdem man hinübergeschritten ist, die sehr üble, beängstigende Orte sind.

S: *Dann ist das etwas, was diese Person beim Sterben zu sehen erwartet hat. Denn es gibt nichts außer dem, was ihr selbst erschafft. Und so ihr glaubet, so soll es sein. Denn Gedanken und Überzeugungen sind sehr stark.*

D: Was, wenn jemand sehr plötzlich auf eine üble Art und Weise stürbe? Wäre sein Tod in irgendeiner Weise anders?

S: *Nein, aber er könnte verwirrt darüber aufwachen, und deshalb würde jemand da sein, um ihm zu helfen.*

D: Was ist mit einem Kind, das stirbt?

S: *Kinder sind sehr nahe dem, was man am Anfang war, nämlich der Seele. Denn sie haben die Erinnerungen an die Zeit zuvor noch nicht völlig verloren. Und deshalb nehmen sie das Sterben sehr wohl an. Mehr als Menschen, die vielleicht eine sehr lange Zeit gelebt haben. Diese wollen nichts anderes, als wieder zu dem, was sie vor dem Hinüberschreiten waren, zurückzukehren. Für ein Kind ist dies in hohem Maße leichter zu verstehen. Kinder sind offener für das, was mit ihnen geschieht.*

D: Wann hören sie üblicherweise auf, offen zu sein? Hat ihr Körper physisch irgendetwas damit zu tun?

S: *Oftmals geschieht dies mit dem Erreichen der Reife. Aber ein Großteil der Verschließung von Kindern wird nicht von den Kindern oder von irgendetwas, was ihr Körper tut, verursacht. Sondern durch andere und durch Kräfte, die sie bedrängen und unterdrücken. Denn wenn man ihnen sagt, dass sie etwas Dummes getan haben, ist das eines der schlimmsten Dinge, die man einem Kind antun kann. Denn dann werden sie denken, dass alles, was sie tun, dumm ist, weil ein Kind die Dinge sehr wörtlich nimmt. Sie müssen an sich selbst glauben. Und daher erzeugen wir den Druck, der sie für vieles verschließt.*

D: Gibt es in euren Schriften etwas über böse Geister?

S: *So etwas wie böse Geister gibt es nicht. Es gibt nichts, was vollkommen böse ist. Es gibt immer Gutes in allem. Er mag sehr klein sein, aber es gibt immer einen Teil, der gut ist. Die Dinge, die ihr vielleicht böse Geister nennt, sind das, was andere Dämonen nennen würden. Die Schadenfrohen, die Ärger machen wollen, weil sie einen gewissen Genuss daraus ziehen. Viele von ihnen sind unförmige... wie soll ich sagen?... Geister, die durch ihre Erfahrungen deformiert wurden. Doch mit Liebe und Führung können sie noch immer auf den richtigen Weg zurückfinden. Aber mit Angst und Intoleranz sind sie für immer verloren.*

D: Es gab Geschichten von bösen Geistern, die versuchten, in die Körper der Lebenden einzudringen.

S: *Es gibt Fälle, in denen dies möglich ist, aber in der Regel ist es der Fall, wenn die Person entweder sehr offen dafür ist oder nicht mehr in diesem speziellen Körper leben möchte. Und sich zurückzieht und ihn dabei für andere offen lässt.*

D: Glaubst du, dass die Menschen ihnen mehr Macht geben, indem sie sie fürchten?

S: *Ja. Umgib dich selbst mit guten Gedanken und Energien. Und bitte darum, dass dich nur Menschen von edler Gesinnung umgeben.*

D: Ist nur deine Community sich dieser Dinge bewusst? Was ist mit den anderen Menschen, wie den Juden und den Römern?

S: *Die Römer sind kopflos. Sie würden die Wahrheit nicht einmal erkennen, wenn sie aufkäme und ihnen in den Allerwertesten bisse. (Wir lachten und es war eine Erleichterung von der Ernsthaftigkeit der Diskussion.) Viele Menschen in den Synagogen sind so mit ihren eigenen Übersetzungen des Gesetzes verwoben, dass sie darin völlig verfangen sind. Sie können nicht darüber hinaus sehen, um die Freuden des Lebens und Sterbens zu erleben.*

D: Dann glauben nicht alle auf die Art, wie du es tust. Habt ihr in euren Lehren einen Glauben an das, was wir Reinkarnation nennen? Die Wiedergeburt der Seele?

S: *Wiedergeburt? Es ist allen bekannt, denn es ist sicherlich wahr. Nur die Unwissenden und Nichtunterrichteten können den Gedanken an die Reinkarnation, wie du sie nennst, fürchten.*

Dr. Rocco Errico, ein Experte der aramäischen Sprache, sagt, dass in jenem Teil der Welt die Menschen dazu neigen, ihre Geschichten und Aussagen zu übertreiben und auszuschmücken. Aber wenn der Aussage die Worte: „Sicher, gewiss, sicherlich, wirklich oder wahrhaftig" vorausgehen, weiß der Zuhörer, dass die Aussage keine Erweiterung enthält und ernst genommen werden sollte. Dies gilt insbesondere, wenn die Aussage von einem Lehrer gemacht wird. Es bedeutet, dass sie das Vertrauen des Zuhörers verdient. Dies würde den häufigen Gebrauch von „wahrhaftig" durch Jesus in der Bibel erklären. Ein kleines, unbedeutendes Detail, aber eines, das es wert ist, bemerkt zu werden, denn der Durchschnittsmensch würde nicht wissen können, dass dies in jenem Teil der Welt, jetzt wie auch in biblischen Zeiten, ein Sprachmuster war.

D: Viele Leute sagen, dass man einmal lebt und einmal stirbt, und das sei alles, was es gibt.

S: *Es gibt solche, die sagen, dass, sobald der Körper in den Erdboden eingeht, dass alles, was das Wesen war, verloren geht und von den*

Würmern zerfressen wird. Das ist nicht wahr. Wenn eine Person tot ist oder nicht mehr in einem Körper lebt, wie wir es kennen, muss sie dann alles, was sie getan hat, nochmals durchgehen. Sie müssen entscheiden, mit welchen Lektionen sie sich auseinandersetzen wollen und mit der Beseitigung der Schuld, die sie auf sich geladen haben, fortfahren. Dann gehen sie zur Schule (auf der anderen Seite). Dann entscheiden sie sich manchmal, sehr bald wiederzukommen. Das ist nicht immer gut, denn wenn man zu früh zurückkommt, weil es vielleicht kein sehr gutes Leben war, hatte man nicht die Zeit, zu verstehen, was man falsch gemacht hat und sich Zeit zur Korrektur zu geben. Deshalb ist es nicht gut, gleich wieder in die Existenz zurückzukehren, wie ich sie kenne und andere kennen.

D: Ist es möglich, sich an vergangene Leben zu erinnern?

S: *Einige von uns kennen die früheren Leben, ja. Einige von den Wichtigen. Es ist einfacher, sich nicht an sie zu erinnern, denn wenn man sich erinnert, wird man oft von großer Schuld übermannt. Das ist für diese Zeit vielleicht nicht notwendig. Wenn es nötig wäre, würde man sich erinnern. Es gibt jene in der Gemeinschaft, die darin trainiert sind, sich zu erinnern. Und es gibt diejenigen, die diesen Weg wählen würden, aber er ist nicht für jeden. Die Ältesten könnten einem sagen, wer man war, wenn man sie danach fragte. Es gibt Meister, die die Fähigkeit haben, sich nicht nur an ihre eigenen Leben zu erinnern, sondern auch anderen zu helfen, sich an ihre zu erinnern. Aber in den meisten Fällen, können sich diejenigen, die wissen, wer sie waren, erinnern. Normalerweise entscheidet Jahwe, ob Er diese Erinnerung gewähren will und dann wird der Weg eröffnet.*

Ich hatte ein Buch aus der Bibliothek, das einige Farbbilder von der Gegend um Qumran enthielt. Ich dachte, es wäre interessant zu sehen, ob Suddi etwas erkennen könne. Ich fragte ihn, ob es ihm etwas ausmache, sie anzusehen, und er antwortete mit einem Wort, das wie „sadat" klang. Ich ließ Katie ihre Augen öffnen und sie studierte die Bilder mit einem glasigen Blick. Eines der Fotos war von einsamen Bergen.

S: *Das ist das Tal südlich von hier. Es gibt Hügel, die so aussehen.*

Er zeichnete mit seinen Fingern nach, was für mich wie ein Tal oder ein Raum zwischen den Hügeln aussah. Ein „Wadi" wird definiert als ein Tal oder eine Schlucht, das außerhalb der Regenzeit trocken ist. Das bedeutet auch ein Anschwellen von Wasser, das dort hindurchfließt. Er betrachtete nun das Bild oben auf der gegenüberliegenden Seite. Es zeigte die Ruinen einer Stadt aus großer Entfernung.

S: Warum sind sie so weit weg? Du würdest nichts darüber zeigen. Dies sieht auch aus wie in der gleichen Gegend, aber es ist mir nicht bekannt. Hier ist ein Wadi, das Wasser führt. Ich kenne nur sehr wenige Wadis, die nass bleiben, wenn die Hügel so unwirtlich sind wie diese.

Das Bild zeigte aus großer Entfernung, was einmal eine Straße oder ein Bach gewesen sein könnte. Es war wahrscheinlich eine Straße, aber sie sah für Suddi aus wie ein Wadi. Vielleicht gab es zu seiner Zeit keine so klar definierten Straßen wie diese. Ich nahm das Buch weg und ließ sie ihre Augen wieder schließen. Wenn das in der Gegend war, in der er lebte, schien es sehr trocken und unwirtlich zu sein. „Ja, es ist trocken. Es gibt nur sehr wenig Regen."

Er sagte, wenn er von Qumran nach Nazareth ging, folgte er den Karawanenpfaden durch Hügel, die noch größer waren als jene auf den Bildern. Es schien mir einfacher, dem Wadi zu folgen, als die Berge emporzusteigen, die sehr rau aussahen. Aber es war offensichtlich, dass ich die Kultur nicht verstand. „Und wenn es oben in den Hügeln regnete, würde ich weggespült werden. Nein."

Ich wollte wissen, warum er niemals in Jerusalem gewesen war, das viel näher als Nazareth war und viel größer. „Ich habe keinen Bedarf, zu gehen, oder den Wunsch dazu. Ich mache mir nicht so viel aus Städten. Sie sind laut und voller undisziplinierter Menschen. Warum sollte ich ein Durcheinander sehen wollen?"

Während meiner Recherche fand ich viele Bilder in den Büchern, die Teile der Schriftrollen vom Toten Meer zeigten. Ich dachte, es wäre vielleicht ein interessantes Experiment, herauszufinden, ob Suddi in der Lage sein würde, diese alte Schrift zu lesen. Es könnte möglich sein, da Katie sich so stark mit der anderen Persönlichkeit identifizierte. Eine Kostprobe waren sechs Schriftzüge, die sich jeweils etwas voneinander unterschieden. Es schienen Beispiele für die zu jener Zeit verwendete Schrift zu sein. Ich wusste damals nichts über die Schwierigkeiten beim Lesen ihrer Sprachen. Dies wird in Kapitel 14 erläutert.

Ich ließ sie ihre Augen öffnen und sie starrte abermals die Seite mit einem glasigen Ausdruck an.

D: Kommt dir irgendetwas davon bekannt vor?
S: *(Nach einer langen Pause, während er es studierte.) Dies wurde von zwei verschiedenen Händen geschrieben.*

Es gab eine längere Pause. Ihre Augen suchten vom unteren Seitenende nach oben und von rechts nach links ab.

S: *Es sieht nach Hebräisch aus. (Er zeigte auf eine Linie.) Nein, dies ist anders. Diese beiden sind unterschiedlich. (Zeigte auf andere Linien). Und diese beiden sind gleich, aber dieses ist wieder anders. Ich bin mir nicht sicher, aber ich erkenne Ähnlichkeit (phonetisch) zu diesem. Es sieht fast so aus, als würde jemand nur die Symbole ausformulieren. Ich kann den Sinn darin nicht erkennen. Es sieht aus, als ob jemand Formen übt, aber es ist nicht von denselben Menschen. Es sind verschiedene Stile.*

Ich nahm das Buch weg. Zumindest hatte ich herausgefunden, dass es verschiedene Leute zu sein schienen, die das Schreiben übten. Ein Freund von mir hatte mir einen alten von der Noohra Foundation veröffentlichten Newsletter gegeben. Er bestand aus zwei gefalteten Seiten im Briefformat. Auf der Titelseite stand ein in aramäischer Sprache geschriebener Bibelvers. Es war eine Übersetzung von Johannes und sprach von Jesus. Ich reichte ihn ihm und sagte ihm, dass ich nicht einmal sicher sei, ob es in seiner Sprache geschrieben sei. Er studierte es für ein paar Minuten und lächelte die ganze Zeit.

S: *Ich bin mir nicht sicher, ob ich das sehr gut übersetze. Es... handelt vom Menschensohn. (Er schien erfreut, dies herauszufinden.) Es ist die Vulgata (lateinische Bibelübersetzung des Hieronymus um 400 n. Chr., *Anm. des Übersetzers), die Sprache des Volkes. Manche würden es Aramäisch nennen. Es hat einen sehr eigenartigen Dialekt, aber ich versuche es. (Nach einer langen Pause) ... Es handelt vom Messias.*

Er zeigte plötzlich auf ein Zeichen am Ende der Inschrift. Es unterschied sich von der anderen Schrift. Es verblüffte ihn. Er runzelte die Stirn, als er das Zeichen studierte.

S: Was? Dieser Teil auf der Unterseite ist, glaube ich, eine andere Sprache. Das ist nicht Aramäisch. Das ist aus den alten Schriften. Es ist sehr seltsam, das hier zu finden.

Ich zeigte auf ein anderes Zeichen im Text, das diesem ähnlich war. Ich fragte, ob es das Gleiche sei. Er antwortete, dass es ähnlich sei. Es gab für diese Zeichen keinerlei Erklärung im Newsletter, aber sie schienen sich vom Text zu unterscheiden.

S: Dies ist nicht Aramäisch, nein. Wie gesagt, es handelt vom Messias, aber ich bin mir nicht ganz sicher... (Er unterbrach und fing an, es zu berühren und das Papier abzutasten.) Das ist eigenartig. Was ist das? Woraus besteht es?
D: (Ich war überrascht und musste schnell überlegen.) Oh, es ist aus Baumrinde gemacht. In einigen Ländern...
S: (Er unterbrach mich) Wie macht man das? Aus Bäumen?

Er tastete immer wieder das Papier ab, drehte es um und studierte seine Struktur. Ich war ein wenig besorgt, dass er zu neugierig werden und feststellen könnte, dass die Schrift im Inneren anders war. Ich wusste nicht, welchen Effekt es auf ihn haben würde, wenn er zu viele seltsame Dinge bemerkte. Kulturschock? Ich versuchte, seine Gedanken davon abzulenken.

D: Nun, es ist ein komplizierter Prozess. Ich weiß selbst nicht wirklich, wie es hergestellt wird.

S: *(Er war immer noch in das Papier vertieft.) Das ist viel besser als Papyri. Es ist sehr dick. Es ist mehr wie die Häute.*
D: Papyrus ist dünner?
S: *Oh, viel dünner! Es ist sehr dünn, um darauf zu schreiben. Es wäre sehr gut zum Kopieren, ja.*

Ich nahm das Papier weg, um ihn davon abzulenken und holte ein weiteres Buch heraus. Es gab ein Foto von einer Seite aus den Schriftrollen vom Toten Meer, die sehr klar geschrieben war. Dem gegenüber waren Bilder aus dem Qumran-Gebiet abgebildet, die in Schwarz-Weiß anstatt in Farbe fotografiert wurden. Aber ich war hauptsächlich mit der Schrift beschäftigt. Ich hielt das Buch so, dass er es sehen konnte. Ich versuchte, diese Seite offen zu halten. Ich wollte nicht, dass er anfing, sich zu fragen, was für ein Buch das sei und wie es hergestellt wurde. Er verlautete: „Das ist Hebräisch, es ist sehr altes Hebräisch. Ich bin kein sehr guter Kopierer, aber das ist definitiv Hebräisch. Sieh hier, dieser Buchstabe und diese.... (er zeigte auf bestimmte Buchstaben.) Es ist etwas über das Gesetz. Ich bin nicht sehr gut darin, ich verstehe Hebräisch nicht gut." Ich sagte ihm, dass ich es für Aramäisch halte. „Ich weiß nicht, wer dir gesagt hat, dass es Aramäisch sei, aber das ist es nicht!" Seine Aufmerksamkeit wurde auf das Bild auf der gegenüberliegenden Seite gelenkt. Es zeigte das Tote Meer und einen Teil der zerklüfteten Küste. „Was ist das? Es sieht aus wie die Gegend um meine Heimat. Da sind der See und die Salzklippen. Nicht wahr? Sie sehen aus wie sie, ja."

Ich wusste, er würde das Wort „Foto" nicht verstehen, also sagte ich ihm, es sei so etwas wie ein Bild. „Dies ist anders als alle Gemälde, die ich je gesehen habe." Ich nahm es weg. Er wurde zu neugierig und stellte Fragen, die über eine Zeitspanne von zweitausend Jahren schwer zu beantworten waren. Sie schloss ihre Augen wieder und ich dankte ihm dafür, dass er sich das Material angesehen hatte.

S: *Es ist schwierig, Dinge sehr lange aus der Nähe zu betrachten. (Sie rieb sich die Augen)*
D: Oh? Machen deine Augen Probleme, jetzt, da du älter wirst?
S: *Entweder das oder meine Arme werden zu kurz, ich bin mir nicht sicher, was von beidem. Ich weiß nicht, wer dir gesagt hat, dass dieses eine Aramäisch sei, aber das ist es nicht. Das Erste war Aramäisch. Es klingt, als käme es von... ah, lass mich*

nachdenken... Samaria. Es hat diesen Dialekt. Es war Aramäisch, aber dieses eine Zeichen war nicht aus dem Aramäischen. Da gehört es nicht hin. Es ist sehr alt.

KAPITEL 13

Befragung

Als ich anfing, meine Forschungen durchzuführen, war ich verblüfft über Katies erstaunliche Genauigkeit. Suddis Beschreibung der Qumran-Gemeinschaft wurde durch die Ausgrabungsberichte der Archäologen bestätigt. Der Glaube und bestimmte Rituale der Essener wurden durch die Übersetzungen der Schriftrollen untermauert. Aber es gab ein paar Unstimmigkeiten, also erstellte ich eine Liste von Fragen und stellte diese bei unserer letzten gemeinsamen Sitzung. Wir hatten so lange daran gearbeitet und so viel Material aufgedeckt, dass ich dachte, es sei jetzt sicher, Suddi entscheidende Fragen über Dinge zu stellen, die ich gelesen hatte.

Die Gelehrten haben den Essenern den Namen „Volk des Bundes" oder „die Bundespartner" gegeben. Suddi runzelte die Stirn, als ich fragte, ob das Wort „Bund" irgendeine Verbindung zu seinem Volk habe. Er sagte, die Begriffe seien ihm unbekannt, und er könne nicht verstehen, warum ihnen jemand so einen Namen geben sollte. Sie waren nur als die Essener bekannt. Er sagte: „Ein Bund ist eine Vereinbarung zwischen zwei Parteien, um eine Abmachung einzuhalten."

Ich fragte, ob der Name Zadok ihm etwas bedeute. Eine der Theorien über den Ursprung der Essener ist, dass sie von den Zeloten abstammen, die von diesem Mann angeführt wurden. Er korrigierte meine Aussprache und setzte den Akzent auf die erste Silbe.

S: *(Seufzer) Er ist ein Anführer. Viele folgen ihm und sagen, dass er den Weg des Lebens lehre. Er ist ein Kriegstreiber. Er will nun alle Unterdrücker loswerden.*

D: Gibt es eine Beziehung zwischen ihnen und eurer Gemeinschaft?
S: *Sie gehören nicht zu uns. Diejenigen, die wir als Zadok kennen, sind die Zeloten, die in den Bergen leben. Sie sind sehr wild. Sie sagen, dass die meisten von ihnen vom Mond berührt wurden. Sie glauben auch an die Prophezeiungen, aber sie glauben, dass diese Krieg prophezeien. Und damit der Messias kommen und sein Königreich annehmen kann, müssen sie es für ihn erringen. Und es gibt viel Blutvergießen darüber. Wenn sie nur tiefer in die Prophezeiung schauten, würden sie wissen, dass er kein König eines irdisches Königreichs sein wird. Aber du kannst ihnen das nicht sagen, sie würden für immer argumentieren, bis in alle Ewigkeit.*
D: Dann liegen die Leute falsch, die denken, dass es eine Verbindung zwischen deinem Volk und ihnen gebe?
S: *Zumindest kommt ihre Information von seltsamen Quellen. Viele Zungen wickeln sich um Geschichten und beim Erzählen verbiegen sie sie.*

Die Jubiläen werden von den Übersetzern als ein heiliger Tag erwähnt, aber dieser war Suddi nicht bekannt. Er sagte zuvor, dass sie keine missmutigen Menschen seien, sie feierten die Freude am Leben. Sie haben den Feiertag vielleicht anders genannt.

Eine Schriftrolle namens Krieg der Söhne des Lichts mit den Söhnen der Finsternis war eine der wenigen, die unversehrt wiederhergestellt wurden, und ihrer Übersetzung wurde viel Bedeutung beigemessen. Es gab auch viele Kontroversen darüber, ob man sie wörtlich oder symbolisch nehmen sollte. Sie sagte angeblich einen schrecklichen Krieg vorher, der noch nicht stattgefunden hatte, und gab Anweisungen, was zu tun ist, wenn er ausbricht. Das war für Suddi sehr verwirrend.

S: *Es gibt viele solcher Schriftrollen, die von Kriegen sprechen. Aber ein Krieg, der noch nicht stattgefunden hatte? (Er runzelte die Stirn.) Wenn es nicht eine Rolle mit der Vision von jemandem war, habe ich keine Ahnung. In unseren Schriftrollen geht es um die Aufzeichnung von Ereignissen, die den Nationen der Erde widerfahren sind. Wir sammeln die Informationen so weit zusammen, wie wir können. Ich weiß es nicht. Nochmals, es klingt eher nach etwas, das jemand als Vision hatte, als die Bedeutung*

eines tatsächlichen Ereignisses. Wenn es mit den Sinnen erlebt wird, wird es sehr ausführlich aufgezeichnet und beschrieben.
D: Wen meinten sie wohl mit Söhne des Lichts?
S: *Das kann ich nicht wissen, da ich die Schriftrolle nicht gelesen habe. Es könnte jeder sein. Es nicht gelesen zu haben und dennoch eine Schlussfolgerung daraus zu ziehen, wäre töricht.*

Ein Mann, der Meister der Rechtschaffenheit genannt wurde, wurde in den Übersetzungen erwähnt und mit Jesus verwechselt, weil ihre Geschichten eine gewisse Ähnlichkeit miteinander haben. Es gibt Streitigkeiten darüber, wer dieser Mann wohl gewesen sein könnte.

S: *Dieser Name ist mir bekannt. Es gab einmal einen Ältesten mit diesem Namen, aber er lebt nicht hier bei uns. Er lebte vor langer Zeit.*
D: War er ein bedeutender Mann?
S: *Den Geschichten nach, ja. Und er wird es wieder sein gemäß den Geschichten, die erzählt werden. Es heißt, dass er zurückkehren wird, ich weiß nicht wann. Er wird auf dieser Erde wiedergeboren werden.*
D: Warum war er so eine besondere Person, dass er in die Schriften aufgenommen wurde?
S: *Es ist sehr schwer zu beschreiben. Er war wie ein Schritt über den anderen um ihn herum. Und hatte die Fähigkeit, den Kern der Dinge zu sehen und zu wissen, was richtig ist. Das ist ein Teil dessen, warum er als der Meister bekannt war.*
D: Einige Leute denken, er könnte mit dem Messias verwechselt worden sein.
S: *Nein, der Messias ist unser Prinz und der Meister war lediglich ein Meister. Er war kein Prinz.*

Ein Teil der Geschichte befasst sich mit dem Meister der Rechtschaffenheit und dem bösen Priester. Niemand war jemals in der Lage, eine dieser Personen zufriedenstellend zu identifizieren.

S: *Böser Priester? Das ist mir nicht bekannt. Das ist keine Geschichte, die ich gelesen habe. Ich sage nicht, dass es sie nicht gibt. Ich habe nicht alles gelesen.*

Der Meister der Rechtschaffenheit wurde angeblich gekreuzigt. Dies ist einer der Gründe für die Verwirrung zwischen ihm und Jesus. Ich fragte, ob er wisse, ob der Meister der Rechtschaffenheit auf irgendeine besondere Weise gestorben sei.

S: *Ich kenne nicht die ganze Geschichte. Ich habe über diese Angelegenheit sehr wenig gelesen. Es könnte mehr als ein Leben lang dauern, alle Schriftrollen zu lesen.*
D: Hatte er irgendetwas mit den Anfängen eurer Gemeinschaft zu tun?
S: *Ich weiß nicht. Aus den Geschichten, die uns überliefert wurden, klingt das für mich nicht korrekt.*

Eine weitere Schriftrolle, die übersetzt wurde, heißt Erntedank-Psalmen.

S: *(Stirnrunzeln) Vielleicht kenne ich sie nicht unter diesem Begriff. Erkläre mir. Ich bin ratlos, wie ich dies verstehen soll. Ein Psalm ist wie eine Botschaft an Gott, in der man mit seinem Herzen direkt zu Gott spricht. Es ist sehr gut möglich, dass einige von ihnen niedergeschrieben wurden.*

Da war ein Mann namens Hillel, der ein weiser Lehrer der damaligen Zeit gewesen sein soll. Er hatte eine Gefolgschaft an Leuten, die sich Hilleliten nannten. Es wurde angedeutet, dass Jesus mit ihm studiert haben könnte. Suddi erkannte den Namen und korrigierte meine Aussprache, mit mehr Betonung auf den Is. „Der soll ein weiser Mann sein, ja, wenn wir von demselben sprechen. Die Hilleliten waren seine Anhänger."

D: Was weißt du über den Mann?
S: *Ich weiß nicht viel, außer dass er gelebt hat und ein Mann des Friedens war. Obwohl ich glaube, dass einige seiner Anhänger sich inzwischen den Kriegspfaden zugewandt haben. Ich kenne nicht viele Leute von auswärts. Er sprach viele Worte der Wahrheit. Aber seine Anhänger, sie argumentierten mit ihrem Verstand und nicht mit ihrem Herzen und änderten die Lehren zu dem, was sie hören wollten.*
D: Lebt er noch?
S: *Ich glaube nicht. Ich glaube, er lebt nicht mehr auf dieser Erde.*

Die Makkabäer waren Menschen, die in der jüdischen Geschichte wichtig waren. Er korrigierte erneut meine Aussprache: „Mak-ka-bäer".

S: Ich weiß nichts über sie. Ich habe nur von ihnen gehört. Sie sind eine sehr mächtige Familie. Und viele Menschen hören darauf, was sie zu sagen haben. Das Geld hat viele Freunde.
D: Oh? Ich dachte, sie seien vielleicht weise Menschen.
S: Einige sind es. In jeder Gruppe gibt es einige Weise, aber es gibt auch Narren.
D: Sind sie aus der Gegend?
S: Ich bin mir nicht wirklich sicher. Ich glaube, sie haben eine Hochburg in Jerusalem (ausgesprochen: Herusalem). Ich bin mir, wie gesagt, nicht allzu sicher, aber ich glaube, das ist es, was ich gehört habe.

In ihren Berichten über die Schriftrollen des Toten Meeres erwähnen die Übersetzer oft das Buch Henoch. Es ist nicht in der Bibelversion enthalten, die wir zur heutigen Zeit haben, aber die Gelehrten erachten es als wichtig. Es hat Kontroversen unter ihnen verursacht. Ich fragte, ob er Kenntnis von diesem Buch habe.

S: Ja, ich habe davon gehört. Es wird gelehrt.
D: Wird es positiv bewertet?
S: Es kommt darauf an, mit wem man spricht. Es erzeugt starke Gefühle. Wie einige vielleicht sagen, folgt man ihm entweder von ganzem Herzen oder man hält es für verrückt. (Also sorgte es auch zu seiner Zeit für Kontroversen.) Ich denke nicht viel darüber nach. Es gibt solche, die glauben, dass es die ganze Wahrheit sei und es gibt solche unter uns, die glauben, dass es Irrsinn sei. Aber das ist meine Meinung und andere sind anderer Meinung. Es ist ihr Recht.

Vom größten Teil der Essener Gemeinde wurde es positiv bewertet und einige hielten es für ein wichtiges Buch. Suddi dachte, es sei sehr wahrscheinlich jemandes Fantasie.

D: Wo kam das Buch her? Wurde das später hinzugefügt?

S: *Das Buch Henoch ist etwas, das von den Kaloo überliefert wurde. Was meinst du mit später hinzugefügt? Zu was? Ich verstehe nicht.*

Ich hatte einen Fehler gemacht, einen Versprecher. Es war schwer für mich, im Gedächtnis zu behalten, dass sie nichts über unsere Bibel wussten. Also bezog ich mich auf die Thora, denn das schien das wichtigste Buch zu sein, mit dem er vertraut war, obwohl ich keine Ahnung hatte, wie es verfasst war. Er sagte, das Buch Henoch sei nicht in der Thora.

Ich las Die Bücher der Geheimnisse Henochs, das in den Apokryphen Die verlorenen Bücher der Bibel zu finden ist. Ob dies die Version ist, auf die Suddi sich bezog oder nicht, dieses Buch war verwirrend genug zum Lesen. Es beschäftigt sich viel mit Astronomie und Symbolik und enthält offenbar versteckte Sinngehalte. Es mag weitere Bücher geben, die sich auf Henoch beziehen.

Ich kannte die Namen verschiedener Gruppen von Menschen, die in der Bibel erwähnt werden. Ich dachte, ich werfe sie einmal in den Raum, um zu sehen, was Suddi wohl über sie sagen würde.

D: Hast du jemals von den Pharisäern gehört? (Er runzelte die Stirn.) Die Sadduzäer? (Ich hatte wieder Probleme mit der Aussprache.)
S: *Die Pharisäer, sie sind die Wohlhabenden. Sie sind die so genannten Gesetzgeber. Sie sind beide Mitglieder der Versammlung, und sie sitzen da und streiten den ganzen Tag und so geht nichts vorwärts. Die Sadduzäer haben mit dem Betrieb der Tempel und mit den zu verabschiedenden Gesetzen zu tun. Und sie streiten auch mit Herodes so weit, wie sie etwas erwirken wollen. Sie sind immer... einer gerät an den anderen. Man sagt, dass, die einen, die Pharisäer, weil sie großen Reichtum besitzen und dies auch zeigen, dass sie nicht so fromm sind wie jene anderen. Jene sagen: „Lauft in Asche und Sackleinen herum."*
D: Hast du je von den Samaritern gehört?
S: *Aus Samaria? Ja. (Das Wort „Samaria" wurde so schnell gesprochen, dass es schwer zu verstehen war.) Die Samariter waren Nachfahren der Kinder Jakobs. Und aus irgendeinem Grund, an den ich mich nicht erinnern kann, gab es eine Blutfehde. Und sie werden als geringer angesehen als ihre Brüder. Sie waren wie eins zu einem bestimmten Zeitpunkt, aber*

jetzt sieht man auf sie herunter, weil sie in den Augen anderer vielleicht nicht so gut sind.

Die Befragung war reibungslos verlaufen und ich wusste nicht, dass ich verbotenen Boden betreten hatte, bis ich nach Qumran fragte. Alles, was ich wissen wollte, war die Bedeutung des Namens. Ich war nicht auf seine Reaktion vorbereitet. Er sprach aufgeregt mehrere Worte in einer anderen Sprache.

S: *Was bedeutet das? Ich werde nicht darüber sprechen. Wenn du die Bedeutung nicht kennst, brauchst du es nicht zu wissen.*
D: Ich habe gehört, dass es „Licht" bedeute.
S: *Es gibt viele Essenzen in dem Begriff, der „Licht" bedeutet. Und wenn du nicht weißt, auf welchem Weg er liegt, brauchst du nicht zu fragen. Wenn es dir wichtig wäre, würdest du Wissen haben.*

Das kann frustrierend sein, aber er machte sehr deutlich, dass er nicht antworten wollte. Später ergab meine Forschung, dass, als die Römer sie eroberten, die Essener es zuließen, dass sie zu Tode gefoltert wurden, anstatt die Antworten auf Fragen dieser Art preiszugeben. Was mir als ein einfaches Thema erschien, nahm für ihn anscheinend größere Dimensionen an. Natürlich wusste ich das zum damaligen Zeitpunkt nicht, und ich war in Unkenntnis darüber, welche Fragen die heiklen waren.

D: Kommt der Tatsache, dass Qumran in der Nähe der Salzfelsen erbaut wurde, irgendeine Bedeutung zu?
S: *Nicht so sehr die Salzfelsen, als vielmehr die Gegend. Es ist ein Punkt von (klang wie: „ken" Energie. Das war nicht klar.) Es ist eine Öffnung. Es ist einer der Energiepunkte.*
D: Es gibt Leute, die sagten, dass es ein seltsamer Ort sei, um eine Gemeinschaft aufzubauen. Er sei so isoliert.
S: *Das ist einer der Vorteile.*
D: Sie dachten, es gebe keine Möglichkeit, dass jemand dort leben könne.
S: *(Sarkastisch) Und ein Mensch kann nicht in der Sahara leben. Aber dennoch tun sie das!*
D: Die Leute haben gesagt, dass es so isoliert sei und man das Wasser des Toten Meeres nicht nutzen könne.

S: *Es gibt Wasser hier, das trinkbar und nutzbar ist. Wir haben, was wir brauchen.*
D: Was ist die Bedeutung des Wortes „Essener"?
S: *Der Heilige.*

Ich fragte mich, warum er nicht zögerte, mir die Bedeutung dieses Wortes zu sagen, wohingegen er es ablehnte, mir die Bedeutung von Qumran zu sagen. Das zeigt die Widersprüchlichkeit in den Dingen, gegen die er Einspruch erhob.

Harriet bezog sich erneut auf ihre Fragenliste. „Sagt dir der Name „Midraschim" oder „Mishna" etwas?" Die Frage verärgerte ihn offensichtlich, da er mehrere Worte aufgeregt in einer anderen Sprache sprach. Es gab viele Momente wie diesen, die einen emotionalen Ausbruch erzeugten, der stark genug war, dass er in seine Muttersprache verfiel. „Warum fragst du?"

D: Wir fragten uns nur, ob ihr in einer eurer Schriften etwas über Midrashim habt.
S: *(Dies verursachte wieder Verärgerung bei ihm.) Ich werde nicht darüber sprechen!*
D: Es gibt keine Möglichkeit, die Antworten zu kennen, wenn wir keine Fragen stellen.
S: *Warum hast du Fragen, die nur von Teilwissen zeugen?*
D: Wir haben von diesen Dingen gehört und fragen, ob du sie entweder überprüfen oder uns in unserer Erkenntnis weiterhelfen kannst. Manchmal haben wir nur Bruchstücke an Informationen.
S: *(Unterbrach) Es kann gefährlich sein, nur Teilinformationen zu haben.*
D: (Das war eine Überraschung.) Denkst du, es sei nicht gut für uns, diese Dinge zu wissen?
S: *Es ist besorgniserregend, ja. Wenn du von Dingen sprichst, die du nur teilweise kennst und dich auf machtvolle Worte berufst, von denen du nur diese verstreuten Teile kennst, könntest du es mit mehr zu tun haben, als du vielleicht bewältigen kannst.*

Das überraschte uns, weil wir freilich nicht wussten, dass irgendeine Gefahr damit verbunden sein könnte, einfache Fragen zu stellen. Wir sagten, wir würden uns an sein Urteil halten und fragten, was er uns vorschlug, zu tun.

S: *Sprich nicht mehr davon, bis du alles Wissen hast, das du gewinnen kannst. Denn mit denen darüber zu sprechen, die dich in irgendeiner Weise dazu bringen könnten, preiszugeben, was du hast, um deren Sache zu verbessern, könnte sehr gefährlich sein.*
D: Wie sollen wir das andere Wissen bekommen, sofern wir keine Fragen stellen? Ist es uns erlaubt, zu suchen?
S: *Suchen ist erlaubt, aber sei sehr vorsichtig.*
D: Es ist nicht immer einfach, die richtigen Personen zu finden, die uns diese Informationen geben können.
S: *Das ist wahr. Aber man muss sich immer vor denjenigen schützen.... und davor, denen, die anfangen, dir im Gegenzug Fragen zu stellen, zu viel zu erzählen.*
D: Dann denkst du, dass es besser sei, dieses Wissen nicht zu suchen?
S: *Das habe ich nicht gesagt! Das ist deine Deutung dessen, was ich sagte. Ich sage lediglich, vorsichtig zu sein. Und aufzupassen, mit wem du dein Wissen teilst. Und im Gegenzug wenig oder gar nichts erhältst.*
D: Nun, das Wissen ist genug.
S: *Nein! Denn Wissen kann sehr schädlich sein. Weil man versucht sein könnte, es zu benutzen. Und nicht über das volle Wissen zu verfügen, kann einen selbst und andere gefährden.*

Ich dankte ihm dafür, uns zu warnen. Dieser Ausbruch war höchst unerwartet und sicherlich untypisch für den seelenruhigen Suddi. Er hatte sich zuvor geweigert, Fragen zu beantworten, äußerte sich aber nie derart heftig. Ich frage mich noch immer, was es war, das wir gefragt hatten, das eine solch emotionale Reaktion auslöste. Ich kehrte zu meinen Fragen zurück, diesmal etwas vorsichtiger.

D: Hast du jemals von einem Buch namens Cabal oder Kabbala gehört?
S: *Einige von uns haben es gelesen. Es gibt Schriftrollen, die einige dieser Schriften enthalten, ja.*
D: Ist es ein kompliziertes Buch?
S: *Alles ist kompliziert, wenn man es dazu macht. Es erklärt viele der Naturgesetze und wägt ab, wie man diese zu seinem eigenen Wohl nutzen kann. Wie man sich für die Welten öffnet, die uns in dieser und anderen Welten umgeben.*

Er wusste nicht, wer die Kabbala geschrieben hatte, aber sie war älter als viele der anderen Bücher, die sie hatten.

Später, als ich die Gelegenheit hatte, weiter zu forschen, entdeckte ich vermutlich den Grund, warum Harriets Frage ihn so verärgerte. Ich fand heraus, dass die hebräische Theologie in drei Teile gegliedert ist: der erste war das Gesetz, das allen Kindern Israels gelehrt wurde; der zweite war die Mischna oder die Seele des Gesetzes, die den Rabbinern und Lehrern offenbart wurde; der dritte Teil war die Kabbala, die Seele der Seele des Gesetzes, die geheime Prinzipien enthält und nur den höchsten Eingeweihten unter den Juden offenbart wurde. Der Midrasch bezog sich auf Methoden, die verwendet werden, um die Gesetze zu vereinfachen oder besser zu erklären. Anscheinend waren wir unwissentlich in einen geheimen Lehrbereich hinübergetreten, an dem Suddi und andere Essener beteiligt waren. Vielleicht erklärt dies seinen emotionalen Ausbruch und seine Warnungen davor, machtvolle Worte zu benutzen und von Dingen zu sprechen, über die wir nichts wussten.

Die Übersetzer der Schriftrollen vom Toten Meer sprechen vom Damaskus-Dokument und denken, dass es wahrscheinlich weitere Essener Gemeinschaften gab, möglicherweise eine im Raum Damaskus. Aber ich betrat unerlaubten Boden, als ich danach fragte. Er antwortete in der mittlerweile vertrauten Weise: „Ich werde nicht darüber sprechen." Es war seltsam, wie sehr es ihn störte, bestimmte Fragen zu beantworten, jedoch beantwortete er ähnliche Fragen ohne Schwierigkeiten.

D: Weißt du etwas über eine Essener Gruppe in Alexandria?
S: *(Lange Pause) Mein Vater sagt, dass sie kürzlich von einigen Lehrern gesprochen haben, die gegangen sind, nicht nach Alexandria, sondern nach Ägypten. Aber ich weiß es nicht. (Hat er seinen Vater gefragt?) Es gibt noch viele andere. Ich weiß von einer in Ägypten. Es gibt mehrere in der Gegend um Israel, Judäa (Der Name eines weiteren Landes war unklar, aber es klang phonetisch wie „Tode"). Es gibt viele. Wir in Qumran sind vielleicht eine der Größeren, aber nicht die Einzige.*

Seltsam, dass er es nur ablehnte, von der Gruppe in Damaskus zu sprechen. Er sagte, dass seines Wissens auch die anderen

Gemeinschaften isoliert waren, aber sie alle hatten die gleichen Prinzipien wie Qumran: die Ansammlung und Bewahrung von Wissen. Sie waren weit davon entfernt, eine einzige isolierte kleine Gruppe von Menschen zu sein.

S: Wenn wir das Wissen bewahren sollten und nur unter uns blieben, dieser sehr kleinen Gruppe, wie könnte dabei das Wissen erhalten werden? Wenn es von uns geschützt aber nicht geteilt würde? Daher sollte es auch andere geben.
D: Einige Leute haben die Idee, dass sei es, was sie sind, eine sehr isolierte Gruppe, die mit niemandem Umgang pflegt und das Wissen nicht weitergibt.
S: Manche Leute sind Narren.

Auf der Suche nach weiteren Schriftrollen oder Fragmenten durchkämmten Wissenschaftler und Araber die Höhlen im Gebiet um Qumran. In einer Höhle, inmitten des Schutts einer eingefallenen Wand, stießen sie auf einen seltenen Fund, zwei Schriftrollen aus Kupfer. Schriftrollen waren schon immer auf entweder Papyri oder Leder geschrieben worden. Das war sehr ungewöhnlich. Ursprünglich waren sie ein durchgehender Streifen von etwa zweieinhalb Metern Länge mal dreißig Zentimetern Breite gewesen und aus einem unbekannten Grund auseinandergeschnitten worden. Die Archäologen konnten in das Metall geprägte Symbole sehen, was ebenfalls ungewöhnlich war. Aber Wetter und Zeit hatten ihren Tribut gefordert. Das Kupfer war so oxidiert, dass die Schriftrollen gefährlich brüchig waren. Sie waren so zerbrechlich, dass es unmöglich war, sie aufzurollen. Vier Jahre lang beschäftigten sie sich mit dem Problem, wie man sie sicher öffnen kann. Schließlich entwickelte Professor H. Wright Baker von der Universität von Manchester, England, eine geniale Methode, die Schriftrollen in Streifen zu schneiden. Es funktionierte so gut, dass nicht ein einziger Brief verloren war.

Nach all den Schwierigkeiten, war es das wert? Nach der Übersetzung stellte sich heraus, dass die Schriftrollen die Träume eines Schatzsuchers enthielten. Es waren Listen über vergrabene Schätze, die fabelhafte Summen wert sind. Die Bestandsliste umfasste Gold, Silber und andere Schätze, die möglicherweise mehr als insgesamt einhundert Tonnen wiegen. Ihr geschätzter Wert betrug in den 1950er Jahren, als die Schriftrollen übersetzt wurden, über 12 Millionen Dollar. Jetzt wären sie viel mehr wert. Die Schriftrollen gaben genaue Anweisungen für sechzig verschiedene Vergrabungs- oder Versteckmöglichkeiten in und um Jerusalem und in der jüdischen Wüste. Die Beschreibung der Schriftrollen und ihrer Übersetzung ist in The Treasure of the Copper Scroll (Der Schatz der Kupferrolle, *Anm. d. Übersetzers)) von John M. Allegro enthalten.

Er gibt einen detaillierten Bericht ab. Er war sich sicher, dass es sich um die Bestandsliste eines echten Schatzes handele und dass die Objekte an den angegebenen Orten vergraben lagen. Sein einziger Zweifel galt den unglaublichen Mengen. Er dachte, dass es einen Fehler in der Übersetzung gegeben haben muss, die Mengen waren zu atemberaubend. Zum Beispiel: „eine Gesamtsumme von mehr als 3179 Talenten (ein Gewichtsmaß) Silber und 385 Talenten Gold; 165 Goldbarren, 14 Silberkrüge und 619 Edelmetallgefäße." Die Anweisungen waren detailliert: „In der Zisterne, die sich unter dem Wall auf der Ostseite befindet, an einem in den Fels gehauenen Ort: 600 Silberbarren." Alle Anweisungen waren derart genau. Allegro sagt, dass die meisten der angegebenen Orte wahrscheinlich schwer oder unmöglich zu finden gewesen seien, nachdem der Römische Krieg die Gegend verwüstet hatte.

Nichts von diesem Schatz wurde jemals gefunden. Der letzte Eintrag in der Kupferrolle gab Hinweise auf den Standort einer weiteren Kopie der gleichen Bestandsliste. Verborgen „in einer Grube, die im Norden an den Großen Abfluss des Beckens in der Nähe des Tempels angrenzt". Diese Zweitausfertigung wurde nie gefunden.

Einige der Archäologen sind zu dem Schluss gekommen, dass die Kupferrollen ein Schwindel seien, dass der Schatz nie existiert habe. Sie sagten, es müsse ein Schwindel sein, denn woher hätten die Essener solche fabelhaften Mengen Reichtums bekommen können, wenn sie doch auf Armut eingeschworen waren? Diese Schriftrolle muss schwieriger zu beschriften gewesen sein als die normalen Papyri. Es wäre ein Riesenaufwand gewesen, nur um einen Trick zu vollführen.

Andere sagen, dass die Schriftrolle vielleicht nicht von einem tatsächlichen Schatz spreche, sondern Symbolik benutze, um eine andere Botschaft zu vermitteln, die man nicht herausgefunden hat. Ich glaube, es war möglich, dass die Essener in den Jahren ihrer Existenz entweder so viel Reichtum angesammelt haben, oder dass sie zu Hütern von Reichtum aus einer anderen Quelle gemacht wurden.

    Die Beduinen dieser Gegend waren den Wissenschaftlern eine ungemeine Hilfe gewesen, weil sie jede Ecke und jeden Winkel der Wüste kannten. Es ist gut möglich, dass sie im Verlauf der zweitausend Jahre einen Teil des Schatzes gefunden haben. Da die doppelte Schriftrolle nie gefunden wurde, ist es auch möglich, dass jemand sie vor Jahren fand und den Anweisungen folgte. Ich glaube, unsere modernen Generationen waren nicht die Ersten, die herausfanden, was die Essener verborgen hatten.

    Als ich während dieser letzten Sitzung Fragen aus meiner Forschung stellte, beschloss ich herauszufinden, ob er in der Lage sein würde, Licht auf dieses Puzzle zu werfen. Aber wie soll man das tun, ohne Suggestivfragen zu stellen? Suddi war in der Bibliothek auf der oberen Ebene und studierte einige Schriftrollen, so dass es die perfekte Umgebung war. Als ich ihn fragte, ob er eine bestimmte Schriftrolle studiere, antwortete er mit dem mittlerweile vertrauten: „Ich werde nicht darüber sprechen!" Er sagte lediglich, dass es nicht die Thora sei. Wenn er bei bestimmten Themen in die Defensive ging, war es sinnlos, zu versuchen, die Antworten zu bekommen, es sei denn, ich konnte es auf Umwegen tun.

D: Machen sie die Schriftrollen je aus irgendeinem anderen Material als den Häuten und dem Papyrus?
S: *Es gibt andere Methoden der Herstellung. Ich bin kein Kopierer. Ich bin nicht mit ihnen vertraut, aber es gibt andere Möglichkeiten, ja.*
D: Hast du je irgendwelche Schriftrollen gesehen, die aus Metall gefertigt waren?
S: *Ja. (Anscheinend war dies ein weiteres verbotenes Thema in der Diskussion. Er wurde wieder misstrauisch.) Warum fragst du?*
D: Ich dachte, das wäre ein merkwürdiges Material für ihre Herstellung. Es wäre viel mehr Arbeit. Wäre es nicht schwieriger, als Stift und Papyrus zu benutzen?
S: *(Kalt) Ja. (Er fragte misstrauisch:) Warum stellst du diese Fragen?*
D: Ich fragte mich einfach, warum sie sich die ganze Mühe machen sollten, eine aus Metall zu fertigen.
S: *Sie würden bedeutsamere Informationen enthalten. Es gibt einige Dinge, die geschützt werden müssen.*

Er ging nicht weiter darauf ein. Es schien, dass wenn etwas auf Metall geschrieben würde, es deshalb wäre, weil es einen besonderen Wert hatte. Sie würden versuchen, das haltbarste Material zu verwenden, um sicherzustellen, dass es die Zeiten überdauern würde. Daher kann ich nicht glauben, dass die Kupferrolle ein Schwindel war. Die Archäologen kamen nur zweitausend Jahre zu spät, um diesen fantastischen Schatz zu finden.

Die Archäologen, die die Ruinen von Qumran ausgegraben haben, erwähnten nicht, dass sie ein Siedlungsgebiet gefunden haben. Sie kamen zu dem Schluss, dass die Menschen in den Höhlen um die Gemeinde herum oder vielleicht in Zelten oder Hütten lebten. Sie fanden Töpferwaren, Lampen und Zeltstangen in einigen der selben Höhlen, in denen auch die Schriftrollen vom Toten Meer gefunden wurden und dachten, dies lasse darauf schließen, dass sie dort zu einer Zeit lebten. Ich konnte nicht verstehen, warum die Essener in Höhlen und Zelten leben sollten, wenn sie doch in der Lage waren, diese wunderbare Gemeinschaft mit ihrem wunderbaren Wassersystem zu erschaffen. Das machte für mich keinen Sinn. Ich beschloss, dem nachzugehen.

D: Du hast mir zuvor erzählt, dass du als Kind in Häusern wohntest, die weit außerhalb der Gemeinschaft und außerhalb der Mauern lagen? Gibt es irgendwelche Höhlen in der Umgebung von Qumran?

S: *Es gibt dort viele Höhlen.*

D: Lebten deine Leute je in den Höhlen?

S: *Man sagt, zu einer früheren Zeit hätten sie dort gelebt, aber es leben jetzt nicht genug Leute hier, als dass das nötig wäre. Als Kinder haben wir jedoch immer in ihnen gespielt.*

D: Du meinst, zu einer Zeit gab es mehr Einwohner, mehr Leute dort? Und während jener Zeit lebten sie in den Höhlen?

S: *Ja, das war der Anfang.*

Dies war in den frühen Zeiten, als die Häuser erst gebaut wurden. Ich dachte mir schon, dass dies der Fall sei. Bei einer so wunderbar fortschrittlich entwickelten Gemeinschaft wäre es nicht notwendig, die Menschen auf ein Leben in Höhlen und Zelten zu reduzieren.

Während der Ausgrabungen fanden sie viele Münzen, sogar dazugehörige Beutel. Dies half den Wissenschaftlern, die Ruinen zu datieren. Die Münzen gehörten zu den Zeiträumen von 136 v. Chr. bis 37 v. Chr., was die Zeit der jüdischen Unabhängigkeit abdeckte und sich bis zu Herodes dem Großen erstreckte. Dann gab es eine Lücke. Nur wenige Münzen wurden gefunden, die zwischen dieser Zeit und 4 v. Chr., der Zeit des Herodes Archelaus, ausgegeben wurden. Es wurde eine große Anzahl gefunden, die auf die Zeit nach 4 v. Chr. bis 68 n. Chr. datierten, als Qumran zerstört wurde.

Nach dieser Information sind die Archäologen zu dem Schluss gekommen, dass Qumran 30 Jahre lang verlassen war, da sie aus dieser Zeitspanne nur wenige Münzen fanden. Aber dies war die Zeit, in der Suddi dort lebte, und gemäß seinen Angaben haben die Essener es nie verlassen. Selbst die Wissenschaftler konnten mit keinem befriedigendem Grund aufwarten, warum sie hätten fortgehen sollen. Sie konnten Beweise dafür sehen, dass die Gemeinde ein Erdbeben erlebt hatte. (Siehe die Zeichnung von der Gemeinschaft.) Und sie nahmen an, dass dies die Gemeinschaft in einem solchen Ausmaß beschädigt habe, dass die Menschen über diese dreißig Jahre fortgegangen seien, aber das ist nur eine Annahme. Selbst die alten Schriftsteller, die in ihren damaligen Geschichtsschreibungen so gründlich waren, erwähnen nicht, dass die Essener die Gegend je verlassen haben. Das war nur die Theorie der Archäologen, die darauf basierte, mit welchen Fakten sie bei den Ausgrabungen aufwarten konnten. Ich schließe daraus, dass, wenn der gesamte Schatz der Kupferrolle vollständig verschwinden konnte, warum dann nicht Münzsäcke? Die Ruinen waren dafür bekannt, während der Invasion von den Römern besetzt und geplündert worden zu sein. Es gab auch andere Völkerschaften, die danach für eine Weile dort lebten, bevor Qumran vollständig aufgegeben wurde. Ich denke, die Erkenntnisse der Archäologen widersprechen meinen nicht, sondern bieten vielmehr eine alternative Erklärung.

Ich machte mir Gedanken, wie ich ihn danach fragen könnte, ohne ihm Ideen in den Kopf zu setzen. Es müsste sorgfältig formuliert werden.

D: Kannst du mir sagen, Suddi, lebten die Leute die ganze Zeit dort in der Gemeinschaft, seit sie gebaut worden war?
S: Erkläre.

D: Haben deine Leute immer dort in der Gemeinschaft gelebt, oder gab es eine Zeit, in der deine Leute fortgegangen sind?
S: *Du sprichst von der Zeit des Versteckens. Ja, es gab eine Zeit, in der sie eine gewisse Dauer fort waren, ja. Es wurde darüber gesprochen.*

Aber das geschah bevor er auf der Welt war. Während seines Daseins gab es nie eine Zeit, in der die Menschen die Gemeinschaft verließen.

In der Zeichnung ist zu erkennen, dass das Erdbeben einen Bereich der Gemeinde beschädigt und einen großen Riss hinterlassen hat, der teilweise durch eines der Bäder führte. Die Archäologen fanden auch Beweise dafür, dass ein Teil der Schäden wieder instand gesetzt wurde, insbesondere um den Turm herum. Ich wollte danach fragen, aber ich wollte das Wort „Erdbeben" nicht erwähnen.

D: Weißt du etwas über Naturkatastrophen, die sich ereigneten, seit du dort gelebt hast?
S: *(Pause, als ob er nachdenkt.) Ah! Du meinst, wenn die... Ich erinnere mich, dass meine Mutter, als ich klein war, sagte, dass es das Zittern der Klippen gebe. Früher herrschte große Angst, dass der ganze Ort ins Meer hinabfallen würde. Ich war zwei oder vielleicht drei, ich bin mir nicht sicher. Ich habe keine Erinnerung daran.*
D: Hat es der Gemeinde irgendeinen Schaden zugefügt?
S: *Es gibt eine handspannenbreite Lücke, in welche ein Teil abgerutscht und hinuntergefallen ist.*

Anscheinend meinte er einen Riss. Ich fragte, wo sich dies befindet. Sie benutzte Handgesten bei seiner Erklärung.

S: *Lass mich mal überlegen... er befindet sich entlang der Wand. Die Wand verläuft so, die Klippenwand und er gehen in diese Richtung. An dieser Ecke, zum Badehaus hin und zur Aula und diesem Bereich. Er läuft diagonal hindurch. (Ich mein, das letzte Wort sei richtig. Es war schwer zu verstehen.)*
D: Verlief der Riss durch das Badehaus?
S: *Ja, aber der Riss war nicht so, dass das Wasser entwichen wäre. Er wurde instandgesetzt. Die Menschen aus der Gemeinde*

nahmen es in die Hand. Sie wussten, es würde bald passieren, und so gab es keinen Verlust von Menschenleben. Es wurde ihnen mitgeteilt. (Meinte er das hellseherisch?)

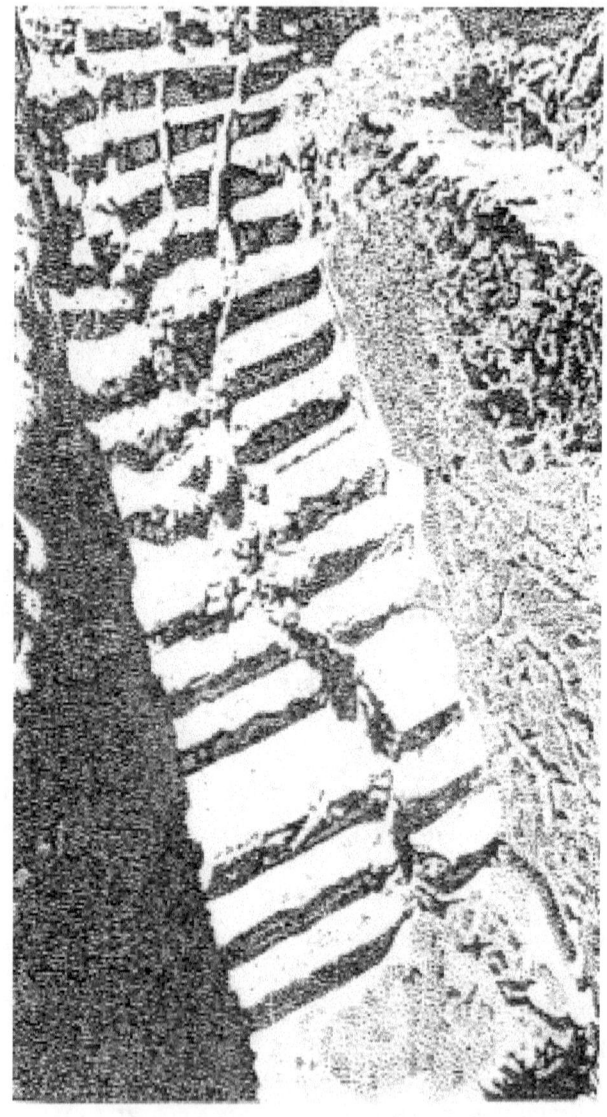

Ruinen von Qumran mit dem Riss in der Treppe des Badehauses

D: Aber der Schaden war nicht so schlimm, dass die Leute wegzogen?

S: *Für eine Weile denke ich, blieben sie wahrscheinlich fort, während die Instandsetzungen durchgeführt wurden. Sie konnten überall hingegangen sein. Sie konnten fortgegangen und nur in einer Unterkunft geblieben sein. Sie konnten womöglich zu Höhlen gegangen sein. Wie gesagt, ich war zu jung, um mich daran zu erinnern. Ich weiß nur, was mir erzählt wurde. Ich erinnere mich nicht, dass ich jemals nicht hier war.*

D: Ich hörte Leute sagen, dass euer Volk die Gemeinschaft über viele Jahre verlassen habe.

S: *Wir ließen sie das glauben. Wenn sie uns vergessen, lassen sie uns in Ruhe.*

D: Aber sicher würden die Leute kommen und einen ausrauben, wenn sie dächten, dass die Gemeinschaft verlassen und unbewacht sei?

S: *Sie wussten es besser. Sie ist niemals unbewacht.*

Dies schien wiederum auf eine mysteriöse Art des Schutzes hinzuweisen. Ich habe diesen ganzen Abschnitt so ausführlich vorgestellt, damit das Leben Jesu vor diesem Hintergrund verstanden werden kann. Die Menschen, die dort in Qumran lebten, waren mit einem Hauptziel beschäftigt, der Anhäufung und Bewahrung von Wissen und der Weitergabe dieses Wissens durch das Unterrichten jener, die zum Lernen qualifiziert waren. Die Essener schienen ruhig und gelassen zu sein und lebten eingekapselt in ihre eigene kleine Welt. Derart abgeschottet war dies ein regelrechtes Paradies, ein perfekter, sich komplett selbst versorgender Ort. Er war für die damaligen Verhältnisse Israels erstaunlich modern. Wann immer sich jemand außerhalb der Mauern wagte, sah er, dass es einen scharfen Kontrast zwischen seinen Wegen und denen der Außenwelt gab, deshalb zogen sie ihre Isolation vor. Aber sie wurden von den anderen, die sie nicht verstanden, gefürchtet und verdächtigt, somit mussten sie sich verkleiden. Es scheint, dass auch der Standort von Qumran bewacht wurde und nur wenigen bekannt war. Ich frage mich, ob selbst die Karawanen den wahren Zweck der Siedlung kannten. Auch Fremden war der Zutritt zu bestimmten Teilen der Gemeinschaft nicht gestattet. Doch Suddi sagte, dass eines ihrer Ziele darin bestehe, ihr Wissen an die breite Öffentlichkeit weiterzugeben. Ich nehme an, es musste geschickt von den Studenten mit den roten Bändern getan werden, die studierten und die Gemeinschaft dann verließen, um in ihren eigenen Gebieten zu leben. Ich denke, dieser Abschnitt macht es einfacher, sich Jesus vor dieser Kulisse und in dieser Umgebung vorzustellen.

Dieser Abschnitt zeigt Katies große Fähigkeit zur Präzision und Detailgenauigkeit über eine Kultur, von der sie unmöglich etwas wissen konnte. Einige werden argumentieren, dass sie in den gleichen Büchern wie ich über die Essener und Qumran gelesen haben könnte und somit auf meine Fragen vorbereitet war. Ich weiß, dass sie keine Forschung betrieb; sie hatte kein Interesse daran. Sie wusste zu keinerlei Zeitpunkt, welche Art von Fragen ich stellen würde. Im Verlauf des Abschnitts taucht Wissen auf, das in keinem Buch zu finden ist. In diesem Kapitel gab es einige Dinge, die sich mit den Übersetzungen der Schriftrollen vom Toten Meer befassten, die selbst Suddi nicht kannte. Das war normal, da er nicht alle Schriftrollen in der Bibliothek gelesen hatte oder sie zu seinen Lebzeiten anders genannt worden sein können. Wenn Katie einen ausgefeilten Schabernack gespielt hätte, hätte sie sichergestellt, dass sie in allen Punkten korrekt war und wäre mit diesen Übersetzungen vertraut gewesen. Ich glaube, die Tiefe der Trance, die Katie durchlebte, machte eine Täuschung unmöglich. Sie schlüpfte mit großer Leichtigkeit in die Persönlichkeit von Suddi und wieder heraus und wurde in den drei Monaten, die wir mit ihm verbrachten, in allen Belangen förmlich zu dieser altertümlichen Person.

Ich möchte hier einige Zitate von Josephus aufnehmen, von denen ich glaube, dass sie einen Einfluss auf unsere Geschichte haben. „Es gibt auch einige unter ihnen (die Essener), die die Aufgabe übernehmen, zukünftige Ereignisse vorherzusagen, da sie von ihrer Jugend an mit dem Studium der Heiligen Schrift, mit der Reinwaschung durch den Täufer und mit den Worten der Propheten aufgewachsen sind; und es ist sehr selten, dass sie bei ihren Vorhersagen versagen."

„Sie verschmähen das Leiden und überwinden Schmerz durch seelische Stärke. Den Tod, wenn er mit Ehre verbunden ist, sehen sie als höherwertig an als ein langes Leben. Von der Entschlossenheit ihres Geistes in allen Lagen hat der Krieg gegen die Römer reichlich Beweise erbracht, in welchem sie zwar gefoltert, gequält, verbrannt, gequetscht und allen möglichen Folterinstrumenten unterworfen wurden, damit sie gezwungen werden, den Gesetzgeber (Mose) zu schmähen oder Verbotenes zu essen, sie aber nicht gezwungen werden konnten, auch nur eines von alldem zu tun. Auch schmeichelten sie nicht einmal ihren Peinigern oder vergossen eine einzige Träne, sondern ihre Qualen weglächelnd und ihren Peinigern trotzend gaben sie fröhlich ihre Seelen her, wie welche, die sie gewiss bald zurückerhalten."

Die Essener mussten schwören, „nichts vor der Bruderschaft zu verbergen, nichts, was ihnen gehörte, anderen zu offenbaren, auch wenn er in Lebensgefahr schwebte. Er musste überdies schwören, niemandem seine Lehren auf irgendeine andere Weise mitzuteilen, als er sie selbst empfangen hat."

Dies erklärt die Schwierigkeit, zuweilen Antworten zu bekommen, und warum ich auf abwegige Methoden der Informationsbeschaffung zurückgreifen musste. Ich bin überrascht, dass ich sie überhaupt bekommen habe. Ich versuchte, ihn dazu zu bringen, gegen eine strenge Grundregel seines Lebens zu verstoßen, etwas, das Menschen unter Hypnose nicht tun. Sie tun niemals etwas, das gegen ihre Moral verstößt. Aber das war nicht Katies Moral, sondern die von Suddi. Das zeigt, wie eng Katie sich mit den Essenern identifizierte und wie vollständig sie zu ihm geworden war. Es erklärt auch, warum es einfacher war, Informationen von Suddi dem Kind zu erhalten. Er hatte diesen Eid noch nicht abgelegt, und in seiner Unschuld wusste er nicht, dass er etwas enthüllte, was verboten war. Wir mussten dankbar sein, dass wir überhaupt Informationen erhalten konnten, wenn auch auf Biegen und Brechen. Dies ist ein weiteres Beispiel für das starke Vertrauensverhältnis, das zwischen Katie und mir aufgebaut worden war. Ich glaube nicht, dass diese Informationen unter anderen Umständen veröffentlicht worden wären.

Ginsburg berichtete in seinem 1864 veröffentlichten Buch The Essenes and the Kabbalah (Die Essener und die Kabbala, *Anm. des Übersetzers), dass diese Geheimhaltung nicht ungewöhnlich war, „da auch die Pharisäer nicht wahllos die Geheimnisse der Kosmogonie und der Theosophie vorlegten, welche ihnen zufolge in der Schöpfungsgeschichte und in der Vision Hesekiels enthalten sind, außer denjenigen, die ordnungsgemäß in den Orden eingeweiht wurden". Auch die Essener wussten von diesen Lehren. (Siehe Kapitel 14 und 15.) Josephus sagte: „Sie geben sich außerordentlich große Mühe, die Schriften der Altvorderen zu studieren und wählen das aus, was sowohl für die Seele als auch für den Körper nutzbringend ist."

Ginsburg: „Sie studierten anscheinend die alten Bücher über magische Heilmittel und Exorzismen, welche die angeblichen Werke

Salomos waren, welcher Abhandlungen über wundersame Heilmittel und die Austreibung böser Geister verfasste."

Philo: „Sie verwenden darin eine dreifache Regel und Definition: Liebe zu Gott, Liebe zur Tugend und Liebe zur Menschheit." Man beachte die Ähnlichkeit mit den Lehren Jesu.

Schriftsteller des neunzehnten Jahrhunderts sagten, dass der Essenismus aus der tieferen religiösen Bedeutung des Alten Testaments entstanden sei. Dass die Essener zur Apokalyptischen Schule gehörten und dass sie als die Nachfolger der alten Propheten und als die Gründer der prophetischen Schule betrachtet werden müssen. Sie übernahmen einige der alten orientalischen, persischen und chaldäischen Ideen und brachten einige Praktiken und Institutionen mit ein, die sie mit den jüdischen Vorstellungen von Religion vermischten. Ziel der Essener war es, Religion und Wissenschaft in Einklang zu bringen.

KAPITEL 14

Schriftrollen und biblische Geschichten

Eine der Aktivitäten der Gemeinschaft war das Schreiben und Kopieren von Schriftrollen, damit sie an andere Teile der Welt weitergegeben werden konnten. Es war sozusagen ein Verlagszentrum.

S: *Wir sind mit der Aufbewahrung von Aufzeichnungen betraut, damit das Wort nicht verloren geht. Das ist es, was sie in der Bibliothek tun. Dann nehmen sie die Schriftrollen und diese werden zum Schutz in viele Länder und an viele Orte geschickt, in der Hoffnung, dass zumindest einige von ihnen erhalten bleiben werden. Es gibt so viele hier. Da sind all die Geschichten, die Bescheide der unterschiedlichen Gerichte, die Geschichten und die alltägliche Existenz des Lebens. Man müsste steinalt werden, um alle Schriftrollen lesen zu können.*

D: Weißt du, wo sonst noch in eurer Welt die Schriftrollen aufbewahrt werden? Gibt es noch weitere Bibliotheken?

S: *Ich nehme an, dass es welche gibt. Ich habe keine Möglichkeit, das in Erfahrung zu bringen. (Der alte Argwohn kehrte zurück.) Warum willst du das wissen?*

Ich versuchte, mich hindurchzuschlängeln, indem ich sagte, dass ich neugierig sei und gerne lese. Wenn es etwas gab, das sie nicht hatten, wollte ich wissen, wo ich danach suchen sollte. Mein Trick hat ihn nicht überzeugt. Er fragte: „Wärst du in der Lage, sie zu lesen?"

Ich musste schnell nachdenken. Ich sagte ihm, wenn ich es nicht könnte, könnte ich jederzeit jemanden bitten, sie für mich zu übersetzen. Das funktionierte aber auch nicht.

S: *Nur sehr wenige dürfen die Schriftrollen überhaupt sehen. Man muss Gründe haben.*

Das überraschte mich, weil ich dachte, jeder habe sie sich ansehen können, genau wie in unseren heutigen Bibliotheken.

S: *Die Öffner würden wissen wollen, warum. Wenn jeder dieses Wissen hätte, könnte es zum Schaden genutzt werden.*

Während der Sitzungen wurden viele Hinweise auf damals gesprochene Sprachen gegeben. Ich dachte, die Mehrzahl habe Aramäisch gesprochen.

S: *Nein, sie sprechen auch Hebräisch, Arabisch, Ägyptisch. Die Sprache der Roma. Es gibt viele, viele verschiedene Sprachen.*

Dieser Bezug auf Romani überraschte mich, weil ich wusste, dass die Zigeuner ihre heutige Sprache so nennen.

S: *Sie sind die Wanderer. Es wird gesagt, dass sie zwei der verlorenen Stämme Israels seien. Wie wahr das ist, weiß ich nicht.*
D: Was sprechen die Römer?
S: *Lateinische Vulgata. Einige von ihnen Griechisch. Es gibt auch viele Dialekte des Aramäischen. In jeder kleinen Provinz, aus der man kommt, ist es anders. Jeder einzelne Dialekt hat seine eigene Art, sich auszudrücken. Mein Dialekt ist einfach, glaube ich, Galiläisch. (Er sprach es schnell aus: Galilayan.)*

Suddi konnte die anderen Dialekte verstehen, aber manchmal war es schwierig. Diese Unterschiede wirkten sich auch auf die Lesart des Aramäischen aus.

S: *Es gibt so viele Ausdrucksmöglichkeiten und auch die Schreibweisen sind unterschiedlich. Wenn du damit nicht sehr vertraut bist, kannst du darin etwas lesen, das absolut nicht da ist.*

Siehst du, es ist so: Ein Wort würde für mich eine Sache bedeuten und es könnte für dich etwas ganz anderes bedeuten. Es hängt davon ab, wie die Buchstaben strukturiert sind. Auch von der Art und Weise, wie die Stimme klingt, wenn es ausgesprochen wird. Es kann eine ganze Menge Dinge bedeuten. Es gibt mehrere Wörter, die fünf, sechs, sieben Bedeutungen haben. Sie sind alle unterschiedlich und mannigfältig.

Dies geht einher mit der anderen Sitzung, in der er sagte, dass es die Klänge und nicht die Buchstaben seien, aus denen die Worte bestehen. Ich sehe es als eine Art Kurzschrift, bei der die Symbole die Klänge darstellen. Wenn es viele verschiedene Dialekte gäbe, hätten die Wörter unterschiedliche Klänge, je nachdem, wer sie spräche. Die Person, die die Schrift anfertigte, machte die Symbole entsprechend der Art und Weise, wie sie die Sprache sprach. Ich befragte einen Iraner darüber, und er sagte, es treffe in seiner Sprache zu, dass ein und dasselbe Wort viele völlig unterschiedliche Bedeutungen haben könne. Zum Beispiel bedeutet dasselbe Wort: Löwe, Wasserhahn und Milch, jedes vollkommen anders. Ich fragte ihn, woher sie wüssten, welches das richtige Wort sei. Er sagte, es hänge von dem Satz ab, in dem es verwendet wird. Wenn man dies berücksichtigt und dazu die Tatsache, dass Satzzeichen erst im fünfzehnten Jahrhundert erfunden wurden, wird deutlich, was für ein Alptraum die Aufgabe der Übersetzung aus diesen Sprachen gewesen sein muss.

D: Wenn dann jemand eine eurer Schriftrollen las, konnte er dann etwas anderes daraus herauslesen?
S: Es ist durchaus möglich, etwas ganz anderes zu verstehen, als das, was beabsichtigt war.

Obwohl die Symbole im Wesentlichen die gleichen waren, konnte der Leser eine andere Geschichte daraus erhalten, wenn er nicht wusste, in welchem Dialekt die Schriftrolle geschrieben war. Ich fragte mich, wie dann jemals irgendjemand wissen konnte, was der Autor wirklich sagen wollte.

S: Man muss es als Ganzes betrachten und den Weg finden, wie die Dinge zusammenpassen. Wenn ein Wort in der Art, wie es darin vorkommt, keinen Sinn ergäbe, dann müsste man eine andere Bedeutung dafür finden.

Dies würde erklären, warum einige unserer Bibelgeschichten anders sein könnten als das Original. Wenn jemand während der vielen Übersetzungen im Verlauf der Geschichte ein anderes Wort einfügte, würde es sehr schwierig sein zu wissen, auf welche Weise die Geschichte ursprünglich gelesen werden sollte.

D: Sind manche eurer Schriftrollen auf Hebräisch?
S: Ja, sie sind in allen Sprachen der Erde.
D: Werden im Hebräischen auch Fehler gemacht?
S: Ja, es passiert im Hebräischen fast genauso leicht wie im Aramäischen. Die Worte haben viele Bedeutungen.

Hebräisch verwendet Buchstaben, aber sie verwenden keine Vokale, nur Konsonanten, viele Wörter sind also auch möglich.
All dies machte es für die Schriftgelehrten sehr schwierig. Wenn sie einen einzigen Fehler machten, konnten sie die komplette Geschichte ändern, wenn auch nur aus einfacher Unwissenheit.

S: Oder Angst, ja. Ich bin kein Gelehrter. Ich weiß nichts über die Gründe der Menschen für die Dinge.

Unter Berücksichtigung dieser Informationen werde ich Suddis Versionen der Geschichten aus den Schriftrollen und der Thora darstellen. Es gibt viele Unterschiede zu unserer modernen Bibel. Es muss daran erinnert werden, dass dies das ist, was er von seinen Lehrern gelehrt wurde, also ist es die Wahrheit, wie er sie sah. Aber er war zeitmäßig betrachtet näher dran an den Originalen, also wer weiß? Nehmen wir sie als Denkanstoß.

D: Wir haben ein Buch in unserer Zeit, das einige eurer Lehren enthält, aber es soll von vielen verschiedenen Menschen geschrieben worden sein. Es gibt Namen für die verschiedenen Teile der Bücher. Einer davon heißt Jesaja.
S: Ja, es gibt den Propheten Jesaja. Du sagst „Buch"; es ist kein Buch, es ist Teil der Thora. Es spricht vom Propheten Jesaja. Und es gibt Hesekiel und Deborah und Benjamin und die Geschichte

von Mose und Ruth und viele, viele andere. (Deborah war eine Bibelfigur, die mir nicht vertraut war.) Es ist der Teil über die Richter Israels. Sie war eine von diesen. Sie war eine der Gesetzgeberinnen. Eine Frau über sich zu haben, war für die Israelis eine recht ungewöhnliche Begebenheit. Und viele von ihnen konnten es nicht ertragen, dass sie von einer Frau regiert wurden. Sie war eine sehr weise Person. Ihre Geschichte ist nicht Teil der Thora, sie steht in einigen der Schriftrollen.

In der Bibel wird Deborah bloß im 4. und 5. Kapitel der Richter erwähnt.
Ich fragte, ob er jemals von einem Teil namens Genesis gehört habe, aber er war mit diesem Namen nicht vertraut. Als ich erklärte, dass er von der Entstehung der Welt erzähle, sagte er: „Du meinst die Gründung? Es ist einfach der Anfang." Er erkannte auch den Begriff Exodus nicht, aber sie hatten die Geschichte von Mose, sie war ihnen sehr wichtig. Ich bin mit der Thora, die heute in der jüdischen Religion verwendet wird, nicht vertraut, aber ich fragte ihn, welche Teile in seiner Thora inbegriffen seien.

S: Die Thora, sie besteht aus den Gesetzen und den Prophezeiungen. Und dann beginnt sie im Grunde genommen mit der Zeit Abrahams. Es gibt nur sehr wenig darüber, was vorher geschah. Die Geschichten stehen in den Schriften, aber nicht in der Thora. Es beginnt alles mit dem Zeitpunkt der Schöpfung, geht über zu Abraham und dass er der Führer des Volkes (Israels) ist und von dort aus geht es weiter.
D: Endet es mit den Geschichten von Mose?
S: Nein, es endet mit den Propheten. Einige von ihnen werden in der Thora erwähnt, einige von ihnen nur in den anderen Schriftrollen. Aber es ist die Aufgabe, sie zusammenzubringen. Ich versuche, alles von den Verheißungen in Einklang zu bringen.
D: Wer ist der letzte Prophet in der Thora?
S: Lass mich überlegen. Ich glaube Zacharias. Ich dachte, es wäre einfacher, wenn alle Geschichten in einer Schriftrolle stünden.

Seine Antwort löste in der Zuhörerschaft Gelächter aus.

S: *Wenn sie alle auf einer Schriftrolle stünden, würde das eine sehr große Schriftrolle ergeben. Sie wäre zu groß, um sie zu heben.*

Wir stießen auf seine Fähigkeit, Geschichten zu erzählen, rein zufällig. Es war mir nie in den Sinn gekommen, Suddi um Informationen dieser Art zu bitten. Die folgenden Geschichten waren ursprünglich über die Transkripte verstreut und erschienen über den Zeitraum von drei Monaten nach dem Zufallsprinzip. Ich habe sie in diesem Abschnitt zusammengefasst, um sie, aus dem Zusammenhang genommen, zu lesen. Da es eine bekannte Tatsache ist, dass unsere Bibel im Laufe der Jahre vielen Veränderungen unterworfen war, mag es hier mehr von der Wahrheit geben, als wir zugeben möchten. Man lese sie zumindest mit einem offenen Geist.

SODOM AND GOMORRA

Ich stellte ihm Fragen über das Tote Meer, oder das „Meer des Todes", wie er es nannte. Die Gemeinde Qumran befand sich auf den Klippen am Rande dieses Gewässers. Alles, was ich je davon gehört hatte, war, dass es sehr salzig war und kein Leben aufrechterhalten konnte. Diese Eigentümlichkeit wurde nie wirklich zufriedenstellend erklärt. In diesem Sinne fragte ich, ob das Meer irgendwelche Besonderheiten an sich habe. Ich wurde überrascht von seiner Antwort.

S: *Es hat manchmal den Geruch von Teer, Harz oder Pech, ja. Man sagt, dass es nach Süden hin Pechgruben gebe und dass dies ein Teil davon sei. Auch wächst nichts im Meer des Todes. Es gibt ein paar wenige Pflanzen an den Säumen.*
D: Ist das der Grund, warum ihr es das Meer des Todes nennt?

Das Meer des Todes

S: *Es wird so genannt, weil es an diesen Ufern war, wo Gomorra und Sodomon zerstört wurden. Und es soll uns daran erinnern.*

Ich blickte flüchtig zu Harriet hinüber und sah, dass sie genauso überrascht war wie ich. Das kam sicherlich unerwartet. Wir hatten die Bibelgeschichte gehört, hatten aber keine Ahnung, dass diese beiden berüchtigten Städte mit dem Toten Meer in Verbindung gebracht wurden. Man beachte die Umkehrung der Namen, wie wir sie zu hören gewohnt sind und die unterschiedliche Aussprache von Sodom. Es war offensichtlich, dass nichts davon telepathisch aus unserem Geist kam.

D: Oh? Wir dachten immer, der Name bedeute, dass dort nichts wächst.
S: *(Unterbrach) Das ist der Grund warum hier nichts wächst.*
D: Wie wurden diese Städte zerstört?

Suddi antwortete gleichgültig: „Strahlung". Wieder wurde ich überrascht und fragte, ob er uns die Geschichte des Geschehens erzählen könne.

S: *Es wird erzählt, dass sie in den Augen Jahwes Missfallen erregten, denn sie waren vom Weg der Wahrheit abgekommen. Und als ihnen viele, viele Male die Warnung gegeben wurde, auf den Pfad der Rechtschaffenheit zurückzukehren, dass sie nur lachten. Und es wird berichtet, dass Lot in diesen Städten war und von zwei großen Wesen heimgesucht wurde, die ihm mitteilten, er solle seine Familie nehmen und fortgehen, und sie würden geschützt werden. Und er war verärgert, weil, ich meine, dies war doch immer noch seine Stadt, und obwohl es dennoch schlimm war, waren dies seine Leute. Aber sie sagten ihm, dass sie es nicht wert seien, gerettet zu werden, dass sie noch einmal ganz von vorn beginnen müssen. Also nahm er seine beiden Töchter und seine Frau und sie gingen. Es wird gesagt, dass seine Frau auf die Stadt zurückblickte und sie dabei von dem, was sie sah, als sie mit ihren Augen in das Angesicht der Zerstörung blickte, starb.*

Ich erinnerte mich an die altvertraute Geschichte, wie sie sich in eine Salzsäule verwandelte, aber Suddi sagte, dass es nichts Ungewöhnliches an ihrem Tod gab, außer dass sie zurückblickte und die Zerstörung sah. Ich fragte, ob er eine Erklärung für die Zerstörung habe.

S: Dort, wo diese Städte lagen, gab es Gruben mit Pech und Teer und es wurde eine große Hitze ausgelöst. Die Blitze rasten, sie schlugen vom Himmel. Und als sie darauf trafen, ließen sie die Zerstörung herrschen (oder könnte dieses Wort „Regen" lauten? Ein interessanter Unterschied in der Definition) und sie ließen es ... explodieren. Und die Städte, sie brachen selbst darüber zusammen und versanken, bis nichts mehr von ihnen übrig war.
D: Dann denkst du, dass Jahwe das all dies verursacht hat?
S: Es war seine Entscheidung, ja.

Das war etwas, das zu recherchieren ich nicht aufschieben konnte. Er hatte meine Neugierde geweckt. Ich sah keinen Grund, dass es die Geschichte der Essener gefährden würde, wenn ich nach Informationen über Sodom und Gomorrha suchte. Einige der besten Informationen waren in meiner Enzyklopädie verfügbar. Die Sache, die man im Gedächtnis behalten sollte, ist, dass wir zuvor kein Interesse hatten, es nachzuschlagen, wir hatten nie an eine Verbindung gedacht.

Archäologische und biblische Beweise belegen die Ortung der fünf Städte der Tiefebene (von denen Sodom und Gomorra zwei waren) im Tal von Siddim. Dies war eine einst fruchtbare Ebene am südlichen Talende des Jordanflusses und des Toten Meeres. Die frühen Eindringlinge in diese Gegend fanden heraus, dass das Tal voll von Brunnen aus Asphalt, „Schleimgruben" in den älteren Übersetzungen, war. Alte und moderne Schriftsteller belegen das Vorkommen von Asphalt (Griechisch) und Bitumen (Lateinisch) rund um das Tote Meer, insbesondere um den südlichen Teil herum. In der Antike wurde es das Salzmeer und Asphaltitissee genannt. Im Südwesten erhebt sich ein niedriger Berg, der zum Teil aus reinem, kompaktem, kristallinem Salz besteht, den die modernen Araber Jebel Usdum, den Berg von Sodom nennen.

Jüngere Untersuchungen von Geologen haben das Vorkommen von Erdöl sowie das Versickern von Asphalt offenbart. Sie vermuten auch das Vorhandensein von Uran, meinen aber, dass es zu schwierig sei, es abzubauen. Alte Verfasser schrieben über die üblen Gerüche und den Ruß, die aus dem Meer kamen. Es war so stark, dass es Metalle stumpf werden ließ. Moderne Geologen sagen, dass es sich um Erdgas handle, das den Menschen der Vergangenheit unbekannt gewesen sei. Sie behaupten, dass eine mögliche Erklärung für die Zerstörung von Sodom und Gomorra darin bestehe, dass das Öl und die Gasdämpfe durch Blitze entzündet worden sein könnten, oder dass ein Erdbeben die Herdbrände umstürzte und dadurch eine Explosion verursachte. In der Bibel heißt es, dass Abraham Rauch aus der Ebene aufsteigen sah, der „wie der Rauch eines Brennofens" aufstieg, eine treffende Beschreibung der Verbrennung von Öl und Gas. Sie könnte auch auf eine atomare Explosion passen.

Die Oberfläche des Toten Meeres, die 394 Meter unter dem Meeresspiegel liegt, liegt tiefer als jeder andere bekannte Ort auf der Erde. Das Meer sinkt dann bis zu einer maximalen Tiefe von 399 Metern ab und ist sechsmal salziger als Meerwasser, was es auch zum salzigsten Ort auf Erden macht. Dies ist ein einzigartiges geologisches Phänomen. Kein anderer Teil des Erdballs, der nicht unter Wasser liegt, liegt tiefer als 91 Meter unter dem Meeresspiegel. Absolut nichts kann in dem Wasser leben.

Laut Werner Keller in The Bible As History (im Deutschen: Und die Bibel hat doch recht, *Anm. des Übersetzers) warteten die Untersuchungen in diesem Gebiet mit etwas Seltsamem auf. Obwohl der Meereskörper unglaublich tief ist, ist das Südende untief, nicht mehr als fünfzehn oder achtzehn Meter tief. Wenn die Sonne in die richtige Richtung scheint, sind die Umrisse der Wälder unter Wasser sichtbar. Sie sind durch den hohen Salzgehalt des Wassers erhalten geblieben. Dies ist ein Beweis dafür, dass die Gegend vor der Zerstörung von Sodom und Gomorra eine üppig bewachsene und fruchtbare Ebene war. Es wird angenommen, dass die Städte in diesem Bereich unter das Wasser gesunken sind, und dies würde erklären, warum es dort flacher ist.

Salz liegt in der Luft und alles in der Gegend (einschließlich der Menschen) ist rasch mit einer Salzkruste bedeckt. Dies könnte eine Erklärung für die Geschichte sein, dass Lots Frau sich in Salz verwandelte. Als die Explosion stattfand, muss eine gewaltige Menge Salz vom Salzberg in der Nähe der Städte in die Luft geworfen worden sein.

Ich würde es gerne wagen, meine eigenen Schlussfolgerungen darüber zu ziehen, was dort geschehen ist. Dass die Städte untergingen und das Gebiet für alle Zeiten leblos und trostlos wurde, war meiner Meinung nach durch eine natürliche Atomexplosion geschehen. Könnte dies auch die unglaubliche Tiefe des Meeres erklären? Dies ist aufgrund des Vorkommens von Uran sowie der anderen leichtflüchtigen Chemikalien in der Region möglich. Es ist interessant festzustellen, dass laut dem Schriftsteller Erich von Däniken noch niemals Geigerzählermessungen von Radioaktivität in der Region durchgeführt wurden.

Aber das erklärt nicht die Präsenz der beiden Wesen, die kamen, um Lot und seine Familie zu warnen. Wenn es sich um ein Naturphänomen handelte, woher wussten sie dann im Voraus davon? Es wurde angeregt, dass statt eines die Explosion auslösenden Blitzes diese durch Laserstrahlen aus einem Weltraumfahrzeug gezündet worden sein könnte. Ein offener Geist kann viele andere Möglichkeiten jenseits des Orthodoxen sehen.

Ein neues Gebiet der Erforschung dieser Zeitspanne hatte sich eröffnet. Vielleicht könnte Suddi uns mehr Geschichten erzählen und neue Denkansätze eröffnen.

DANIEL

Als ich nach der Geschichte vom glühenden Ofen fragte, sagte er, er sei damit nicht vertraut. Also fragte ich ihn, ob er eine über jemanden kenne, der in eine Löwengrube geworfen wurde.

S: Du sprichst von Daniel. Seine Geschichte steht in den Schriftrollen. Er war ein weiser Mann und ein Prophet. Die Leute hatten Angst vor seinem Einfluss auf diesen König. Weil er Jude war und nicht so glaubte wie sie, ließen sie ihn den Löwen zum Fraß vorwerfen. Und dann, als er lebend herauskam, waren sie furchtsam, denn sie wussten, dass sein Gott der wahre Gott war. Es heißt, dass der Engel gekommen sei und den Löwen das Maul geschlossen habe. Ich denke eher, dass Daniel zu den Löwen sprach. Das ist möglich. Der Mensch kann mit Tieren kommunizieren. Sind sie nicht auch Gottes Geschöpfe?

DAVID

Suddi erzählte mir einmal, dass er aus dem Hause David stamme, also fragte ich, ob er von einer Geschichte über David gehört habe, die einen Riesen betrifft.

S: Du sprichst von Goliath. Es wird gesagt, dass Goliath das Oberhaupt der Armee war von... Ich glaube, es waren die Philister. Und das Volk von... – lass mich nachdenken, wer war der König? Ich glaube, Saul war der König und sie führten Krieg. Und jeden Tag ging die israelische Armee hinaus und wurde besiegt, und viele Männer starben wegen dieses Führers Goliath. Er ging hinaus und forderte sie alle zum Kampf heraus und gewann.

D: War er wirklich ein Riese?
S: Er war größer, als die meisten Männer. Er war bei den Philistern, aber er selbst war kein Philister. Mit anderen Worten, er kam von woanders her. Und es wird gesagt, dass David beschlossen habe, es mit ihm aufzunehmen und ihn zu töten, und das tat er. Es heißt, dass er seine Steinschleuder benutzt habe. Dass er ein Hirte gewesen sei und viel Tapferkeit dabei gehabt habe, Wölfe zu töten. Es hält die Wölfe und Schakale von den Schafen fern, wenn man

ein guter Schütze ist. So verliert man nicht viele Lämmer. David stand an der Schwelle zum Mannesalter. Ich glaube, er war vierzehn. Es war etwas, von dem ihm gesagt wurde, dass er dazu in der Lage sein würde. Es ist nicht schwierig, jemanden wie ihn zu besiegen, wenn man im Recht ist und der andere im Unrecht. In diesem Fall ist es besser, einen Mann zu töten, um sein Töten zu beenden, als einen Mann so viele töten zu lassen. So steht es geschrieben.

JOSEPH

S: Die Geschichte von Josef stammt nicht aus der Thora. Es wird gesagt, dass er viele Brüder von verschiedenen Müttern hatte. Aber nur einen Bruder von derselben Mutter, der jünger war als er. Vielleicht war er der Jüngste, ich erinnere mich nicht. Es ist lange her, dass ich dies gelesen habe. Man sagt, dass er von seinen Brüdern in die Sklaverei verkauft worden sei, weil seine Brüder eifersüchtig auf die Aufmerksamkeit gewesen sein sollen, die sein Vater ihm schenkte. Denn er war... lass mich kurz nachdenken. Ja, ich erinnere mich, er war das jüngste Kind seiner Mutter und seine Mutter starb bei der Geburt. Und sie wurde als Ehefrau sehr geliebt. Und deshalb war dieser hier, wie sagt man...? wahrscheinlich verwöhnt. Er bekam viele Dinge, was die Brüder für nicht ganz fair fanden. Und deshalb schenkte ihm sein Vater einen Mantel mit Ärmeln und er war...

Moment mal! In unserer Bibelgeschichte gab ihm sein Vater einen Mantel aus vielen Farben. Ich unterbrach: „Ein Mantel mit was?"

S: Ein Mantel mit Ärmeln. Ein Gewand, das Ärmel hat. Normalerweise hat das Gewand keine Ärmel, es ist nur eine offene Robe. Wie auch immer, es war schön und neu und daher waren sie eifersüchtig und entschieden, es ihm wegzunehmen und er sagte: „Nein! Ihr wisst, dass Vater es mir geschenkt hat." Und sie hatten einen Streit darüber und so warfen sie ihn, ich glaube, in einen Brunnen oder ließen ihn in ihn hinunter, ich erinnere mich nicht. Und sie sagten: „Nun, wir können ihn nicht zum Vater zurückkehren lassen. Er wird erzählen, was wir getan haben." Also entschieden sie, ihn zu töten. Sein Bruder, der von derselben

Mutter war, sagte: „Nein, nein, das können wir nicht tun. Er ist unser Bruder. Wisst ihr, wir können das nicht tun." Und so beschloss er, dass sie ihn an Sklavenhändler verkaufen sollten, die nach Ägypten gehen und so würden sie ihn nie wieder sehen. Also verkauften sie ihn.

D: Was erzählten die Brüder dem Vater?

S: Sie brachten den Mantel zurück und sie hatten, glaube ich, das Blut des Lammes auf den Mantel geschmiert und sagten, dass er von einem Löwen angegriffen worden sei und dass er nicht mehr lebe. Dass dies alles an Überresten sei, was sie gefunden haben.

D: Was geschah dann, nachdem die Sklavenhändler ihn verkauft hatten?

S: Als sein Meister herausfindet, was für ein intelligenter Mann er ist, setzt er ihn ein als... schauen wir mal, Buchhalter, glaube ich, (ich nehme an, das ist das Wort. Es wurde seltsam ausgesprochen) und als Verantwortlichen für sein Vermögen. Und seine Frau beschließt, dass sie Joseph will, und er sagt: „Nein, nein, nein." So bringt sie ihn in Schwierigkeiten mit diesem Meister und dieser Meister wirft ihn ins Gefängnis. Und, lass mich kurz nachdenken... Da war ein Berater des Pharao, der in Ungnade gefallen war, der auch da war, der Träume hatte. Und Joseph, der in der Lage war, Träume zu verstehen, sagte ihm, was sie bedeuten. Und als der Berater des Pharao aus dem Gefängnis entlassen wurde, sagte er ihm, er werde sich an ihn erinnern. Und zu gegebener Zeit tat er dies. Und als der Pharao einen Traum hatte, erinnerte er sich an Josef und ließ ihn zum Interpretieren bringen, was er tat. Und damit rettete er Ägypten, denn Ägypten hatte sieben Jahre lang Fülle und sieben Jahre lang Hunger. Und Ägypten war das einzige Land, das vorbereitet war während alle umgebenden Länder hungerten. Also heißt es, dass er (Josephs Vater), als es für seine Familie kein Essen mehr zu essen gab, sie (die Brüder) nach Ägypten sandte. Und Joseph soll herausgefunden haben, dass sie da waren und bezichtigte sie des Diebstahls. Und sagte, dass sie den jüngsten Sohn bei ihm lassen müssen, denjenigen, welcher der Bruder von derselben Mutter war. Und sie konnten Joseph nicht erkennen, weil er sich so stark verändert hatte.

D: Waren viele Jahre vergangen?

S: Ja, und... lass mich nachdenken. Also gingen sie nach Hause und erzählten es ihrem Vater, und er sollte mit ihnen zurückkommen oder etwas in der Art. Ich kann mich nicht erinnern. Wie auch immer, sie trafen sich schließlich und jeder musste zugeben, was geschehen war. Aber Joseph, als der große Mann, der er war, vergab ihnen und so tat es auch ihr Vater. Und so erging es ihnen wohl in Ägypten. So kam die Familie nach Ägypten. Es ist eine sehr lange Erzählung und Teil unserer Geschichte.

ADAM UND EVA

Suddi hatte Adam und Eva schon früher erwähnt, also fragte ich ihn nach jener Geschichte.

S: Die Geschichte der Erschaffung von Mann und Frau, ja. Geschaffen aus dem Lehm der Erde, als sie neu war, wurde Adam. Und als Gott feststellte, dass Adam einsam war und den anderen Teil von sich brauchte, heißt es, dass seine Rippe herausgenommen wurde. Obwohl ich das nicht verstehen kann, der Mann hat sehr viele zur Frau. Aber wie auch immer, seine Rippe wurde herausgenommen und eine Frau daraus gemacht, die seine Seelenverwandte sein sollte, die andere Hälfte von ihm.
D: Ich frage mich, was die Bedeutung einer Rippe sein soll?
S: Die Frau, die die ultimative Gefährtin ist, ist Teil von ihm und Teil eines Ganzen.
D: Glaubst du, das ist nur eine Geschichte oder haben sie dies tatsächlich...
S: (Unterbrach) Ich weiß es nicht. Ich war nicht dort!

Er sagte, der Name des Ortes sei Paradies. Als ich ihn nach dem Garten Eden fragte, hatte er von diesem Namen noch nie gehört.

D: Lebten Adam und Eva für den Rest ihres Lebens im Paradies?
S: Der Legende nach wurden sie verstoßen, weil sie versucht hatten, von Gott das zu nehmen, was Gott für sich behalten wollte, was das Wissen von der Scham war. Sie aßen vom Baum der Erkenntnis, was sehr seltsam war. Warum sollte man sich Erkenntnis wünschen, wenn man die Wahl zwischen Leben und Erkenntnis hatte? Wie viele würden nicht das ewige Leben

wählen? *(Ich verstand es nicht und bat ihn, es zu erklären)* Es gab zwei Bäume. Der eine war der Baum der Erkenntnis und der andere war der Baum des Lebens. Warum sagten sie also, dass sie von der Frucht des Baumes der Erkenntnis aßen? Würden sich nicht die meisten wünschen, ewig zu leben? Das kommt mir sehr merkwürdig vor. Ich wäre lieber ein wenig unweiser. Wenn man für immer lebt, hat man eine viel größere Chance, in dieser Zeitspanne Weisheit zu erlangen.

Seine seltsame Philosophie amüsierte mich, aber es machte Sinn. Ich fragte, wie die Bäume aussahen.

S: Sie waren einzigartig und von riesiger Größe. Ich habe gehört, dass sie aus Granatapfelbäumen geschaffen worden sein sollen, aber das ist wieder so eine Legende.
D: Gab es in deiner Geschichte etwas darüber, dass sie versucht waren, von der Frucht eines Baumes zu essen?
S: Es heißt, dass die Schlange die Frau versucht hat. Und als sie in Versuchung geriet, als sie dem erlag, war es laut Legende Teil dessen, warum Frauen während der Entbindung leiden müssen. Ich glaube das nicht, denn Frauen müssen nicht leiden. Das war etwas, das Männer zu dieser Geschichte hinzugedichtet haben, denke ich. Warum sollte das Zur-Welt-Bringen Leid bringen? Natürlich müssen sie nicht leiden! Es gibt viele Möglichkeiten, ein Kind auf diese Welt zu bringen, ohne der Mutter Schmerzen zu bereiten. Man kann den reinigenden und beruhigenden Atem lernen, und das Nutzen von... den Fokus abziehen von zu viel Aufmerksamkeit darauf, was der Körper tut im Hinblick auf die anhaltenden Bewegungen. Und man kann sich stattdessen auf das konzentrieren, was für einen sehr angenehm und beruhigend ist. Und je ruhiger der Körper ist, desto einfacher ist es für das Kind, geboren zu werden. *(Es klingt sehr ähnlich wie die modernen Lamaze-Methoden.)*
D: Werden die Frauen darin geschult, es selbst zu tun?
S: Es gibt Frauen, denen die Art und Weise, wie dies geht, erklärt wird. Und natürlich sind da noch andere Frauen und normalerweise ist der Partner bei ihnen. Aber ich habe noch nie an einer Entbindung teilgenommen.

D: Du erwähntest die Schlange. Meinst du, es war eine echte Schlange?

S: *Manche sagen, dass es eines der Wesen des Lichts gewesen sei, die gefallen waren. Es gab seinen Geist in die Schlange ein. Es gibt viele Legenden darüber, aber ich glaube nicht daran. Ich glaube, dass der Mensch seinen eigenen Untergang schuf durch die Aneignung von Gier und Lust. Je mehr man hat, desto mehr will man. Und der Mensch schuf seinen eigenen Fall aus dem Paradies, das da war. Es ist einfacher zu sagen, dass die Schlange sie versuchte, als zuzugeben, dass diese Schlange ein niederer Teil von einem selbst ist.*

D: Was geschah, als sie die Frucht aßen?

S: *Man sagt, dass sie aus dem Paradies vertrieben wurden. Und sie erkannten, dass sie keine Kleider hatten, und das brachte die Scham in die Welt. Und seither versuchen sie stets, sich zu bedecken. Scham für den Körper zu empfinden, wenn er doch dein Tempel ist, das ist keine gute Sache. Das ist es, was Gott dir gegeben hat, um dein Leben darin zu verbringen. Du musst ihn gut behandeln, und ihn so behandeln, dass er dir ein Leben lang erhalten bleibt. Und sich für das zu schämen, was eine von Gott gegebene Gabe ist, ist eine große Sünde.*

Dieser Bezug auf den Körper als Tempel klang wie Jesu Äußerungen im Neuen Testament.

D: Aber ihr bedeckt eure Körper.

S: *Aber wir verstecken uns nicht. Wenn wir Kinder sind, gibt es die Freiheit, umherzulaufen, wie am Tag der Geburt. Es ist gesellschaftsfähig. Es ist nicht beschämend, offen zu seinem Körper zu stehen. Man läuft nicht fort und versteckt sich, um sich vor jemandem zu verbergen, der einen ohne Kleidung sehen könnte.*

D: In einigen Gemeinden ist dies sehr verpönt.

S: *Und sie sind in der Regel diejenigen, die die meisten Probleme haben.*

Das erklärt das tägliche gemischte Nacktbaden in Qumran. Es war eine allgemein anerkannte Sache. Er hatte ein Lichtwesen erwähnt, das gefallen war, und ich dachte unmittelbar an die Geschichten über

Luzifer als einen gefallenen Engel. Aber er hatte noch nie von irgendwelchen Geschichten über ihn gehört. Er wusste jedoch vom Erzengel Michael.

S: *Ich weiß von Michael. Es heißt, dass Michael zur Rechten Gottes steht. Er ist eines der Wesen, die nie hierher kamen. Er war immer bei Gott, denn er hat sich nicht fortgewagt. Und deshalb ist er jetzt so vollkommen wie am Tag der Schöpfung. Und er ist wie ein Bote Gottes. Wenn Er zu jemandem sprechen möchte, vielleicht nicht ganz so direkt, wird Gott manchmal Michael oder Gabriel entsenden. (Sehr schnell ausgesprochen.)*
D: Wie spricht er zu euch?
S: *Von Gedanke zu Gedanke. Wie nicht?*
D: Ihr seht ihn nicht wirklich?
S: *Es gibt solche, die das tun. Es gibt solche, die das müssen. Aber es gibt nicht immer bei allen, die ihn hören, auch ein Bedürfnis, zu wissen. Er würde dir oder mir anders erscheinen. Er würde vielleicht als etwas erscheinen, das mit goldenem Licht bekleidet ist, oder vielleicht nur als ein Sonnenstrahl, der offenbart wird, oder vielleicht als ein junger Mann oder sogar ein alter. Es hängt alles davon ab, wie man ihn sieht, wie man sich dieses Bild von ihm zurechtlegt. Es könnten auch andere sein. Es gibt viele, die noch nicht gekommen sind. Es gibt viele, die nicht entschieden haben, dass dies das ist, was sie tun wollen. Sodass sie sich zurücklehnen und zusehen.*

Um auf die Geschichte von Adam und Eva zurückzukommen, sagte ich, ich hätte eine Geschichte gehört, dass es damals Riesen auf der Welt gab.

S: *So wurde es gesagt. Nach den überlieferten Geschichten war Adam genau so, wie Gott entschieden hatte, dass der Mensch endgültig aussehen sollte. Es heißt, dass es viele, viele Menschen gab, die vor ihnen kamen, die nicht vollkommen waren und sich deshalb änderten. Und in den Zeiten davor gab es viele Dinge, die es jetzt nicht gibt. Es ist also durchaus möglich.*
D: Es gibt viele Legenden über seltsame Tiere. Glaubst du, dass die Legenden daher stammen?
S: *So habe ich es gehört. Ist sehr wohl möglich.*

Mehr dazu gibt es in der Geschichte über die Erschaffung der Welt in Kapitel 15.

RUTH

Während einer Sitzung, als ich mit Suddi dem Kind sprach, fragte ich ihn, was seine Lieblingsgeschichte sei. Ich war überrascht, als er sagte: „Ich mag Ruth." Ich hielt das für eine ziemlich seltsame Wahl für ein Kind. Ich kann mir viele Geschichten aus unserer Bibel vorstellen, die für einen Jugendlichen spannender erscheinen würden. Ich fragte ihn, ob er sie erzählen könne, und das Folgende ist an sich schon ein seltsames Phänomen. Für gewöhnlich muss der Hypnotiseur viele Fragen stellen, um die Probanden am Sprechen zu halten. Sie entspannen sich so sehr, dass immer die Möglichkeit besteht, dass sie in einen natürlichen Schlaf abdriften. Ich habe das noch nie erlebt, aber es besteht die Möglichkeit. Katie war ohnehin schon immer gesprächig gewesen, während sie „unter" war. Aber diesmal erzählte Suddi diese Geschichte und das ging siebeneinhalb Minuten ohne Unterbrechungen. Ich stellte keine Fragen und gab keinerlei Ansporn, um die Geschichte am Laufen zu halten. Ich glaube, das ist eine Art Rekord, falls es überhaupt andere gleichgeartete Fälle gibt. Es ist ein weiteres Beispiel dafür, wie eng sich Katie mit der Persönlichkeit aus der Vergangenheit identifizierte.

Suddi erzählte die Geschichte eifrig mit der sprudelnden Begeisterung eines Kindes, das sein Wissen teilen will.

S: *Es wird erzählt, dass Naomi, sie, ihr Mann und ihre beiden Söhne in das Land Moabs (fast in einer Silbe ausgesprochen) gingen, um ihren Lebensunterhalt zu verdienen. Und indem sie so taten, wuchsen diese beiden Söhne zu einem gewissen Alter heran und beschlossen, sich Frauen zu nehmen. Nun steht in den Schriftrollen, dass wir uns keine anderen Ehefrauen nehmen dürfen, als von unserer eigenen Art. Aber sie sprachen mit dem Priester darüber und man sagte ihnen, solange sie (die Frauen) Jahwe als ihren Gott annähmen, würden sie heiraten dürfen. Also wählten sie die beiden Frauen aus, die sie heiraten wollten, und sie waren zufällig Schwestern. Eine davon war Ruth, aber ich kann mich im Moment nicht an den Namen ihrer Schwester erinnern.*

Wie dem auch sei! So geschah es, dass mehrere Jahre vergangen waren und es eine große Krankheit unter den Menschen gab. Und Naomis Mann erkrankte und starb und auch ihre beiden Söhne. Und sie beschloss, zurückzukehren in ihr Land, das Israel war, nahm die wenigen Besitztümer, die sie hatte, mit und kehrte zu ihrem Volk zurück. Dann sagte sie ihren Töchtern, dass sie jung seien, und sie sollten hier bleiben, heiraten und unter ihrem eigenen Volk leben. Und Ruths Schwester willigte ein, wieder ins Haus ihrer Eltern zu gehen. Aber Ruth erzählte ihr, dass sie, als sie das Haus ihrer Eltern verließ, sie nicht mehr länger deren Tochter war und dass Naomi ihre Familie war.

Deshalb, wohin auch immer sie gehen würde, würde auch Ruth gehen. Und Naomi sagte immer wieder: „Nein, nein, nein, das kannst du nicht tun. Es ist seltsam. Unsere Leute sind anders." Und Ruth sagt: „Folge ich Jahwe nicht, wie dein Volk?" Und sie sagt: „Ja". „Und halte ich mich nicht an die Gesetze?" Und sie sagt: "Ja". "Deshalb bin ich eine von euch." Und so entschied sie, dass sie, anstatt allein zu gehen, sie besser zusammen gehen würden, denn es würde eine sehr anstrengende Reise werden. Und sie gingen zusammen. Und sie schafften es nach Hause. Und als sie dort ankamen, betrauerten natürlich alle die Tatsache, dass Naomi keinen Mann hatte und keine Söhne hatte, die den Namen trugen. Sie ging zurück zu ihrem Haus. Sie waren nicht wirklich arm, aber sie hatten nicht sehr viel Geld für Dinge zum Essen oder dergleichen. Und so lebten sie eine Weile lang.

Und Naomi hatte einen Cousin, der Boaz hieß, der ein führender Mann in seiner Gemeinde war. Er war aus dem Hause David und sehr bedeutend und ein sehr rechtschaffener und guter Mensch. Und er besaß viele Felder und Naomi schickte Ruth auf die Felder zum Nachlesen, was erlaubt war. Und sie sagte ihr, dass dies eine gute Sache sei, in dem Wissen, dass dies die Aufmerksamkeit erregen würde. Denn obwohl sie arm waren, ging es darum, das Haus zu beschämen und sich zu zeigen. Dass sie in der gleichen Stadt mit Cousins leben aber zum Nachlesen auf die Felder gehen müssen. Deshalb würde die Aufmerksamkeit auf sie gelenkt werden. Sie hoffte, dass dadurch etwas passieren würde. Oder viele sagen, dass sie vielleicht davon wusste und es deshalb verursachte.

Aber, wie auch immer! Also ging sie hinaus auf die Felder und las auf und die Aufseher versuchten, sie zu entmutigen, aber sie sagte, dass sie nach dem Gesetz das Recht dazu habe. Weil es die Blätter sind, die übrig geblieben sind. Und das kam Boaz zu Ohren und er fand heraus, dass sie seine Cousine war, die mit seinem Cousin verheiratet war. Somit gehörten sie zu einer Familie. Und er, der ihr Problem sah, schickte viele Lebensmittel in ihr Haus, damit sie das nicht tun mussten. Nun gab es noch einen anderen engeren Cousin, der, wenn Ruth heiraten wollte, heiraten würde. Denn es ist das Gesetz, dass der dem kinderlos gestorbenen Mann nächstverwandte dessen Frau nehmen muss, wenn er unverheiratet ist. Und er konnte den Gedanken nicht ertragen, dass sie eine Moabiterin (ausgesprochen Mobitin) war und sich von seiner Familie unterschied. Aber auch er konnte es nicht ertragen, dass Boaz Ruth vielleicht für sich selbst wollte. Deshalb befand er sich in einer Zwickmühle.

Wenn er sagen würde, dass er sie als seine Frau nehmen würde, hätte er jemanden, der verwandt ist, aber nicht von seinem Stamm. Aber wenn er Boaz sie nehmen ließ, wusste er, dass es das war, was Boaz wollte. So konnte er sich nicht entscheiden. Und so stellte er ihn vor die Herausforderung. Die Herausforderung vor dem Richter. Dass er sie entweder als seine Frau akzeptieren oder ihm seine Sandale geben muss. Was heißt, dass die Vereinbarung getroffen wurde und sie beschlossen haben, dass dies durchgeführt wird. Damit es legal wird, wird die Sandale überreicht. Und deshalb war er beschämt, diese Sache vor den Leuten zu tun.

Denn er würde nicht... es gab keine Möglichkeit, nicht einmal, um Boaz zu ärgern, dass er eine Frau nehmen würde, derentwegen so viel Aufhebens gemacht wurde. Und sie war fremd und anders und solche Dinge. So lebten und wuchsen sie also zusammen. Aus der Begegnung von Ruth und Boaz entstand das Haus David. Sie sind sehr bedeutend. Sie sind meine Leute, ihr Haus. Und, ihr Sohn war... lass mich nachdenken. Es war... David war ihr Enkel, ihres Sohnes Sohn. Und von dort an geht es weiter.

Das waren die gesamten siebeneinhalb Minuten, die ohne Unterbrechung gesprochen wurden.

D: Warum ist das deine Lieblingsgeschichte?
S: *Sie bilden die Geschichte meiner Familie. Und das war der Anfang unseres Hauses.*
D: War Ruth mit der Entscheidung glücklich, oder steht etwas in den Schriftrollen?
S: *Ja, sie war glücklich, weil es heißt, dass als Teil davon, sie hinausging und sich Boaz gegenüber kundtat, damit er wusste, dass dies ihre Wahl war. Das ist auch Teil von alldem. Und zusammen brachen sie das Brot und es wurde beschlossen. Und dann gingen sie durch die Öffentlichkeit und hoben die Rechte auf.*
D: Nun, wenn sie nicht mit Naomi zurückgekommen wäre, hätte sie ihn nie getroffen.
S: *Sie hätte. Es wäre so oder so geschehen.*
D: Sind solche Dinge vorherbestimmt, dass die Leute zusammenkommen?
S: *Wenn Schulden zu begleichen sind, ob gut oder schlecht, müssen sie bezahlt werden. Und deshalb geschehen diese Dinge. Und wir müssen von ihnen lernen. Und lernen, sie nicht herauszufordern, denn das verursacht viel Kummer und viel Schmerz. Wenn man nur das Beste aus den Situationen machen und aus ihnen lernen würde, gäbe es unglaublich viel Gutes zu gewinnen.*
D: Einfach nicht dagegen ankämpfen und sich fügen.
S: *Ja.*

CHAPTER 15

Mose und Hesekiel

MOSE

Die Geschichte von Mose war Suddi wohlbekannt und wichtig, da er ein Meister und ein Lehrer der Thora war, die die Gesetze Mose's enthielt. Ich erhielt viele Teile dieser Geschichte über drei verschiedene Sitzungen. Ich habe sie zusammengefasst und sie passen sehr gut zusammen. Sie enthalten mehr seltsame Unterschiede als jede andere biblische Geschichte, die ich von Suddi erhalten habe, anders und doch recht plausibel.

Schon von Anfang an war dies nicht wie unsere biblische Version. Wir wurden von der Sonntagsschule die Geschichte gelehrt, dass das Baby Mose von einer Hebräerin geboren und im Korb in den Binsen versteckt wurde, bis die Tochter des Pharao ihn fand und ihn als ihr eigenes Kind im Palast aufzog. Das Folgende ist die Geschichte, wie Suddi sie erzählte.

S: *Seine Mutter war Prinzessin in Ägypten..*
D: Wir haben die Geschichte gehört, dass er von einer Hebräerin geboren wurde.
S: *Nein! Er wurde von einem hebräischen Vater geboren. (Seine Stimme zeigte Verärgerung) Dies war die Geschichte, die in späteren Jahren verbreitet wurde, um sie vor einem hebräischen Kind und einem hebräischen Vater zu schützen. Mose war der Sohn der Tochter des Pharao.*
D: Weshalb war dies etwas, das sie vertuschen mussten?

S: *Weil zu dieser Zeit die Hebräer alle Sklaven in Ägypten waren. Obwohl Mose von adliger Abstammung war, hieß es, er gehöre zum Hause Josef (ausgesprochen: Yoseph), nochmals, er stammte von einem hebräischen Sklaven in Ägypten ab. Ich denke, die Geschichte war zu ihrem Schutz, dass man sagte, dass das Kind gefunden worden sei. Es wurde erzählt, dass er in einem Boot voller Binsen am Fluss gefunden wurde. Das ist nicht die Wahrheit.*

D: Er wurde im Haus des Pharao aufgezogen? Ist später irgendetwas etwas passiert, das ihn veranlasste, fortzugehen?

Gemäß der biblischen Geschichte wurde er, nachdem er erwachsen war, versehentlich zu einem Mörder. Als der Pharao dies entdeckte, wollte er Mose töten, aber Mose floh in die Wildnis, um seinem Zorn zu entkommen. Abermals unterschied sich Suddis Version.

S: *Er wurde nicht gezwungen, zu gehen. Er entdeckte, dass sein Vater ein Sklave war. Und da sein Vater ein Sklave war, war er ebenfalls ein Sklave. Und er sagte, dass er unter seinem Volk leben wolle. Es war Teil der Ausbildung, ihn zum Guten zu wenden, damit er dem standhalten konnte, was ihm bevorstand.*

D: Unsere Geschichten scheinen ein wenig anders zu lauten. Wir haben gehört, dass er in die Wildnis hinausgegangen ist.

S: *Er wurde in die Wüste geschickt, weil er es gewagt hatte, Prinzessin Neferteri zu lieben, die die Frau des Pharao werden sollte. Dafür wurde er in die Wildnis geschickt. Das war, nachdem er sich entschieden hatte, ein Sklave zu werden. Wenn er noch Prinz Mose gewesen wäre, wäre er nicht in die Wüste geschickt worden. Ramses wusste, dass Neferteri Mose liebte und war eifersüchtig. Deshalb entschied er, dass, ihn in die Wüste zu schicken, gleichbedeutend war damit, ihn zu töten. Deshalb glaubte er, dass er Mose beseitigt hatte. Er wusste nicht, dass die Hand Jahwes über ihn wachte.*

D: Wie erfuhr er von seinem Schicksal, wenn er in der Wildnis war? (Ich dachte an unsere Geschichte, wie Gott aus dem brennenden Busch zu ihm sprach.)

S: *Ich weiß es nicht! Ich war nicht da! Ich habe gehört, dass er von Engeln heimgesucht wurde. Ich habe gehört, dass er sich gerade seinem inneren Wesen geöffnet hatte. Es gibt viele Geschichten. Ich glaube, vieles davon hatte zu tun mit... er konnte es einfach nicht ertragen. Er war frei und glücklich, aber seine Leute waren Sklaven in Ägypten.*

D: Unsere Geschichte berichtet etwas über einen brennenden Busch

S: *Ich habe von dieser einen Geschichte gehört, die besagt, dass Gott ihn als brennenden Busch aufgesucht habe. (Seufzer) Es klingt für mich etwas seltsam. Warum sollte Gott eines seiner eigenen Gebüsche verbrennen, um die Aufmerksamkeit eines einfachen Sterblichen zu erregen? Würde er nicht einfach sagen: „Ich bin Jahwe, wirst du auf mich hören?" Ich glaube, dass Er zu Moses Seele sprach und Mose zuhörte. Einigen Leuten fällt es sehr schwer zu glauben, dass jemand Gott im Inneren hören kann. Sie müssen einen äußeren Ausdruck haben, um sagen zu können: „Ja, Gott hat zu mir gesprochen." Um Gott zu hören, muss man einfach das Herz öffnen und Er ist da, in jedem Atemzug und in jedem Moment. Man muss nur zuhören.*

Natürlich scheint dies für die meisten Menschen zu einfach zu akzeptieren. Ich fragte, ob er die Geschichte des Roten Meeres kenne und ob es die gleiche sei wie die Geschichte, die wir gewohnt sind.

S: *Wer weiß? Meinst du damit, als sie das Rote Meer überquert haben? Es wurde in manchen Erzählungen gesagt, dass das Meer geteilt wurde, aber das war nicht wahr. Die Wahrheit war, dass sie es einfach überquert haben. Sie hatten die Fähigkeit, zu... wie sagt man? Dass durch die Gedanken und Anstrengungen aller, dass die Energie sie einfach anhob. So wird gesagt, dass nicht einmal ihre Füße nass geworden waren.*

D: Meinst du, dass sie auf der Wasseroberfläche gelaufen sind oder über dem Wasser schwebten?

S: *Ja, man könnte sagen, dass sich das Wasser teilte, so dass sie, als sie einen Schritt machten, das Wasser nicht berührten. (Er wurde frustriert über seine Unfähigkeit, dies zufriedenstellend zu erklären.) Die Energie so zu benutzen, dass man auf dem Wasser gehen kann, oder wie auch immer man das sagen will, liegt in der Natur. Es ist nicht gegen die Natur. Man verstärkt nur, setzt Energie ein, sodass die Oberfläche fest ist. Verstehst du? Ein Meer zu teilen, ist völlig gegen die Natur. Wenn man etwas mit* den Gesetzen der Energie macht, muss man immer mit der Natur gehen. Dagegensteuern bedeutet, etwas anderes zu zerstören und großes Leid und großen Schaden anzurichten. Wir werden in der Gemeinschaft gelehrt, Energie auf diese Weise zu nutzen. Im Glauben ist alles möglich. Man muss glauben.

D: Aber es gab viele, viele Menschen, die das Meer überquerten. Denkst du, sie alle haben geglaubt?

S: Nein. Aber ausreichend viele von ihnen glaubten, sodass sie dies schafften und die anderen folgten nach. Aber das Volk des Pharao hatte nicht den Glauben oder die Fähigkeit, dies zu tun, und als sie einen Schritt machten, gingen sie deshalb einfach... rauschend unter.

Obwohl ich nicht verstand, was daran für ihn so offensichtlich und einfach war, ging ich zu einem anderen Mysterium über, das mit Mose verbunden war: Die Bundeslade.

S: Es ist die Lade von Moses Bund mit Gott, ja. Es ist.... wie soll ich das sagen? Ein Kanal, auf dem man mit Jahwe kommunizieren kann. Sie ist Bestandteil der Kommunikation. Sie ist auch Bestandteil eines Energieaustausches. Es wird gesagt, dass sie alle Geheimnisse der Welt und des Universums enthalte.

D: Es wurde gesagt, dass sie die Zehn Gebote enthalte.

S: Die Bücher sind vorhanden, ja, aber sie ist, wie gesagt, ein Kanal zu Jahwe. Sie ist Teil von etwas, das in einer anderen Zeit einmal viel größer war. Und es wurde uns gewährt, einige der Geheimnisse zu bewahren. Auf diese Weise kann man die Geheimnisse aller Dinge lernen. Die Levi bewahren die Geheimnisse der Lade. Sie sind die Söhne Aarons.

D: Wo ist die Arche jetzt? Existiert sie sie noch?

S: Sie wird beschützt. Sie (die Levi) haben die Geheimnisse unter sich bewahrt. Man sagt, dass sie in der Zeit von Babylon und später mehrmals von Königen und Kaisern erbeutet wurde, die die Macht nach ihrem Willen beugen wollten. Und dabei fielen ihre Königreiche. Und die Arche wurde abermals viele Male versteckt. Und sie verschwand erneut im Verborgenen. Das war ein Geschenk. Das Wissen wurde Mose und Aaron gegeben, um dies zu erbauen. Und dann erkannte Jahwe im Grunde genommen, *dass der Mensch nicht bereit dafür war. Und deshalb muss der Mensch vor ihr geschützt werden. Die Energie war zu stark.*

D: Kann die Lade zerstört werden?

S: *Nein, niemals. Nur durch eine Handlung oder einen Willen Gottes kann sie zerstört werden. Sie wird von den Levi geschützt.*

D: Ich hörte stets, dass die Lade gefährlich sei.

S: *Für diejenigen, die keine reinen Herzen und rechten Absichten haben, ja. Es würde sie umbringen. Ihr Energieniveau ist so groß, dass es dazu führen könnte, dass das Herz stoppt oder der Geist aufhört zu funktionieren. Dazu, dass man den Körper nicht mehr länger bewohnt.*

D: Ist das der Grund, weshalb Jahwe der Meinung war, dass der Mensch nicht bereit dafür ei?

S: *Weil der Mensch über Jahre hinweg versuchte, sie nach seinem Willen zu beugen, damit sie das tue, was er will. Es wird gesagt, dass derjenige, der sie hätte, die Welt regieren würde. Deshalb bleibt sie im Verborgenen.*

D: Wird der Mensch jemals für etwas Derartiges bereit sein?

S: *Wer bin ich, dass ich das beurteilen könnte? Man kann es nur hoffen. Es wird gesagt, dass viele Menschen durch sie getötet worden seien. Einst befand sie sich im inneren Heiligtum des Tempels von Salomo. Aber die ihr innewohnende Kraft zerstörte fast das innere Heiligtum und sie wurde auch davor versteckt.*

D: Glaubst du, dass die Bundeslade etwas mit ihrer Fähigkeit zu tun hatte, das Rote Meer zu überqueren?

S: *Die Lade gab es nicht. Sie wurde erst... in den vierzig Jahren des Wanderns gemacht. Sie wurde später gemacht, um die Tafeln und die Papyri mit den Gesetzen zu speichern. Mose fertigte das Äußere, die Kaloo brachten die Energiequelle mit, um sie hineinzustecken.*

D: Die Menschen haben die Geschichten so sehr verändert. Unsere Geschichten sind nicht die gleichen wie deine.

S: *Es heißt, dass jedes Mal, wenn ein Mann eine Geschichte erzählt, sie ein wenig ausgeschmückt wird, ja.*

Unseren biblischen Versionen zufolge wurden die Hebräer, nachdem sie das Rote Meer überquert hatten, bei Tag von einer Rauchwolke und bei Nacht von einer Feuerwolke geführt. Suddi hatte diese Geschichte noch nie gehört.

S: Es wird gesagt, dass Mose auf seinem Stab einen großen Kristall gehabt habe, der leuchtete. Und dieser soll die Richtung vorgegeben haben.

Das war eine weitere Überraschung. Seiner Geschichte nach soll der Kristall geleuchtet haben, wenn sie in die richtige Richtung gingen, und wenn sie vom Weg abkamen, soll er sich verdunkelt haben.

S: Es wird erzählt, dass während eines Teils der Reise, als sie schon so lange umherwanderten, die Wanderung dadurch verursacht wurde, dass Mose den Glauben verloren hatte und begann, in die Richtung zu gehen, die das Volk wünschte, anstatt in die Richtung, in die er geführt wurde. Es war, weil er Zweifel hatte. Weil er den starken Glauben verloren hatte, der es ihm ermöglichte, das zu tun, was getan worden war. Und die Abweichler sagten: „Nein, nein, du führst uns falsch. Du wirst tun, was wir wollen. Wir werden hier entlanggehen." Und dies war das Mal, als sie vom Weg abkamen. Dann heißt es, dass er es nicht mehr ertragen konnte, dass er wusste, dass sie verloren waren, und sein Volk starb und litt. Und er betete zu Jahwe, dass er ihm wieder folgen würde, wenn Er nur das Volk rettete. Und es heißt, dass Er ihn wieder führte.

Es gibt auch die Geschichte von den Menschen, die auf wundersame Weise Nahrung und Wasser fanden, um sich zu versorgen, während sie in der Wildnis wanderten.

S: Es heißt, dass das Manna auf den Bäumen wuchs. Sie sagten, es sei wie Brot, was Manna ist, deshalb wurde es so genannt. Es gibt Sträucher in der Wildnis, die die Samen tragen. Wenn sie aufbrechen, haben sie etwas, das... wie soll ich das erklären? Es ist sehr gut es zu essen, es erhält das Leben aufrecht. Es wird gesagt, dass sie davon lebten. Ich habe die Büsche noch nie gesehen, also weiß ich es nicht. Und wo diese Büsche standen, konnten sie mit dem Stab auf den Boden schlagen, und Wasser kam, sodass sie zu trinken hatten.

D: Hatte Moses Stab irgendwelche besonderen Eigenschaften? Er wurde benutzt, um viele Wunder zu vollbringen.

S: *Mose hatte seinen Stab gefunden. Es heißt, dass er in der Lage gewesen sei, Wasser und Dinge zu finden, aber jeder Stab tut das, wenn er richtig eingesetzt wird. Es wird gesagt, dass der Kristall etwas gewesen sei, das vererbt wurde, viele Generationen lang. Abraham brachte ihn mit sich, und er wurde weitergegeben und weitergegeben. Und Joseph nahm ihn mit nach Ägypten, ins Land des Pharao. Und danach begann die Gefangenschaft. Er wurde dann vom Vater an den Sohn weitergegeben. Man sagt, dass sein Vater, der Hebräer war, ihm den Kristall gegeben habe, als er ein Mann wurde. Es wird gesagt, dass er ihn eine Zeit lang um den Hals getragen habe. Es ist etwas, das Jahwe gehörte, deshalb wurde es geschützt.*

D: Glaubst du, Moses wusste, wie mächtig er war?

S: *Ich bin nicht Mose, kann ich nicht sagen. (Wir lachten) Es heißt, dass, als Josef zum ersten Mal nach Ägypten kam, die Hebräer sehr anerkannt waren. Und dann wurden sie so viele, dass viele Ägypter eifersüchtig wurden. Und viele von ihnen wurden in die Knechtschaft gezwungen. Und von ihnen stammten die Leute, die das das Meer überquerten und Mose folgten. Es waren sie, ihre Nachfahren, diese Nachkommen des Volks Josefs.*

D: Wie brachte Mose den Pharao dazu, das Volk gehen zu lassen?

S: *Der Pharao war sein Bruder. Sie wurden zusammen aufgezogen. Er konnte ihn durch verschiedene Methoden und, wie einige sagen, durch Hexerei überzeugen. Er brachte die Plagen über sie.*

Ich hatte seit meiner Kindheit von den Plagen Ägyptens gehört und fand sie immer faszinierend. Sie sind in Exodus 7-12 zu finden. Vielleicht war dies eine Gelegenheit, ihre Bedeutung aus der Sicht von Suddi zu erforschen. Es werden zehn in der Bibel erwähnt:

1. Das Flusswasser verwandelt sich in Blut;
2. Frösche;
3. Läuse;
4. Fliegen;
5. Rotlauf, was eine Tierplage oder -krankheit ist.
6. Furunkel;
7. Hagel vermischt mit Feuer;

8. Heuschrecken;
9. Dunkelheit;
10. Tod des Erstgeborenen (was zur Gründung des Passahfestes führte).

D: Waren die Plagen real?

S: *Ja, aber vieles davon war... Mose war ein sehr intelligenter Mann. Die letzten Plagen, waren die, als sich der Himmel verdunkelte und das Wasser rot wurde. Es wird gesagt, dass er, als sich der Himmel verdunkelte, wusste, dass er flussaufwärts... er wurde darauf aufmerksam gemacht, dass der Vulkan ausgebrochen war. (Er hatte Schwierigkeiten mit diesem Wort.) Und die Angst vor dem sich rot färbenden Wasser? Er wusste, dass dies in ein paar Tagen geschehen würde, denn stromaufwärts war der Boden in diese Farbe getaucht. Und wenn dies in den Fluss geraten würde, würde das Wasser rot werden. Es wurde ihm mitgeteilt. Da waren angeblich die Heuschrecken und so. Ich weiß nicht, ob alle Plagen eingetreten waren. Ich weiß, dass einige von ihnen einfach darüber informiert wurden, dass bestimmte Dinge geschehen.*

D: Ein sehr kluger Mann. Dann denkst du, dass vieles davon nicht wirklich dem Zorn Jahwes zuzuschreiben war?

S: *Bis auf das Letzte, nein. In jenem lag der Beginn des Passahfestes. Das war es, ja. Dies geschah, da Jahwe versprach, dass ein Todesengel gesandt würde. Das klingt nicht nach dem Gott, den ich kenne, derart rachsüchtig zu sein. Aber es klingt auch nicht nach dem Gott, den ich kenne, alle Menschen auf Erden zu töten, wie Er es tat, als Er mit Noah sprach und ihm sagte, er solle die große Arche bauen. Das klingt nicht nach meinem Gott, aber das sind die Dinge, die uns erzählt wurden. Es wird gesagt, dass es die Plage der Furunkel gegeben habe. Es wird gesagt, dass dies Teil des Todes sei, der mit den Ratten gebracht wird. Ich denke, dass die Bemalung der Türeingänge viel mehr mit der Tatsache zu tun hat, dass die Israeliten gesund erhalten und nicht wie die Ägypter umgebracht wurden. Ich denke, dass sie sich selbst für... immun hielten.*

D: Ja, die Geschichte besagt, dass sie die Türeingänge strichen und dass dies bewirkt habe, dass der Todesengel vorbeiging.

S: *Das ist es, was gesagt wird. Ich habe auch gehört, dass sie verschiedene Kräuter im Haus verteilt aufgehängt haben sollen.*

D: Dann denkst du, dass es eine Krankheit gewesen sei, die von Ratten übertragen wurde, und die Geschwüre seien eines der Symptome gewesen?

S: Ja, das ist es, was mir erzählt wurde. Das ist es, was unsere Lehrer denken, nämlich dass dies eine sehr plausible Möglichkeit ist.

D: Es sollte nur die Erstgeborenen treffen.

S: Nein, es war nicht nur der Erstgeborene. Es traf den Erstgeborenen und das halbe Volk von Ägypten. Es wird gesagt, dass Mose, als er dem Pharao davon berichtete, sagte, dass es seinen Erstgeborenen treffen werde. Es hieß nicht, dass Er die Erstgeborenen von allen erschlagen würde. Es hieß nur, dass es das war, was er gesehen hatte und dass dies geschehen werde. Er hat es nicht verwünscht, er hat es nur vorausgesagt.

D: Unsere Geschichte lautet, dass Jahwe es tat, um den Pharao dazu zu bringen, die Menschen freizulassen.

S: Ich denke, es hatte genauso viel mit Jahwe zu tun, wie mit dem Menschen. Aber Mose, mit ein wenig Vorherwissen kann ein Mensch viel bewirken.

D: Du sagtest, er benutzte auch Zauberkraft?

S: So würden es einige Leute nennen, ja. Die Fähigkeit, zu sehen, was passieren wird, bevor es passiert ist.

D: Du sagtest uns bereits, dass es Meister in der Gemeinschaft gibt, die diese Fähigkeit haben. Könnte Mose ein Meister gewesen sein, der darin ausgebildet wurde?

S: Das ist durchaus möglich. Man sagt, dass sein Vater ein Priester des Glaubens gewesen sei und seine Mutter natürlich die Prinzessin von Ägypten. Er wurde nicht nur von den hebräischen Priestern, sondern auch von den Priestern Ägyptens belehrt. Er war halb Ägypter, warum sollte er ihn nicht in dieser Methode unterrichtet werden?

Es ist erstaunlich, was passieren kann, wenn man einem offenen Geist eine originelle Idee vorstellt. Ich war plötzlich in der Lage, Dinge, die ich mein ganzes Leben lang für selbstverständlich gehalten hatte, in einem neuen Licht zu betrachten. Die Idee war radikal, aber könnte es möglich sein, die Plagen Ägyptens auf diese Weise zu erklären? Suddi sagte, dass der Fluss rot wurde von den flussaufwärts bestehenden Störungen. Die Bibel sagt, dass das Wasser stank und die Menschen nicht davon trinken konnten. Könnte das dann dadurch verursacht worden sein, dass der Vulkan Schwefel in den Fluss spie? Jeder Landbewohner kann einem erklären, dass diese natürliche Chemikalie Quellwasser untrinkbar macht. Und Schwefelwasser kann durchaus stinken.

Die Frösche verließen den Fluss und schwärmten über das Land. Das könnte auch durch die stattfindenden Veränderungen verursacht worden sein. Tiere sind sehr empfindsam gegenüber der Natur. Als alle Frösche gestorben waren, häuften die Ägypter sie zu stinkenden Haufen auf. So hätte die Plage der Fliegen auf natürliche Weise durch ihre Anziehung zu den toten Fröschen auftreten können. Er sagte, die Dunkelheit sei das Ergebnis des Vulkans gewesen, und das könnte auch den mit Feuer vermischten Hagel erklären. Es ist schon lange bekannt, dass dieses Phänomen bei Vulkanausbrüchen auftritt.

Suddi sagte, dass die Pest, die zum Tod der Menschen führte und das Passahfest einleitete, eine Krankheit gewesen sei, die von den Ratten verursacht wurde. Dies würde die Plage der Läuse erklären, denn es ist bekannt, dass Flöhe die Keime der Schwarzen Pest tragen. Die Krankheit der Tiere und die Furunkel als mensdchliche Symptome könnten alle zusammenhängen. Die Heuschreckenplage könnte ein natürliches Ereignis oder die Folge des die Atmosphäre störenden Vulkans gewesen sein. Es ist seltsam, wie alles zueinander passt und es muss zumindest als möglich berücksichtigt werden, doch kam es uns nie in den Sinn, bis Suddi die Idee einbrachte.

Die Hebräer waren Sklaven und ihr Gelände war vom Rest der Ägypter getrennt. Indem sie in ihren Häusern blieben, bis der Todesengel vorbei war, befolgten sie eine selbst auferlegte Quarantäne. Sie wurden von den krankheitsübertragenden Ratten und den Infizierten ferngehalten. Dies ist eine interessante Idee, die für alle Arten von Ausführung offen sein könnte.

D: Wann hat Mose zum ersten Mal die Gebote erhalten? War es nach der Wanderung in der Wildnis?
S: Ja, er hatte zum ersten Mal die Stimme Jahwes gehört und er wurde zum Berg Sinai geführt. Und er ging auf den Berg und es heißt, dass er dort mit Gott gesprochen und er diese Gesetze von Ihm erhalten habe.
D: Glaubst du, er sprach wirklich mit Gott?

S: *Ja, es heißt, dass er, als er vom Berg herunterkam, ein anderer Mensch war als der, der zur Spitze ging. Ich denke, er war ein sehr anderer Mensch. Er war geöffnet für das Wissen und mehr.*

D: In welcher Form gab ihm Gott die Gebote?

S: *Ich bin mir nicht sicher. Sie waren niedergeschrieben. Einige sagen, dass sie mit dem Finger Gottes geschrieben worden seien. Ich denke, es ist eher so, wie wenn einige unserer Leute die Schriftrollen schreiben. Es kommt durch sie heraus. Wenn sie auf die Schriftrollen schreiben, kommt es einfach ohne Nachdenken. Ich denke, es geschah auf diese Weise. Sie wurden in Tontafeln geschnitzt. (Wie sie in Qumran von den Studenten zum Üben des Schreibens verwendet wurden.) Er kam mit den Gesetzen Gottes vom Berg und es heißt, dass er geglänzt habe, dass sogar die Luft um ihn herum geschimmert habe. Und als er herunterkam, hatten sie die goldene Statue für Baal und Durue (phonetisch) gemacht und dabei die meisten der Gebote bereits gebrochen. Es wird gesagt, dass er in seinem Zorn auf sie die Tafeln zerschmettert habe und dann gegangen sei und sie nochmals habe schreiben müssen. Nachdem er von Gott und seiner Herrlichkeit berührt wurde, konnte er es nicht ertragen, dass die Menschen so niederträchtig waren. Er konnte das nicht verstehen und spürte, dass sie nicht ein Wort von Gott verdienten. Mose soll für sein Temperament bekannt gewesen sein, also war es wahrscheinlich wahr.*

D: Warum machte das Volk die goldene Statue für Baal?

S: *Nach vierzig Jahren des Wanderns in der Wildnis und dann plötzlich hatten sie Zeit zum Sitzen und Tun, was immer sie wollten, da wurden sie ein wenig verrückt. Das Volk hatte Aaron. Aber Aaron war nicht so stark im Willen wie sein Bruder und war biegsamer.*

D: War Moses lange Zeit auf dem Berg?

S: *Ich erinnere mich nicht. Ich denke, ein Jahr, ich bin mir nicht wirklich sicher.*

Die Bibel sagt, dass Mose so erzürnt über die Taten des Volkes war, dass er nicht nur die Tafeln zerschmetterte, sondern in einem Wutausbruch die Ursache für das Töten Tausender Leute seines eigenen Volkes setzte. Suddi stimmt dem nicht zu. Er sagt, dass Moses' Wut aufgezehrt war, nachdem er die Tafeln zerstörte.

S: *Er hatte keine Autorität über sie. Sie waren selbstbestimmt. Er schrieb erneut die Tafeln. Ich weiß nicht, ob er zurück auf den Berg ging, um sie zu bekommen. Aber diesmal waren die Leute wesentlich kontrollierter. Und sie fanden später das Land, das ihnen verheißen worden war. Es wird gesagt, Mose habe nicht in das Land kommen dürfen, sondern sei vorher gestorben. Das lag an seinen Zweifeln und weil er den Wünschen der anderen folgte. Als es Zweifel gab und er aufhörte, der Führung (dem Kristall) zu folgen, die Jahwe ihm gegeben hatte. Es zeigte sich, dass er noch nicht bereit war, dass er mehr Zeit brauchte. Es war eine neue Generation, die hereinkam. Es waren nicht die, die durch die Wüste wanderten. Ich glaube, Aaron war der Einzige von den Ürsprünglichen, der hineinging. Es gibt viele Geschichten über Mose, er war sehr weise.*

HESEKIEL

Es wurde viel über Hesekiel und seine seltsame Vision geschrieben, also dachte ich, dies sei eine gute Bibelgeschichte, um Suddi darüber zu befragen. Ich habe jedoch das Gefühl, dass ihn die Geschichten von Hesekiel und Elija verwirrt haben könnten, entweder weil sie ähnlich sind, oder weil die Originale ähnlicher waren als unsere Versionen.

S: *Hesekiel. Es ist der Name eines der Propheten. Seine Geschichte steht in einigen der Schriftrollen. Hesekiel war ein Prophet und ein weiser Mann und einer der Lehrer. Er war eigenartig, er lebte die meiste Zeit seines Lebens allein und hatte nur wenige Schüler. Und es wird erzählt, dass ihm später in seinem Leben gesagt wurde, dass er nicht sterben werde, weil er direkt zu Gott gebracht werde. Für mich klingt das nach Eitelkeit. Obwohl gesagt wird, dass er von einigen der anderen heimgesucht und weggebracht worden sei, glaube ich nicht, dass diese Wesen Gottes sind.*

Ich verstand nicht, was er mit den „anderen" meinte.

S: *Es gibt andere, die uns ähnlich, aber nicht gleich sind. Von diesen wurde er heimgesucht. Sie sind nicht von der Erde, sie kommen von woanders, obwohl uns nicht gesagt wird, von wo. Uns wird nur gesagt, dass, so weit die Erinnerung zurückreicht, es Besucher gegeben habe. Und manche Leute sind gesegneter, auserwählter, was auch immer. Ich bin mir nicht sicher, welches die Qualifikationen sind. Aber einige werden heimgesucht und andere, wie gesagt, weggebracht. Aber einige bleiben hier, um über die Erfahrung zu sprechen. Es wird gesagt, dass seine Anhänger von seinem Weggang sprachen in einem... Ich glaube, sie benutzten den Begriff „Feuerwagen". Es mag für sie wie ein Wagen ausgesehen haben, aber es war mehr wie eine der Flugmaschinen aus alten Zeiten, denn wie ein Wagen. Es mag vielleicht Feuer gespuckt haben, ich weiß nicht. Es gab verschiedene Typen.*

Vielleicht waren die Schriftsteller, die spekuliert haben, dass Hesekiels Vision die eines UFOs war, doch nicht sehr weit von der Wahrheit entfernt!

S: *Und er ging. Ob er sich entschied, mit ihnen zu gehen, oder ob sie einfach beschlossen, dass sie ihn wollten, weiß ich nicht. Es wird gesagt, dass man nie wieder von ihm gehört habe. Ich kann es nicht wissen. Ich bin nicht wirklich mit dieser Schriftrolle vertraut, sie ist keine über die Gesetze. Ich habe davon gehört und es gelesen, als ich noch ein Kind war.*

Ich war neugierig, was er mit den alten Flugmaschinen meinte.

S: *Vor sehr langer Zeit wurden Maschinen gebaut, die wie die Vögel durch die Luft gingen. Das Wissen darüber wurde erlernt und sie nutzten es. Zum größten Teil ist es jetzt verloren gegangen, soweit ich weiß. Es gibt noch einige der Leute, die Meister, die das Wissen haben, aber es wird nicht genutzt. Das Wissen wird in der Bibliothek aufbewahrt. Es ist Teil der Lehren über die Geheimnisse. Es ist einfach besser, dies nicht zu verwenden.*
D: Weißt du, wie diese Maschinen angetrieben wurden?
S: *Nein, ich weiß es nicht. Sie benutzten etwas für einen zentralen Fokus. Abgesehen davon, ich... wie gesagt, das ist nicht mein Studienfach. Ich weiß nur ein wenig aus den Gesprächen mit anderen. Man sagt, dass in den Anfangszeiten die Babylonier das*

Wissen hatten. Ich weiß nicht, wie wahr das war. Die Leute, die uns das Wissen weitergaben, waren die Kaloo. Es war, bevor die Rede zu anderen unterbrochen wurde, dass die Kaloo die Fähigkeit dazu hatten. Sie hatten viele großartige Dinge, aber die Fähigkeit, sie zu nutzen, ging verloren. Oder wenn sie nicht verloren ging, entschied man sich, dass es besser sei, sie nicht zu nutzen, weil sie so viel Leid und Zerstörung herbeigeführt hatte.

D: Wenn deine Leute das Wissen haben, könnten sie dann diese Fluggeräte bauen, wenn sie es müssten?

S: *Wenn es nötig wäre, wahrscheinlich ja. Ich bin kein Ingenieur. Ich weiß es nicht.*

Er gab eine Beschreibung von ihnen: „Sie wurden aus verschiedenen Dingen gebaut. Einige wurden aus Holz hergestellt, andere aus Metallen, Bronzen, Gold, eigenartigen Metallmischungen. Einige waren sehr klein und andere ziemlich groß."

Ich nahm an, dass sie zum Reisen verwendet wurden, aber ich war wieder überrascht, als ich ihn nach ihrem Zweck fragte. Er antwortete gleichgültig.

S: *Sie benutzten sie im Krieg. Sie wurden auch für Reisen verwendet. Aber die größte Fähigkeit, für die sie sie schätzten, war die Fähigkeit, einen Feind aus großer Entfernung zu überwältigen, indem sie diese zu nutzen. Sie hatten Waffen, die auf diesen Maschinen angebracht wurden.*

D: Hatten die Feinde die gleiche Art von Maschinen?

S: *Nicht alle unter ihnen. Die meisten von ihnen nicht.*

D: Sagt deine Geschichte, was geschah, dass das Wissen entzogen wurde?

S: *(Sehr ruhig) Die Welt wurde zerstört. Eine Katastrophe. Ich weiß nicht genau, welcher Art. Es war, als ob die Naturgewalten einfach rebellierten und die Erde explodierte.*

Er hörte nie auf, mich mit diesen unerwarteten Aussagen gleichermaßen zu schockieren und in Erstaunen zu versetzen.

D: Glaubst du, es wurde durch den Krieg verursacht, der mit diesen Maschinen geführt wurde?

S: *Ich weiß es nicht. Ich war nicht dabei.*

Er sagte, die Kaloo seien einige der Menschen gewesen, die in diesen Krieg verwickelt waren, aber er konnte sich nicht erinnern, wer die anderen waren. Ich fragte mich, ob ihre Kämpfe auf bloß einen Teil der Welt beschränkt waren.

S: Nein, sie kämpften in mehreren Gegenden. Es herrschte große Unruhe.

Das gab mir ein sehr unangenehmes Gefühl. Das klang zu sehr nach dem, was heute in der Welt vor sich geht. Könnte es sein, dass sich die Geschichte wiederholt? Er sagte, dass die Kaloo angefangen haben zu wandern, nachdem diese Zerstörung geschehen war, so dass nicht alle vernichtet worden seien.

S: Nein, aber die, die übrig geblieben sind, waren hoffentlich sehr viel klüger. Weil sie das Wissen erworben hatten, durften sie das Lernen und die Fähigkeit dies auszuüben, behalten. Vorausgesetzt, sie würden es nicht wieder nutzen, um sich selbst und andere mit ihnen zu zerstören. Es war verboten. Das Wissen wird in der Hoffnung erhalten, dass es eines Tages sicher genutzt werden kann.

D: Wie konnten diese Menschen davonkommen?

S: Ich weiß es nicht. Die Geschichte ist unklar. Es gab Kenntnis darüber, dass es passieren würde. Sie wurden ausgesandt, bevor die Zerstörung begann. Fort von dem Ort, an dem die Zerstörung begann.

D: Glaubst du, dass jemals irgendjemand eines dieser Fluggeräte finden wird?

S. Es ist möglich. Metall hat eine lange Lebensdauer. Es müssen noch irgendwo welche sein.

D: Glaubst du, jemand wird jemals eine ihrer Städte finden?

S: Ich weiß es nicht. Es gibt keinen konkreten Ort, von dem uns gesagt wird, dass er der ist, wo sie herkommen.

Die Frage nach der biblischen Geschichte von Hesekiel brachte also einen Bonus mit sich, auf den ich nicht vorbereitet war.

KAPITEL 16

Schöpfung, Katastrophe und die Kaloo

DIE SCHÖPFUNG

Als er mir die Geschichte von Adam und Eva erzählte, erwähnte er die Geschichte der Schöpfung der Welt. Ich beschloss, dies zu verfolgen.

S: Die Entstehung ja. Das stammt nicht aus der Thora, es stammt aus der Zeit davor. Es heißt, dass am Anfang nur Finsternis war. Alles war dunkel und es gab eine Leere. Und als Gott das sah, entschied er, dass etwas getan werden musste, um diese Leere zu füllen. Da war nichts, es war leer. Und Gott sagte, dass dort etwas sein solle, denn es ist leer und ich bin leer. Somit war es aus Ihm selbst heraus, woher alles kam, denn als es entschieden war... war da sofort etwas, die Massen. Es war wie große Wolken, die sich bildeten und zusammenfanden, so dass sie zu einem Wesen wurden. Und das ging eine Weile so weiter. Die Entstehung dieser Dinge, was später, ja, die Sterne und die Planeten sein sollten. Es war Teil von Gott. Es wurden klar umrissene Körper gebildet, Planeten und Sterne und verschiedene Dinge. Und sie wurden für gut befunden. Aber wieder gab es eine Leere, ein Gefühl, nicht ganz zu sein. Also beschloss Er, Wesen darauf zu setzen. Und es gab viele Entscheidungen darüber zu treffen, wie sie aussehen sollten. Es gab viele Versuche und Veränderungen und schließlich einigte er sich auf die Tiere, die er dort zu haben wünschte.

D: Hat Ihm irgendjemand geholfen, irgendwelche Entscheidungen zu treffen, oder hat Er das alles selbst gemacht?

S: Da waren die anderen. Die Elori, das Ganze, alle. Ich übermittle das nicht sehr gut. (Seufzer) Es ist nicht Elori, es ist Elorhim, sie sind alles. Im Wesentlichen alles, alle zusammen.

D: Ich habe Jahwe immer für ein Individuum gehalten...

S: (Interrupted) Jahwe ist..... Er gehört uns, Er ist für uns das, was die anderen für andere sind. Er ist das Individuum, das sich für uns interessiert und dem wir wichtig sind. Es gibt andere... Götter, wie ihr sie nennen würdet. Andere Wesen, die Jahwe halfen und ihm zuarbeiteten. Sie sind ganz, sie sind zusammen. Sie sind Teil eines Ganzen. Wie eins, aber getrennt. Sie alle haben jeweils ihre eigenen Belange, aber wenn es um Dinge geht, die sie gemeinsam tun müssen, tun sie sie als Einheit. Wenn sie zusammen sind, gibt es eine Ganzheit, eine Vollständigkeit. Gelegentlich ist es ihnen erlaubt, zusammenzuarbeiten. Aber sobald die Entscheidungen darüber getroffen wurden, was welchen Bereich trennt, behielten sie mehr für sich als zuvor.

Das Konzept des Einen Gottes über alles hält sich hartnäckig. Suddi sagte, dass Jahwe Teil der Elorhim war, aber nicht über ihnen stand. Sie brauchten niemanden über sich: „Sie sind es." Jeder hatte sozusagen seinen eigenen Bereich, aber sie arbeiteten auch kollektiv zusammen, falls nötig.

D: Ist Jahwe vorrangig mit unserem Planeten oder unserem Sonnensystem befasst, oder nur mit uns Menschen?

S: Mit allem. Mit unserer Galaxie.

Dieses schwierige Konzept, das er zu vermitteln versuchte, war für mich immer noch verwirrend, also wechselte ich das Thema und fragte nach den Entscheidungen, die getroffen wurden im Hinblick darauf, was auf den Planeten angesiedelt werden sollte.

S: Es gab viele Dinge, die geändert wurden. Viele Dinge wurden dort angesiedelt und dann entschieden, dass sie nicht ganz waren. Sie waren nicht vollständig und es wurden Änderungen *vorgenommen. Deshalb gab es sie dann nicht mehr. Sie mussten sehen, welche passen könnten und ganz und vollständig wären.*

Es klang wie ein Experiment. Sie probierten verschiedene Wege aus und wenn diese nicht funktionierten, wurden sie zerstört.

S: Oder sie wurden geändert, ja. Einigen von ihnen lagen die richtigen Ideen zugrunde, diese waren aber nicht perfekt. Deshalb wurden sie geändert und anders gestaltet. Und als Er einmal befand, dass diese gut waren, war der Wunsch Seiner Kinder groß, herauszufinden, welche Erfahrung hier gemacht werden könnte.
D: Was meinst du damit, Seine Kinder?
S: (Er hatte Schwierigkeiten, die Worte zu finden, um es zu erklären) Die... Engel. (Ausgesprochen „En-gel".) Die Geister, die sich in dem Moment bildeten, als... Siehst du, in dem Moment, in dem es zunächst nichts gab und dann war da etwas, gab es Teile von ihnen, die gebildet worden waren und kleinere Wesen aus Licht und Essenzen waren. Diese wurde in jenem Moment gebildet.

Als alles aus der Leere erschaffen worden war, gab es einen so gewaltigen Energieschub, dass kleine Funken abflogen, und diese kleinen Funken wurden zu den einzelnen Seelen oder, wie er sie nannte, „Engeln". Insofern wurden wir alle zur gleichen Zeit geschaffen.

S: Und darunter waren einige, die neugierig waren und beschlossen, dass sie sehen wollten, wie es ist, in dieser Existenz zu leben. Die Erde war nicht unfruchtbar, es gab Leben und Dinge. Die Bäume waren erschaffen worden und das Wasser und das Land hatten sich angesiedelt und... wir könnten ewig weitermachen mit dem, was in jener Zeit erschaffen worden war, bevor sie überhaupt auf den Plan traten. Alles befand sich in einer Ära von „Mal sehen, was wir erschaffen können und wie schön wir es gestalten können". Und es ging so noch lange Zeit weiter.

Anscheinend geschah dies, nachdem die Erde entwickelt und das Leben erschaffen worden war. Das Tierreich war bereits wohlgeformt und es existierten primitive Menschen, als die Geister neugierig wurden, diese neue Erfahrung auszuprobieren.

S: Es gab Wesen auf Erden. Diese waren das, wohinein die Seelen einst ihre Existenz einhauchten. In Körper, ähnlich denen, als alles vollbracht war, die als endgültig festgelegt wurden, dass es so sein solle. Zuerst kamen ein paar wenige auf einmal, die Verwegenen und die Neugierigen. Dann waren da noch mehr. Bald war es auf der Erde sehr dicht gedrängt, und das waren Zeiten, in denen das große Böse hier herrschte. Denn die Existenz in diesen Körpern hatte sie verzerrt, so dass sie nicht mehr vollkommen waren, und sie hatten Probleme und Laster und solche Dinge.

D: Nun, als die Elorhim diese Geister auf dieser Erde platzierten, erlaubten sie ihnen...

S: (Er unterbrach nachdrücklich) Die Geister wurden nicht platziert. Es wurde ihnen erlaubt, dies zu erleben. Es war ihre Entscheidung. Es war nie ein Zwang. Die Dinge waren für eine Weile sehr schön, solange sie nicht erdgebunden waren. Eine sehr lange Zeit lang konnten sie den Körper nach Belieben verlassen, so dass sie ihn vor der Verzerrung bewahrten. Als sie den Körper verlassen durften, war der Körper dem Atmen und Weiterleben überlassen, meist in einer formähnlichen Gestalt. Und als sie mit den anderen Geistern Zwiesprache hielten, die diese Erfahrungen des irdischen Daseins nicht gehabt hatten, sahen jene, was sie waren und wie schön das war und wurden auch zu dem, der Schönheit und diesen Dingen. Als sie diesen Informationsaustausch und diese Fähigkeit verloren, mit den anderen zu kommunizieren, also zu wissen, was sie wirklich waren, wurden sie verändert. Es war, als sie diese Fähigkeit verloren, dass sie anfingen, sich zu verändern und missgestaltet zu wachsen.

D: Wenn der Körper missgestaltet ist, ist das eine negative Kraft, mit der dieser Körper fertigwerden muss?

S: Nein, nein. Es hat nichts damit zu tun. Einige Menschen, die missgestaltet sind, sind sehr schön. Vielleicht wollen sie sich verbessern, weil sie behindert sind. Vielleicht können sie einen Arm nicht benutzen, und sie müssen dies kompensieren und dafür umso großartiger sein. Und die Menschen, die dafür umso großartiger sind, sind so viel schöner und mehr dem Vollkommenen zugewandt als diejenigen, die nur herumsitzen und

sagen: „Oh! Ich habe diesen behinderten Arm! Oh, hilf mir, hilf mir!" Verstehst du?
D: Ja, sie müssen härter arbeiten, aber sie wachsen dadurch.

Wir verstanden jetzt, dass er nicht einen missgestalteten physischen Körper meinte, sondern einen missgestalteten oder verzerrten Geist.

D: Lebten die Leute zu jener Zeit länger?
S: *Wie denn nicht? Denn jedes Mal, wenn man seinen Körper verließ, wurde er wieder aufgeladen und mehr Energie konnte in ihn eindringen, deshalb verließen sie den Körper nur, wenn es ihre Wahl war. (Starben?)*
D: Dieses Verlassen des Körpers, ähnelt das unseren Schlafphasen?
S: *Sozusagen. Das sind Menschen, die in der Lage sind, diese Dinge zu tun, wenn sie schlafen. Es gibt einige, die es immer noch nach Belieben tun. Das ist eine große, große Fähigkeit. Es ist nicht genau dasselbe. Es ist anders. Es muss dabei mehr Kontrolle vorhanden sein.*

Das klang ähnlich wie außerkörperliche Erfahrungen. In jenen frühen Tagen verjüngte dies den Körper und so lebte der Körper viel länger als unser heute.

D: Wann immer Jahwe und die Elorhim etwas erschufen, platzierten sie Leben auf nur einen Planeten, unseren?
S: *(Er unterbrach entrüstet) Nein! Es gibt viele Planeten in seiner Gegend, heißt es. Sie platzierten Leben auf unterschiedliche Weise, ja. Es wird gesagt, dass der Mond einst eine Atmosphäre hatte und lebendig war, und jetzt ist er zerstört und tot. Ich weiß nicht viel davon, ich habe nur davon gehört.*
D: Wenn es Leben gibt, reisen dann jemals welche von einem Planeten zum anderen?
S: *Wenn es vom Wissen her für sie von Vorteil ist, dies zu tun, dürfen sie es tun. Wenn sie für andere gefährlich sind, dürfen sie allermeist nicht... wie sagt man?... ja, kommunizieren.*
D: Welche Menschen würden als gefährlich eingestuft werden?
S: *Die Menschen, die sich selbst zerstören würden, wären für andere gefährlich. Die Menschheit hat das bereits getan! Der Mensch hat*

sich selbst viele Male durch verschiedene Methoden zerstört. Gott hat beinahe alles, was war, ausgelöscht, wegen der Schrecken, die der Mensch verübt hat. Menschen töten. Tiere töten keine Tiere, außer aus bestimmten Gründen. Es ist der Mensch, der einen anderen Menschen ohne Grund tötet.

D: Wir hörten immer Geschichten, dass Jahwe die Menschheit zerstört habe. Glaubst du, es war das Werk des Menschen?

S: Ist Gott so verurteilend, dass Er selbst die Unschuldigen vernichten würde? Nein. Das ist etwas, das durch den Menschen passiert ist. Ist es nicht einfacher, die Schuld auf Jahwe zu schieben, als sie auf sich selbst zu nehmen?

D: Kannst du uns ein Beispiel für ein Mal geben, als die Menschheit ihre Welt zerstört hat?

S: Es heißt, dass dies der Grund sei, warum die Kaloo wandern, weil die Welt angeblich angehoben und verändert wurde. Es gibt viele Methoden, Macht und Kräfte zu nutzen, die ich zwar nicht verstehe, die aber deshalb nicht weniger real sind. Sie wollten die Macht für ihre eigenen egoistischen Zwecke und Mittel nutzen. Es waren Menschen, die nach dem Selbst streben und, was nicht unbedingt gut für sie war, nach Vergnügen, verschiedenen Dingen dieser Art. Sie zerstörten sich selbst und verursachten ihre Zerstörung.

Indem sie mehr Energie verbrauchten, als weise war, indem sie sie in Angelegenheiten nutzten, die nicht gut waren und die das natürliche Gleichgewicht der Natur störten. Ich weiß, dass eine Leere entstanden war, und wo es Taten gibt, muss es auch etwas geben, das darauf folgt. Deshalb, als sie nahmen und nahmen und nahmen, musste es ein Entgegenziehen geben. Als die Erde ihre Kraft zurückzog, muss ein großer Schaden entstanden sein. Und es war diese Kraft, die die Zerstörung verursachte.

D: Dann denkst du, dass es eine natürliche Sache war und nicht so sehr etwas, das sie verursachten?

S: Ja, aber es war etwas, das sie erschaffen hatten. Sie taten es, weil sie gewarnt worden waren. Es wurde ihnen gesagt, dass dies geschehen würde, und deshalb brachten sie es über sich selbst.

Das wirft die Frage auf, ob dies etwas mit Ökologie und Umweltproblemen zu tun haben könnte.

NOAH

Der biblische Bericht über Noah und seine Arche war schon immer ein Favorit von mir und ich war gespannt, was er darüber erzählen würde.

S: *Ja, über die Flut, die kam? Dieser Bericht ist voller Hoffnung, deshalb ist er vielleicht ein Favorit. Es ist einer, der zeigt, dass es weitergehen wird, egal wie dunkel es aussieht. Man sagt, dass Noah ein großartiges Individuum war, ein sehr guter Mensch. Und Gott sah das und war erfreut, denn er wusste, dass er das Gute und Richtige bewahrt hatte, und alle seine Söhne folgten den Wegen Jahwes.*
D: Warum sollte Jahwe eine große Flut verursachen?
S: *Wieder glaube ich, dass es ein Fall des beständigen Kampfes gegen die Erde war. Auch habe ich gehört, dass dies möglicherweise in der Zeit geschah, bevor alles besiedelt wurde. Oder ungefähr zur gleichen Zeit, als es die Energieexplosion gab. Dies könnte ein solches Ereignis verursachen. Wenn sich die Meere änderten, würde das Wasser dann nicht dazu neigen, auf vielen Wegen überall hinzufließen, regnen oder andere Dinge dieser Art?*

Ich glaube nicht, dass all dies ein Regen von vierzig Tagen und vierzig Nächten war. Das kann nicht geschehen. Es mag über diesen Zeitraum geregnet haben, aber ich glaube, es hatte etwas mit der Veränderung der Landmassen zu tun, insoweit, als die Meere an einem Ort aufstiegen und an einem anderen fielen. Ich denke, dass es in dieser Zeit neben dem Regen noch andere Veränderungen gab, die Überschwemmungen verursachten. Und es heißt, dass Noah, lass mich kurz nachdenken, sieben von den Reinen und zwei von den Unreinen nahm. Die Tiere, die mitgenommen wurden, waren sieben von den reinen und... zwei von den unreinen Tieren. Wenn ein Tier nicht... wenn man es nicht essen konnte, dann wurde lediglich das Paar nur genommen, so dass man später weitere haben konnte.

Ich bat um eine Erklärung für saubere und unreine Tiere.

S: *Lass mich nachdenken. Es wird gesagt, dass die Reinen die Paarhufer und Wiederkäuer sind. Denn wenn sie nur das eine aber nicht das andere sind, sind sie nicht rein. So wie das Schwein den gespaltenen Huf hat, aber nicht das Futter wiederkäut, daher ist es unrein. Das Rind, das beides hat, der Ochse kann getötet und gegessen werden. Die Schafe, die auch beides haben, können gegessen werden. Aber das Kamel, obwohl es wiederkäut, hat keine Paarhufe. Es hat eher Polster. Sie sind gespalten, aber es ist ganz anders, und deshalb werden sie nicht gegessen. Das Pferd hat keinen Huf, der gespalten ist und daher ist es unrein, ebenso der Esel. Noah wurde befohlen, sieben von den Reinen mitzunehmen, damit es Nahrung gebe und die Tiere, die gegessen würden, fortbestehen können (sich fortpflanzen können), damit sie nicht Hunger leiden müssen. Er hatte eine große... (Er hatte Schwierigkeiten, das Wort zu finden) Arche vorbereitet, zu der ihm die Dimensionen angegeben worden waren. Ich erinnere mich nicht an diese. Die Tiere waren gerufen worden und sie kamen, die Wahl wurde getroffen und sie wurden an Bord gebracht. Und alle lachten natürlich, denn, ich meine, er baute dieses riesige Boot mitten in der Wüste. Und sie sagten: „Du bist verrückt." Aber er sagte es ihnen, er sagte, sie sollten gewarnt sein, denn Jahwe hat gesprochen und Er wird seinen Zorn verkünden. Und natürlich verlachten sie ihn dafür, dass er Märchen erzählte.*

Siehst du, sie konnten nicht verstehen, dass sie das taten. Dass dies ihretwegen geschah. Und sie wollten nicht einmal verstehen, dass dies geschehen würde, wenn Gott es so angeordnet hätte. Sie beschlossen, es zu ignorieren, obwohl sie gewarnt worden waren. Noah nahm seine Söhne und seine Frau, die Frauen der Söhne und deren Kinder. Er nahm alles, was hineinpasste. Es waren Vorkehrungen getroffen worden. Getreide und verschiedene ähnliche Dinge waren gelagert worden. Es wird gesagt, dass er etwa zwei Monde lang dort draußen war. Sechzig Tage lang... nein, achtundfünfzig. (Hier zeigt er uns wieder die Verwendung eines Mondkalenders.) Es gab Zeichen. Zuerst wurde die Taube ausgesandt und kehrte nach Hause zurück. Dann wurde beim zweiten Mal eine Krähe ausgesandt, und sie kehrte nicht zurück, und so konnten sie sich ausrechnen, dass sie etwas gefunden hatte. Und dann wurde die Taube abermals ausgesandt und sie brachte einen Teil eines Busches zurück, ich bin mir nicht sicher, was für einen Teil, und sie kehrte damit zu ihrem Gefährten zurück. Daher wussten sie, dass sie Land gefunden hatte. Und sie konnten diesen Punkt finden, einen sehr hohen Hügel, und an Land gelangen. Dann begannen sie mit dem Aufbau der Zivilisation. Das erste, was sie taten, war, Jahwe Dank zu sagen, dass sie verschont geblieben waren, denn um sie herum war überall Zerstörung.

Ich fragte mich, warum der bedeutsame Regenbogen noch nicht in die Geschichte aufgenommen wurde.

D: Gab es noch etwas anderes, das zu dieser Zeit geschah und wichtig war?
S: *Die Kinder Hams wurden wegen etwas verstoßen. Ich erinnere mich nicht, er tat etwas und erregte Noahs Missfallen.*

Wo bleibt mein Regenbogen? Ich gab ihm Hinweise, dass Jahwe ihnen ein Zeichen gab als Versprechen dafür, dass er das nie wieder tun würde, aber Suddi hatte so etwas in seiner Version der Geschichte nicht. Schließlich kam ich einfach direkt darauf zu sprechen.

D: Ich sehe, unsere Geschichten sind etwas unterschiedlich. Wir haben die Geschichte vom Regenbogen. Als die Arche anlegte, legte Jahwe den Regenbogen in den Himmel und sagte: „Das ist mein Versprechen. Ich werde es nie wieder tun."
S: *Diese klingt sehr schön, aber ich kenne sie nicht.*
D: Du hast also keine Erzählung davon, woher der Regenbogen kommt?
S: *(Er lachte.) Es war hier! Ich weiß nicht, ich habe nie nachgefragt. Einige sagen, dass es ein Zeichen dafür sei, dass Gott zufrieden ist, dass Jahwe lächelt. Er ist sehr schön.*
    Ich erinnere mich jedoch daran, warum die Flut über sie kam. Das war zu der Zeit, als dieser Mann angegriffen wurde, so dass er nicht mehr in der Lage war, mit allen eins zu eins zu sprechen. Dieses Wissen ging verloren und wurde verschlossen. Und deshalb herrschte große Verwirrung in der Welt. Sie sprachen zu einem wie jemand, dessen Gedanken für die anderen als Wissen galt. Aber sie war verloren, diese Fähigkeit, aufgrund ihrer üblen Machenschaften. Sie dachten, vielmehr sie sagten einander: „Wenn wir diese bedeutende Sache tun, können wir so groß werden wie Jahwe und einen Weg finden, sogar noch größer zu

sein, mehr Macht zu haben." Und deshalb war es verloren gegangen und Verwirrung überkam sie. Jahwe entzog ihnen diese Fähigkeit und das geistige Niveau des Menschen sank, weil er noch nie mit anderen auf andere Weise kommunizieren musste, und das war ein großer Verlust. Dann lernte er, mit dem Mund mit Worten zu sprechen. Zuvor war es nicht nötig.

Diese Geschichte klang vertraut. Vielleicht rührte hier die Geschichte vom Turm von Babel und seiner angeblichen Bedeutung her? Der Verlust telepathischer Kräfte durch Missbrauch.

D: Konnten sie mit Menschen über weite Strecken kommunizieren, bevor diese Fähigkeit verloren ging?
S: *Ja, es war, als wären sie bei dir. Die Fähigkeit wurde ihnen entzogen, weil der Mensch stolz war und viele Dinge tat, die er nicht... er verstieß gegen das Gesetz der Natur. Und dadurch verursachte er große Zerstörung. Und sie ging dadurch verloren. Es wird gesagt, dass die Erde selbst explodierte, als ob sie den Menschen von der Oberfläche spucken wollte.*

Ich fragte mich, ob diese Katastrophe dieselbe war, die Suddi zuvor erwähnt hatte, welche mit der Wanderung der Kaloo zusammenhing.

S: *Ich weiß es nicht. Siehst du, unser Wissen kommt in Stückchen und Fetzen zu uns herab und wir müssen das hier zusammensetzen und sagen: „Nun, was ist das?" Und so sind nicht alle Gedankengänge vollständig. Und das ist es, was wir versuchen zu tun. Wir versuchen, alles vollständig zu machen und zusammenzufügen.*
D: Alle Teile zusammenfügen und schauen, ob man die ganze Geschichte zusammenbekommt. Deshalb bin ich interessiert. Du weißt, wenn Bücher von einer Sprache in eine andere geändert werden, werden viele Dinge hinzugefügt und weggenommen.
S: *Zuweilen ist das Absicht.*
D: Deshalb sind wir neugierig, weil unsere Bücher anders geschrieben sind.
S: *Was meinst du damit? Diese Bücher... was sind das für Bücher? Warum sollten sie ganz anders sein, wenn sie etwas in der Art*

darstellen sollen wie die Thora, die das Werk Gottes ist? Warum sollten sie anders sein?

D: (Ich musste wieder schnell nachdenken.) Nun, weißt du, in den Zeiten, in denen ich lebe, werden verschiedene Sprachen gesprochen. Und wann immer sie etwas von einer Sprache in eine andere ändern, werden die Worte und die Bedeutung geändert. In unserer... wie würde man sagen....? Übersetzung? Das ist, wenn etwas aus einer Sprache genommen wird und...

S: *(Er unterbrach mich) Und sie in eine andere Sprache gebracht wird, ja, ja. Vielleicht hat es auch etwas mit der Person zu tun, die es schreibt?*

D: Könnte sein. Du verstehst es, weil du in deiner Zeit auch andere Sprachen hast.

S: *Ja, die Menschen sprechen nicht mehr länger eine Sprache. Das liegt an dem großen Schaden, den der Mensch angerichtet hat.*

D: Dort, wo ich herkomme, haben manche Leute falsche Vorstellungen.

S: *Man sagt, dass die Geschichte mit jedem Erzählen länger wird.*

D: Und viele Fehler werden bei der Nacherzählung gemacht. Es gibt viel zu lernen, nicht wahr?

S: *Mit dem Lernen aufzuhören bedeutet zu sterben.*

DIE BEOBACHTER UND DIE KALOO

Suddi hatte bereits gesagt, dass ein Großteil ihres Wissens von den mysteriösen Kaloo überliefert wurde. Aber ich fragte mich, ob es nicht auch aus anderen Quellen hatte kommen können. Das war ein Thema, an dem Harriet sehr interessiert war. Mit dem Beschützerverhalten, das Suddi bei bestimmten Aspekte der Gemeinschaft an den Tag legte, gab es eine hohe Wahrscheinlichkeit, dass wir keinerlei Informationen erhalten würden, aber ich dachte, es sei einen Versuch wert.

Wir sprachen zu ihm als älterem Mann.

Harriet: Hatten du und deine Gemeinschaft jemals Kontakt mit Wesen aus einer anderen Welt oder von einem anderen Planeten?

S: *Ja.*

Das war eine Überraschung, denn die Frage war nur ein Stochern im Dunkeln. Als Suddi dem Kind die gleiche Frage gestellt wurde, sah er nicht, wie es möglich sein solle, aus Lichtpunkten zu entstehen.

S: *Es sind die Beobachter, die das, was wir tun, bewachen. Sie freuen sich über unsere Bemühungen, das Wissen zu bewahren und den Frieden zu schaffen.*

Seine Antworten waren ausweichend. Er sagte, dass sie auf verschiedene Weise kontaktiert worden seien. Manchmal sei es persönlich gewesen. Seine Vorsicht kehrte in starkem Maße zurück, als ich fragte, ob sie jemals in die Gemeinschaft kamen. „Ich werde nicht mehr darüber sprechen! Das ist kein Thema, das ich diskutiere!"

Jedes Mal, wenn dies geschah, war es sinnlos, die Befragung weiter zu verfolgen. Sein Bedürfnis, zu beschützen, setzte Katies Beantwortung meiner Fragen immer außer Kraft. Manchmal konnten die Antworten durch die Verwendung anderer Formulierungen gewonnen werden, oder indem man um die Frage herumredete. Aber er wollte dieses Thema nie wieder diskutieren. Zumindest nicht, solange er noch am Leben war.

Wenn sich ein Proband im Geisteszustand befindet, dem sogenannten „toten" Zustand zwischen den Leben, konnte ich viele Informationen erhalten. Das meiste davon wird in einem anderen Buch vorgestellt. Ich werde hier nur das vorstellen, was in diesem Zusammenhang relevant ist. Während Katie sich in dem Zustand nach Suddis Tod befand, dachte ich, es sei ein guter Zeitpunkt, mehr über die Wächter herauszufinden. Er war in diesem Zustand nie ganz so geheimnisvoll. Ich sagte, ich wolle versuchen, die Antworten auf Dinge zu finden, die er nicht besprechen durfte, weil es in seiner Kultur nicht erlaubt war.

K: *Es gibt noch immer viele Dinge, die heute nicht bekannt sind.*
D: Die niemals bekannt sein werden?
K: *Nein, nur gegenwärtig. Es werden viele Erkenntnisse gewonnen, aber es gibt auch Dinge, die geschützt werden müssen.*
D: Ja, das kann ich verstehen. Aber ich denke, es gibt einige Dinge, die wichtig genug sind, um sie an andere Menschen weiterzugeben.

K: *(Mit Nachruck) Aber es liegt nicht an dir zu entscheiden, was wichtig ist. Aber wenn es zulässig ist, werde ich antworten.*

Ich konnte verstehen, dass er während seines ganzen Lebens beschützt war, weil es Dinge gab, die zu schützen er geschworen hatte. Aber ich hätte nicht gedacht, dass ich auch auf dieser Seite eine beschützende Haltung antreffen würde.

K: *Es geht mehr Gefahr aus von dem Wissen, das sie alle auf dieser Seite teilen, als von dem, das in den Händen der Verzerrten auf deiner Seite liegt.*
D: Hast du jemals den Begriff „die Wächter" gehört?
K: *Ja, die Wächter sind diejenigen von außerhalb, aus anderen Welten, die schon so lange da sind, wie die Erinnerung auf dieser Erde reicht. Sie haben die Menschheit als Ganzes studiert und hoffentlich... Sie wollen, dass wir es schaffen. Sie wollen, dass wir den richtigen Weg finden. Aber sie sind da, vielleicht, nur für den Fall, dass wir ihn nicht finden.*
D: Dann gibt es Leben auf anderen Welten?
K: *Warum denn nicht? Hast du den Dünkel zu sagen, dass dies in dem gesamten Universum die einzige Lebensstätte Gottes sei? Dass Er alle Himmel und alles, das ist, erschaffen haben und entschieden haben soll, dass dieser eine winzige, unbedeutende Planet der einzige Ort sei, den Er zum Leben erwecken wolle? Das ist die größte Eitelkeit, die es geben kann.*

Nachdem er sich beruhigt hatte, bat ich ihn, mit den Wächtern fortzufahren. Er sprach mit Vorbedacht.

K: *Die Wächter haben die besten Absichten. Sie wollen niemanden verletzen. Ich sage nicht, dass es nicht solche gibt, die von der gleichen edlen Gesinnung sind. Es gibt noch andere. Aber die Wächter sind unser eigener Schutz und mehr oder weniger ein Sicherheitsventil. Sollten wir uns selbst völlig zerstören, würden sie versuchen, dies abzuwenden, mit allen Mitteln, die sie haben. Denn würde es nicht Auswirkungen auf das ganze Universum haben, wenn wir diese Erde zerstörten? Man kann nicht einen Körper zerstören und keinen Widerhall haben... für immer.*

D: Inkarnieren sich manche der Wächter je auf irgendwelchen Planeten?

K: Sie haben Formen angenommen, die als menschlich gelten könnten, ja. Sie haben das auf unserer Welt viele Male getan. Aber es braucht einen ganz besonderen Menschen, um sich ihrer gewahr zu sein. Einer, der sehr offen ist für Einwirkungen, für Ausstrahlungen von ihnen. Weil die Repliken sozusagen sehr gut sind. Die Wesen, die Formen, die sie annehmen, sind Repliken. Sie sind nicht wirklich menschlich. Aber es gibt auch diejenigen unter ihnen, die Formen annehmen, die die Menschen für eher normaler halten. Sie haben Körper, ja. Sie sind nicht so weit, dass sie reine Energiewesen sind. Es gibt diejenigen, die es sind, aber sie gehören nicht zu den Wächtern.

D: Dann werden sie nicht als Baby in einen Körper hineingeboren, wie die Menschen?

K: Es gab Geister von Wächtern, die in Körper geboren wurden, aber dann waren sie so menschlich wie du, vielleicht mit einer noch hochgeistigeren Seele.

D: Du erwähntest Energiewesen, sind sie anders?

K: Ja, sie haben das Bedürfnis nach einem physischen Körper überwunden.

Ich habe in vielen Büchern den Begriff „Lichtwesen" gelesen. Er sagte, dies könnte ein weiterer Begriff für sie sein.

K: Einige von ihnen sind Seelen, die während der Entstehung niemals die Seite Gottes verlassen haben. Einige unter ihnen sind diejenigen, die diese Perfektion wieder erreicht haben. Einige kommen aus anderen Welten, die jensits der Fähigkeit des menschlichen Verstehens liegen. Sie sind so weit fortgeschritten, dass sie uns auf gleiche Weise betrachten, wie ein Mensch eine Amöbe betrachtet.

D: Glaubst du, dass wir diese Art von Entwicklung jemals erreichen werden?

K: (Seufzer) Nicht auf den derzeitigen Pfaden.

D: Verehren diese ebenfalls Jahwe?

K: Alle verehren Jahwe! Gott ist alles und alle sind Gott!

D: Gibt es eine besondere Art und Weise, wie die Wächter helfen?

K: *Wenn sie eine Person beeinflussen, kann diese möglicherweise... sogar ein Land beeinflussen. Dann haben sie Gutes getan. Sie haben ihren Zweck erfüllt. Auf diese Weise tragen sie dazu bei, den Frieden zu erhalten. Helfen dabei... wie soll ich das sagen?... das Gleichgewicht sozusagen intakt zu halten.*
D: *Haben sie einen Geist, so wie du und ich?*
K: *Alle Geister sind gleich.*
D: *Weißt du, aus welchen anderen Welten sie kommen?*
K: *Sie kommen aus mehreren Gruppierungen, aber das ist kein Wissen, das ich weitergeben darf.*

Er wurde anscheinend auch von jener Seite zensiert. Er gab jedoch zu, dass sie aus unserer Galaxie stammten, aber nicht aus unserem eigenen Sonnensystem. Sie beobachten die Erde, seit Menschen auf ihr angesiedelt wurden. Ich fragte nach jeglichen möglichen Lebensformen in unserem Sonnensystem.

K: *Ja, es gibt hier abgesehen von unserem noch weiteres Leben, aber vielleicht nicht immer in Lebensformen, die du als solche betrachten würdest. Einige sind Geister. Aber es gibt hier Orte, an denen es die Anfangsformen des Lebens gibt.*

Ich versuchte, ihn etwa zum Jahr 70 n. Chr. zu bringen, damit er möglicherweise beobachten und mir sagen konnte, was mit Qumran geschah. Es wurde angeblich 68 n. Chr. zerstört und ich dachte, ich könnte etwas über sein Schicksal herausfinden. Aber als ich ihn dorthin brachte, befand er sich an der Ruhestatt und versuchte, alles zu vergessen.

Wenn die Menschen hinübergegangen sind, gehen sie oft in die Schulen dort. Aber wenn sie eine Reihe besonders schwieriger Leben hatten und sie zu diesem Zeitpunkt nicht zur Schule gehen wollen, gehen sie für eine Weile zur Ruhestatt. Wenn eine Person dort ist, klingt sie sehr schläfrig und kommuniziert nicht. Dieser Ort wurde auch in meinem Buch Zwischen Tod und Leben erwähnt. Der Geist will sich nur ausruhen und schlafen und mit nichts behelligt werden. Ich hatte Leute, die für ein paar Jahre oder ein paar hundert Jahre dort verblieben. Es hängt davon ab, wie hektisch ihr letztes Leben war oder was sie zu vergessen versuchen. Zeit ist dort nicht von größerer Bedeutung als es der Fall ist, während sie an der Schule sind. Aber wenn sie sich an der Ruhestatt befinden, ist es sinnlos, Fragen zu stellen.

So versuchte ich diesmal eine andere Taktik, weil ich neugierig war, herauszufinden, was mit Qumran geschah. Ich brachte Katie bis kurz vor den Zeitpunkt, als sie sich ausruhte. Wenn eine Person hinübergegangen ist, hat sie manchmal die Fähigkeit, zukünftige Ereignisse zu sehen, wenn sie es wünscht. Vielleicht konnte sie für mich vorausschauen.

D: Aus deiner Sicht kannst du viele Dinge sehen, die geschehen werden. Du warst so lange Zeit so eng mit der Gemeinschaft verbunden. Ich wüste gerne, ob du sehen kannst, was mit Qumran passieren wird?
K: *Viele werden getötet werden und Qumran wird von den Römern überrannt und geplündert werden. Denn seine Notwendigkeit gehört der Vergangenheit an.*
D: Wissen die Essener, dass dies auf sie zukommt?
K: *Ja, und es ist ihre Entscheidung zu bleiben. Die Geheimhaltung des Wissens wurde vor vielen Generationen begonnen. Ein Großteil des Wissens ist untergetaucht. Das Wissen, das nicht in die Hände anderer fallen soll, bis es an der Zeit ist, es zu einem späteren Zeitpunkt wieder zutage zu fördern. Dann soll es enthüllt werden, wenn die Zeit für dieses Wissen reif ist.*

Dies geschah, als die Schriftrollen in den vielen Höhlen gefunden wurden. Buchstäblich „ausgegraben", wie er es voraussagte. Aber was ist mit den anderen wichtigen Dingen, die nicht gefunden wurden? Die mysteriösen Objekte in der Bibliothek: das Modell, die Sterngucker und der Kristall? Er sagte, es sei sehr wohl möglich, dass das Modell weggenommen und versteckt worden sei, aber er sei sich nicht sicher.

Ich dachte, wenn jemand es jemals fände, würde er den Zweck dessen sowieso nicht kennen. Es würde nur nach Stäben und Bronzekugeln aussehen. Es muss eine Entscheidung voller Gewissenskämpfe gewesen sein, das Modell auseinanderzunehmen, denn sie wussten, dass dadurch niemand mehr wissen würde, wie man es neu in Betrieb nehmen muss. Aber es war wahrscheinlich besser, es zu verstecken, als es den Römern in die Hände zu geben. Dies war eines der Dinge, auf deren Schutz sie eingeschworen worden waren, seit die Kaloo es ihnen vor Äonen gegeben hatten. Alle diese

Entscheidungen müssen sehr schwierig gewesen sein, denn sie wussten, dass sie auf das Ende einer Ära, auf das Schließen einer Tür zugingen. Die einzige Lösung, die ihnen einfiel, war, die Wertsachen zu verstecken, in der Hoffnung, dass vielleicht irgendwo, irgendwann jemand zu finden und zu verstehen in der Lage sein würde, was für sie so kostbar gewesen war. Sie müssen gewusst haben, dass sie das Risiko eingingen, dass die Zeit, die Elemente und Plünderer ihren Tribut fordern würden.

Als ich nach dem Kristall fragte, zuckte Katies Körper plötzlich unkontrolliert. Ich verstand diese körperliche Reaktion nicht, aber er sagte: „Es ist fort! Es wurde weggebracht. Es ist nicht in dieser Gegend. Es wurde auf eine andere Lichtquelle gebracht." Ich dachte damals nicht daran, ihn zu fragen, was er damit meinte, aber jetzt frage ich mich, ob es möglicherweise auf einen anderen Planeten gebracht wurde? Ich fragte, warum ihn die Frage gestört hatte. Er hielt inne, als würde er gerade jemandem zuhören.

K: *Sie sagen, dass es nicht die richtige Zeit dafür sei.*
D: Nun, ich würde gerne eine Vermutung anstellen. Glaubst du, die Wächter könnten kommen und helfen, manche Dinge wegzubringen?
K: *Es ist möglich.*
D: Ja, das wäre ein Weg, diese Dinge unauffindbar zu machen. Wenn all diese Dinge weg sind, werden die Menschen in der Zukunft nie erfahren, wie fortgeschritten die Gemeinschaft wirklich war.
K: *Sie werden es somit zu einer Zeit erfahren, wenn die Welt bereit ist, es zu hören.*
D: Wird nach der Zerstörung von Qumran irgendjemand von diesen Menschen übrig bleiben?
K: *Ja, sie werden woanders hingehen. Einige werden mit Wissen überleben. Andere werden nur mit Erinnerungen überleben, um im Bedarfsfall wieder erweckt zu werden.*

Ich frage mich, ob er die Art von Erinnerungen meinte, die wir jetzt mit unserem Experiment erweckten?

Ich änderte meine Befragung, um zu sehen, ob ich etwas über die geheimnisumwobenen Kaloo herausfinden konnte.

K: Sie sind diejenigen, die du im Kopf hast. Sie stammen von dort, was ihr in eurer Zeit „Atlantis" nennen würdet. Ein Teil dieser Namensunterscheidung besteht darin, dass die Menschen, wenn sie von dem sprechen, was Atlantis genannt wird, nicht erkennen, dass es statt nur einer, viele Regierungen und viele Länder auf jenem Kontinent gab. Die Kaloo bestanden nicht aus allen diesen Völkern. Sie waren nur ein Teil von ihnen.

D: Weißt du, was mit ihnen passiert ist?

K: Es gibt immer noch einige Lebende auf der Erde. Sie sind die Hüter einiger der Geheimnisse, die geschützt werden. Sie hüten viele Dinge. Die Kenntnis über sie wird wieder auftauchen.

D: Was passierte mit ihrem Land?

K: Es kam zu großen Zerstörungen, weil sie die Naturgesetze nicht befolgten. Aber die Weisen wussten, dass dies geschehen werde, und versuchten, das Wissen zu retten, damit dieser Funke, welcher die Menschheit war, nicht ausgelöscht würde.

D: War die Katastrophe ein natürliches Ereignis?

K: Es war eine Kombination aus einer Natur, die gegen das aufschrie, was die Menschheit ihr angetan hatte.

D: Als er noch am Leben war, sprach Suddi, als ob es eine große Explosion gegeben habe.

K: Es gab teilweise eine Explosion, das war ein Teil davon. Sie missbrauchten das Gleichgewicht der Natur. Wenn man zu viel von der Natur abzieht und es nicht wieder ausgleicht, verursacht man ein Ungleichgewicht, das ist es, was geschah. Viele wurden sehr früh gewarnt, dass dies geschehen werde und verließen die Gegend. Einige flogen auf Luftschiffen davon, andere reisten über das Meer, alle in der Hoffnung, dass zumindest einige von ihnen überleben würden.

D: War in irgendeiner Weise ein Kristall an der endgültigen Zerstörung beteiligt? (Andere Autoren haben dies nahegelegt und ich wollte es überprüfen.)

K: Ja, einer von ihnen. Es gab mehrere. Manches davon hat mit Überlastung, Missbrauch, Fehlleitung von Macht zu tun. So sehr, dass es letztendlich auf das zurückfallen muss, worin es seinen Anfang nahm. Denn auf jede Aktion folgt eine Reaktion. Das haben sie nicht berücksichtigt.

D: Suddi sagte mir, dass es einen Krieg gegeben habe und sie die Luftschiffe benutzten.

K: Es gab einen Krieg, das war Bestandteil des Endes. Aber der Krieg, von dem er sprach, hat nicht stattgefunden.

Das war ein Schock, den wir nicht erwartet hatten. Es ließ mir die Nackenhaare zu Berge stehen. Als ich das Band über den Krieg transkribierte, machte es mich ganz unruhig. Die Zustände in der Welt, wie Suddi sie beschrieb, waren den unseren zu ähnlich. Es klang so sehr wie die Wiederholung der Geschichte, dass es mir unbehaglich wurde. Diese Aussage verstärkte dieses Gefühl nur noch.

D: Warum dachte Suddi, dass er bereits geschehen sei?
K: Verwechslung von Informationen.
D: Er sagte, es falle in kleinen Stücken auf sie herab. Aber er sprach von Luftschiffen von früher.
K: Es gab Luftschiffe in alten Zeiten, ja. Aber der Krieg, von dem er sprach, hatte sich nicht ereignet. Er sprach einerseits von den früheren Kriegsschiffen, die es tatsächlich gab, und andererseits von einer Prophezeiung über eines, das existieren werde. Das ist es, was herauskommt, wenn man Bruchteile von Informationen hat. Diejenigen, die denken, dass sie sich in einer Position befinden, die es ihnen erlaubt, zu wissen und darüber Urteile zu fällen, sind schief gewickelt. Die Informationen entsprechen ihren Vorstellungen, und deshalb müssen sie recht haben.
D: Ich weiß nicht, ob du uns diese Informationen geben darfst, aber kannst du uns sagen, wann der Krieg stattfinden wird?
K: Der Krieg, von dem er sprach, die Prophezeiung, was viele nicht verstehen, ist, dass er nicht stattfinden muss. Dies ist eine Prophezeiung, und Prophezeiungen können verändert werden. Wenn genügend Wesen die richtige Energie hineinprojizieren, muss sie nicht geschehen. Nichts ist in Stein gemeißelt, solange es nicht eingetreten ist.
D: Er sagte, die Wächter seien welche, die versuchen könnten, zu helfen.
K: Sie versuchen zu helfen, aber sie können nicht die Arbeit von Tausenden von Männern mit nur einer Handvoll erledigen. Es muss aus dem Wunsch der Menschen entspringen, diese Katastrophe abzuwenden. Sie müssen darauf aufmerksam gemacht werden, was passieren könnte. Sie müssen wissen, was

passieren würde, wenn die Prophezeiungen erfüllt würden. Wenn es richtig dargestellt wird, werden sie zumindest die Saat legen.

D: Warum ist es so schwierig, von Suddi Informationen zu erhalten? Wenn dies doch so wichtig ist, sollte er mehr kooperieren.

K: *Jede Wesenheit hat die Persönlichkeit ihrer Zeit. Deshalb sind die Gewohnheiten, das, was in jeder einzelnen von ihnen verwurzelt ist, vorhanden. Wenn dir, so wie du bist, jemand befohlen hätte, etwas zu tun, das gegen alles ist, was dir beigebracht wurde, dann könntest du das nicht tun. Deshalb bitte ihn nicht darum. Denn du würdest ihm wehtun, wenn du das Gefühl des Vertrauens nehmen und missbrauchen würdest.*

TEIL ZWEI

DAS LEBEN JESUS

KAPITEL 17

Die Prophezeiungen

Es gab viele Möglichkeiten, wie dieses Rückführungsmaterial hätte präsentiert werden können. Die Ereignisse im Leben Christi waren tatsächlich über die gesamten drei Monate verteilt, in denen wir daran arbeiteten. Ich hätte sie im Kontext belassen und das Leben von Suddi in chronologischer Reihenfolge schreiben können. Aber ich hatte das Gefühl, dass die Geschichte von Jesus verwässert worden wäre, verloren inmitten des enormen Reichtums an Material. Ich finde, das Leben Christi ist zu wichtig dafür. Ich glaube, es sollte für sich allein stehen, also beschloss ich, das ganze Material in einem Abschnitt zusammenzufassen.

Es hätte ein Buch für sich sein können, aber dann hätte es ihm an der Grundlage gefehlt, die ich versucht habe darzustellen. Ich wollte zeigen, wie das Leben in dieser einsamen Gemeinschaft aussah und den Leser die Persönlichkeit und Weisheit eines der Essener kennenlernen lassen. So können wir uns mit dem Leben Jesu vor diesem Hintergrund eine bessere Vorstellung von der Umgebung machen, in der er lebte und studierte. Und wir können einige der Überzeugungen und Erkenntnisse sehen, denen er in seinen verletzlichsten Jahren ausgesetzt war. Nur so können die fehlenden Teile seines Lebens eine neue Gewichtung erhalten. Nur dann kann er in einem neuen Licht gesehen und hoffentlich als das großartige menschliche Wesen begriffen werden, das er war.

In den vorangegangenen Kapiteln wurde bereits gezeigt, dass einige der christlichen Überzeugungen und Rituale direkt von den Essenern stammen, insbesondere der Taufritus und das Weiterreichen des Kelches. Als die Schriftrollen vom Toten Meer übersetzt wurden,

wurden diese beiden Rituale als Teil des Essener Alltags erwähnt. Viele Schriftsteller haben nach dem Studium der Übersetzungen Kommentare dazu abgegeben. Die Ähnlichkeit zwischen diesen Fakten und dem, woran sich Katie erinnerte, überraschte mich und war etwas, das ich nie erwartet hätte. Ich war wieder einmal erstaunt über die Genauigkeit, die sie beim Wiedererleben von Suddis Leben gezeigt hatte.

In seinem Buch sagt Ginsburg, dass der Essener, als er durch die verschiedenen Entwicklungsstufen innerhalb der Gemeinschaft fortschritt, auf das höchste Niveau kam, das er erreichen konnte. „An diesem Punkt wurde er zum Tempel des Heiligen Geistes und konnte prophezeien. Unter allen Dingen wurde die Gabe der Prophetie als die höchste Frucht der Weisheit und Frömmigkeit angesehen. Dann schritt er abermals voran bis zu dem Stadium, in dem er befähigt wurde, wundersame Heilungen durchzuführen und die Toten aufzuerwecken."

Ich denke, diese Passage lässt wenig Zweifel daran, wo Jesus diese Fähigkeiten erlernte. Es klingt für mich, als würden diese Studien unter die Lehren des Meisters der Geheimnisse fallen. Suddi, der in erster Linie in der Thora, dem Gesetz, unterrichtet wurde, hatte in anderen Bereichen nur eine minimale Ausbildung. Aber Jesus musste alles von all den verschiedenen Meistern lernen.

Die Schriftrollen werden noch heute studiert, aber die Berichte hörten sofort nach Beginn der Übersetzungen auf. Warum? Was entdeckten sie in den alten Schriften, von dem sie nicht wollten, dass die Welt es weiß? Fanden sie die gleichen Dinge vor, wie ich? Hatten sie Angst, dass die christliche Welt schockiert sein würde durch die Erkenntnisse, dass das Christentum nicht durch die Geistlichkeit Jesu geschaffen wurde, sondern aus den Lehren dieser scheinbar selbstverleugnenden Männer und Frauen entstanden ist, die ihr Leben der Liebe zur ganzen Menschheit und der Bewahrung des Wissens für zukünftige Generationen widmeten? Ich bin nicht die Erste, die diese Idee hervorbringt. Ich war überrascht, dass viele andere Autoren nach Sichtung der Beweise zu dem gleichen Schluss gekommen sind.

Einer der ersten war Humphrey Prideaux, der im 17. Jahrhundert The Old and New Testaments Connected (im Deutschen: Alt- und Neues Testament in eine Connexion mit der Juden- und Benachbarten Völker-Historie gebracht) schrieb. Er sagte, dass die Menschen seiner Zeit aus der Übereinstimmung zwischen der christlichen Religion und den Dokumenten der Essener folgerten, dass Christus und seine Anhänger nichts anderes seien als eine von den Essenern verzweigte Sekte.

Im Jahre 1863 schrieb Graetz in seiner zweiten Ausgabe des dritten Bandes seines Buchs Die Geschichte der Juden, dass Jesus sich einfach die wesentlichen Merkmale des Essenismus aneignete und dass das Urchristentum nichts anderes als ein Ableger des Essenismus gewesen sei.

Wieder zitiere ich aus Ginsburgs Buch von 1864: „Diejenigen, die sich selbst als wahre evangelische Christen bezeichnen, sind sehr bestrebt, jeden Anschein von Verwandtschaft zwischen Essenismus und Christentum zu zerstören, damit nicht gesagt werden muss, dass das eine das andere hervorgebracht hat."

Diese Idee wurde von den Autoren der Bücher über die Schriftrollen des Toten Meeres immer stärker hervorgehoben, dass die Verbindung sehr offensichtlich und sehr real ist. Ein Autor sagte, dass die meisten Theologen dies wüssten und nur der Laie unwissend sei.

In der Dezemberausgabe 1958 von National Geographic gab es einen ausführlichen Artikel über die Entdeckung und Übersetzungen der Schriftrollen vom Toten Meer. Ich zitiere: „Zwischen dem Glauben und der Praxis der Essener und dem der frühen Christen... gibt es gewisse auffällige Parallelen. Sie sind Fakten." Gelehrte aller Glaubensrichtungen erkennen diese Parallelen an. Sie sind Fakten."

Dennoch wurde alles, was über diese wunderbare Gruppierung bekannt ist, von den alten Schriftstellern und aus den Ausgrabungen von Qumran gewonnen. Ich hoffe, dass das, was ich gefunden habe, eine weitere Tür öffnet und zum ersten Mal einen Einblick in ihren Lebensstil und ihre Überzeugungen erlaubt. Ein Einblick, der unmöglich durch das Sichten und Datieren von Überresten und Artefakten in einer stillen Ruine zu erlangen ist. Ich hoffe, dass die Wissenschaftler dieses Buch als wertvolles Werkzeug nutzen werden, um diese mysteriösen Menschen und Jesu Verbindung zu ihnen zu verstehen. Vielleicht ist letztendlich die ganze Geschichte offenbart worden und Jesus geht noch wunderbarer und glorreicher daraus hervor als zuvor. Wir können ihn als lebendiges, atmendes Wesen schätzen, wie es durch die Augen eines seiner liebenden Lehrer gesehen wird.

D: Du sagtest, dass du Zeit mit der Erläuterung der Prophezeiungen verbringst. Kannst du erklären, was du meinst?

S: *Überall in der Thora gibt es viele Prophezeiungen. Mehr als die Hälfte von ihnen anlässlich seiner Geburt. Sie besagen, dass der Messias komme. Was uns betrifft, wir müssen die Zeit kennen und zeigen, dass wir ihn erkennen können. Es ist unsere Aufgabe, dieses Wissen zu bewahren, damit es in Zukunft mit anderen geteilt werden kann, die Verständnis gewonnen haben. Wir untersuchen, wie das... es wird gesagt, aus wessen Haus er kommen wird. Er soll aus meinem Haus stammen. Er wird aus dem Hause David sein. Und er wird geboren werden in der Stadt Davids, welche Bethlehem ist. Es heißt, dass er von anderen verschmäht werden wird, weil er aus Nazareth kommt. Und aus Nazareth komme nichts Gutes.*

D: Warum? Was stimmt nicht mit Nazareth?

S: *Früher war es nur für Halsabschneider und Nichtsnutze gut. Und es heißt, dass von dort nichts Gutes komme.*

D: Warum glaubst du dann, dass er von dort kommen werde?

S: *Weil die Prophezeiungen es sagen.*

D: Sagen eure Prophezeiungen, wann das passieren wird?

S: *Es heißt, dass die Zeit bald, sehr bald sein wird.*

D: Wird er geboren werden oder wird er einfach erscheinen?

S: *Er soll von einer Frau geboren werden.*

D: Ist irgendetwas über die Eltern bekannt?

S: *Es wird gesagt, dass sie sie erkennen werden, wenn sie sie sehen.*

D: Was ist mit dem Vater?

S: *Nur dass er vom Stamme Davids sein wird.*

D: Gibt es noch etwas, das du uns mitteilen kannst?

S: *Es wird gesagt, dass Elias zuvor kommen muss, um den Weg zu ebnen.*

D: Was meinst du damit?

S: *Er soll wiedergeboren werden. Er soll den Weg ebnen. Um diejenigen, die zuhören, wissen zu lassen, dass der Messias kommt.*

D: Weißt du, als wer er wiedergeboren wird?

S: *Ich weiß es nicht.*

D: Was ist mit dem Messias, wird er der Wiedergeborene von jemand anderem sein?

S: *Er ist Mose oder Adam, es ist dasselbe.*

D: Kannst du mir sagen, wie lange es die Essener Sekte schon gibt? Wie lange wurde sie gebildet?

S: *Es wird gesagt, dass die ersten nicht einmal Juden waren, sondern als die Männer von Ur bekannt waren. Es reichte weit in die Vergangenheit zurück. Sie brachten das Wissen über einige der Prophezeiungen und das Symbol des Kreuzes.*

D: Ist das eines der Symbole, das die Essener verwenden?

S: *Ja.*

D: Welche Art Kreuz ist es? Ich habe viele verschiedene Arten davon gesehen und sie sind alle unterschiedlich geformt.

S: *Er hat zwei kurze Arme, eine Schlaufe für einen Kopf und geht nach unten.*

D: Manche Kreuze haben alle Arme in der gleichen Länge.

S: *Dieses nicht. (Es klang eher nach einem Ankh, dem ägyptischen Symbol des Lebens.)*

D: Wofür steht es symbolisch?

S: *Es ist das Symbol der Erlösung.*

D: Kannst du das erklären?

S: *Es wird gesagt, dass es verstanden werden wird, wenn die Prophezeiungen erfüllt sein werden.*

D: Erlösung bedeutet für mich, die Rettung von etwas. Was oder wer soll gerettet werden?

S: *Es ist irgendwie mit dem Schicksal des Messias verbunden. Ich bin mir all dessen nicht sicher.*

KAPITEL 18

Der Stern von Bethlehem

Es gab viele Diskussionen und Kontroversen über den Stern von Bethlehem. Viele denken, dass er nie existiert habe, dass er nur ein Mythos oder eine Legende gewesen sei. Andere denken, dass er vielleicht eine extrem seltene Konjunktion von Sternen oder Planeten gewesen sein könnte. Eine Konjunktion entsteht, wenn sich die Pfade zweier oder mehrerer Planeten zufällig am Himmel kreuzen und von unserem Blickwinkel auf der Erde aus erscheinen, als ob sie zu einem großen Stern verschmolzen wären. Dies geschah im Laufe der Geschichte viele Male, aber selten in dem in der Bibel beschriebenen Ausmaß. Laut Werner Keller in seinem Buch The Bible As History (Dt. Buchtitel: Und die Bibel hat doch recht, *Anm. Des Übersetzers) siedeln viele Experten das Ereignis um 7 v. Chr. an, als im Sternbild Fische eine Konjunktion von Saturn und Jupiter beobachtet wurde. Chinesische Aufzeichnungen beziehen sich ebenso auf eine helle Nova (ein plötzlicher Lichtausbruch von einem fernen explodierenden Stern, der Millionen von Jahren dauern kann, bis er uns erreicht), die 6 v. Chr. gesehen wurde.

Es gibt auch alte Aufzeichnungen von hellen Kometen, die zu dieser Zeit im Mittelmeerraum erschienen sind: Halleys Komet zum Beispiel besuchte uns 12 v. Chr. Es wurden viele, viele Erklärungen abgegeben, sogar, dass der Stern in Wirklichkeit ein fremdes Raumschiff gewesen sei. Es ist eine bekannte Tatsache, dass Jesus nicht im Jahre 1 AD am Anfang unseres christlichen Kalenders geboren wurde, aufgrund vieler Ungenauigkeiten im frühen Datierungssystem. Das einzig Sichere an dieser Kontroverse ist, dass niemand sicher weiß, was der Stern von Bethlehem war oder wann er erschien.

Ich dachte sicherlich nicht über so etwas nach und es war das Letzte, was ich von der Arbeit mit Katie erwartet hatte. Diese Episode ereignete sich während unserer ersten Sitzung, als wir gerade auf Suddi gestoßen waren und ich versuchte, mehr darüber herauszufinden, wer er war. Ich fühle mich außerordentlich geehrt, dass wir an einem so glorreichen Ereignis teilnehmen durften. Ich hatte ihn lediglich gebeten, zu einem wichtigen Tag in seinem Leben vorzurücken. Dies ist ein Routinekommando, um die Probanden davon abzuhalten, in den langweiligen alltäglichen Dingen, die das Leben eines jeden ausmachen, steckenzubleiben. Sie zu einem wichtigen Tag zu bringen, ist eine Möglichkeit, die Geschichte ihres Lebens voranzutreiben. Was für eine Person wichtig ist, ist nicht zwangsläufig auch für eine andere Person wichtig und das erhöht die Aussagekraft der Darstellung. Somit war dies also das Letzte, was ich erwartete, als ich ihn bat, zu einem Tag zu gehen, den er für wichtig hielt, ihn dorthin zählte und ihn fragte, was er gerade tat.

Er sagte, er sei bei seinem Vater und sie beobachteten gerade die Sterne. Keine ungewöhnliche Sache, das zu tun, aber irgendetwas an ihrer Stimme war anders. Eine stille Aufregung, ein Gefühl des Staunens und der Ehrfurcht, das mir die Tatsache zum Bewusstsein brachte, dass dies keine normale Nacht war.

Er nahm mehrere tiefe Atemzüge und sagte: „Es ist der Anfang aller Dinge. In der Lage zu sein, das selbst sehen zu können. Das ist alles, worum ich bitten konnte. Zu wissen, dass die Prophezeiung erfüllt werden wird." Katie (als Suddi) umklammerte ihre Hände vor sich und ihr Körper schien voller Aufregung zu sein. Suddi fuhr fort: „Es ist die Zusammenkunft der vier heute Abend."

Siehe Kapitel 3. Suddis Vater hatte ihm gesagt, dass es ein Zeichen am Himmel geben werde, wenn der Messias kommt. „Es heißt, dass aus vier Himmelsrichtungen die Sterne zusammenkommen werden, und wenn sie aufeinandertreffen, wird dies die Zeit seiner Geburt sein."

Es waren viele der Essener bei Suddi und sie beobachteten vom „Wartepunkt der Hügel" aus, welcher wahrscheinlich oberhalb von Qumran lag. Er konnte seine Aufregung kaum im Zaum halten: „Niemals in meinen kühnsten Hoffnungen!" Seine Stimme enthielt so viel Ehrfurcht, dass es fast ein Flüstern war. Ich bat ihn, zu beschreiben, was er sah.

S: *Es ist, als hätten sich die Himmel selbst aufgetan und das ganze Licht scheint einfach auf uns herab. Es ist wie die Sonne am Tage! Es ist so hell! Sie sind... sie kommen zusammen. Sie sind noch nicht aufeinandergetroffen, so dass es größer erscheint, als es sein wird.*

Er bildete mit ihren sich berührenden Daumen und Zeigefingern einen großen Ring, um zu zeigen, wie die Sterne aussahen, als sie sich zum Vereinigen aufeinander zubewegten. Es war klar, dass er etwas sehr Ungewöhnliches sah.

Seine Aufregung war ansteckend und seine Stimme gab mir Gänsehaut. Dies war nur eines von vielen Malen, in denen ich mir wünschte, ich könnte sehen, was sie sieht, aber wir müssten uns mit dem zweitbesten von Suddis Augenzeugenbeschreibung zufrieden geben. Es schien, als würden vier Sterne zu einem Punkt zusammenkommen.

S: *Und es wird gesagt, dass wenn sie dann eins werden, er in diesem Moment seinen ersten Atemzug machen wird.*
D: Weißt du, wo er geboren wird?
S: *Er ist in Bethlehem. So steht es auch in den Prophezeiungen.*
D: Wie reagieren die anderen Leute, die bei dir sind?
S: *Sie sind alle voller Freude. Es ist... jeder ist völlig aus dem Häuschen. Sie sind erfüllt von Freude und... der Energie, die um uns herum ist. Es ist, als ob die ganze Welt vor Erwartung den Atem anhalten würde.*

Seine Stimme vibrierte vor Emotionen. Es bestand für mich kein Zweifel daran, dass er etwas ausnehmend Außergewöhnliches erlebte.

D: Was hast du vor, zu tun? Wirst du versuchen, den Messias zu finden?

Ich nahm an, dass jeder zu der damaligen Zeit, der Kenntnis davon hatte, was dieses seltsame astrale Phänomen bedeutete, natürlich hingehen und ihn sehen wollte. Es wäre wirklich ein Durchbruch, diese Geschichte zu bekommen. Ich wusste damals nicht, dass ich erst lange Zeit später vom Messias erfahren sollte.

S: *Wir werden nicht gehen, sie werden kommen.*
D: Sagen die Prophezeiungen, wer ihn finden wird?
S: *Es heißt, dass er von anderen gefunden werden wird und dann werden sie fortgehen.*
D: Du wirst also nicht nach Bethlehem gehen und zusehen, ob du ihn finden kannst?
S: *Nein, denn es wird dunkle Jahre geben, die bald auf uns zukommen werden. Dann wird er zu uns kommen. Wir werden auf ihn vorbereitet sein.*
D: Wurde dies prophezeit, dass er zu deinem Volk kommen wird?
S: *Ja, es ist bekannt.*
D: Wird er von deinen Leuten lernen?
S: *Er ist nicht so sehr, dass er von uns lernen wird, als vielmehr, dass er zu dem erweckt wird, was im Inneren liegt.*
D: Und du hast die Fähigkeit, dabei zu helfen, dies zu erwecken?
S: *Wir können es nur versuchen.*

Dies war der erste Hinweis darauf, dass Suddi vielleicht in der Lage war, uns Wissen aus erster Hand über Jesus zu vermitteln. Ich erkannte voll und ganz die Wichtigkeit dieser Tatsache und wollte dies verfolgen, wohin auch immer es führte. Sie nahm große, tiefe Atemzüge, als Suddi dabei zusah, wie die Sterne näher zusammenrückten. Ich fragte, ob er wisse, welche Jahreszeit es sei.

S: *Es ist Jahresanfang. Das neue... Jahr ist gerade vorbei.*

Es ist interessant, hier zu mutmaßen, dass er sich vielleicht auf Rosch Haschanah (oder "Rosch Shofar", wie er es nannte) bezieht, den Beginn des jüdischen Neujahrsfestes, welches nun im Herbst stattfindet. Die Experten sagen, dass es im Laufe des Jahres 7 v. Chr. drei Konjunktionen von Saturn und Jupiter gab, und unter Berücksichtigung vieler anderer Variablen denken sie, dass der Stern wohl die Konjunktion gewesen sein könnte, die am 3. Oktober stattfand, was kurz nach Beginn ihres Neujahres gewesen wäre. Als ich diese Fragen stellte, wusste ich natürlich nicht, dass sich ihr Jahr von unserem unterscheidet und ich fragte, ob es während der

Jahreszeit sei, die wir Frühling nennen. Er antwortete: „Die Jahreszeit des Wachstums naht, ja."

D: Welches Jahr des Herodes ist jetzt?
S: *Ich glaube, es ist das 27., ich weiß nicht...*

Er schien sich zu wünschen, dass wir mit Reden aufhörten und weggingen und ihn in Ruhe ließen. Er war so sehr in das, was er sah, verwickelt, dass er von meinen Fragen gestört zu sein schien. Er zeigte seine Ungeduld: „Seht ihr es nicht?! Es ist so... wunderschön!" Es schwang so viel Emotion in diesen Worten. Er schien überrascht, dass wir es nicht auch sehen konnten.

D: Wirst du etwas Besonderes tun, wenn sich die Sterne alle treffen?
S: *Wir werden zusehen... und ihm unsere Ehrerbietung erweisen, denn er ist unser König.*

Das könnte eine ganze Weile gedauert haben, denn die Sterne bewegten sich offensichtlich langsam, also beschloss ich, die Dinge zu beschleunigen, indem ich ihn vorwärts brachte, bis zu dem Zeitpunkt, als die Sterne alle zusammengekommen waren, und dann fragte ich ihn, was er gerade tat.

S: *Wir lobpreisen Jahwe dafür, dass er uns gewährt, hier zu sein. Und wir wissen, dass es eine große Ya (?) Ehre ist, denn wir haben in der Zeit der Erfüllung aller Prophezeiungen gelebt. Wir lassen ihn wissen, dass wir bestrebt sind, unser Bestes zu geben und vorbereitet zu sein. Denn das ist eine große Ehre, die uns zuteil wird. Und obwohl wir wissen, dass wir unwürdig sind, hoffen wir, dass wir uns der Ehre würdig erweisen können.*

Seine Hände waren gefaltet und das Vorherige schien wie ein Gebet. Ich bat um eine weitere Beschreibung der Sterne, nun, nachdem sie alle vier zusammengekommen waren.

S: *Da ist ein Strahl... er ist wie ein Schweif. Er kommt herunter mit dem ganzen Licht. Es ist wie ein Fokus, der direkt vom Stern herabfällt. Und es wird gesagt, dass er in diesem Licht geboren werden wird. (Oder war das Wort „hervorgebracht werden"? Es gibt hier einen interessanten Unterschied in der Definition und es ermöglicht Spekulationen.)*

Suddi sagte, sie seien etwa 80 Kilometer von Bethlehem entfernt, so dass sie nicht den genauen Punkt sehen konnten, an dem der Lichtstrahl die Erde berührte.

D: Ist es heller, jetzt, da sie alle zusammen sind?
S: *Es ist, als ob der größte Teil des Lichts gebündelt würde. Insofern ist es nicht mehr gestreut, sondern an einem bestimmten Punkt. Es hat etwas die Helligkeit eines sehr großen Vollmondes.*

Ich bereitete mich darauf vor, ihm eine weitere Frage zu stellen, als ich bemerkte, wie sich Katies Lippen wie beim Gebet still bewegten. Ich konnte beinahe Suddi auf seinen Knien sehen, wie er seine Hände in Richtung Stern faltete und mit einer enormen Herzenstiefe betete.

D: Du kannst es laut sagen. Diesen Moment möchten wir gerne mit dir teilen.
S: *Nein! (Mit Nachdruck) Würde ich mein Seelenleben anderen mitteilen? Ich teile mein Seelenleben mit Jahwe.*

Ich war für einige Augenblicke der Ehrfurcht still und erlaubte ihm, fortzufahren, bis es so aussah, als wäre er fertig. Ich drängte ihn nicht, zu einer anderen Szene zu gehen. Das muss ein so dramatischer Moment gewesen sein, dass ich ihn jeden Tropfen davon auskosten lassen wollte.

D: Ist Elias auch wieder gekommen?
S: *Er ist auch geboren worden. Es geschah ein paar Monate zuvor. Sein Vater weiß davon, denn er ist einer von uns.*

Somit war auch diese Prophezeiung erfüllt worden. Es gibt viele im Neuen Testament viele Verweise auf diese Prophezeiung, die bestätigen, dass das Volk jener Zeit die Tatsache akzeptierte, dass Johannes der Täufer die Reinkarnation von Elias war. Als Jesus zu der Menge von Johannes sprach: Matthäus 11: 10, 14: „Dieser ist es, von dem geschrieben steht: Siehe, ich sende meinen Boten vor deinem

Angesicht her, der deinen Weg vor dir bereiten wird... Und wenn ihr es annehmen wollt: Er ist Elia, der kommen soll."

Als der Engel Zacharias mitteilte, dass er einen Sohn namens Johannes bekommen solle, lesen wir in Lukas 1: 17: „Und er wird vor ihm hergehen im Geiste und in der Macht Elias, um die Herzen der Väter den Kindern zuzuwenden, und die Ungehorsamen der Weisheit der Gerechten zuzuwenden, um ein Volk vorzubereiten, das bereit ist für den Herrn."

D: Das muss ein sehr aufregender Augenblick sein. Ich danke dir wirklich, dass du ihn mit uns teilst. Das ist etwas, das nur einmal im Leben passiert, etwas so Schönes wie dieses zu sehen.
S: *Es ist mehr als ein Mal im Leben, es ist ein Mal der Ewigkeit.*
D: Das ist wahr. Und etwas, an dem wir nie hätten teilhaben dürfen, wenn du nicht mit uns darüber gesprochen hättest.

Es war eine so großartige Erfahrung, dass ich dachte, Katie würde die Erinnerung sicher mit sich zurückbringen. Als ich sie in die Gegenwart brachte und sie weckte, war es ein wenig traurig, dass sie keine Erinnerung daran hatte, was Suddi gesehen hatte. Ich war sehr versucht gewesen, ihr vorzuschlagen, dass sie diese Erinnerung mitbringe. Aber wir hatten zu Beginn unserer Zusammenarbeit beschlossen, dass es ratsam sei, diesen Erfahrungen zu gestatten, in der Vergangenheit zu bleiben, wo sie hingehörten. Kann sich irgendjemand vorstellen, wie verwirrend es im normalen Wachleben sein würde, die bewussten Erinnerungen an so viele verschiedene Leben mit sich herumzutragen? Ich denke, es wäre äußerst schwierig, mit den Angelegenheiten des Alltags fortzufahren. Es gab Zeiten, da Katie sagte, dass sie sich später an flüchtige Einblicke in Szenen erinnerte. Aber diese wären ähnlich den verblassenden Fragmenten von Träumen, die wir alle beim Erwachen aus dem Schlaf einer Nacht erleben.

KAPITEL 19

Die Heiligen Drei Könige aus dem Morgenland und das Baby

Wir waren im Leben von Suddi weitergegangen und kamen zu einer Zeit, als er seine Cousins in Nazareth besuchte. Er saß auf dem Dorfplatz und beobachtete die Kinder beim Spielen im Brunnen. Ich wollte ihn weiter nach der Erscheinung des Sterns von Bethlehem fragen, in der Hoffnung, es besser zu verstehen. Ich hoffte auch, mehr Informationen über die Geburt Jesu zu erhalten.

D: Als ich zuvor mit dir sprach, sagtest du, dass du alle Prophezeiungen über das Kommen des Messias kennest und du nach ihm Ausschau gehalten habest. Warum ist der Messias so wichtig?
S: *Er ist wichtig, weil er derjenige ist, der das Licht in die Welt bringen wird. Er wird denjenigen Erlösung und Hoffnung geben, die keine haben. Er wird uns und anderen zeigen, wie wir unsere Seelen stärken können.*
D: Dann wird er ein ganz besonderer Mensch sein.
S: *Er ist ein ganz besonderer Mensch, obwohl er noch ein Kind ist.*
D: Hast du ihn gesehen?
S: *Einmal, als seine Eltern zu uns kamen und uns um Hilfe baten. Denn sie wussten von den Plänen Herodes' und mussten fortgehen. Sie suchten viele Tage lang bei uns Zuflucht, während die Dinge zusammengesammelt wurden, damit sie ihre Reise in Sicherheit antreten konnten.*
D: Weißt du, was der Herodes' Plan war?

S: *Alle Kinder zu töten, die innerhalb einer Zeitspanne von zwei Jahren geboren wurden. Weil gesagt wurde, dass der Messias geboren worden sei, und er dachte, auf diese Weise würde er ihn in seinem Netz einfangen und sich dieser Sorge entledigen.*
D: Woher wusste Herodes, dass der Messias geboren wurde?
S: *Als die Heiligen Drei Könige kamen und am Palast anhielten. Sie dachten fälschlicherweise, dass, wenn ein König geboren worden sein soll, er sicherlich im Palast des Königs geboren wurde. Sie sprachen mit Herodes, und durch sie erfuhr er, dass der Messias geboren worden war und er König der Juden genannt werden sollte. Und dies konnte Herodes nicht hören. Deshalb befahl er, nachdem die Weisen gegangen waren, dass diese Verordnung befolgt werden solle. Denn sollte ein König der Juden geboren sein, dann würde daraus folgen, dass er, der als König der Juden bekannt war, nicht mehr länger König sein würde.*
D: Ich stelle mir vor, dass, wenn die Heiligen Drei Könige dies gewusst hätten, sie wahrscheinlich nicht zum Palast gegangen wären.
S: *(Seufzer) Es war ihr Schicksal. Denn stand nicht geschrieben, dass dies geschehen werde? Es wurde vor vielen, vielen Jahren vorhergesehen und deshalb wusste jeder davon, so dass wir darauf vorbereitet waren. Sie folgten lediglich ihrem Schicksal, wie wir alle unserem eigenen folgen müssen.*
D: Einige Leute sagten, dass, als die drei Weisen zu Herodes kamen, dies lange Zeit nach der Geburt des Messias war.
S: *Nein, denn als die Heiligen Drei Könige zum Messias kamen, befand er sich noch immer am Ort seiner Geburt. Er hatte ihn nicht verlassen.*
D: Weißt du, wie viele weise Männer kamen?
S: *Es waren drei. Sie waren Männer von Ur.*
D: Ist das nicht eine Stadt in Babylon?
S: *Barchavia (phonetisch.) Das ist ein anderer Name für Babylon, wie ihr es nennt. Ur ist mehr ein Volk als ein Land oder irgendein Ort. Sie sind von den Ur. Das ist ihre Abstammung.*
D: Ich verstehe. Ich habe so viele unterschiedliche Geschichten gehört. Wenn du dort warst, dann kennst du die Wahrheit.
S: *Ich war nicht dabei, als sie mit Herodes sprachen. Aber ich habe davon gehört, und ich weiß, dass es wahr ist.*
D: Woher wussten die Weisen, dass es Zeit war, zu kommen? How

S: *Es wurde in den Himmeln vorausgesagt. Es war das Zusammentreffen der Planeten und der Sterne und sie nutzten dies als ihre Führung. Sie sahen den Stern und wussten, wofür er war.*
D: Einmal, als ich mit dir sprach, sagtest du, du habest den Stern in der Nacht gesehen, in der der Messias geboren wurde.
S: *(Emotional) Ja.*
D: Glaubst du, die Weisen sahen denselben Stern?
S: *Alle sahen denselben Stern!*

Ich versuchte, möglichst herauszufinden, welche Himmelskörper an der Bildung des Sterns von Bethlehem beteiligt waren. Ich dachte, er kennt vielleicht die Namen der verschiedenen Himmelskörper.

S: *Es gibt verschiedene Namen für sie, und Namen für die verschiedenen... (er suchte nach dem richtigen Wort) Sternbilder. Es ist eher so, dass sie auf letztere Weise benannt werden, als dass einzelne Sterne benannt werden. Man sagt zwar, dass jeder einzelne der zusammenkommenden Sterne einen Namen haben, aber ich kenne sie nicht. Das ist nicht meine bestes Studienfach.*
D: Waren es Sterne, die auch sonst normalerweise am Himmel sind?
S: *Ja. Es war nur so, dass sie zusammengewachsen waren. Dass sich ihre Wege am Himmel sozusagen kreuzten.*
D: Einige Leute haben gesagt, dass es vielleicht ein fremder Stern war, der noch nie zuvor am Himmel gesehen worden war (unter Bezugnahme auf die mögliche Nova).
S: *Es war keiner, der zu dieser Gelegenheit dafür geschaffen wurde, nein. Es gibt viele, die versuchen, es auf viele verschiedene Arten zu erklären. Sie versuchten zu sagen, dass es eine Warnung der Götter gewesen sei, dass Rom im Begriff war, zu fallen. Dass es ein Komet gewesen sei. Es wird gesagt, dass es Lichtpunkte gegeben habe, an denen sich der Himmel öffnete und durchschien. Sie haben viele Erklärungen dafür. Aber es war Gott, der zeigte, dass dies sein Sohn ist und uns eine Möglichkeit gab, es zu erkennen.*

Es gibt viele Menschen, die sagen, dass diese Dinge unmöglich seien, und alle Dinge sind unmöglich ohne Glauben. Aber wenn man glaubt, sind alle Dinge möglich. Ich kann nicht daran zweifeln, denn ich habe es mit eigenen Augen gesehen. Alles, was ich weiß, ist, dass, als sie zusammenkamen, das Licht stark genug war, um Schatten zu werfen. Und es war so stark, dass man nicht sitzen und es für längere Zeit anstarren konnte. Es war etwas, das sich in der bewussten Erinnerung des Menschen noch nie zuvor ereignet hatte. Wer bin ich, dass ich über Gottes Wege, Dinge zu tun, urteile? Die Weisen - es wird gesagt, dass es möglicherweise einen vierten gab. Es wird gesagt, dass jeder der Weisen einem der Sterne folgte, und dass sie sich an diesem Punkt trafen.

D: Du meinst, sie trafen sich nicht, bevor sie in der Gegend von Bethlehem waren?

S: *Es lag zumindest innerhalb einer kurzen Reisestrecke. Die Drei Weisen trafen sich, als die Sterne beinahe zusammentrafen. Alle kamen aus ihrer jeweiligen Richtung, und es heißt, dass einer von ihnen nie ankam, denn es gab einen für jeden Stern.*

D: Wissen sie, was mit dem Vierten passiert sein könnte?

S: *Wenn sie es wissen, ist es mir zumindest nicht bekannt.*

D: Glauben sie, dass sie aus vier verschiedenen Ländern kamen?

S: *Man könnte sagen, dass sie aus sehr fernen Ländern kamen, ja, vier verschiedenen Ursprungsorten.*

D: Weißt du, welche Länder?

S: *Es wurde nicht darüber gesprochen, nein.*

D: Die Leute haben gesagt, dass wenn die Weisen den Stern in fernen Ländern gesehen hätten, es schwierig gewesen wäre, denselben Stern zu sehen, und bis zu dem Zeitpunkt, dass sie in Bethlehem angekommen wären, wäre der Stern weg gewesen.

Das war eines der Argumente. Wenn der Stern ein einziges helles Licht war, konnte er aufgrund der Erdkrümmung nicht gesehen worden sein.

S: *Das ist wahr. Die Geschichten werden mit jedem Erzählen länger. Aber sie folgten den Sternen, die zusammenstrebten, denn sie wussten, was geschehen würde. Und sie hatten Hunderte und Aberhunderte von Jahren nach diesem Ereignis Ausschau gehalten. Als die Sterne eins wurden, konnte man es sehen... überall.*

D: Die Drei Weisen müssen die Prophezeiungen auch gekannt haben, oder zumindest wussten sie, wie man die Sterne deutet.

S: Man sagt, dass die Männer aus Ur diejenigen waren, die uns viele unserer Prophezeiungen gaben. Sie schenkten uns auch Abraham.

Der ursprüngliche vereinigte Stern war in dieser Nacht extrem hell und man konnte ihn danach noch fast einen Monat lang am Himmel sehen, aber das Licht war tagsüber nicht zu sehen.

S: Es war nur ein Lichtherd für eine Nacht. Es war... wie soll ich das erklären? Das Licht war nicht ganz das gleiche. Es war, als ob sie sich nach ihrem ersten Zusammentreffen wieder trennten und ihrer Wege gingen, so dass es immer weniger hell wurde. Es ging vielleicht einen Monat, bis das Licht vollständig verschwunden war, ja.

Die Menschen haben sich oft gefragt, warum Herodes den Befehl gab, alle männlichen Kinder im Alter von zwei Jahren und darunter zu töten. Einige sagen, dies sei ein Beweis dafür, dass die Weisen so lange gebraucht haben, um von ihren Ländern nach Bethlehem zu reisen. Aber nach Suddis Version konnte das nicht so gewesen sein. Er sagte, dass die Weisen das Baby fanden, während er sich noch an seinem Geburtsort befand.

Ich verstehe, dass die Bibel für viele Interpretationen offen ist, aber ich denke, Herodes wartete eine Weile darauf, dass die Weisen mit Informationen über den Aufenthaltsort des Kindes zu ihm zurückkehrten. Dann denke ich, dass er wahrscheinlich Soldaten aussandte, um sie zu finden. All dies kostete Zeit. Als er entdeckte, dass die Heiligen Drei Könige das Land verlassen hatten, verkündete er wütend, dass alle Kinder innerhalb einer Spanne von zwei Jahren einbezogen werden sollten, damit das Kind „seinem Netz nicht entkommen" konnte.

D: Wie nennt ihr den Messias?
S: (Er zögerte.) Wir nennen ihn nicht beim Namen.
D: Hat er noch keinen Namen?
S: Er hat einen Namen, aber ihn zu nennen, würde bedeuten, seinen Tod auszusprechen, und er muss geschützt werden.

Das war unerwartet. Anscheinend konnte das Wort eventuell an Herodes oder seine Soldaten durchsickern, wenn die Leute seinen

Namen wüssten und sie würden wissen, nach wem sie suchen müssten. Es scheint, dass Herodes sich sicher war, dass er ihn bei seinem Kindergemetzel getötet hatte und er sich keine Sorgen mehr um ihn machen musste. Aber die Essener dachten, er solle anonym bleiben, bis die Zeit gekommen sei, seine Identität preiszugeben. Diese Vorsichtsmaßnahme könnte zu Problemen bei der Informationsbeschaffung führen. Ich fragte, ob er irgendwelche Geschichten über seine Geburt gehört habe, in der Hoffnung, etwas Ähnliches wie die Bibelversion zu hören zu bekommen.

S: *Wir kennen die Geschichte von seiner Geburt. Er wurde in Bethlehem geboren, das ist alles, was man wissen muss. Es erfüllte sich die Prophezeiung. Zu einem späteren Zeitpunkt wird er eine weitere Prophezeiung erfüllen, in der bekannt werden wird, woher er stammt. Und es war ein Gegenstand des Unglaubens. Aber zu viel zu erzählen, wäre töricht.*

Er bezog sich anscheinend auf die Prophezeiung, die er vorhin erwähnt hatte, dass nichts Gutes je aus Nazareth kommt. Immer noch nach irgendeiner Art Informationen drängend, dachte ich, Suddi habe vielleicht von der Jungfrauengeburt gehört. Es würde den Messias sicherlich nicht gefährden, wenn er mir von ungewöhnlichen Ereignissen im Zusammenhang mit seiner Geburt erzählte.

S: *Er wurde in einer Höhle geboren, wenn dies als ungewöhnlich angesehen wird.*

Das klang seltsam, aber in Die Verlorenen Bücher der Bibel gibt es viele Hinweise auf den Geburtsort Jesu als Höhle. Die alte Geburtskirche in Bethlehem wurde über der Heiligen Grotte oder Höhle erbaut, die als angeblicher Geburtsort anerkannt ist. Höhlen wurden damals auch als Stallungen genutzt.

S: *Es gibt viele Geschichten über seine Geburt. In den kommenden Jahren wird es noch viele weitere geben. Aber dies soll erst zu einem späteren Zeitpunkt bekannt werden. Zu wissen, wo genau er geboren wurde, würde bedeuten, seine Eltern zu benennen. Menschen sind auffindbar. Man kann sie aufstöbern und wenn man genug über sie weiß, wird man sie finden.*

Das machte natürlich Sinn. Ich war noch dabei, nach Informationen zu fischen, während ich annahm, dass, wenn sie zu den Essenern gekommen waren, um sich zu verstecken, sie dann wahrscheinlich nicht einmal mehr im Lande waren. Es scheint, dass das Sicherste, was man tun konnte, darin bestand, das Land seiner Geburt zu verlassen. Aber er sprach nur meine Bemerkung nach: „Es wäre eine sichere Sache." Also war es offensichtlich, dass ich ihn nicht dazu bringen konnte, irgendwelche Namen preiszugeben. Vielleicht wäre es das Nächstbeste, zu versuchen, eine Beschreibung der Eltern zu bekommen.

S: *Seine Mutter war noch ein Kind. Sie war vielleicht sechzehn, nicht mehr. Von solcher Schönheit und Stille, es war zu bewundern. Der Vater war älter, ein sehr frommer Mann. Er liebte seine Frau sehr, das konnte man auf einen Blick sehen. Sie waren in anderen Leben bereits viele Male zusammen gewesen.*
D: Gab es irgendetwas Ungewöhnliches an dem Baby?
S: *(Seine Stimme barg so viel Bewunderung) Seine schönen Augen. Und die Tatsache, dass er das ruhigste Kind war. Er konnte einen ansehen und es war, als ob er alle Geheimnisse des Universums kenne und einfach in ihrem Glanz bade.*
D: Dann war er anders als ein normales Kind?
S: *Wie soll ich von normalen Kindern wissen? (Eine logische Antwort, Suddi war ein Junggeselle) Sie alle weinen und müssen gestillt werden und brauchen ihren Windelwechsel. Was kann man dazu sagen? Es war, als ob er alles beobachtete... um davon zu lernen, um alles auf einmal zu erfahren.*

Ich nahm an, dass, wenn Suddi ihn gesehen hätte, es eine solch emotionale Erfahrung gewesen wäre, dass er sich an jedes Detail erinnert hätte.

D: Du sagtest, er hatte schöne Augen. Welche Farbe hatten sie?
S: *Es war nie dieselbe. Bei einem Blick waren sie grau und das nächste Mal blau, vielleicht grün. Man war sich nie sicher.*
D: Welche Farbe hatte sein Haar, wenn er welches hatte?
S: *Was er hatte, war ein leichter Rotton, ein sehr sandiges Rot.*

Dies war eine seltsame Antwort, die nicht mit dem üblichen Bild übereinstimmt, das die Leute vom Christuskind haben. Sie nehmen immer an, dass er dunkel oder zumindest braunhaarig war. Diese Beschreibung stimmt jedoch mit denen überein, die durch Taylor Caldwell in Jess Stearns Buch Search For A Soul (Dt. Buchtitel: Die unsterbliche Seele, *Anm. des Übersetzers) und Edgar Cayce's Schriften über Jesus vermittelt wurden.

Als der Messias zu seinem Schutz zu den Essenern kam, war er noch ein kleines Baby, aber Suddi wusste, dass es sein Schicksal sein würde, ihn wiederzusehen. Dies war ein weiterer positiver Hinweis darauf, dass wir mehr von seiner Geschichte bekommen konnten.

Ich änderte die Taktik und beschloss, nach Johannes dem Täufer zu fragen. Vielleicht war er bei ihm nicht so beschützerisch und ich konnte Informationen auf eine runde Sache bekommen.

D: Du hast mir von der Prophezeiung erzählt, dass Elias einige Monate vor dem Messias zurückkehren und wiedergeboren werde. Du sagtest, sein Vater sei dir bekannt, weil er einer von euch gewesen sei. (Suddi nickte.) Ich habe gehört, dass sein Vater ein Priester war, aber ich weiß nicht, von welcher Religion.

S: *Es herrschen immer die römischen Religionen, aber man sagt, dass die Römer an das glauben, was zweckdienlich ist. Er war ein Priester Gottes. Es gibt keine andere Religion als diese. Er war kein Rabbi. Er diente im Tempel.*

Ich war mir wirklich nicht bewusst, dass es einen Unterschied zwischen dem Tempel und der Synagoge gab. In der Bibel werden sie beide erwähnt, aber man lehrt uns nicht, dass sie an verschiedenen Orten sein und unterschiedliche Funktionen haben konnten. Ich hatte immer gedacht, dass sie sich auf den gleichen Ort bezogen. Dies wird in Kapitel 5 behandelt, in welchem Suddi den Unterschied erklärte.

D: Kannst du mir sagen, was mit dem Kind passierte?
S: *Das Kind und seine Mutter sind bei uns. Er ist in Gefahr, denn er passt auch in jene Kategorie von Kindern, die Herodes töten will. Der Vater wurde getötet. Leider wurde dieses Edikt direkt nach einer Volkszählung erlassen, so dass sie von den Babys wussten, die geboren worden waren. Und als sie zu seinem Haus kamen*

und fragten: „Wo ist dein Kind?" sagte er ihnen: „Ich weiß es nicht." Und sie glaubten ihm nicht.
D: War das Baby dort?
S: *Nein. Die Mutter ist sehr unglücklich, denn sie hat das Gefühl, dass sie hätte stärker zu ihm halten sollen, und sichergehen müssen, dass er nachkomme. Aber er sprach zu ihr und sagte: Nein, er sei ein alter Mann und würde in seiner Pflicht gegenüber Gott sterben. Das war sein Wunsch.*
D: Wusste er, wohin sie gegangen war?
S: *Er wusste, zu wem, er wusste jedoch nicht, wohin.*
D: Er hätte es wahrscheinlich sowieso nicht gesagt.
S: *Nein, er wäre eher gestorben, und das tat er auch.*

Ich nahm an, dass die Verifizierung oder die Nichtigkeitserklärung von Katies Berichten an der Bibel hängen werde, da es die vollständigste Aufzeichnung ist, die wir über das Leben Christi haben. Aber ich war überrascht, viele Lücken und Halbwahrheiten in den biblischen Berichten zu finden. Ein typisches Beispiel dafür ist diese Geschichte über Zacharias. Er wird in der Bibel erwähnt als der Vater des Johannes, aber die Geschichte seines Schicksals nicht. Ich fand heraus, dass die Geschichte seiner Ermordung wahrheitsgetreu aufgezeichnet ist in The Aquarian Gospel of Jesus the Christ (Deutscher Buchtitel: Wassermann-Evangelium von Levi H. Dowling, *Anm. des Übersetzers) und in einer der Apokryphen namens The Protevangelion (Deutscher Titel: Das Protoevangelium, *Anm. des Übersetzers), angeblich geschrieben von James.

Als ich in diesen Geschichten las, dass Elisabeth das Baby mitgenommen hatte und in die Berge geflohen war, war es, als ob in meinem Kopf ein helles Licht anging. „Natürlich ging sie in die Berge", dachte ich. „Welche Frau mit einem Baby wird in der Wildnis herumlaufen? Sie wusste die ganze Zeit, wohin sie ging. Sie war auf dem Weg zur Essener Gemeinde in den Bergen, wo sie wusste, dass sie in Sicherheit sein würde." Es war absolut erstaunlich, wie die Geschichte, die durch Katie in tiefer Trance hervorkam, so viel Sinn machte und so viele lose Enden zusammenbrachte, die noch in der Bibel baumeln.

Bislang hatte Suddi keine Namen genannt, außer dass dieses Baby die Reinkarnation von Elias war. Ich fragte, ob er den Namen des

Vaters kenne. Ich sagte, ich wollte es wissen, weil ich ihn für einen sehr mutigen Mann hielt.

S: *Es ist jetzt nicht an der Zeit, es auch bekanntzugeben. War es nicht so, dass sein Kind auch in Gefahr war? Deshalb ist den Namen des Vaters zu nennen gleichbedeutend damit, den Namen des Sohnes zu nennen.*

Ein Hauch von Angst und Verschwiegenheit schien sich immer dann einzuschleichen, wenn ich zu nahe an verbotene Themen herankam. Es gab viele Dinge, die er sich bei seiner Ehre verpflichtet fühlte, zu schützen. Ich musste Wege finden, ihn dazu zu bringen, Informationen preiszugeben. Dieses Beschützerverhalten war sehr tief verwurzelt, wie die früheren Kapitel bezeugen. Aber jetzt wurde es fast eine Besessenheit, den Messias und Johannes vor jeder Gefahr schützen zu müssen.

D: Aber sie sind keine Babys mehr, nicht wahr?
S: *Sie sind Kinder. Sie sind mehrere Jahre alt.*
D: Du sagtest, dass dieses Kind (Johannes) bei dir sei. Scheint er irgendwie anders zu sein als die anderen Kinder?
S: *(Lächelnd) Er ist kämpferisch wie ein Löwe. Er ist stark und lässt jeden genau wissen, was er denkt. Sie müssen nicht eben zustimmen, aber sie kennen ganz gewiss seinen Standpunkt.*
D: (Ich lachte.) Ist er schelmisch?
S: *Nein, er ist ein guter Junge. Er sieht seinem Cousin (Jesus) sehr ähnlich. Nur ist er vielleicht hitziger und von seiner Stärke her mehr als sein Vater. Während sein Cousin ruhiger und feiner ist.*
D: Hat er dieselbe Haarfarbe?
S: *Seine ist definitiv sehr, sehr rot. Es leuchtet wie Feuer um seinen Kopf.*
D: Einige Leute denken, dass die Menschen in Ihrem Land dunkelhäutig mit schwarzen Haaren seien.
S: *Diejenigen, die dir das erzählt haben, haben vielleicht nur diejenigen getroffen, die aus dem Süden oder vielleicht aus einer anderen Gegend kommen. Aber diejenigen, die hier leben, (in Nazareth) haben größtenteils helle Haut und blonde Haare sowie helle Augen. Es gibt viele Mischehen mit Menschen aus dem Süden. Deshalb geht es immer mehr verloren. Es gibt weniger*

Kinder, die mit roten oder gelben Haaren geboren werden. Es gibt mehr, die mit braunem oder dunklem geboren werden.

D: Nun, weißt du, ob es noch weitere Prophezeiungen darüber gibt, was mit diesem Kind, dem Messias, in seinem Leben geschehen wird?

S: *Es wird gesagt, dass er das Wort verbreiten und das Leiden der Welt auf seine Schultern nehmen wird. Und dass wir durch sein Leiden gerettet werden sollen.*

Wir haben unser ganzes Leben lang diesen Ausdruck gehört: „Wir werden gerettet werden". Aber ich fragte mich, was es wirklich bedeutete, besonders was es zu Suddis Zeiten bedeutete. Wovor sollen wir gerettet werden?

S. *Vor uns selbst. So, wie es jetzt ist, wie es steht, muss man stets durch Bemühen sozusagen den Schritt nach oben auf der Leiter gewinnen. Wohingegen mit göttlicher Fürbitte und dem Bitten um Hilfe oder Segen kann man dagegen die Stufen auf der Leiter leichter gehen. Ich erkläre das nicht sehr gut. Mein Vater kann viel besser erklären.*

D: Gut, gespeichert, auf der Leiter. Hat das etwas mit Reinkarnation, mit Wiedergeburt zu tun?

S: *Mit Wiedergeburt, ja. Damit, die Vervollkommnung der Seele zu erreichen, ja. Denn es heißt, dass ein Mensch neu geboren werden muss. Das steht in einigen der Prophezeiungen.*

D: Um Vollkommenheit zu erlangen?

S: *Um den Himmel zu erlangen.*

D: Nun, lass mich dir eine Sache sagen, die ich gehört habe, und du kannst mir sagen, was du denkst. Einige Leute sagen, dass, wenn man gerettet ist, dies bedeutet, dass man von seinen Sünden befreit sei und man nicht in die Hölle komme.

S: *(Unterbrach) Es gibt keine andere Hölle als die, die man selbst erschafft. Es ist das Bild, das man projiziert, das man voraussieht. Das muss immer bekannt gewesen sein. Dass das auftretende Leiden größtenteils hierin liegt. Sodass man, wenn man stirbt, nur unter seinem eigenen Bedürfnis oder Wunsch nach Leid leidet. Warum sollte Gott, der alles vollkommen erschafft, etwas erschaffen, das für ihn so grauenhaft wäre? Für mich macht das keinen Sinn.*

D: Sie sagen, dass Er dich in die Hölle schicken werde, um dich zu bestrafen.

S: *Niemand bestraft dich außer du dich selbst! Du bist dein eigener Richter. Heißt es nicht: „Richtet nicht über andere, auf dass ihr nicht selbst gerichtet werdet"? Es heißt, urteilt nicht über andere, es heißt nicht, man solle nicht über sich selbst urteilen. Du bist der Richter deines eigenen Selbst. (Er erschien dabei sehr leidenschaftlich.)*

D: Nun, ich habe immer geglaubt, dass Gott ein guter und liebender Gott ist. Er würde so etwas nicht tun, aber andere sind da anderer Meinung.

St Mary's Well in Nazareth

KAPITEL 20

Jesus und Johannes: Zwei Schüler in Qumran

Während einer weiteren Sitzung stieß ich auf Suddi, als er gerade unterrichtete. Dies wäre wiederum keine ungewöhnliche Situation gewesen, außer dass sein Zögern, mir zu antworten, mich alarmierte, dass etwas Besonderes vor sich gehen musste. Da war der gleiche Unterton der Geheimhaltung, der so oft gegenwärtig war. Die Frage war stets, wie man an diesem eingebauten Wächter vorbeikommt. Er gab lediglich zu, dass er zwei Schüler hatte, und anhand seiner sorgfältig formulierten Antworten ahnte ich, wer die Schüler sein könnten. Ich musste vorsichtig vorgehen, um die Antworten zu finden. Ich fragte ihn, worin er sie unterrichtet.

S: Ich lehre das Gesetz. (Er hielt inne und lächelte zart.) Das erscheint mir sehr seltsam. Wie kann man jemandem, der es besser kennt als ich selbst, das Gesetz beibringen? (Er lachte leise.)
D: Sprichst du von deinen Schülern?
S: Ich spreche von einem von ihnen, ja.

Jetzt war ich mir sicher, dass ich wusste, wen er unterrichtete. Aber wie konnte ich ihn dazu bringen, es zuzugeben?

S: Sie sind beide sehr intelligent. Einer ist mehr von feurigem Temperament und der andere sitzt einfach da und sieht einen an. Und manchmal fühlt man sich so unglaublich dumm, weil er etwas verständlich macht und es so ist, als ob einem das zum ersten Mal gezeigt worden wäre. Und man betrachtet es in neuem Licht und mit neuen Augen.

Ich sagte ihm, dass ich überrascht sei, denn ich fragte mich, was ein Kind einem Lehrer beibringen könne.

S: *Ein Kind kann vielen Erwachsenen viele Dinge beibringen. Wie man liebt, wie man sich öffnet, wie man andere liebt, ohne vielleicht darüber nachzudenken, was man vom anderen erlangen wird.*

Ich bat um ein Beispiel für etwas, das er ihm aufgezeigt hatte, und Suddi gab mir das Folgende.

S: *Er ist sehr wachsam. Er beobachtet alles so, als würde er von allem lernen. Er sagte, wenn eine Pflanze wächst, wisse sie, wann sie neue Zweige ausbringen müsse, und sie wisse, wann sie blühen und wann sie aussäen müsse. Und sie wisse ohne sichtbare Führung, wann sie all diese Dinge tun solle. Sie scheint diese Dinge sozusagen aus dem Nichts heraus zu kennen. Im Herzen der Dinge kann der Mensch also Dinge aus dem Nichts wissen, genauso, wie die Pflanzen es bei den einfacheren Dingen können. Weil der Mensch ein weiter fortgeschrittenes Geschöpf ist, kann er weiter fortgeschrittene Dinge aus der Luft heraus wissen und diese Dinge zur Führung seines Lebens und seiner Handlungen nutzen. Ich kann es nicht so erzählen, wie er es tat. Er hat eine schöne Art, mit Worten umzugehen.*
D: Sind das Dinge, die er dir gesagt hat, an die du selbst nicht gedacht hast?
S: *Nicht unbedingt, an die ich nicht gedacht hatte. Aber es ist wie eine Frühlingsbrise, die den Staub und die Spinnweben fortweht, damit man es deutlich sehen kann. Vielleicht zum ersten Mal.*
D: Er muss ein ungewöhnliches Kind sein. Sind deine Schüler sehr alt?
S: *Sie sind noch nicht im Alter ihrer Bar Mitzwa. Sie sind zwölfeinhalb.*

Da ich keine Kenntnisse von jüdischen Bräuchen hatte, dachte ich, die Bar Mitzwa werde gefeiert, wenn ein Junge zwölf Jahre alt wird, aber Suddi sagte, es sei mit dreizehn Jahren. Ich wollte ein wenig mehr Informationen darüber, was er ihnen beibrachte. Meinte er mit dem Gesetz die Thora?

S: *Es ist Teil der Thora, aber das Gesetz besteht aus den Gesetzen, die uns von Mose gegeben wurden. Die Dinge, nach denen wir täglich leben müssen, um als gottgefällig und dem richtigen Weg folgend angesehen zu werden. Das sind Richtlinien, sozusagen. Es ist nur Teil der Thora. Es ist sozusagen nur einer der Abschnitte.*
D: Kannst du mir kurz einige der wichtigen Gesetze nennen?
S: *Da sind all diese Ernährungsregeln. Da sind die Gesetze über... natürlich die Gebote. Diese: Ehre deinen Vater und deine Mutter, und halte den Sabbattag heilig und begehe nicht Ehebruch oder Sünde, oder stehle oder begehre nichts und solcherlei. Diese sind Teil des Gesetzes. Wie man diejenigen behandelt, die mit einem arbeiten. Wie man umgehen muss... sagen wir, wenn ein Mann stirbt, wessen Ehefrau die Frau dann wird. Es gibt diese Gesetze. Alles, was das Alltagsleben betrifft, ist im Gesetz verankert. Dann gibt es das Gesetz, das eingeht auf..., beispielsweise, wie lange man einen Sklaven als Teil des eigenen Besitzes haben darf. Die Gesetze über Sklaven und Freigelassene und solch nutzlose Dinge.*
D: Was meinst du mit nutzlosen Dingen?
S: *Wenn es keine Sklaven gibt, warum sollte es dann Gesetze sie betreffend geben?*

Das war wahr. Es gab keine Sklaven in Qumran. Aber Suddi sagte, obwohl es nutzlos war, war es Tradition, diese Dinge zu lernen. Natürlich wären sie wichtig zu wissen für jemanden, der außerhalb der Mauern lebt. Ich bat ihn, das Gesetz über den Sklaven und den Freigelassenen zu erklären.

S: *Nun, nach sieben Jahren ist der Hebräer kein Sklave mehr. Man ist gesetzlich dazu verpflichtet, diesen Sklaven freizulassen und ihn zu einem freien Mann zu machen. Außer unter bestimmten Umständen. Es gibt Unterschiede dabei, aber nur sehr wenige. Es ist sehr kompliziert und sehr verwickelt, aber das ist die Grundlage dafür.*
D: Unterscheiden sich die Essener Gesetze von der Thora?

S: *Man würde sie nicht als Essener Gesetze auffassen. Es sind Naturgesetze. Das Gesetz der Manifestierung. Darüber, zu wünschen und dann zu wissen, dass es erfüllt werden soll, und dass das Bedürfnis erfüllt wird. Diese Gesetze sind die Grundgesetze der Natur. Sie werden auch gelehrt, aber es gibt weitere, die sie Folgendes lehren. Wie man jeden Teil von sich selbst für den Zweck des eigenen Lebens nutzt. Für das Ziel, das man letztendlich erreichen soll. Dieses Ziel, damit man in diesem Leben Erfüllung findet.*

D: Diese Essener Überzeugungen befinden sich nicht in der Thora?

S: *Es ist nicht so, dass sie nicht vorhanden sind. Die Gesetze sind für alle sichtbar. Es ist nur so, dass ihnen keine besondere Aufmerksamkeit geschenkt wird.*

D: Nun, für viele Menschen sind es ohnehin nur Worte. Sie verstehen sie nicht wirklich.

S: *Aber dies sind die Worte des Herrn, unseres Gottes. Ich meine, sie sind heilig, sie müssen... es ist mir unbegreiflich, wie Menschen, und es gibt viele, in ihrem täglichen Leben weitermachen und leugnen, dass Gott existiert. Für diese empfinde ich große Trauer, denn sie gehen blinder durch das Leben als jemand, der ohne Augen geboren wurde. Denn sie haben die Augen ihrer Seele geschlossen.*

Ich dachte, ich würde noch einmal versuchen, die Namen der Schüler zu erfahren. Er zögerte, antwortete aber schließlich: „Es gibt den jungen Benjoseph und dann ist da noch Benzacharias." Endlich hatte ich es fertiggebracht. Er wusste nicht, dass ich ihn ausgetrickst hatte. Er konnte mir die Namen des Messias und des Wegbereiters nicht nennen, aber es war in Ordnung, mir die Namen seiner Schüler zu nennen, da er dachte, dass ich die beiden nicht zuordnen könne. Er konnte nicht erkennen, dass diese Namen für mich ausreichen würden, um sie zu identifizieren. Anscheinend bedeutet „Ben" vor einem Namen „Sohn von", und die Namen Joseph und Zacharias machten deutlich, dass er von Jesus und Johannes sprach. Er konnte absolut nicht wissen, dass ich die Bedeutung der Namen ihrer Väter kannte und dass ich in der Lage sein würde, zwei und zwei zusammenzuzählen. Jetzt hatte ich Namen zur Verfügung, die sich der Barriere seines Beschützerverhaltens entziehen konnten. Er konnte frei über seine Schüler sprechen, ohne zu merken, dass er etwas verschenkte.

Er sagte, dies seien die Namen ihrer Väter. Sie hatten zwei Namen: „Das ist ihr zweiter Name, wie du es nennen würdest, ja." Er weigerte sich immer noch, mir ihre Vornamen zu nennen. Das war in Ordnung. Er wusste nicht, dass er mir bereits genug gesagt hatte.

D: Studieren diese Schüler schon sehr lange bei dir?
S: *Seit sie vielleicht acht Jahre alt waren, ungefähr, ja. Seit etwa fünf, vier oder fünf Jahren.*

Ich wusste jetzt, dass ich Fragen über Benjoseph stellen konnte und er antworten würde, nicht bemerkend, dass ich wusste, dass Benjoseph und der Messias ein und dasselbe waren. Diese Methode erwies sich als sehr effektiv.

D: Wo hat Benjoseph gelebt, bevor er zu dir kam?
S: *Eine Weile lang blieb er in Ägypten und weit weg von dort, um zu lernen.*
D: Einige Leute sagen, dass ein Kind nicht selbst denken und etwas lernen könne, wenn es derart jung ist.
S: *Das ist, weil sie nicht so behandelt werden, als ob sie irgendeine Intelligenz haben, deshalb brauchen sie nicht zu zeigen, dass sie Gedankenkraft und Auffassungsgabe haben. Es wird gesagt, dass die ersten sieben Jahre eines Kindes das sind, was den Erwachsenen ausmacht. Er ist ein sehr ungewöhnlicher Schüler. Deshalb, ja, ich würde sagen, sie haben ihn unterrichtet. Man sagt, dass er mit seinem Cousin viele weiter entfernte Orte besucht habe. Das weiß ich nicht, ich habe ihn dazu nicht befragt. Ich glaube nicht, dass es mein Recht ist.*
D: Weißt du, welcher Cousin das war?
S: *Es ist einer der Cousins seiner Mutter. Ich bin mir nicht sicher, ich glaube, es ist sein Cousin. Sein Name ist ebenfalls Joseph.*

Ich war überrascht, dass seine Mutter ihm erlaubt haben soll, so weit fortzugehen, aber Suddi sagte, dass sie mit ihnen auf diese Reisen ging.

D: Lebt seine Mutter jetzt bei dir?

S: *Nein, sie leben in ihrem eigenen Haus. Sie lebten einst in der Gemeinschaft, aber sie müssen sich noch um andere Kinder kümmern. Und es gibt viele Dinge, die im Alltag getan werden müssen. Sie dachten, dass er von unserem Wissen und unseren Lehren profitieren werde. Sie kommen recht häufig hierher und suchen uns auf. Und er geht genauso häufig auch nach Hause. Sie leben in Nazareth. Es ist eine mehrtägige Reise. Vielleicht einmal im Monat kommen sie zu ihm und dann wiederum geht er zu ihnen. Somit ist der Kontakt nicht unterbrochen.*

D: Ist das Gesetz das Einzige, was du diesen Jungs beibringst?

S: *Ja, aber sie studieren bei allen Lehrern hier. Sie lernen Mathematik, das Studium der Sterne, das Studium der Prophezeiungen, der Mysterien. Alles, was wir ihnen überhaupt je beibringen können.*

D: Hältst du sie für gute Schüler?

S: *Ja, ich würde sagen, das sind sie.*

Jedes Mal, wenn er von ihnen sprach, schwang Zuneigung in seiner Stimme. Sie waren Suddis einzige Schüler. Er hatte seine Zeit ausschließlich dem Unterrichten der beiden gewidmet, so dass die Ältesten in Qumran ihre Ausbildung als ein sehr wichtiges Projekt betrachtet haben müssen.

CHAPTER 21

Jesus und Johannes:
Der Abschluss ihres Studiums

Als Jesus und Johannes vierzehn Jahre alt waren, stieß ich auf Suddi, der gerade ein Zertifikat für sie schrieb. „Sie müssen gehen, und das soll bezeugen, dass ich sie gelehrt und sie geprüft habe und befunden habe, dass sie über ausreichende Kenntnisse im Rechtswesen verfügen, um als Beste in der Rechtswissenschaft erachtet zu werden. Gut genug, um ihrerseits zu unterrichten."

An dieser Stelle holte ich einen Notizblock und einen Filzstift heraus, die ich besorgt hatte, und bat ihn, mir etwas von dem aufzuschreiben, was er auf das Zertifikat schrieb. Ich wollte vor allem, dass er die Namen seiner Schüler schreibt. Aber er sagte: „Die Studenten werden ihre Namen eintragen. Es muss von ihnen unterzeichnet werden." Er öffnete die Augen, nahm den Marker und sah ihn neugierig an. Er nahm ihn mit der rechten Hand, obwohl Katie normalerweise Linkshänderin ist. Es war offensichtlich ein seltsames Objekt für Suddi, und er tastete den Punkt ab bei dem Versuch, herauszufinden, welches Ende er benutzen sollte. Dann schrieb er etwas von rechts nach links über das Papier, aber für mich sah es nach Gekritzel aus. Ich fragte, was da stand.

S: *Es ist im Wesentlichen einfach für jeden, dem es wichtig sein könnte, dass ich festgestellt habe, dass diese Studenten die Besten in der Rechtslehre sind. Es geht noch weiter, aber das ist ein Teil davon.*
D: Waren sie gute Schüler?

S: *Größtenteils- For the most part. Es gab zuweilen heftige Auseinandersetzungen. Aber zum größten Teil sind es sehr gute Kinder.*

D: Waren diese Auseinandersetzungen zwischen den Jungs oder mit dir?

S: *Vieles davon war zwischen den beiden.*

D: Waren sie mit den Lehren nicht einverstanden?

S: *Es war nicht so, dass sie mit den Lehren nicht einverstanden waren. Vielleicht waren sie nicht mit den Lehrinterpretationen (er hatte Schwierigkeiten mit diesem Wort) des jeweils anderen einverstanden.*

D: Hattest du jemals Streitigkeiten mit ihnen?

S: *Keine, an die ich mich erinnere. (Er lächelte.) Benjoseph, er musste nie streiten. Er sah einen nur an. Wenn er das Gefühl hatte, dass man vielleicht seinen Standpunkt zu einer bestimmten Sache nicht versteht, obwohl er sie mehrmals durchgegangen war, sah er einen einfach mit diesen seelenvollen Augen an. Und es war gerade so, als ob er sagte: „Obwohl ich weiß, dass du es nicht verstehst, vergebe ich dir trotzdem." Und das war das Ende von allem. Wer würde dann daran denken, sich zu streiten?*

Während all dieser Jahre waren sie Suddis einzige Schüler. „Die Klassen werden sehr klein gehalten, so dass sie sichergehen konnten, alles zu lernen, was gelehrt wurde. Mehr Schüler zu haben würde die Aufmerksamkeit zu stark ablenken." Suddi hatte nicht so viele Reisen nach Nazareth unternommen, weil seine Arbeit mit den beiden Vorrang vor allem anderen hatte. Er wollte keine weiteren Schüler mehr haben, sobald sie fortgegangen sein würden.

D: Ich dachte, du müsstest die ganze Zeit unterrichten?

S: *Nein, es gibt Zeiten zwischen den Stunden, ja. Wir haben Zeit für weitere Studien, andere Dinge. Es ist meine Zeit, für eine Weile hinauszugehen. Um zu sehen, was in der Welt vor sich geht. Es ist Zeit für eine... Pause. Ich muss hinausgehen und mit anderen sprechen, damit sie die wichtigen Dinge erfahren, die geschehen. Und um ihnen Hoffnung und hoffentlich Verständnis für.... vielleicht ihr Leben und das Warum der Dinge zu vermitteln.*

D: Wirst du das tun, indem du zu den Menschen nach Hause gehst oder an einem öffentlichen Ort in den Städten?

S: *Manchmal beides. Wir werden für sie Lehrer werden. Wenn es nur einen gibt, dann lehrt man den einen, wenn es viele mehr gibt, die bereit sind zu lernen, dann lehrt man sie alle... alle, die willens sind.*

Der größte Teil der Lehre erfolgte mündlich, da „die meisten Menschen nicht in der Lage sind, ein Schriftstück oder etwas Derartiges zu lesen". Das klang sehr ähnlich dem, was Jesus seinen Jüngern im Neuen Testament sagte. Diese Idee könnte sehr wahrscheinlich aus dieser Praxis der Essener stammen.

D: Dürfen auch Frauen von dir lernen?
S: *Natürlich! Dies wird sowohl von Frauen als auch von Männern verstanden. Warum denn nicht?*
D: Weil ich gehört habe, dass die Juden den Frauen nicht einmal Zutritt zu den Synagogen gewähren.
S: *Sie haben einen sehr engstirnigen Blick auf die Existenz.*
D: Gehen Essener Frauen jemals hinaus, um zu unterrichten?
S: *Normalerweise unterrichten sie nur an der Schule, außer sie gehen in eine Gemeinschaft, in der sie genauso akzeptiert werden, wie hier. Weil es für sie gefährlicher sein kann, dort hinauszugehen, als es für mich selbst der Fall wäre.*
D: Erwartest du, auf Widerstand zu stoßen?
S: *Ja. Es gibt Menschen, die nie mehr zurückkehren. Den Römern wird es nicht gefallen, was ich zu sagen habe. Die Leute an der Macht mögen nicht immer Propheten. Sie sind nicht sehr beliebt. Den Massen Hoffnung zu geben bedeutet, vielleicht ihr Bindeglied zur Kontrolle zu brechen. Und sie fühlen, dass sie die Kontrolle über die Sache verlieren, und das macht ihnen Angst, und das ist Teil des Problems.*
D: Wo wirst du hingehen, wenn du fortgehst?
S: *Es wurde mir noch nicht mitgeteilt.*

Ich bat um mehr Informationen über Jesus oder Benjoseph, wie Suddi ihn nannte.

D: Hat Benjoseph irgendwelche Brüder und Schwestern?
S: *Er hat - lass mich nachdenken - sechs Brüder und ich glaube, drei Schwestern. Er ist der Älteste.*

D: Wurde er neben seinem Studium in irgendeiner Art von Arbeit ausgebildet?
S: *Er ist Zimmermann, wie sein Vater.*
D: Welche Art von Zimmerei wird in eurer Gemeinde betrieben?
S: *Es gibt Hausbauer, welche die Häuser errichten. Es gibt solche, die die Möbel im Inneren bauen. Es gibt solche, die beim Bau der Tempel helfen. Es gibt verschiedene Arten. Was er am meisten macht, ist, dass er die Möbel baut und einige sehr schöne Dinge. Es sind hier viele Wälder vorhanden. Dann gibt es noch die Dinge, die von außen hergebracht werden müssen. Es hängt davon ab, wofür man das Holz verwenden möchte. Es gibt Holz für Möbel. Es gibt kein Holz für... sagen wir, einen Tempel daraus zu bauen, wäre nicht möglich. Er würde aus Ziegeln oder Marmor gebaut werden.*
D: Welche Art von Persönlichkeiten würdest du sagen, dass die beiden Jungen haben?
S: *Es sind zwei sehr unterschiedliche Persönlichkeiten. Benzacharias ist sehr überschwänglich, er ist sehr lebendig. Er erfreut sich sehr am Leben und der Feier des Aufstiegs. Benjoseph ist... er zieht ebenso viel Freude aus dem Leben, aber vielleicht auf eine ruhig Art. Es ist wie der Vergleich zwischen der Tigerlilie, die wild und exotisch und auffällig ist. Und der Lilie, der einfachen Lilie der Felder, sind sie sehr unscheinbar und sehr klein. Aber auf ihre eigene Weise sind sie so schön wie die Tigerlilie auf ihre exotische Art.*

Ich denke, es war bezeichnend, dass Suddi diesen Vergleich verwendete, denn Jesus wurde oft als die Lilie des Tales bezeichnet. Ich nehme an, dies war das kleine Maiglöckchen, auf welches Suddi Bezug nahm.

D: Scheint Benjoseph von trauriger Natur zu sein?
S: *Nein, er ist ein fröhliches Kind. Er erfreut sich an allem. Es ist, als ob er mit Augen sieht, die gerade erst erwacht sind, und die Herrlichkeit in allem sieht.*
D: Weißt du, ob er von seinem Schicksal weiß?
S: *(Seufzer) Er hat Kenntnis. Es ist etwas, wofür es eine sehr ruhige Akzeptanz gibt. (Ein tieferer Seufzer) Aber es ist... wie kann man es erklären? Er weiß vielleicht, was er sein soll, aber seine*

Haltung ist von der Art „Lasst uns abwarten und sehen" und jeden Tag so leben, wie er kommt.
D: Dann stört es ihn nicht, zu wissen, was in Zukunft passieren könnte?
S: Ich bin nicht sein Gewissen, ich kann nicht sagen, ob es ihn wirklich stört.

Dieses Thema schien Suddi zu stören, also beschloss ich, zu versuchen, einige Informationen darüber zu erhalten, wohin die Jungs gehen würden, wenn sie Qumran verließen.

S: Ich bin mir nicht sicher. Sie gehen auf ihre Reise. Ihr Weg wurde von den Lehrern bestimmt. Die Ältesten wissen es. Sie wissen davon, aber es ist ihr Weg.
D: Nun, werden sie in ein anderes Land gehen oder werden sie in dieser Gegend bleiben?
S: Es ist sehr wahrscheinlich, dass sie in andere Gegenden reisen werden.
D: Glaubst du, ihre Eltern werden mit ihnen gehen?
S: Es ist möglich, dass Benjosephs Mutter mitgeht, aber es ist sehr fraglich. Benzacharias' Mutter lebt bei uns. Aber er wird mit seinen Cousins reisen. Sie werden wahrscheinlich wieder mit dem Cousin der Mutter von Benjoseph gehen.

Dies war dieselbe Person, mit der Jesus auf seinen ersten Reisen als Kleinkind gereist war.

D: Werden sie für lange Zeit fort sein?
S: Wer kann das schon sagen? Es obliegt Jahwe, dies zu entscheiden.
D: Glaubst du, du wirst die Jungen jemals wiedersehen?
S: (Traurig) Einen, werde ich nie wiedersehen. Den anderen werde ich sehen. Benzacharias, unsere Wege werden sich nicht wieder kreuzen. Es hat sich mir gerade mitgeteilt. Ich bin ein wenig traurig, aber er hat sein Schicksal und ich habe meins.

Vielleicht hat meine Frage die Vorahnung ausgelöst. Ich war stets zuversichtlich, dass wir die Geschichte Jesu weiter verfolgen konnten und ihn nicht aus den Augen verlieren würden, wenn er die Schule verließ. Es schien nun möglich zu sein, da Suddi instinktiv wusste, dass er ihn wiedersehen würde.

KAPITEL 22

Jesu Reisen und Maria

Das nächste Mal, als ich feststellte, dass Suddi eine Verbindung zu Jesus hatte, war er etwa siebzehn Jahre alt und wurde wieder in Qumran unterrichtet. Benzacharias war nicht zur Gemeinschaft zurückgekehrt, sondern war bei seinen Cousins. Ich bin mir nicht sicher, was das bedeutete, es könnte sein, dass er bei Maria und Josef in Nazareth wohnte, denn die Brüder und Schwestern Jesu waren auch seine Cousins. Ich dachte, dass Jesus, als er sein Zertifikat erhielt und fortging, keinen Unterricht mehr bei den Essenern nehmen musste.

S: *Das ist wahr, das muss er nicht. Es geht eigentlich nicht so sehr um das Lehren, sondern um das Diskutieren von Fragen und das Reden über Dinge. Mehrere Jahre lang war er fort auf Reisen und ist nun wieder zurückgekehrt. Er wünscht eine Unterweisung in bestimmten Fragen, die er uns mitgebracht hat. Es gibt Fragen, einige der Prophezeiungen betreffend, was ihre Bedeutung ist. Auch zu einigen der Interpretationen. Es gibt zudem viele Gesetze, die sehr offen für Interpretationen sind, und wir beleuchten verschiedene Standpunkte zu diesen Themen. So wie wir es auf eine Art interpretieren, dann betrachten und entscheiden, ob es auch auf eine andere Art aufgefasst werden könnte. Und was die Konsequenzen wären, wenn man es so täte.*

D: Das ist gut, du bringst ihm bei, eigenständig zu denken.

S: *Und Dinge in Frage zu stellen, ja. Niemals etwas für bare Münze zu nehmen. Er sagte, dass er auf seinen Reisen bemerkt habe, dass viele der Lehrer auf eine Weise sprechen, die die Menschen nicht verstehen. Er ist darüber besorgt. Er meint, dass es einen Weg geben müsse, mit ihnen zu sprechen, bei dem sie verstehen, was man sagt. Indem man das Wissen mit Dingen vergleicht, die sie kennen und in ihrem täglichen Leben sehen, und auf diese Weise verstehen sie vielleicht die Botschaft. Er beobachtet die Natur und sieht Lektionen in den einfachsten Dingen, Dinge, die ich niemals sehen könnte. (Ich fragte nach einem Beispiel.) Es gibt eine Pflanze, die auf seltsame Weise wächst und sich vermehrt. So wie sie wächst, lässt sie eine einzige Pflanze aus den Wurzeln schießen und weitere Pflanzen können aus den Wurzeln herauswachsen. Und die Ableger, die emporwachsen, biegen sich über und über und wenn sie den Boden wieder berühren, schlagen sie Wurzeln und bilden einen neuen Pflanzensprössling. Er sagte, dies sei ein gutes Beispiel für den Lebenszyklus eines Menschen. Dass die Pflanze, die neue Pflanzen aus den Wurzeln emportreibt, wie ein Mensch sei, der Wiedergeburten durchläuft. Und dass die Zweige, die sich nach unten biegen und so neue Pflanzen bilden, wie die Familie und die Kinder des Menschen seien, die auf diese Weise herabkommen, während er in ein neues Leben zurückkehrt und neue Familien gründet. Er verwendet dafür in vielen seiner Beispiele Zyklen. Er verwendete eine weitere Pflanze als Beispiel, eine Pflanze, die aus vielen Schichten besteht (ähnlich einer Zwiebel). Er sagte, dies zeige die verschiedenen Ebenen der Existenz. Er wies darauf hin, dass die Schichten in der Mitte der Pflanze sehr dünn sind und dicht beieinander liegen. Wenn man jede Schicht als eine andere Existenzebene betrachten könnte, würde man sehen, dass sie im Zentrum, wo sie am kleinsten und begrenztesten ist, wie die physische Welt ist. Während man die Ebenen nach oben und nach außen reist, erweitert sich der Horizont des eigenen Verstehens mit jedem Mal und man sieht und versteht mehr.*

Ein weiteres Beispiel erhielt er vom Beobachten des Wassers. Er wies darauf hin, wie eine Welle vom Meer hereinkommen und gegen das Ufer plätschern und ein wenig Schutt aufnehmen konnte. Und wenn dieses Bisschen Schutt wieder absinkt, befindet es sich fast an derselben Stelle wie zuvor, nur leicht verschoben. Und so wird das Schuttstück allmählich das Ufer hinunter wandern, indem es von den Wellen aufgenommen und wieder hinuntergelassen wird. Er sagte, dass dies wie unser Lebenszyklus sei. Man geht durch seinen Lebenszyklus, beginnend an einem

Punkt und dann, wenn man stirbt, ist es, als ob man von der Welle aufgegriffen und dann wieder in ein Leben gestellt würde. Der Geist wird wieder hineingestellt und befindet sich ein wenig weiter auf dem Weg, den zu gehen er bestimmt ist.

D: Das ergab Sinn. Es zeigte auch, wie langsam es geschieht.

S: *Ja, es ist ein sehr langsamer Prozess. Und man muss viel Geduld haben und fleißig daran arbeiten.*

Es schien, als würde Jesus beginnen, sein Konzept der Gleichnisse zu entwickeln. Ich frage mich, ob einige davon immer noch zu kompliziert waren, als dass der Durchschnittsmensch seiner Zeit sie verstehen konnte. Diese werden in der Bibel nicht erwähnt, höchstwahrscheinlich wegen ihrer Bezugnahme auf die Reinkarnation, der die frühe Kirche entschieden widersprach. Die Gleichnisse, die in der Bibel vorkommen, zeigen, dass er seine Lehren weiter vereinfachte und häufig Dinge in der Natur als Referenz verwendete.

D: Neigt er dazu, sich wortwörtlich an das Gesetz zu halten, oder ist er in seiner Interpretationsweise recht weit gefasst?

S: *Er ist in seiner Interpretation weit gefasst, da er das Gefühl hat, dass Liebe das Gesetz sei, an welches man sich einzig und allein halten müsse. Und dass danach alle anderen in Bedeutungslosigkeit verblassen. Wir haben ihm das nicht beigebracht. Er kam zu dieser Schlussfolgerung durch innere... wie sagt man...? Zwiegespräche mit seiner Seele und Entscheidungen, wie er über bestimmte Dinge denkt. Liebe kann nicht gelehrt werden. Es ist etwas, das einfach wachsen muss. Und wieder einmal erkläre ich mich nicht sehr klar. Die einzigen Einschränkungen, von denen er sprach, waren die, die die Schädigung anderer Menschen und anderer Lebewesen betrafen. Andere Lebewesen körperlich nicht zu schädigen und zu versuchen, sie auch geistig nicht zu verletzen. Er kennt die Kraft, der Gedanken. Wenn man etwas stark genug denkt, verursachen die ausgesandten Schwingungen, dass es geschieht, und er ist sich dessen bewusst. Es ist wichtig, nichts Böses im Herzen zu denken.*

D: Wohin ging er auf seinen Reisen?

S: *Wohin ging er nicht? Er bereiste den größten Teil der Welt, wie wir sie kennen. Es heißt, dass Josef (von Arimathaea), sein Onkel, mit ihm ging.*

Zuvor, als ich Suddi fragte, wer Jesus als Kind begleitet habe, sagte er, es sei sein Cousin Joseph gewesen, obwohl er sich der Beziehung nicht allzu sicher schien. Das ist vielleicht kein Widerspruch, sondern ein ehrlicher Fehler. Suddi war sich vielleicht nicht ganz sicher, in welchem Verwandtschaftsverhältnis Josef stand, außer dass er wusste, dass er ein Verwandter Marias war. Er bezeichnete ihn von diesem Punkt in der Geschichte an als den Onkel Jesu.

D: Ging seine Mutter mit ihm?
S: *Während eines Teils der Reisen, aber dann musste sie bei seinen Schwestern und Brüdern zu Hause bleiben. Sein Vater bleibt zuhause und macht seine Arbeit. Joseph, er ist sehr stark von dieser Welt. Er ist ein sehr guter Mensch, aber er ist sehr praktisch veranlagt.*
D: Das erscheint seltsam, einen solchen Unterschied zwischen der Mutter und dem Vater zu haben.
S: *Warum ist das seltsam? Es gibt einen ausgewogenen Blick auf die Dinge. Ihr habt einen Elternteil, der sehr viel in einer anderen Dimension lebt, und ihr habt den, der im Hier und Jetzt lebt. Das gibt ihm einen Blick für beide Seiten.*
D: Ist von Benjosephs Brüdern oder Schwestern irgendjemand an den gleichen Dingen interessiert, wie er?
S: *Vielleicht nicht in dem starken Maße, wie er. Sie sind es, insofern, als dass sie ihren Bruder lieben und sich für die Dinge interessieren, die ihn interessieren. Aber er ist über sie hinausgewachsen. Sind nicht alle Brüder verschieden voneinander?*

In einer früheren Sitzung hatte Suddi gesagt, dass seine Mutter den Essenern bereits vor der Geburt des Messias bekannt gewesen sei. Ich fragte mich, woher sie wussten, wer sie sein würde.

S: *Sie wurde von den Ältesten ausgewählt, um unterwiesen zu werden und ihr Schicksal zu erfahren. Von ihrer Geburt an war bekannt, wer sie sein würde. Und ihre Eltern waren Leute von uns.*

Ich hatte in einem Edgar Cayce Buch gelesen, dass Maria unter vielen anderen jungen Mädchen ausgewählt wurde. Also fragte ich in diesem Sinne nach.

D: Wählten sie sie unter anderen aus?
S: *Wie können wir die Mutter des Messias auswählen? Es obliegt nicht uns. Das obliegt Jahwe. Aber er erlaubte uns, es zu wissen, damit wir sie unterweisen und sie vielleicht auf dem Weg führen konnten. Die Ältesten wussten es, aber sie haben sie nicht ausgewählt. Es wird gesagt, dass es weitere Frauen gab, deren Diagramm möglicherweise gepasst haben könnte, aber es gab eine Untersuchung und es wurde entschieden, dass... dies war die einzige grundlegende Entscheidung, die meines Wissens getroffen wurde. Das Diagramm wurde gelesen und schließlich verstanden, was vorausbestimmt war. Ich erkläre das nicht sehr gut.*
D: Oh, ich denke, du machst das hervorragend. Wie ist das Diagramm aufgebaut?
S: *Es wird gesagt, dass es mit den Punkten zu tun habe, an denen die Sterne stehen, wenn man geboren wird, und mit der Bahn, auf der sie ziehen, während man lebt. Aber ich erstelle diese Diagramme nicht, deshalb weiß ich sehr wenig über sie. Der Meister darin ist Bengoliad (phonetisch). Ich erinnere mich, als wir zum Unterricht gingen, dass sie versuchten, mir beizubringen, den Sternen zu folgen. Ich bin nicht sehr gut darin, es ist nicht mein Studienfach.*
D: Aber so wurde sie ausgewählt, anhand ihres Diagramms?

Er wurde frustriert. Wir hatten hier ein Kommunikationsproblem dabei, genau zu verstehen, was er meinte.

S: *Du verstehst es immer noch nicht! Wir haben sie nicht ausgewählt. Wir durften das Wissen haben, um herauszufinden, wer sie war, damit wir ihr auf diesem Weg helfen konnten. (Sehr bedachtsam, als ob man mit einem Kind spricht.) Das Einzige, was einer Entscheidung gleichkommt, ist die Interpretation dieser Diagramme. Es gab mehrere Mädchen, die ungefähr zur gleichen*

Zeit geboren wurden, auf die es möglicherweise zutraf. Und so kam es zur letztgültigen Interpretation. Das war der Zeitpunkt, als entdeckt wurde, dass sie die Mutter des Messias sein würde.

Ich dachte, ich sollte dieses Thema besser fallen lassen, also lenkte ich zurück zu Benjoseph.

D: Weißt du, was er mit seinem Leben anstellen wird?
S: *(Traurig) Ja. Er ist etwas ganz Besonderes.*
D: Kannst du es mitteilen?
S: *Es steht mir nicht zu, es mitzuteilen. Es wird rechtzeitig bekannt gegeben werden.*
D: Glaubst du, er wird wieder reisen?
S: *Ich kann das unmöglich wissen. Denn jetzt ist er hier, er lebt bei uns. Er sagte, dass seine Reisen ihm die Augen für viele Dinge öffneten, für die er bisher blind war. Und dass sie für ihn insofern sehr, sehr gut waren.*
D: Warum bereiste er die anderen Länder?
S: *Um von den Menschen zu lernen. Es wurde gesagt, dass sie Handel betrieben, was sie auch taten. Aber sie haben auch viel gelernt und mit Menschen gesprochen und ihre Ansichten über die Dinge und das Leben herausgefunden.*
D: Glaubst du, er könnte zu den religiösen Führern der Länder gegangen sein?
S: *Es steht mir nicht zu, es zu sagen, ich habe ihn nicht befragt*

Die nächste Erwähnung Jesu war fünf Jahre später, als ich mit Suddi sprach, als er vor ihrem Tod zu seiner Schwester nach Bethesda reiste (siehe Kapitel 12).

D: Hast du in letzter Zeit Neuigkeiten über Benjoseph erfahren?
S: *Nicht in letzter Zeit, nein. Es wird erzählt, dass er reist. Ich weiß es nicht. Wenn er zurückkam, war es nicht für lange Zeit.*
D: Was ist mit Benzacharias? Hast du Neuigkeiten über ihn erfahren?
S: *Es wird gesagt, dass er in die Welt hinausgegangen sei und Anhänger um sich schare.*
D: Und er soll der Wegweiser oder der Wegbereiter sein, habe ich Recht?

Er runzelte stark die Stirn. Es schien ihn zu stören, dass ich das wusste. „Ich habe nicht mit dir darüber gesprochen!"

D: Nun, jemand tat es. Du denkst nicht, dass du mir davon erzählt habest?

Er ging schnell in die Defensive und antwortete kalt: „Ich erinnere mich nicht".

D: Nun, ich weiß, dass es ein Geheimnis sein soll, aber wir werden es niemandem erzählen. Ich nehme an, er ist noch nicht bereit, es den Leuten mitzuteilen?
S: *Nein. Er ist dabei, Anhänger und Wissen und Kraft zur Vorbereitung zu sammeln.*

The Pool at Bethesda

KAPITEL 23

Jesu Dienst beginnt

Ich brachte Suddi wieder weiter voran bis zu einem weiteren wichtigen Tag in seinem Leben. Er war eine Weile bei seinen Cousins in Nazareth geblieben. Er war viele Monate lang nicht mehr in Qumran gewesen. Seine Stimme wirkte müde: "Ich werde zu alt, um überall hinzureisen." Er und seine Cousins waren in der Synagoge in Nazareth. Ich erfuhr eine angenehme Überraschung, als ich fragte, ob er irgendwelche Neuigkeiten über Benjoseph gehört habe. "Er ist es, auf den wir warten", verkündete Suddi. Jesus war seit vielleicht sechs Monaten von seinen Reisen zurück, aber Suddi hatte noch nicht zu hören bekommen, wo er gewesen war. Da Suddi nur ein Mitglied der großen Gemeinde in der Synagoge war, wusste er nicht, ob er mit ihm sprechen konnte oder nicht. Ich bat ihn, zu beschreiben, was vor sich ging.

S: *Er liest gerade die Thora. Und spricht von den Schriften, um (er suchte nach dem richtigen Wort) sie in den Begriffen zu umschreiben, die wir verstehen können. Er liest über die Verheißungen, die Gott vom Erlöser gemacht hat. Er liest auch über Esra und die Verheißungen, dass Israel wieder eine große Nation werden würde.*
D: Hat er das zuvor schon mal getan?
S: *Es wird stets getan. Von dem Zeitpunkt an, wenn man seine Barmitzvah erreicht hat, darf man in der Synagoge sprechen und die Thora lesen. Aber das ist ungewöhnlich. In der Synagoge gehen oft große Streitigkeiten vor sich. Heute Abend gibt es keinen Streit. Die Leute sind sehr still. Er hat eine wunderschöne Stimme,*

die sehr angenehm zu hören ist. Er versucht auch, ein schwieriges Konzept zu erklären über die verschiedenen Universen und wie all unsere Leben miteinander verbunden sind. Er verwendet das Beispiel eines Wandteppichs, um das, wovon er spricht, zu vereinfachen. Wenn man die Rückseite des Wandteppichs ansieht, ist er wie ein Tuch gewebt. Wenn man ihn von der Vorderseite betrachtet, werden dort Bilder und Handlungen abgebildet. Die Rückseite, auf der er wie ein Tuch gewebt ist, gleicht der Struktur der Universen. Und die Vorderseite, auf der man ein Muster erkennen kann, das ist unsere Leben, die den Universen aufgezwungen werden. Er versucht, ihnen das verständlich zu machen, wenngleich es einige es verstehen und andere nicht.

Ich wollte wissen, wann er anfing, seine Wunder zu vollbringen. Ich fragte, ob die Leute etwas Ungewöhnliches oder anderes an diesem Mann bemerkt hätten.

S: Die meisten von ihnen wissen einfach, dass er sehr ruhig und sanft ist. Dass sie, wenn sie Bedürfnisse oder Probleme haben, zu ihm gehen können und er zuhören wird.

Suddis Stimme war sehr leise, als er von dieser Szene sprach. Benjoseph war sich nicht bewusst, dass Suddi dort unter den Menschen war. Ich konnte beinahe den alternden Lehrer hinter oder an der Seite der schwach beleuchteten Synagoge sehen, der zusammen mit den anderen leise zuhörte. Und von all den Menschen dort wusste vielleicht nur er, wer dieser Mann war und welches ungeheure Schicksal vor ihm lag, als er seinen Dienst begann.

Jesu körperliche Beschreibung war die eines Mannes mit grauen Augen, hellen rötlich-blonden Haaren und einem kurzen Bart. Er war etwas größer als der damalige Durchschnittsmann, sehr schlank, „von erlesener Gestalt". Er trug ein hellblaues Gewand und das Gebetskleid, ein langes Tuch, das die jüdischen Männer noch heute in der Synagoge tragen. Es wird um den Kopf und die Schultern drapiert, wie ein Schal. „Seine Augen sind sehr durchdringend. Sie starren aus seinem Gesicht wie etwas Lebendiges."

D: Was denkst du über ihn?

S: *(Es lagen Stolz und Liebe in seiner Stimme) Ich finde großen Gefallen an ihm. Ich glaube, er ist ein guter Mann. Ich denke, er wird Gutes bewirken*

D: Glaubst du, er hat die Lektionen, die du ihm beigebracht hast, gut gelernt?

S: *Ich habe ihm nichts beigebracht. Ich habe ihm lediglich die Augen für das geöffnet, was da war.*

D: Glaubst du, er hat sich verändert, seit du ihn das letzte Mal gesehen hast?

S: *Er hat noch mehr Frieden gefunden. Er ist wie ein langsam fließender Fluss, der sehr tief ist. Man weiß nicht, was unter der Oberfläche fließt.*

Ich dachte, vielleicht würde Suddi mir jetzt den anderen Namen von Benjoseph nennen. Wenn er in die Welt hinausgegangen wäre, gäbe es jetzt keine Notwendigkeit mehr, ihn so stark zu schützen.

S: *Jeschua, das ist sein Name.*

Ich ließ ihn das mehrmals wiederholen, um es ganz genau zu verstehen. Es war phonetisch „Jes-uah", mit einem starken Akzent auf der ersten Silbe.

D: Wirst du mit Jeschua reden, bevor er heute Abend abreist?

S: *(Leise) Ich glaube nicht. Nur zu wissen, ist genug, glaube ich. Ichmöchte ihn nur die Worte sprechen hören. Er ist gut gewachsen, und ich kann innerlich spüren, dass ich dabei wohl geholfen habe.*

Nachdem ich dieses Buch fertiggestellt hatte, stieß ich auf ein wenig bekanntes Buch mit dem Titel The Archko Volume von Dres. McIntoch und Twyman, das ursprünglich 1887 veröffentlicht wurde. Diese Männer hatten in der Vatikanischen Bibliothek schriftliche Berichte gefunden, die während der Zeit Christi nach Rom geschickt worden waren. Sie ließen sie aus ihrer Muttersprache übersetzen. Einer dieser Texte enthielt eine Beschreibung von Jesus, die erstaunlich gut zu allem passt, was Suddi über ihn gesagt hatte.

„Obwohl er auch nur ein Mensch ist, hat er etwas an sich, das ihn von jedem anderen Menschen unterscheidet. Er ist das Abbild seiner

Mutter, nur hat er nicht ihr glattes, rundes Gesicht. Sein Haar ist etwas goldener als ihres, doch es ist genauso stark von der Sonne verbrannt, wie alles andere. Er ist groß und seine Schultern sind etwas abgeflacht; sein Gesicht ist dünn und von einem dunklen Teint, doch dies rührt daher, dass er dem Sonnenlicht ausgesetzt ist. Seine Augen sind groß und von einem weichen Blau, und eher matt und schwermütig. Die Wimpern sind lang, und seine Augenbrauen sind sehr groß. Seine Nase ist die eines Juden. Tatsächlich erinnert er mich im wahrsten Sinne des Wortes an einen altmodischen Juden. Er ist kein redseliger Mensch, es sei denn, es wird etwas über den Himmel und göttliche Dinge angesprochen, dann bewegt sich seine Zunge wortgewandt und seine Augen leuchten mit einer besonderen Leuchtkraft. Obwohl es diese Besonderheit an Jesus gibt, diskutiert er nie eine Frage; er streitet nie. Er beginnt damit, Fakten darzulegen und diese stehen auf einer so soliden Grundlage, dass niemand die Kühnheit besitzt, mit ihm zu streiten. Obwohl er eine solche Meisterschaft im Urteilen besitzt, widerlegt er seine Gegner nicht mit Stolz, sondern scheint sie immer zu bedauern. Ich habe gesehen, wie er von den Schriftgelehrten und den Rechtswissenschaftlern angegriffen wurde, und sie erschienen wie kleine Kinder, die ihre Lektionen unter einem Meister lernen."

Als Jesus nach dem Gottesdienst die Synagoge verließ, wollte er zum Haus seiner Eltern gehen. Da Suddi nicht vorhatte, mit ihm zu sprechen, hätten wir wahrscheinlich nicht viel mehr lernen können. Also beschloss ich, Suddi weitere fünf Jahre bis zu einem wichtigen Tag in seinem Leben vorwärtszubringen. Er befand sich in Nazareth und sprach gerade mit einem Freund.

S: Er sagt, dass er von Jeschua gehört habe und dass er anfange, den anderen zu predigen, und dass das Wort verbreitet werde. Es wird gesagt, dass bereits in den wenigen Monaten, in denen er sprach, große Menschenmengen kämen, um zu hören, was er zu sagen habe, in der Hoffnung, dass er ein Wunder vollbringen werde. Es ist bekannt, dass die Kräfte sehr stark sind, die durch ihn fließen. Es wird gesagt, dass er einen Aussätzigen geheilt habe, der lediglich sein Gewand berührt habe. Er sagte, dass es der Glaube des Menschen sei, der ihn ganz gemacht habe. Und wie könnte ein solcher, wenn er einen so großen Glauben hat, nur ein halber Mensch sein. Deshalb sei er ganz. Es wird auch gesagt, dass es die Menschen gab, die nicht sehen konnten, die dann sehen konnten. Es gibt viele Wunder, von denen berichtet wurde, dass sie geschehen seien. Das Einzige, bei dem ich mir sicher bin, ist der Aussätzige. Ein Freund von mir sah, wie es geschah. Er sagte, dass der Glaube, dass das bloße Berühren des Umhangs ihn gesund machen würde, dies bewirkt habe.

D: War es, weil sein Glaube an Jeschua so groß war?

S: Weil sein Glaube an Gott so groß war.

D: Ist das deine Erklärung für das Geschehene oder kannst du es überhaupt erklären?

S: Ich weiß, wie es bewirkt wird, aber es zu erklären, ist etwas anderes. Das Geben der Energie, um zu heilen... angenommen zu werden, ist Teil davon. Sie muss angenommen werden, und es wird auch gesagt, dass es so ist, wenn man daran glaubt. Somit ermöglichte es der Glaube des Menschen, dass er ganz werden konnte.

D: Es geschah, weil der Mann bereit war, die Energie anzunehmen. Dann glaubst du nicht, dass es etwas war, was Jeschua selbst tat?

S: Er war ein Kanal. Ich kann es nicht besser erklären. Er versenkte sich oft mit der zu heilenden Person in die Meditation und während er im meditativen Zustand war, übertrug er einen Teil seiner Energie auf sie. Und manchmal konnten Menschen, die zusahen, die übertragene Energie sehen.

D: Wie sah sie aus, wenn sie sie sahen?

S: Es sah aus wie ein Lichtstrahl von, sagen wir, seiner Hand auf den betroffenen Teil des Körpers der Person. Und ihre Auren fingen an, heller zu leuchten, wobei Menschen, die normalerweise die Aura nicht sahen, ihre Auren sehen konnten.

Dies würde die Heiligenscheine erklären, die in alten Gemälden um Jesus herum gezeigt werden. In den frühesten Gemälden wird er mit einem Heiligenschein am ganzen Körper gezeigt, und in späteren Gemälden wird er nur mit einem Heiligenschein um den Kopf herum dargestellt. Dies muss aus den Geschichten von Menschen stammen, die sahen, wie sich seine Aura während dieses Energieaustausches aufhellte, während er seine Wunder vollbrachte.

S: Das ist der Grund, warum sie zuerst meditierten. Die Person sollte sagen, dass sie geheilt werden wolle und dann versetzten sie sich in einen meditativen Geisteszustand, um für die Energie empfänglich zu sein. Denn wenn sie sich sträubten, dann konnte es nicht gelingen. Ich kann es nicht besser erklären.

D: Trifft Jeschua auf irgendwelchen Widerstand?

S: Es wird gesagt, dass es Menschen gebe, die unglücklich sind, weil er umhergeht und die Liebe predigt. Die Zeloten sind sehr unglücklich. Sie hätten gern, dass er sagt: „Ich bin der Messias. Folgt mir, ich werde euer König sein." Und sie würden in Sekundenschnelle, von einem Moment auf den anderen zu den Waffen greifen. Aber er wird das nie sagen.

D: Du sagst, dass er die Liebe predige? Liebe füreinander, Liebe zu Gott?

S: Er spricht sehr von der Liebe zu deinen Nächsten, der Liebe zu deinen Brüdern und der Liebe zu Fremden. Jemanden zu lieben, dies mit anderen zu teilen bedeutet, Gott mit anderen zu teilen. Gott ist Liebe. Er ist das, was die Leere im Inneren füllt. Liebe miteinander zu teilen ist das Größte, was man tun kann, denn es heißt, Gott zu teilen. Ihr gebt freiwillig von euch selbst an einen anderen, ohne den Gedanken an eine Erwiderung. Dies ist Teil der Botschaft. Die Menschen haben akzeptiert, dass der Herrgott einen Platz im Alltag hat. Und sie lernen, dies miteinander zu teilen, näher zusammenzuwachsen, mit dieser Botschaft.

D: Du sagtest, die Leute denken, er solle einfach sagen: „Ich bin der Messias." Glaubst du, er ist der Messias?

S: (Nachdrücklich) Das ist er!

D: Weiß er das?

S: Ja. Es wurde ihm beigebracht, wer er ist und wozu er bestimmt ist, seit er noch sehr jung war. Aber wenn er dies verkündete, wären sie in der Lage, ihn für verrückt oder zu einem Gotteslästerer zu erklären. Er sagt ihnen, dass er der Menschensohn sei.

D: Was bedeutet das?

S: Er ist, wie wir alle, ein Sohn des Menschen und Gottes. Ich kann das nicht sehr gut erklären. Er ist Gottes Sohn, wie ich Gottes Sohn bin, aber sein Schicksal ist es, Licht auf bedeutendere Weise zu bringen, als ich es könnte. Er ist seinem letztendlichen Schicksal näher als ich. Ich bin so weit davon entfernt, aber er ist beinahe an dem Punkt, nach dem wir alle streben. Er ist der Perfektion am nächsten.

D: Wenn wir alle die Söhne Gottes und auch die Söhne des Menschen sind, was ist dann anders an ihm?

S: *Er hat seine Lektionen gelernt und ist seinem Weg bis zur Vollendung gefolgt.*
D: Also denkst du, das bedeute, dass er vollkommen sei?
S: *Das muss er sein. Es war seine Entscheidung, noch einmal zu kommen, um den Menschen dieses Licht zu bringen. Er musste nicht zurückkommen.*
D: Wird er nach diesem Leben jemals wieder zurückkehren?
S: *So wurde es gesagt, aber zu welchem Zweck, weiß ich nicht.*
D: hast du Neuigkeiten über Benzacharias?
S: *Man sagt, dass er am Jordan sei und ihm viele Leute zuhören. Und er ist, wie er von sich sagt, eine Stimme, die in der Wildnis weint, um womöglich die Herzen und Ohren der Menschen für die Nachricht zu öffnen, dass der Erhabene hier ist. Es gibt viele, wie die Zeloten, die ihn sehr anziehend finden, weil er so leidenschaftlich ist. Er ist wie ein wilder Mann. Sein Weg war anders und ich habe ihn seit vielen, vielen Jahren nicht mehr gesehen.*
D: Denkst du er hat sich verändert?
S: *Nein, er war schon immer leidenschaftlich.*

Er hatte seinen linken Ellenbogen schon eine ganze Weile massiert, während wir sprachen und ich ihn danach fragte. Er sagte, sein Gelenk bereite ihm Schmerzen. „Ich bin ein sehr alter Mann", sagte er mit einem Seufzer. „Sie sagten, dass mir nur noch sehr wenig Zeit bleibe." Er sagte, er sei an der „Hustenkrankheit" erkrankt und sei dauerhaft bei seinen Cousins in Nazareth geblieben. Ich gab ihm die Anweisung, dass sein Arm ihn nicht wirklich stören und er keine körperlichen Beschwerden verspüren würde.

D: Nun, du hast viele Dinge in deinem Leben gesehen. Es war eine großartige Sache, Benjoseph und Benzacharias unterrichten zu können.
S: *Ja, das war sehr gut.*

Ich fragte, wer zu diesem Zeitpunkt der König sei. Er sagte, der erste König Herodes sei gestorben und Herodes Antipas sei jetzt König, aber die Dinge seien nicht besser. „Wenn überhaupt etwas, dann ist er sehr viel schlimmer." Er mochte es nicht, von den beiden zu sprechen; das Thema war für ihn widerlich.

Mein Referenzmaterial bezieht sich auf Archelaus als Nachfolger von Herodes, Antipas wird nicht erwähnt. Suddi erwähnte Philippus als einen weiteren Bruder, aber er erwähnte Archelaus nie. Ich fand das widersprüchlich und seltsam. Sicherlich würde es darüber etwas in der Bibel geben. Sowohl Harriet als auch ich lasen die Bibel jetzt mehr als je zuvor und holten viel mehr daraus, jetzt, da diese Geschichte durch Katies Erinnerungen neu durchlebt wurde. Aber Antipas wird in der Bibel nicht erwähnt, während Archelaus als Nachfolger von Herodes genannt wird. Der König zur Zeit Christi Geburt und der König zu seinem Tod wurden beide stets Herodes genannt. Während der Zeit Christi wird der König in der Bibel nur Herodes, der Vierfürst, genannt. Wo hat Katie jemals den Namen Antipas gefunden? Auch hier ergab die Forschung, dass sie Recht hatte.

Herodes der Große war von der Religion her jüdisch, aber ein römischer Bürger von arabischem Blut, was einige der Ressentiments erklären könnte, die das Volk dabei hatte, von ihm regiert zu werden. Wie Suddi sagte: „Er kann nicht entscheiden, ob er Grieche oder Jude sein will, und deshalb ist er auch von beidem kein sehr Guter." Er war auch extrem grausam. Er wurde im Jahre 36 v. Chr. im Alter von 37 Jahren König und starb 4 v. Chr. Er hatte einige Mitglieder seiner eigenen Familie ermordet, aber von den Überlebenden wurden drei seiner Söhne genannt, die die Herrschaft fortsetzten. Es waren Archelaus, Antipas und Philippus. Die römische Regierung entschied, dass das Land von allen drei regiert werden sollte. Sie sollten das sein, was man „Tetrarchen" nennt.

Manchmal wurde eine römische Provinz in Abschnitte aufgeteilt, und ein Vierfürst oder „Kleinkönig" regierte jeweils ein Teilgebiet. Archelaus, der Älteste, erhielt das größte Gebiet Judäas und wurde zum Statthalter oder Gouverneur ernannt. Antipas und Philippus wurden zu Tetrarchen über den Rest des Königreichs ernannt. Aber Archelaus erregte Roms Missfallen und im Jahre 6 n. Chr. wurde er aus dem Land verbannt. Judäa wurde dann zu einer römischen Provinz dritter Klasse, die direkt von römischen Prokuratoren verwaltet wurde (dies war ein Beamter, der die finanziellen Angelegenheiten leitete oder als Statthalter fungierte). Der berühmteste unter ihnen war natürlich Pontius Pilatus. Philippus regierte zu dieser Zeit das nördliche Palästina. Da er nicht für Aufruhr sorgte, durfte er weiterregieren. Nachdem Archelaus verbannt worden war, nahm

Antipas seinen Platz ein und wurde zum Vierfürsten über den größten Teil von Judäa. Er nahm den Namen Herodes an und war derjenige, der zum Zeitpunkt der Enthauptung des Johannes und des Todes Christi an der Macht war. Es ist verblüffend für mich, wie Katie diese ungewöhnlichen Namen hatte kennen können, die mit der Geschichte dieser Zeit zu tun hatten - es sei denn, sie war dort.

Suddi klang während des letzten Teils dieser Sitzung so alt und müde und traurig. Ich hoffte, dass er während der gesamten Lebenszeit Jesu am Leben sein würde. Ich wollte mehr Informationen über sein Leben bekommen. Wie oft kommt eine solche Chance? Aber jetzt schien es, dass Suddi sterben könnte, gerade als Jesus seinen Dienst begann. Ich hoffte, die Geschichte der Kreuzigung zu bekommen. Aber wie? Suddi war in Nazareth, zu krank, um zu reisen, und Jesus wurde in Jerusalem gekreuzigt, ziemlich weit entfernt. Selbst wenn Suddi lebte, erschien es sehr zweifelhaft, dass er in der Lage gewesen wäre, dorthin zu reisen. So schien es, als würde er uns sterben, bevor die Geschichte beendet war. Ich hoffte, dass es vielleicht einen Weg geben würde. Aber falls nicht, müssten wir einfach dankbar sein für die Informationen, die wir erhalten hatten.

Ich hatte Suddi in der Zeit vorwärts gebracht bis zu einem Alter von etwa 50 Jahren. Er saß auf den Hügeln über Nazareth, wahrscheinlich nicht weit vom Haus seiner Cousins entfernt. Seine Stimme klang so müde.

S: *(Seufzer) Ich bin sehr alt. Ich bin einundfünfzig... ungefähr zweiundfünfzig? Ich bin sehr müde. Ich bin ein sehr alter Mann.*

Es war schwer für mich, dieses Alter als alt zu akzeptieren, aber ich nehme an, so war es in ihrer Kultur. Ich sagte ihm, dass ich ihn nicht als alten Mann betrachte.

S: *Aber das ist es! Es ist ein Alter, in dem viele Männer schon früher gestorben sind. Ich bin ein alter Mann. (Seufzer)*
D: Was tust du oben in den Bergen?
S: *Es ist nicht weit. Ich konnte nicht weit laufen. Ich halte Zwiesprache. Ich versuche, mich in Kontakt mit dem Universum zu bringen und über mein Leben zu meditieren. Bald werde ich sterben. Es ist mir bekannt. Ich habe vielleicht ein Jahr Zeit. Ich bin nicht mehr in der Lage... Luft... einzuatmen. Meine Brust*

schmerzt... und ich huste viel. So weiß ich es deswegen und aufgrund der Tatsache, dass ich einfach sehr müde bin.
D: Quält es dich, zu denken, dass deine Zeit fast abgelaufen ist?
S: *Warum sollte es? Das ergibt sehr wenig Sinn. Das ist Torheit. Warum nicht weitergehen und aus dieser Erfahrung lernen und eine neue beginnen?*

Er klang so deprimiert, dass ich das Thema wechseln wollte, aber ich wählte eines, das für ihn ebenfalls deprimierend war.

D: Hast du irgendwelche Neuigkeiten über Benzacharias gehört?
S: *Er ist gestorben. Er wurde von Herodes gefangen genommen... und enthauptet. (Es widerstrebte ihm, darüber zu reden.)*
D: Warum wurde er ins Gefängnis gesteckt?
S: *Für das Predigen von Volksverhetzung. (Das Wort war mir unbekannt.) Er predigte, was sie für falsch und gegen die Propheten hielten. Es ist wie... Verrat an dem Staat, nur ist er an Gott.*

Sie fing an, stark zu husten. Ich gab ihr beruhigende Suggestionen, damit sie sich nicht wirklich körperlich unwohl fühlen würde.

D: Ich hätte nicht gedacht, dass Herodes ein religiöser Mensch sei. Warum sollte er über das beunruhigt sein, was Benzacharias predigte?
S: *Herodes weiß nicht, was er glaubt. Das ist sein Glaube und sind seine Prüfungen.*
D: Und deshalb hat Herodes ihn gefangengenommen?
S: *Das und die Tatsache, dass er Angst vor ihm hatte, vor dem, was er tun würde. Er hatte viele Anhänger.*
D: Was genau predigte er denn?
S: *Die Dinge, von denen er sprach, waren der Messias, sein Kommen. Dass wir mit allen Sünden konfrontiert werden. Dass sie sich selbst eingestehen müssen, dass sie im Unrecht waren. Das zu tun, ist die Hälfte des Kampfes um die Freiheit. Es war Herodes' Idee, ihn einsperren zu lassen, damit er mit ihm sprechen konnte, aber es wird gesagt, dass es seine Hure war, die ihn enthauptet hatte.*

D: Warum sollte eine Frau etwas zu etwas so Wichtigem zu sagen haben?

S: *Er predigte die Wahrheit und die Wahrheit muss schlussendlich zu anderen durchdringen. (Siehe den Verweis auf Herodius in Kapitel 6) Es wird gesagt, dass Herodes anfing, zu glauben. Und da Benzacharias so sehr gegen sie und ihre Schändlichkeit und das Leben, das sie führten, sprach, hatte sie Angst, an Macht zu verlieren. Denn dass Herodes an das glaubte, was Benzacharias sagte, und sich dem zu stellen, dass was er tat, war falsch. Wenn er sich dem stellte, würde er sie dann nicht beiseite schieben? Und dadurch würde sie an Macht verlieren.*

Katie hielt inne. Suddi schien sich unwohl zu fühlen. „Ich habe große Schwierigkeiten beim Atmen. Luftmangel." Ich beschloss, Katie voranzubringen, um sie von den körperlichen Symptomen zu befreien.

Übrigens hatte ich noch nie einen Fall, in dem das Erleben dieser körperlichen Reaktionen irgendeinen Einfluss auf die bewusste Persönlichkeit hatte. Der Proband erwacht stets mit Wohlgefühl und ohne Erinnerung an irgendeine Krankheit, die mit seinem Tod in einem anderen Leben verbunden ist. All das bleibt völlig in der Vergangenheit bei der anderen Persönlichkeit.

KAPITEL 24

Vorbereitung auf die Kreuzigung

Ich hatte Suddi vorangetrieben, um Katie von den beunruhigenden körperlichen Symptomen zu befreien. Als ich mit dem Zählen fertig war, lächelte sie, und als sie sprach, klang seine Stimme nicht mehr so müde und abgekämpft.

S: *Ich bin unter meinen Freunden. Ich bin bei meiner Schwester.*
D: Oh? Ist deine Schwester nicht gestorben?
S: *Du sprichst vom Sterben. Es gibt keinen Tod. Es gibt nur andere Formen der Existenz.*
D: Wo bist du?
S: *Ich beobachte, wie sie meinen Körper vorbereiten.*

Als ich anfing, mit Rückführungen zu arbeiten und herausfand, dass ich mit jemandem sprechen konnte, nachdem er gestorben war, war das ziemlich aufsehenerregend. Aber ich habe das seither so oft getan, dass es inzwischen alltäglich geworden ist, wenn etwas so Seltsames überhaupt je als alltäglich bezeichnet werden kann. Ich habe während der Sitzungen beobachtet, dass die hypnotisierte Person nicht aufgebracht ist, wenn sie sich selbst tot vorfindet. Für gewöhnlich störte es die Beobachter im Raum viel mehr als den Probanden. Die Zeugen erwarten eine heftige Reaktion, einen Protest gegen den Tod oder zumindest eine Abscheu, wenn die Person ihren eigenen toten Körper sieht. Friedvolle, natürliche Todesfälle zeigen überhaupt kein Trauma. Aber die Persönlichkeit will normalerweise ausreichend lange herumlungern, um herauszufinden, was mit dem Körper passiert ist. Man hängt schließlich an dem Ding. Nachdem sie die Beerdigung oder Dergleichen gesehen haben, sind sie bereit, zu etwas anderem überzugehen.

Es ist auch eine Überraschung für die Beobachter, dass die Persönlichkeit nach dem Tod mit nur wenig Veränderung intakt bleibt. Ich habe mich inzwischen sehr daran gewöhnt, mit den Toten zu sprechen, nachdem sie hinübergegangen sind, aber das ist für die anderen Leute im Raum oft schwer zu verstehen. Ich habe festgestellt, dass man viele Informationen vom Geist erhalten kann. Aber die Qualität dieser Informationen hängt von der Evolution oder Entwicklung dieses Geistes ab. Auch hier werden sie dir nur das sagen, was sie zu diesem Zeitpunkt wissen.

Suddi war etwa dreiundfünfzig, vierundfünfzig Jahre alt, als er in Nazareth starb, während er bei seinen Cousins lebte. Ich fragte mich, warum er sich entschieden hatte, dort bei ihnen zu bleiben, anstatt zu seinem geliebten Qumran zurückzukehren.

S: Meine Pflicht war erfüllt. Ich hatte keinen großen Zweck mehr, um dort zu bleiben. Ich hatte keine Familie, die mich behielt.

Ich missverstand seine Aussage. Ich dachte, er meinte, dass es niemanden gab, der ihn behalten und sich um ihn kümmern konnte. Sicherlich hätten sie, so humanitär wie die Essener waren, in seinen letzten Tagen für ihn gesorgt.

S: Nein, wenn ich sage, keine Familie, die mich behält, meine ich, dass meine Familie nicht mehr da war. Deshalb waren meine Bindungen fast vollständig zerbrochen.

Das war wahr, seine einzige Schwester war gestorben. Er hatte so viel Energie in die Lehre von Jesus und Johannes gesteckt, dass er vielleicht nicht den Wunsch hatte, zurückzukehren und andere zu lehren.

S: Ich reiste eine Weile lang. Ich sprach mit den Leuten und hörte zu, was sie über die Prophezeiungen zu sagen hatten. Ich ließ sie wissen, dass die Zeit gekommen war, auf die sie sich ihr ganzes Leben lang vorbereitet hatten. Und hoffentlich habe ich in den Lehrstunden, die ich gehalten habe, ein paar Menschen erleuchtet. Ich habe ein paar Samen hinterlassen, hoffentlich werden sie wachsen ...

D: Nun, manchmal ist das alles, worauf man hoffen kann.

Wenn ich Suddi früher fragte, was seine Krankheit sei, sagte er, er habe die „Hustenkrankheit". Jetzt, nach dem Tod, war ihm wohl bewusst, was das Problem war.

S: Es gab ein Krebsgeschwür in der Lunge, das sie fast aufgezehrt hatte.

Dies muss natürlich einen starken Husten, Schmerz und Atemprobleme verursacht haben, so dass er es in den Begriffen seiner Zeit richtig als „Hustenkrankheit" definiert hatte.

D: Weißt du, was das verursacht hat?
S: Wer weiß? Der Staub? Es war.... es wurde zuvor als meine Art Tod gewählt. Es geschah, um bei meinem Wachstum zu helfen.
D: Oh? Auf eine bestimmte Art und Weise zu sterben, hat eine Bedeutung?
S: Ja. Um zu lernen, jeden Tag aufs Neue damit umzugehen. Wie man damit leben und sterben kann.

Er hatte vor seinem Tod große Schmerzen gehabt, aber er war in der Lage gewesen, sie zu kontrollieren, „durch den Einsatz des Geistes und die Beeinflussung der Energien".

D: Das ist gut, du musstest nicht leiden, denn du wusstest, wie man diese Dinge macht. Viele Menschen wissen nicht, wie man diese Geistesprozesse nutzt.
S: Tief m Inneren wissen es die meisten Menschen. Sie haben sich nur vor diesem Wissen verschlossen, und das ist eine große Tragödie. Es kann durch die Anwendung der Meditation wiedergewonnen werden. Sich selbst für das vorhandene Wissen zu öffnen. Es ist zum Greifen nah, aber man muss sich selbst dafür öffnen. Man muss von innen heraus beginnen. Diese Entscheidung muss getroffen werden, dass man offen sein wird, dann wird es kommen und wachsen.
D: Mit anderen Worten: Sie müssen es selbst wollen?

S: *Ja, so wie alle Heilung von innen kommen muss. Es ist an der Zeit, dieses Wissen weiterzugeben. Wenn die Menschen bereit sind für den Samen, werden sie wachsen. Es liegt an ihnen.*

Er beobachtete, wie sein Körper vorbereitet wurde. Ich fragte, was mit ihm geschehen werde.

S: *Er wird auf meine Bitte hin verbrannt. Es wird außerhalb der Mauern von Nazareth verbrannt werden, und meine Asche wird zur Gemeinschaft gebracht werden. Dort werden sie in alle vier Winde verstreut werden.*

Ich war sehr enttäuscht, dass Suddi gestorben war, bevor unsere Geschichte zu Ende war. Da er vor Jesus starb, bedeutete das etwa, dass unsere Geschichte vorbei war? Ich wollte aufrichtig etwas über den Rest des Lebens Christi wissen. Dies war eine einzigartige, einmalige Gelegenheit, aber ich war ratlos, wie ich herausfinden sollte, wie ich mehr Informationen einholen könnte. Zumindest könnte ich Fragen darüber stellen, was Suddi kurz vor seinem Tod über ihn wusste.

D: Hattest du irgendwelche Neuigkeiten von Jeschua, bevor du starbst?
S: *Er lehrte, und er versucht noch immer, Licht unter die Menge zu bringen. Es gibt viele, die ihm zuhören. Er nimmt sich des Volkes an, indem er zu ihnen von Liebe spricht in der Hoffnung, das Verständnis an andere weiterzugeben.*
D: Wie nehmen die Menschen das auf?
S: *Es gibt immer solche, die alles glauben, ganz gleich, was gesprochen wurde, nur weil es gesprochen wurde. Und es gibt solche, die glauben, weil sie es selbst sorgfältig geprüft haben. Dann gibt es solche, die zweifeln, aufgrund der Tatsache wer er ist. Und sie sagen: „Wie kann es sein, dass dieser Mann all diese Weisheit haben soll?" Sie sprechen von seiner Familie. Dass er kein Prinz unter den Menschen ist. Dass er nur ein armer Mann ohne Besitztümer ist. Sie sagen: „Wo sind seine herrlichen Gewänder?" Und sie sind nicht zu der Einsicht gekommen, dass nicht Besitz den Menschen ausmacht, sondern der Mensch den Besitz. Ein Mensch kann nichts haben, aber wenn er Güte und*

Verständnis und Mitgefühl gegenüber anderen hat, ist er reicher als der Mensch, der ein Land besitzt, aber von all diesen Eigenschaften keine hat.

D: Aber sie wissen nichts von seiner hohen Ausbildung, oder?

S: Nein. Es soll nicht bekannt werden, wie er gelehrt wurde. Er wurde eigentlich nicht gelehrt, sondern er zeigte, dass er auf dem richtigen Weg war. Er zeigte sich selbst, stärkte sich selbst in dem Glauben an das, was er tat.

D: Warum musste das geheim gehalten werden?

S: (Seufzer) Wir stammen von einem Volk, das sich wünschte, dass es geheim bleibe, wegen der Probleme mit verschiedenen Religionen und Weiterem. Und die Tatsache, dass er unterrichtet wurde, war nicht wichtig. Die Tatsache, die wichtig war, war, dass er wusste. Er hat dieses Wissen, das ist es, was wichtig ist.

D: Wurde er mit diesem Wissen geboren oder war das etwas, das er in seinem Leben als Jeschua lernte?

S: Er wurde weise geboren, aber er wurde nicht mit all dem Wissen geboren, das er zu seinen Lebzeiten anhäufte. Er wurde in vielen Schulen unterrichtet. Unter ihnen diejenige, die als die Gemeinschaft der Essener bekannt ist. Es gab viele Länder und viele Lehrer, zu deren Füßen er saß und zuhörte und lernte, ihm wurden viele verschiedene Wege und Pfade gezeigt. Und dann wiederum zeigte er anderen die richtigen Wege auf ihren Pfaden.

Suddi hatte zu einem früheren Zeitpunkt gesagt, dass Jesus auf der Suche nach Wissen mit seinem Onkel in die ganze bekannte Welt gereist sei. Ich wollte genauer wissen, in welche Länder.

S: Es gab phönizische Handelsaußenposten im Norden, zu denen sie gingen. Es gab Trecks, die nach Cathay führten und solche, auf denen gereist wurde. Er ging nach Indien und sprach mit einigen ihrer Weisen. Nach Ägypten und in verschiedene Länder dieser Region. Er lernte auch an den Ufern des Landes, das als Großbritannien bekannt ist. Ich weiß nicht, ob er noch in weitere Länder ging oder nicht. Er reiste in die meisten Länder, die der Menschheit bekannt sind.

Jesu Onkel, Joseph von Arimathaea, war ein Händler von hauptsächlich Zinn und weiteren Metallen. Seine Gruppe reiste unter dieser Verkleidung, aber sie wussten, dass Jesus zu einem anderen Zweck mit ihnen ging. „Um Verständnis für andere zu gewinnen und auch anderen Verständnis zu vermitteln." Zuweilen wurde er auf diesen Reisen von seiner Mutter begleitet.

Suddi sagte, dass sie damals ähnlich wie „Maria" genannt wurde. Sein Vater, Joseph, war viel älter als sie gewesen und war gestorben, als Jeschua in seinen Zwanzigern war. „Er hatte seinen Sohn ins Mannesalter kommen sehen, und das war seine Aufgabe."

Freunde hatten mich gebeten, mich nach Josephs Tod zu erkundigen. Sie wollten wissen, ob das vielleicht der Grund war, warum sich der Dienst Jesu verzögerte. Dass er vielleicht die Verantwortung dafür übernehmen musste, Maria zu helfen, die große Familie großzuziehen.

S: *Gab es da nicht seine jüngeren Brüder und Schwestern? Sie waren nicht sehr viel jünger. Damals gab es Hilfe von Joseph (dem Onkel) und anderen. Es gab mehrere Helfer, die Zimmermann waren, die das Familienunternehmen am Laufen hielten, so dass es ein Einkommen gab. Und von Zeit zu Zeit kam Jeschua zurück und half aus.*

D: Weißt du, ob seine jüngeren Geschwister es ihm je übel nahmen, dass er nicht ständig da war?

S: *Sie wurden mit dem Wissen großgezogen, dass er viel zu tun hatte, und nicht viel Zeit hatte, um dies alles zu bewerkstelligen. Wie können Kinder, die durch derart verständnisvolle Eltern großgezogen werden, missverstehen? Sie akzeptierten es. Es herrschte eine große Liebe. Man konnte nicht Jeschua kennen und ihn nicht lieben. Das war nicht möglich.*

D: Wenn Jeschua in all die anderen Länder reiste, warum kehrte er zu seinem eigenen Land zurück, um dort seinen Dienst zu beginnen?

S: *Weil dies zu jener Zeit ein Treffpunkt auf halber Strecke zwischen Ost und West war. Dadurch konnte das Wissen von diesem zentralen Punkt aus an sehr viele Menschen weitergegeben werden. Und das war bekannt.*

D: Hatte er in diesen anderen Ländern Anhänger?

S: *Es wird gesagt, dass er eine große Gefolgschaft hatte, die auf seine Weisheit hörten.*

D: Wusste er nicht, dass er in Gefahr sein würde, wenn er zurückkehrte?

S: Ja. Er wusste von klein auf, wie er sterben wird. Das ist am schwersten zu akzeptieren. Es bedeutet, dass er selbst in diesem Vorwissen die Menschen noch so sehr liebte, dass er sich für sie aufgab.

D: Ja, es ist eine Sache, nicht zu wissen, was mit einem passieren wird. Dann hat man keine Kontrolle darüber. Aber er weiß es und ist dennoch bereit, es zu tun. Das ist sehr schwierig. Weißt du, es gibt Geschichten darüber, dass er Wunder vollbracht hat. Sind diese Geschichten wahr?

S: Ja, Wunder ist der Begriff, den man verwenden könnte. Es gibt Dinge, die man Wunder nennen könnte. Sie sind aber eigentlich nicht wundersam. Denn jeder hat diese Fähigkeit, sie ist immanent und angeboren. Wenn man die Zeit und Disziplin hätte, könnte man diese Fähigkeit entwickeln. Indem man meditiert und die mentale Disziplin trainiert, die man braucht, um ähnliche Dinge zu tun. Er war mit sich selbst und mit den spirituellen Ebenen im Einklang und hatte außerordentliche Fähigkeiten. Und die Kombination aus diesen Faktoren half ihm, das zu vollbringen, was „Wunder" genannt wird. Das bedeutet, die Gesetze der Natur und des Universums zu nutzen. In seinem Wissen um diese Gesetze war er in der Lage, Dinge zu tun, die andere für wundersam hielten, zu denen aber alle Menschen die Fähigkeit haben. Aber man muss sich öffnen, um ein Kanal für die Kraft zu sein, damit diese Wunder vollbracht werden können. Du musst nur das Wissen und den Willen haben, sie zu nutzen. Er war einfach ein sehr reiner Kanal.

D: Wurde er gelehrt, wie man diese Dinge tut?

S: Ja, das wurde er. Das war Teil des Ausbildungsplans, als er heranwuchs. Und da er das große Vorbild sein sollte, konnte er diese Fähigkeiten bis zu einem sehr fein abgestimmten Punkt entwickeln. Seine Lehrer konnten Dinge tun, wie das Anheben von Gegenständen oder das Ändern von Blei zu Gold. Aber er konnte bessere Dinge tun, wie z.B. jemandem, der bereits tot war, wieder Leben einzuhauchen, Wasser in Wein umzuwandeln und so weiter. Und wenn er seine Fähigkeiten bei den Kranken anwandte, konnte er ihre Energien so ausbalancieren, dass sie wieder gesund wurden.

D: Ich frage mich, wie er Wasser in Wein verwandeln konnte?

S: *Es ist schwer zu erklären. Es ist wie eine Kombination aus mehreren Fähigkeiten, die zusammenwirken. Alles, was er tat, gehorchte den Naturgesetzen des Universums. Es ist nur so, dass einige von ihnen, die er auf der irdischen Ebene anwandte, normalerweise auf der geistigen Ebene galten. Sie können auf der irdischen Ebene angewandt werden, aber sie müssen ein Medium haben, wie ein menschliches Wesen, um zu helfen und sie zu kanalisieren, ja.*

D: Hast du von einigen dieser sogenannten Wunder gehört, die er vollbracht hat?

S: *Er vollbrachte jeden Tag so viele, dass ich nicht alle auflisten könnte. Aber er tat im Allgemeinen Dinge, wie die Heilung von Gehörlosen, Lahmen, Blinden und Dinge dieser Natur. Du musst nur das Wissen und den Willen haben, es zu nutzen. Er war einfach ein sehr reiner Kanal. Er hat die Menschen von dieser Seite zurück in die Existenz gezogen, indem er sie einfach nur rief. Mit Glauben sind alle Dinge möglich. Man muss nur glauben, dass man es tun kann.*

D: Aber sobald jemand den Körper verlassen hat, fängt da der Körper nicht an, zu verfallen?

S: *Nach einer gewissen Zeit. Du würdest das nicht gerade mit jemandem machen, der bereits sechs Monate ... tot war. Aber in allen Fällen, in denen ich von diesem Ereignis gehört habe, waren sie erst kürzlich hinübergegangen und vielleicht nur irrtümlicherweise hinübergegangen. Es war nicht unbekannt, dass der Körper vielleicht zu einer Zeit aufhörte, zu funktionieren, zu der er dies noch nicht sollte. Er tat es nicht, um zu versuchen, die Zyklen ihres Lebens aus dem Gleichgewicht zu bringen. Aber er tat es in den Fällen, in denen ihr Leben durch bestimmte Umstände vorzeitig abgeschnitten wurde, und er sehen konnte, dass sie ihre Schulden noch nicht beglichen hatten. Und es besser war, wenn sie ihre Schulden zu diesem Zeitpunkt ausgleichen konnten. Er hauchte ihnen wieder Leben ein, damit sie zurückkommen und diesen Teil ihrer Schulden ausgleichen konnten. Hast du nicht von Menschen gehört, die gestorben waren und dann aus dem Grab wiederauferstanden sind, weil es nicht ihre Zeit war? Er war nur da, um sie zurückzuführen.*

Das klang ziemlich stark nach den NDEs (near-death experiences. Im Deutschen: NTE für Nahtoderfahrung, *Anm. des Übersetzers) die nun in immer größerer Zahl berichtet werden. Dies sind Fälle, in denen Menschen offiziell (medizinisch) für tot erklärt wurden und dann auf wundersame Weise wiederbelebt wurden. Oftmals geschieht dies heute dank unserer fortschrittlichen medizinischen Versorgung.

D: Ich dachte, es sei ein unfehlbares System. Dass man stirbt, wenn es an der Zeit ist, und dass es keine Chance für Fehler gab.
S: Es gibt immer die Möglichkeit, dass Dinge schiefgehen. Es kommt nicht sehr oft vor. Manchmal ist es auch eine Lektion, die gelernt werden muss. Deshalb werden sie auf die andere Seite gelassen, um sich selbst für das Wissen, das hier ist, zu erwecken.

Suddi sagte, Jeschua habe einige Male Menschen zurückgerufen und ich fragte nach konkreten Fällen.

D: Waren das Leute, die er kannte, oder einfach Fremde?
S: Manchmal kannte er sie, manchmal waren sie Fremde. Die Tochter des Zenturios kannte er nicht. Die Tochter dieses römischen Befehlshabers war sehr krank. Er hörte, dass es da einen Propheten gab, der ihr helfen konnte und so sandte er einen Diener zu Jeschua und es war eine zweitägige Reise. Und der Diener sagt: „Bitte kommt, bitte beeilt euch, sie ist sehr krank." Und Jeschua sagt: „Warte einen Augenblick, ich muss zuerst beenden, was ich hier gerade tue." Und Jeschua nahm sich im Grunde genommen seine Zeit, um zum Haus des römischen Befehlshabers zu gehen. Als er dort ankam, war es zu spät und die Tochter war tot. Und Jeschua sah, dass ihr Leben noch nicht zu Ende war und sie noch mehr Schulden abzutragen hatt. Also hauchte er ihrem Körper wieder Leben ein und sagte dem römischen Befehlshaber: „Keine Sorge, sie liegt jetzt nur in tiefem Schlaf." Dann ging er. Sie schlief eine normale Zeit lang und dann wachte sie auf und es ging ihr gut. Dann war da noch einer, der sein Cousin war, Lazarus. Er war der einzige Sohn seiner verwitweten Mutter. Er wurde zurückgerufen. Aber es war nicht seine Zeit zu sterben, er hatte noch vieles gutzumachen und Jeschua wusste das.

D: Ich dachte, sobald er einmal in das Grab gebracht wurde, sei er nicht mehr in der Lage...

S: *(Unterbrach) Es war nicht versiegelt worden. Das Siegel war nicht angebracht worden. Alles, was sie zur Vorbereitung in diesem Land tun, ist, den Körper mit Ölen einzusalben. Manche unter ihnen verbrannten die Leichen auf dem Scheiterhaufen. Aber zum größten Teil wurde der Leichnam nur mit Öl gesalbt, in Leinen gewickelt und in die Gräber oder was auch immer gelegt.*

D: Wie viel Zeit konnte verstreichen, nach der sie immer noch in den Körper zurückkehren konnten?

S: *Ein paar Tage. Höchstens zwei vielleicht. Danach würde es einer Erneuerung von viel größerem Umfang bedürfen, als dass nur der Geist wieder eintritt.*

D: Eines der Wunder, von denen wir gehört haben - ich weiß nicht, ob du es kennst oder nicht – ist jenes, als er eine ganze Menge Menschen verköstigte.

S: *Als er sie mit nur ein paar Fischen und Brotlaiben verköstigte? Ja, dies geschieht wie gesagt durch die Naturgesetze der Freigebigkeit. Wenn du etwas benötigst und glaubst, dass es da sein wird, dann wird es da sein.*

Das klang für mich sicherlich nicht nach einem Naturgesetz, in der Lage zu sein, ein paar Dinge unter vielen Menschen aufzuteilen. Suddi war geduldig mit mir und versuchte, es mir zu erklären.

S: *Aber ihr müsst glauben, dass es geschehen wird, und es wird geschehen. Er glaubte, er könne es teilen, und sie alle glaubten an ihn. Ich weiß nicht, ob es sich um einen echten Fisch handelte, oder ob sie daran glaubten und gesättigt wurden.*

Dies wirft ein interessantes Konzept auf. Wenn die Menschen fest genug an das glaubten, was Jesus tat, war es gleichgültig, ob die Nahrung eine feste dreidimensionale physische Nahrung war oder nicht. Es könnte auch eine Illusion gewesen sein. Die Hauptsache ist, dass sie glaubten, dass sie verköstigt wurden und so ihr Hunger gestillt wurde. Das war der Zweck, auch wenn es vielleicht mit psychologischen Mitteln erreicht worden sein mag. Es gab viele Fragen über das Leben Jesu, die sich die Menschen gestellt haben, und das schien eine gute Gelegenheit zu sein, etwas herauszufinden.

Ich sagte: „Manche Leute sagen, dass er eine sehr seltsame Geburt hatte. Weißt du etwas darüber?"

S: *Nur, dass er in einer Höhle geboren wurde und ein Stern über dem Ort aufgezogen war. Dies war das einzige ungewöhnliche Ereignis bei seiner Geburt.*

Die biblische Version erwähnt nur, dass Christus nach seiner Geburt in eine Krippe gelegt wurde, sie erzählt nicht, wo sich die Krippe befand. Noch heute werden Höhlen um Bethlehem als Tierställe genutzt. Suddi hatte einen wichtigen Aspekt der Geburt nicht erwähnt und ich hatte gehofft, dass er es mir ohne Nachfragen sagen würde. Da er es nicht tat, beschloss ich, damit direkt herauszurücken.

D: Einige Leute sagen, dass seine Mutter noch Jungfrau war. Weißt du, was das bedeutet?
S: *Das klingt sehr vertraut, aber das ist nicht wahr. Seine Mutter war eine Frau wie alle anderen, ebenso sein Vater, er war ein Mann.*
D: Nun, die Geschichte, die uns vorliegt, ist, dass die Mutter eine Jungfrau war und der Vater kein Mensch, sondern Gott war.
S: *Wir sind alle Kinder Gottes. Er war dafür offener als andere, und es war an der Zeit, das Wissen hervorzubringen.*
D: Warum glaubst du, sollten die Leute so eine Geschichte erzählen, wenn sie nicht wahr wäre?
S: *Warum sagen die Leute überhaupt etwas, außer, dass sie nur mehr Aufmerksamkeit auf bestimmte Aspekte lenken wollen?*

Ich dachte, ich könnte vielleicht etwas über seine Jünger herausfinden.

D: Hat er bestimmte Anhänger um sich herum?
S: *Die Anzahl variiert. Ursprünglich waren es etwa dreißig in der zentralen Gruppe, und weitere, die lediglich Anhänger sind. Er ist ihr Lehrer in der Hoffnung, dass sie von ihm lernen werden. Aber einige von ihnen haben viele Zweifel, sie sind nur Menschen. Seine Jünger können gleichermaßen Wunder vollbringen, weil sie unter ihm lernen. Dies ist Teil des Studiums, mehrere Meditationsübungen zu unterrichten, um einen für diese Dinge*

empfänglich zu machen und diese Fähigkeiten zu entwickeln. Sie verbringen viel Zeit allein in den Bergen, während sie diese Dinge studieren. Es gibt sowohl Männer als auch Frauen unter den Jüngern, obwohl es zuweilen etwas mehr Frauen als Männer gibt, weil sich die weibliche Kraft besser entwickelt. Sie ist empfänglicher für Dinge dieser Art als das Männliche.

Es braucht nicht viel Phantasie, um herauszufinden, warum es in der Kirchengeschichte keine Erwähnung von weiblichen Jüngern gibt. Die frühe Kirche war streng männlich orientiert und männlich dominiert.

D: Gehen diese Anhänger überall mit ihm mit?
S: Hat er sie nicht ausgesandt, um andere zu lehren, was er sie gelehrt hat? Und so müssen sie auf diesen Pfaden wandeln.
D: Was war mit den weiblichen Schülern?
S: Sie sind sehr aktiv. Als Jeschua seine Jünger aufteilte, geschah dies in Zweiergruppen. Und die weiblichen Jünger wurden ebenso aufgeteilt. Sie wurden in die ganze bekannte Welt ausgesandt, um seine Lehren zu verbreiten und eigene Jünger zu haben, um dabei zu helfen, diese erlernten Fähigkeiten zu verbreiten.
D: Ist es für Frauen nicht gefährlich, so zu reisen und diese Kräfte zu haben?
S: Die Art und Weise, wie er sie aufteilte, war im Allgemeinen männlich und weiblich paarweise gruppiert.
D: Oh. Weil du weißt, wie die von Männern dominierte Welt ist, sie akzeptieren keine Frauen, die diese Dinge tun.
S: Ja, er wusste davon und wollte die Frauen vor denen schützen, die es nicht verstanden. Und so wurden die Jünger paarweise ausgesandt. In der Regel werden sie nach ihren Diagrammen gruppiert. Er hat zwölf, die ihm an die meisten Orte folgen. Aber er will, dass die Jünger in der Lage sind, sich zu lösen und sich von alleine zu entwickeln und selbst stärker zu werden, sonst würden sie weiterhin von ihm abhängig sein. Das war das Beste für die Jünger, damit sie sich zu ihrer vollen Stärke entwickeln konnten.
D: Kennst du irgendwelche Namen dieser Leute?
S: Mir sind ein paar bekannt... da ist Simeon, der Peter genannt wird. Ah... und da sind Ben Zebedäus, seine beiden Söhne. Es gibt

Bartholomäus und Mathias und Judas. Es gibt noch einige andere, ich kann nicht.... Ich kenne sie nicht so gut. Wir erfahren hier, was sie tun werden. Uns wird etwas gezeigt.

Ben Zebedäus wird in der Bibel als Zebedäus erwähnt, der Vater von Jakobus und Johannes. Aber die Bibel sagt, dass Jakobus und Johannes ihren Vater im Fischerboot zurückließen und Jünger wurden. Zebedäus wird danach nicht mehr erwähnt. Es ist interessant, dass Suddi den Vater namentlich erwähnte und nicht die beiden bekannteren Söhne. Bartholomäus ist einer der weniger bekannten Jünger. Und Mathias wird in der Bibel erst nach dem Tod Christi erwähnt. Peter ist wohlbekannt, aber Suddi nannte ihn bei einem Namen, der anders ausgesprochen wurde: „Simeon" statt Simon. Ich finde es bedeutsam, dass er diese weniger bekannten Jünger erwähne. Dies verleiht dem Bericht von Suddi noch mehr Gültigkeit.

D: Glaubst du, dass all diese Anhänger das tun werden, was er sie gelehrt hat?
S: *(Traurig) Nein. Es wird einige wenige geben, die hinausgehen und sprechen werden. (Seufzer) Und es wird solche geben, die das Gefühl haben, dass sie, weil sie ihn kannten, rechtschaffen sind und ihr Leben in dem Glauben leben werden, dass sie den rechten Weg gefunden haben. Das ist sehr traurig, denn das war nicht das, was er sie lehrte... Und dann gibt es natürlich noch Iskariot..... Er neigt dazu, sehr launisch zu sein und ist bei den anderen Jüngern nicht beliebt.*

Auch hier ist es interessant, dass er ihn Iskariot anstatt Judas nannte. Er hatte Judas bereits als einen der Jünger erwähnt, aber es gab zwei Judas. Er unterschied diesen vom anderen, indem er ihn Iskariot nannte. Zu anderen Zeiten klang die Aussprache seines Namens wie „Iscarot".

S: *Er ist bekannt als der Verräter. Denn es ist sein Schicksal, das Werkzeug anderer bei der Erfüllung ihrer Tat zu sein.*
D: Wen wird er verraten?

Ich musste ständig so tun, als ob ich nichts über die Geschichte wüsste, als ob ich die Ereignisse überhaupt nicht kennen würde. Ich hatte das Gefühl, dass Suddi auf diese Weise die Geschichte auf seine eigene Art erzählen würde, ohne übermäßig beeinflusst zu werden. Obwohl Katie die Geschichte auch kennt (wie jeder andere auch), gibt es deutliche Unterschiede. Und es sind Unterschiede, die man nicht bewusst machen würde.

S: *Er wird Jeschua verraten. Er hofft, ihn dazu zwingen zu können, andere wissen zu lassen, wer er ist. Denn obwohl sie (die Anhänger) glauben, dass er der Auserwählte, der Messias, ist, hat er selbst nie darüber gesprochen. Andere sprachen davon. Und es ist der Wunsch von Iskariot, dass er sich selbst erklärt, was er nicht tun wird. Er wird es immer dem Urteil anderer überlassen, zu entscheiden, ob er ein guter Mensch war oder nicht, und von Gott dazu auserwählt, dabei zu helfen, andere auf den rechten Weg zu führen, damit auch sie eins mit Gott sind. Iskariot glaubt so inständig, dass er wahrlich glaubt, dass Jeschua ein Gott ist. Und dass er, weil er ein Gott ist, sagen könne: „Befiehl diesen einfachen Sterblichen, aufzuhören", und sie deshalb aufhören müssten.*

Es kann gut möglich sein, dass Iskariot einer der Zeloten war, von denen Suddi sprach. Das war definitiv ihre Denkweise.

D: Glaubst du, Iskariot wird versuchen, die Situation zu erzwingen?
S: *Es liegt in seiner Natur. Er glaubt, dass dies nicht geschehen solle. Dass Jeschua sich erklären muss, aber das ist nicht das, was geschehen soll.*
D: Wird dieser Verrat als eine schlechte Tat von Iskariot angesehen?
S: *Es ist etwas, das sein muss. Es ist etwas, das sein soll. Aber das Schlimmste daran ist, dass was er denkt, das geschehen werde, wird nicht eintreten. Und wenn er das erkennt, wird er sich daraufhin das Leben nehmen. Das ist unter großer Trauer bekannt, denn das ist ein großes Unrecht.*

Anscheinend war der Selbstmord eine viel schlimmere Tat als der Verrat an Christus.

D: Warum glaubst du, dass er sich das Leben nehmen wird?

S: Weil er erkennen wird, dass er Teil der Ermordung eines Menschen ohne Sünde war, und das kann er nicht ertragen. Aber wir verurteilen nicht. Es wird sein eigenes Urteil sein.
D: Weißt du, wie er ihn verraten wird?
S: Nein, ich weiß es nicht. Aber das Tagesende bricht bald an. Jeschua wird bald hier bei uns sein (im Zustand nach dem Tod). Wir wissen das, wie können es wissen, aber nicht helfen? (Seufzer) Obwohl es von Gott gewollt ist, ist es trotzdem sehr schwer, sich zurückzulehnen und zuzusehen, wie dies geschieht ... Es bringt viel Kummer mit sich, zu wissen, dass dies geschehen muss, um zu retten. Um anderen zu zeigen, dass der Weg möglich ist. Dass er ihnen offen steht. Ich denke darüber nach, was passieren wird und wäge mein Leben dagegen ab. Ich sammle meine Kräfte, damit ich... dort sein werde. (Traurig und mit Schwierigkeiten) Auch ich muss daraus Lehren ziehen, wie wir alle. Es ist etwas, das sehr schwierig sein wird, aber ich hoffe, daraus zu lernen..... Wenn ich nur die Kraft habe.

Ich atmete erleichtert auf und sprach ein kurzes, stilles Dankgebet. Ich dachte, wenn Suddi stürbe, bevor Christus gekreuzigt wurde, würden wir den Rest der Geschichte nicht bekommen können. Nun sah es so aus, als ob es möglich wäre, wenn er es von der anderen Seite aus sehen konnte. Dies war eine unerwartete, aber willkommene Entwicklung.

D: Wird es in deiner geistigen Welt noch andere geben, die zusehen werden?
S: Ich denke, es wird eine Vielzahl von Menschen geben, die das tun werden. Es wird eine große Lektion darin liegen. Die Lektion der Selbstlosigkeit, denn das war seine Wahl. Wir wissen das. Dem nachzueifern bedeutet, sich selbst auf den Weg zu machen.
D: Ich dachte, wenn du ihm so nah durch sein Leben gefolgt warst, dass du dann zu seiner Zeit der Prüfung dabei sein möchtest.
S: Es ist nicht seine Prüfung, es ist unsere!
D: Du sprichst, als ob du wüsstest, was passieren wird.
S: Er wird am Kreuz sterben.
D: Sollte das Kreuz nicht für Kriminelle und Schwerverbrecher sein?
S: Er wird wie Verbrecher behandelt werden. Und in ihren Augen ist er es, denn er wagt es, sie in Frage zu stellen. Er wagt es, sie dazu

zu bringen, in sich selbst hineinzuschauen und für sie ist das ein großes Verbrechen. Denn wie viele Menschen können ihre Seelen ansehen und ertragen, was sie dort vorfinden? Auch gibt es viele, die glauben, dass er der ist, für den andere ihn halten. Dass er der Christus und der Messias ist. Sie glauben es, aber sie zweifeln daran, weil er die Liebe lehrt. Er lehrt, dass wir nicht hassen sollen. Und dass Krieg nicht der Weg ist, wie das Königreich gewonnen werden kann. Aber sie verstehen das nicht. Sie hoffen, dass, wenn er so sehr unter Druck gesetzt wird, er hervorkommt und sagt: „Ich bin der Sohn Gottes, und deshalb könnt ihr das nicht tun". Aber sie sehen nicht, dass dies aber und abermals erzählt wurde, dass dies sein Schicksal sein wird. Sie können das nicht sehen.

Dies war eine sehr emotionale Rede, mit starker Betonung auf den Worten. Ich dachte, das Kreuz sei für einen so sanften Menschen ein schrecklicher Weg, um sein Leben zu beenden.

S: *Viele Menschen beenden ihr Leben auf schreckliche Weise, und die Leute denken nicht darüber nach. Weil es niemand Wichtiges ist, es ist nicht jemand, den sie kennen, es ist nicht einer der Ihren. Wenn es jemand ist, der ohne Sünde ist, der ohne Eifersucht oder Hass ist, der nur von Liebe erfüllt ist, wird ihnen das zu Bewusstsein bringen, dass es viele gibt, denen dieses Schicksal widerfährt.*

D: Könnte er sich aus der Affäre ziehen? Hat er eine Wahl?

S: *Er hat immer gewusst, dass dies sein Schicksal war. Die Zeit, sich aus der Affäre zu ziehen, war nicht jetzt , die war zuvor (bevor er Fleisch wurde). Nachdem die Entscheidung einmal getroffen war, gab es kein Zurück mehr. Er kann um Hilfe bitten, dass Ihm die Kraft gegeben werde, dies Ganze... durchzustehen und sie wird ihm gegeben werden.*

D: Was bedeutet es, wenn die Menschen ihn den Christus nennen?

S: *Es bedeutet der Erlöser, die Verkörperung des lebendigen Gottes, der lebt.*

D: Aber sind wir denn nicht alle die Verkörperung des lebendigen Gottes?

S: *Aber sind wir alle uns dessen bewusst? Wie viele von uns sind in Kontakt mit der tieferen Seele, die unser Selbst ist, die unser wahres Selbst ist, während wir den physischen Körper bewohnen? Wie viele von uns können durch ein alltägliches Leben gehen und mit den Versuchungen leben, die ihm auferlegt wurden, und mit allem, was er hat? Er hätte sagen können: „Halt, nein, ich weigere mich, das durchzumachen!"*

Aber das tat er nicht. Deshalb ist er anders als wir. Ich hätte nicht den Mut dazu. Er ist das, was wir alle sein können. Was wir alle anstreben müssen. Es ist möglich. Er sagte, er ist der Weg. Wenn wir nur unsere Augen und unsere Herzen öffnen könnten, würden wir das sehen. (Eine Pause, dann ein tiefer Seufzer) Aber es wird schwer sein, das mit anzusehen. Zu wissen, dass jemand ohne Sünden, ohne Makel, sich selbst für andere unter uns hergibt, um uns den rechten Weg zu zeigen. Ist das nicht immer schwer zu sehen? Zu wissen, dass jemand, selbst wenn er dich nicht kennt, selbst wenn er dich noch nie zuvor gesehen hat, sich selbst opfert, nur weil er die ganze Menschheit liebt. Und selbst zu wissen, dass man seiner nicht würdig ist. Ist das nicht schwer zu ertragen? Die Menschheit macht seit Äonen immer wieder die gleichen Fehler. Geht von Zeit zu Zeit etwas weiter, aber verändert sich nie wirklich. Und er zeigt uns, dass es möglich ist, zu wachsen. Dass man, um zu entkommen und die Freiheit und das Wissen der Liebe zu erlangen, wachsen muss. Er zeigt uns das, und deshalb ist es seine Aufgabe, dies zu tun, wie es unsere Aufgabe ist, andere Dinge zu tun.

D: Ich fürchte, es wird viele Leute geben, die die Gründe nie verstehen werden.

S: *Sie verstehen die Totalität Jeschuas nicht. Seine Totalität ist zu viel, als dass sie sie erfassen könnten, also versuchen sie, ihn zu beschränken. Aber die Leute werden verstehen. Vielleicht nicht im Sinne von irdischen Gestalten, vielleicht verstehen sie nicht in dieser Form. Aber hier wissen wir und wir lernen.*

Es schien, dass wir die Geschichte der Kreuzigung aus der Sicht von Suddi auf jener Seite bekommen würden. Aber ich fand, dass diese Geschichte zu wichtig war, um es zu überstürzen. Ich hatte vor, dem eine ganze Sitzung zu widmen. Ich wollte auch nicht das Risiko eingehen, dass mir das Band oder die Zeit ausgehen würde. Ich hatte vor, so viel Zeit wie möglich zu investieren und so viel wie möglich ins Detail zu gehen. Ich empfand dies als einen großen Durchbruch, dass wir die seltene Chance haben könnten, einen Augenzeugenbericht von den vielleicht denkwürdigsten und kontroversesten Ereignissen in der Geschichte der Menschheit zu erhalten. Würde seine Version mit der Version übereinstimmen, die uns überliefert wurde? Wir haben bereits in den früheren Kapiteln festgestellt, dass sich die Geschichte von Suddi oft von der akzeptierten unterschied.

KAPITEL 25

Kreuzigung und Wiederauferstehung

In der nächsten Woche hatte ich gemischte Gefühle, als wir die Sitzung begannen. Ich hatte die Hoffnung, dass wir in der Lage sein würden, die Kreuzigungsgeschichte zu erhalten; sie wäre das Kronjuwel in diesem Experiment. Es wäre auch für viele Menschen sehr wichtig. Aber ich hatte Bedenken, dass wir sie vielleicht nicht bekommen durften. Das Unterbewusstsein verfügt über eine sehr effektive Schutzvorrichtung. Es wird dem Probanden nicht erlauben, etwas zu erleben, von dem er annimmt, dass es schädlich sei. Es ist in der Hypnose eine wohlbekannte Tatsache, dass, wenn jemand etwas sieht oder sich an etwas daran erinnert, das er nicht ertragen kann, er sofort aufwacht, obwohl er sich in einer tiefen Trance befindet.

Ich habe das erlebt. Ich hatte keine Ahnung, wie das Unterbewusstsein mit etwas so Traumatischem umgehen würde, wie einen lieben Freund auf so schreckliche Weise sterben zu sehen. Ich wusste, dass ich dieses Schutzsystem nicht außer Kraft setzen konnte und ich wollte es auch gar nicht erst versuchen. Ich würde mich auf unsere lange Verbindung zueinander und den schrittweisen Aufbau von Vertrauen verlassen müssen, das zwischen uns gewachsen war, um das Unterbewusstsein davon zu überzeugen, dass alles sicher sei. Mein größtes Anliegen ist das Wohlergehen meiner Probanden und ihr Schutz ist immer von höchster Wichtigkeit.

Katie spürte nichts von alldem und war gespannt, herauszufinden, was passieren würde. Also sagte ich das Schlüsselwort und beobachtete, wie sie mühelos in den Zustand glitt, an den sie sich schon so sehr gewöhnt hatte, und wir begannen.

Ich brachte sie in der Zeit rückwärts zum Leben von Suddi und ging mit ihm zurück zur geistigen Ebene kurz nach seinem Tod. Geisterebene zurück. Und wir setzten dort fort, wo wir in der Woche zuvor aufgehört hatten.

D: Ich werde bis drei zählen und wir werden uns auf die Zeit zubewegen, zu der all dies geschehen wird. Wenn du in der Lage bist, es zu wissen, möchte ich, dass du mir sagst, was geschieht. Falls möglich, hätte ich gerne, dass du es dir ansiehst. Ich möchte, dass du dieses Wissen mit uns teilst. Ich denke, aus dieser Erfahrung lässt sich viel lernen, wenn du die Kraft hast, es dir anzusehen und es zu teilen. 1, 2, 3, es ist die Zeit, in der all dies stattfinden soll. Kannst du mir sagen, was gerade geschieht?

Ich war mir nicht sicher, ob Suddi in der Lage sein würde, die Ereignisse mitzuerleben. Er sagte, er würde es tun, wenn er die Kraft dazu hätte, also wusste er, wie schwierig es sein würde. Wäre er in der Lage, das durchzustehen, oder würde er einen Rückzieher machen? Als ich mit Zählen aufgehört hatte, gab es kein Zögern, er schien einfach direkt einzusteigen.

S: *Es gab ein Opferritual, bei dem es der Brauch der Römer ist, an jedem Feiertag einem Gefangenen seine Freiheit zu schenken. Und Pontius Pilatus glaubt nicht, dass Jeschua das böse Wesen ist, für das er gehalten wird. Er weiß in seiner Seele, dass dies Unrecht ist, ein großes Unrecht. Deshalb hat er ihn und Barabbas zur Wahl gestellt, weil er weiß, dass sie bei den vielen Männern, die Barabbas getötet hat, statt seiner natürlich Jeschua befreien werden.*

Ich spürte, dass er das Gefühl hatte, wenn er nicht einfach direkt einsteigen würde, könnte er die Nerven verlieren und nicht in der Lage sein, davon zu erzählen.

D: War Barabbas ein Mörder?
S: Ja.
D: Du sprichst, als ob Jeschua inhaftiert wäre.
S: *Ja, er wurde abgeführt. Vom Sanhedrin (ausgesprochen „San-hadrin"). Und nachdem sie ihn befragt und in ihren Augen wegen*

Blasphemie für schuldig befunden hatten, entschieden sie, ihn Rom zu überlassen. Denn sie konnten niemanden töten, von dem andere sagten, er sei der Messias. Denn das würde den Terror des Volkes über ihre Köpfe bringen. Sie würden ihn dafür den Römern aushändigen, um zu versuchen, eine Revolution zu starten, indem sie sagten, dass er seine Anhänger dazu angestiftet habe, etwas gegen Rom zu unternehmen.

Anscheinend war das die Politik der damaligen Zeit. Jesus war solange keine Bedrohung, bis er anfing, Anhänger zu sammeln. Davor hatte man ihn als radikalen oder verrückten Mann abtun können.

D: Wer waren die Leute, die das taten?
S: Sanhedrin. *(Es war schwer zu verstehen, weil er dieses Wort so seltsam aussprach.)* Der Sanhedrin. Der Körper der Gesetzgeber für Israel. *(Israel wurde auch anders ausgesprochen.)*
D: Sie hatten die Macht, das zu tun?
S: Ja. Es war eines der Dinge, die das römische Gesetz ihnen noch erlaubte.
D: Du sagtest zuvor, dass Iskariot ihn verraten werde. Weißt du, ob das passiert ist?
S: Er ging zu den Priestern und erzählte ihnen, wo Jeschua war. Und verkaufte ihn.
D: Bekam er etwas dafür, das zu tun?
S: Man sagt, eine Tasche voll Silber, Ich weiß es nicht.
D: Aber zu diesem Zeitpunkt werden sie Jeschua und Barabbas dem Volk zur Wahl stellen, damit dieses aussuchen kann, wer frei wird?
S: *(Das war sehr emotional für ihn)* Ja. Aber der Sanhedrin hat viele Menschen in der Menge verteilt, die dafür bezahlt werden, den Namen des Barabbas zu äußern.
D: Ich verstehe. Sie werden versuchen, das Volk davon abzuhalten, Jeschua zu wählen?
S: Es gibt keine Wahl. Sie können nicht, denn es ... es ist sein Schicksal.
D: Diese Leute, der Sanhedrin, sie haben Angst vor ihm?
S: Sie haben Angst, dass er derjenige sein könnte, für den andere ihn halten.

D: Sie können es sich nicht leisten, ihn frei zu lassen? Ist es das, was du meinst?
S: *Nein, sie können es nicht.*
D: Haben sie deshalb die Leute dafür bezahlt, in der Menge zu sein, um die Menge aufzuhetzen?
S: *Um den Namen auszusprechen. Es heißt, dass der Name, der am lautesten gesprochen wird, derjenige ist, der freigelassen wird.*

Es war offensichtlich, dass Suddi dies tief fühlte. Es schwangen starke Emotionen in seiner Stimme. Ich hoffte, dass er in der Lage sein würde, weiterzumachen.

D: Okay, lass uns weitergehen und herausfinden, was geschieht. Ich hätte wirklich gerne, dass du es uns erzählst. Viele Menschen können dadurch viel gewinnen. Wenn es dich zu sehr quält, kannst du es als objektiver Beobachter betrachten.

Ich konnte sehen, dass es ihn bereits störte, zu beobachten, was mit jemandem geschah, den er so sehr liebte. Ich hatte Angst, dass es noch traumatischer für ihn sein würde, die eigentliche Kreuzigung mitzuerleben. Ich konnte nur hoffen, dass sein Wunsch, diese Informationen mit anderen zu teilen, jeder Abscheu entgegenwirken würde, die er vielleicht empfinden könnte. Ich fuhr fort, beruhigende Suggestionen für Katies Wohlbefinden zu geben.

D: Ich werde bis drei zählen und dann werden wir weitermachen. 1, 2, 3, was passiert jetzt gerade?
S: *Es wurde beschlossen... dass er und zwei weitere Personen zur Abendzeit an das Kreuz... genagelt werden sollen, um durch Kreuzigung zu sterben. Der traditionelle römische Stil, Verbrecher, Mörder und Diebe zu töten. (Es war schwierig, aber er fuhr fort.)*
D: Es scheint, als würde er nicht in diese Kategorie gehören, oder?
S: *(Ein Flüstern) Nein. Er hat noch nie einem anderen Leid zugefügt. Aber es heißt, dass er für die ganze Welt bluten wird.*
D: Sind noch andere Leute bei dir, die das beobachten?
S: *Es sind viele andere hier.*

In der Bibel spricht man davon, dass die Gräber geöffnet werden und die Geister der Toten von vielen in dieser Zeit gesehen werden. Konnten sie die Geister gesehen haben, die bei ihm waren und von der anderen Seite zusahen? Ein Ereignis von dieser Art emotionaler Stärke könnte die übersinnliche Wahrnehmung der Menschen erhöht haben.

S: *Und es gibt viele, Hunderte, auf der irdischen Ebene, die zusehen... mit Entsetzen. Denn sie lieben ihn. Sie können nicht glauben, dass dies geschehen würde. Dass man dies geschehen lassen würde.*

Seine Stimme war beinahe überwältigt von Gefühlen. Er war den Tränen nahe. Er spürte jedes kleine Bisschen davon, trotz der Suggestionen, dass er objektiv bleiben könne, wenn er es wünsche. Ich musste weiterhin distanziert bleiben, damit ich jede Bewegung ganz genau beobachten konnte. Wenn es ein Anzeichen dafür gegeben hätte, dass es zu viel zu ertragen war, hätte ich Katie sofort aus der Trance geholt. Die Geschichte ist es nie wert, das Wohlbefinden des Probanden zu gefährden.

Ich bin normalerweise so sehr darin vertieft, den Probanden zu überwachen, dass mir die volle emotionale Wirkung der Sitzung erst dann klar wird, wenn ich die Bänder später abspiele. Dann spüre auch ich die überwältigende Schwere dessen, was gesagt wurde.

D: Weißt du, wie er sich zu diesem Zeitpunkt fühlt?
S: *Er ist sehr ruhig. Er hat sich von einen guten Teil der Schmerzen abgekapselt. Es hilft irgendwie, zu wissen, dass... es kein totales Leiden gibt.*
D: Es ist gut, dass er diese Fähigkeit besitzt. Hat er irgendwelche Gefühle gegenüber den Menschen, die ihm das antun?
S: *Er empfindet große Liebe in dem Wissen, dass sie nicht wissen können, was sie tun. Und er weiß, dass viele von ihnen es hierdurch erkennen werden.*

Er schien an der Schwelle zu den Tränen zu stehen. Es gab keinen einzigen Zweifel in meinem Kopf, dass er dies miterlebte.

D: Willst du weitergehen und uns sagen, was passiert? (Ich versuchte, sehr sanft zu ihm zu sein, ich wusste, dass das sehr schwer war.)

Wenn Teile davon schwer zu beschreiben sind, kannst du diese Teile überspringen. Wie ich bereits sagte, ist es ein sehr wichtiges Ereignis, und die ganze Welt sollte darüber Bescheid wissen. Stimmst du nicht zu? (Er antwortete mit einem sehr emotionalen „Ja".) Ich glaube, Menschen aller Zeiten sollten über diese Dinge Bescheid wissen, die geschehen sind.

S: *Er trägt das Kreuz durch die Straßen. Es ist sehr schwer und er fällt. (Dies wurde langsam gesprochen, als ob er es Schritt für Schritt beobachten würde.) Mehrere der Leute am Wegesrand helfen ihm auf. Die Soldaten sagen einem von ihnen, dass er ihm helfen solle, seine Last zu tragen.*

D: Einem der Soldaten oder einem von den Leuten?

S: *Einer aus der Menge wird dazu bestimmt, das zu tun.*

D: Wie fühlt sich diese Person dabei?

S: *Er würde alles tun, um ihm die Last zu nehmen. Er verspürt große Freude dabei, zu wissen, dass er in irgendeiner Weise geholfen hat.*

D: Wie fühlt sich die Menge dabei?

S: *Sie sind in Tränen aufgelöst. Es gibt einige, die spotten und sagen: „Warum rettest du dich nicht selbst?" Aber zum größten Teil wissen sie, dass, egal was andere sagen, wer er ist, dies ein Mann ist, der... sehr schön ist. (Er holte tief Luft.) Ohne menschliche Schwächen. Er ist erhaben über die alltäglichen Probleme, die uns heimsuchen ... Sie haben das Kreuz niedergelegt, und er wurde darauf gelegt und seine Arme wurden festgebunden. Und seine Beine. Und lange Nägel... dringen... in das Fleisch ein. (Mehrere tiefe Atemzüge.) Es scheint, als würde die Welt entzwei gerissen. Denn der zuvor klare Himmel ist nun sehr dunkel. Und die Dunkelheit nimmt zu. (Tiefes Atmen.) Das Kreuz wird zusammen mit den beiden anderen aufgestellt. Es steht in der Mitte. Von diesem Punkt aus kann der größte Teil der Stadt dies sehen. Es befindet sich auf einem Hügel außerhalb der Stadt, damit alle es sehen können.*

D: Warum sind die Wolken gekommen und es verdunkelt sich? Wird es von deiner Seite verursacht?

S: *Es ist, als ob die ganze Welt schreit. Dass das nicht sein darf! (Tiefe, tiefe Atemzüge.) Er bittet darum... dass unser Vater ihm vergebe.*

D: Warum? Er hat nichts getan.

S: *(Eine lange Pause, dann ein Flüstern.) Ich weiß nicht. Dann bittet er darum, dass Abba den anderen für diese Tat vergeben möge. Denn sie wissen nicht. (Eine lange Pause, während er tief Luft holte.)*
D: Die beiden an den anderen Kreuzen, sind das echte Verbrecher?
S: *Ja. Einer sprach jedoch zu ihm. Ich weiß nicht wirklich, was er sagte, aber der andere tadelte ihn. Und fragte ihn, ob er keinen wirklich guten Mann kenne? Und Jeschua sah ihn an und sagte, dass er heute noch bei ihm sein werde... in seinem Königreich.*
D: Was bedeutet das?
S: *Er wird hier sein. Ich meine, das ist nicht immer so, aber er - ich glaube, dass es zu tun hat mit..., auch wenn es in den letzten Momenten seines Lebens ist, hat er begriffen, was ist.*
D: Ist irgendetwas anders an dem Körper, wie er so am Kreuz hängt? Ist da irgendetwas an dem Körper oder am Kreuz?

Ich erinnerte mich an all die Bilder und Figuren, die ich von Jesus gesehen habe.

S: *Da ist ein ungehobeltes Schild über ihm, auf dem steht: „Das ist der König der Juden". Auf den anderen stehen ihre Namen und ihr Verbrechen.*
D: Kannst du sehen, was ihre Verbrechen waren?
S: *(Pause, er schien zu lesen.) Ich bin mir des Namens nicht sicher. Das Schild rechts besagt... dass er sich des Diebstahls schuldig gemacht hat, einem anderen Mann Dinge gestohlen hat. Ich bin mir nicht sicher, was. Ich denke aus dem Haus oder so etwas. Aber der andere war des Mordes schuldig.*
D: Welcher ist er, von dem er sagte, dass er bei ihm sein werde?
S: *Es war der Dieb.*
D: Was ist mit Jeschuas Körper? Ist irgendetwas anders?
S: *Da waren - bevor er ans Kreuz genagelt wurde, war da ein Umhang, den er über seine Schultern geworfen hatte ... und einige gebundene Dornen um seinen Kopf. Aber diese wurden entfernt, als er auf das Kreuz genagelt wurde.*
D: Er hat nicht die Dornenkrone auf dem Kopf, als er am Kreuz hängt? (Sie ist auf den Bildern immer da.)
S: *Nein..... Und die Soldaten sitzen am Fuße des Kreuzes. Sie spielen, sie zogen Lose. Es ist Sitte, dass die persönlichen Gegenstände*

der Verbrecher auf diese Weise verlost werden. Wer die Lose gewinnt, gewinnt die Kleidungsstücke oder was auch immer. Es ist... der Himmel ist beinahe pechschwarz, obwohl es früh am Tag ist. Aber er selbst... die Kraft seiner Seele strahlt noch immer aus. Es ist wie der einzige Lichtfunke weit und breit. Es ist einer dieser Soldaten, der, obwohl er weiß, dass Sabbat ist... einen Speer in einen der Diebe stößt, um sicherzustellen, dass es einen Toten gibt.

D: Was meinst du damit, obwohl er weiß, dass Sabbat ist?
S: *Die Körper der Verbrecher werden immer am Sabbat niedergerissen, ganz gleich, wann sie aufgestellt wurden. Gekreuzigt zu werden bedeutet daher, am Kreuz zu sterben, was normalerweise Tage dauert. Und sie müssen sicherstellen, dass sie tot sind, bevor sie heruntergenommen werden dürfen.*
D: Dann töten sie sie?
S: *Weil sich der Himmel verdunkelt und der Sabbat in der Abenddämmerung beginnt.*

Es war noch nicht wirklich Sabbat, denn der Himmel verdunkelte sich früher als sonst.

D: Ich verstehe. Sie müssen sie töten. Die Leichen dürfen nicht am Sabbat hängen bleiben? Ist das richtig?
S: *Ja. (Plötzlich) Er ist weg! Er hat den Körper verlassen!*
D: Was? Musste der Soldat ihn auch töten?
S: *Nein. Der Kopf fiel in diesem Moment nach vorne, in dem Moment, als er ging. Sie sind jetzt neugierig, weil sie nicht glauben können, dass jemand so schnell sterben kann. So haben sie auch einen Speer in seine Seite gestoßen und das Blut läuft langsam herab.*
D: Sie wollen sicher sein, dass er wirklich tot ist?
S: *Ja.*
D: Bleibt sein Geist in der Nähe des physischen Körpers?
S: *Er ist bei seiner Mutter, die gerade weggeht. Sie ist sich seiner gewahr.*
D: Spürt sie seine Anwesenheit oder kann sie ihn sehen?
S: *Ich weiß es nicht, aber sie ist sich seiner gewahr.*
D: Wird er auf deiner Ebene bleiben?
S: *Für eine Weile, nicht lange. Es gibt Dinge, um die er sich kümmern muss, und dann wird er weitergehen.*

D: Was passiert mit dem Körper?
S: *Bis jetzt hängt er noch ... Es heißt, dass die Erde bebe, obwohl ich das nicht weiß. Ich weiß, dass es Menschen gibt, die in Todesangst umherlaufen, denn sie wissen, dass etwas Schreckliches passiert ist. Und sie sagen, dass die Erde bebe.*
D: Du könntest es nicht fühlen, oder? (Er schüttelte den Kopf.) Okay, gehe weiter und sage mir, was mit dem Leichnam geschieht. Kannst du ihn sehen?
S: *Joseph (ausgesprochen „Yoseph") hat Herodes ersucht, dass ihm gewährt werde, diesen Leichnam mitzunehmen. Und Herodes schickte ihn zu Pilatus, der seine Erlaubnis erteilte.*
D: Warum erteilte Herodes nicht die Erlaubnis?
S: *Er sagte Joseph, dass es nicht ihm obliege, sie zu erteilen. Weil er von den Römern getötet wurde, gehöre er ihnen.*
D: Ist das Joseph, sein Onkel?
S: *Ja, und Pilatus gibt ihm die Erlaubnis, das zu tun. Und sie nehmen die Leiche ab und legen sie in das Grab.*
D: In wessen Grab wird er gelegt?
S: *Es ist Josephs. Er ließ es vorbereiten.*
D: War es für ihn selbst?
S: *Nein, es war für Jeschua.*
D: Er wusste also, dass dies passieren würde? Glaubst du, Jeschua hat es ihm jemals gesagt?
S: *Es war nicht nötig, das zu sagen, denn sie alle wussten es.*
D: Was tun sie mit der Leiche?
S: *Sie salben sie mit den Ölen, und Weihrauch wird angezündet, und sie wird in Leinen gehüllt und hingelegt. Und der Stein wird vor die Tür gerollt.*
D: Wurde das Grab versiegelt?
S: *Ja.*

Die gewaltigen Emotionen waren nun vorbei. Es schien, das Schwierigste war, zuzusehen, wie sein geliebter Freund verletzt, gedemütigt und getötet wurde. Nun war die Stimme wieder normal.

D: Geschieht sonst noch etwas?
S: *In den nächsten drei Tagen wird er nicht mehr hier sein. Denn er wird nicht benötigt. Dann wird er fort sein.*
D: Du meinst, die Leiche wird fort sein?

S: *Ja... Ich weiß, dass es Möglichkeiten gibt, dies zu tun, aber ich bin nicht mit der Methode vertraut.*

D: Was genau meinst du damit? Ich dachte, du meintest, dass der Körper tot sei.

S: *Der Körper ist tot, aber da er nicht mehr gebraucht wird, ist er fort. Es gibt Möglichkeiten, es so zu machen, als wäre er nie gewesen. Ich kenne die Methode nicht. Ich kann es nicht besser erklären.*

D: Oh? Es ist etwas, das du selbst nicht verstehst?

S: *Es ist nur den Meistern bekannt.*

D: Mit anderen Worten, du meinst, der Körper verschwindet?

S: *Ja, es ist so gemacht, als ob... Er ist aus Staub gemacht und jetzt ist er nicht mehr.*

D: Tun dies die Meister auf deiner Seite oder die Meister auf der irdischen Seite?

S: *Es sind die Meister auf meiner Seite.*

D: Warum sollten sie das tun? Warum sollte die Leiche verschwinden müssen?

S: *Weil in den Prophezeiungen vorausgesagt wurde, dass er am dritten Tag auferstehen werde. Und um aufzuerstehen, müssen sie zeigen, dass die Stelle, an die er gelegt wurde, leer ist. Und er kann nicht mit normalen Mitteln herausgenommen werden. Dass die Leiche nicht... sie (seine Freunde) können nicht hingehen und irgendetwas tun. Deshalb muss es von dieser Seite aus erfolgen.*

D: Jeschua tat es nicht selbst? Zu dem Zeitpunkt, da die Leiche nicht mehr da ist, wo ist sie da?

S: *Er ist dort bei ihnen und unterstützt sie dabei.*

D: Seine Kräfte vereint mit den Kräften der anderen Meister?

S: *Ja, mit den anderen Meistern.*

D: Das wäre sehr kompliziert. Um das zu tun, müsste man sehr fortgeschritten sein.

S: *Es wird auch mit der Hilfe der anderen getan. Ich kenne diese Methode nicht. Ich bin nicht auf dieser Ebene.*

D: Und sie ließen die Leiche einfach verschwinden. Ist das ein guter Ausdruck? (Ich versuchte, zu verstehen.)

S: *So wie nicht mehr da sein. Ja.*

D: Nicht mehr da. Nun, hat Pilatus oder irgendjemand Schutzvorkehrungen getroffen, um sicherzustellen...

S: *(Unterbrach) Ja, es gab dort Wachen, weil sie von dieser Prophezeiung wussten. Und sie wussten, dass andere von ihm als dem Messias sprachen, und deshalb gab es dort Wachen.*

Das ist etwas, das anscheinend im Laufe der Jahrhunderte falsch interpretiert wurde. Ich denke, was sie versuchten zu tun, war zu zeigen, dass sogar der physische Körper dazu gebracht werden kann, Zeit und Raum zu überwinden.

Das Grab wurde versiegelt und es wurden Wachen aufgestellt, so dass es keine Chance gab, dass die Leiche gestohlen und mit normalen Mitteln weggebracht wurde. Es musste gezeigt werden, dass nur abnormale, übernatürliche Kräfte die Leiche entfernt haben konnten. Das muss Teil der Lektion des leeren Grabes sein, um zu beweisen, dass diese höheren Kräfte existieren und dass er einer von ihnen war.

D: Du sagtest, die Prophezeiung laute, dass er wieder auferstehen werde. Wird das passieren?

S: *Ja! Wie kann er nicht! Er ist so, wie er vorher war. Ist das nicht im Grunde ein Aufstieg? Denn er ist auferstanden von dem Leib, der aus Staub und Ton gemacht ist, und ist, wie er war.*

D: Ich glaube, die Leute denken, dass es bedeutet, dass der Körper selbst auferstehen wird. Weißt du, wie Lazarus, über den du gesprochen hast.

S: *Aber dann wiederum war Lazarus eine menschliche Entität und bewohnte einen menschlichen Körper. Während der Messias, wie er genannt wird, zeigen soll, dass es einen Fortbestand danach gibt. Nicht nur, um zu sagen, dass wir zurück in den Körper gehen können, denn das wurde bereits zuvor gezeigt. Aber wir müssen zeigen, dass es einen Fortbestand gibt. Dass es eine Existenz gibt, nachdem der menschliche Körper aufgehört hat zu existieren.*

D: Ich glaube, das ist es, was die Leute für die Bedeutung der Prophezeiung halten, dass der Körper physisch wiederauferstehen könne.

S: *Das ist der Grund, warum er zerstört werden muss! So müssen sie verstehen, dass es auf andere Weise geschieht.*

D: Was passiert dann? Finden die Leute heraus, dass die Leiche fort ist?

S: *Schau, es ist Brauch, dass die Leiche mehrere Tage danach erneut gesalbt werden muss. Und seine Mutter und ihr Cousin waren gekommen, das zu tun. Und es (das Grab) wurde dafür im Beisein der Wachen wieder geöffnet. Und sie stellten fest, dass es leer war.*

D: Aber seine Mutter war die, die mit einer anderen Frau kam?

Die Bibel erwähnt nicht, dass die Mutter Jesu eine der Frauen war, die zum Grab kamen. Sie spricht von Maria Magdalena, Maria, der Mutter des Jakobus und der „anderen" Maria, je nachdem, welche Version man in den verschiedenen Kapiteln liest.

D: Das muss schwer sein, den Körper zu sehen, nachdem er mehrere Tage lang dort gelegen hatte. Es muss ein Akt der Liebe sein, nicht wahr?
S: Und wer ist eher bereit, diesen Akt der Liebe zu vollbringen als eine Mutter?
D: Aber wer hat das Siegel geöffnet?
S: Die Soldaten halfen, das Siegel zu öffnen.
D: Was dachten sie, als die Leiche fort war?
S: Sie sagten natürlich, dass jemand an ihnen vorbeigeschlichen sei und die Leiche gestohlen habe. Aber was könnte man sagen? Das Leintuch mit dem Blut darauf war noch da. Und alles war so, wie es zurückgelassen wurde.
D: Und das Siegel war nicht gebrochen worden, oder?
S: Nein.
D: Was fühlte die Mutter, als sie feststellte, dass die Leiche weg war?
S: Sie wusste, dass er gegangen war und wurde darauf vorbereitet, weiterzumachen.
D: Ging Jeschua weiter, oder blieb der dort in der Nähe?
S: Für eine Weile blieb er, denn er muss zu denen gehen, die an ihn glauben und ihnen sagen: „Seid nicht bestürzt. Ich habe euch gepredigt, dass alles so kommen würde." Er muss sie wissen lassen, dass er von der Wahrheit gesprochen hat. Und um dies zu tun, muss er ihnen zeigen... dass er existiert.
D: Du klingst, als würde er mit ihnen reden. Konnten sie ihn hören und sehen?
S: Ja, denn sie haben diese Fähigkeit. Alle, die sich öffnen, haben diese Fähigkeit und hätten ihn sehen können. Viele konnten es.
D: Glaubst du, sie sahen ihn als eine physische Person?

S: *Ja, aber eine, die... anders ist. Die mehr wie eines der Lichtwesen ist, als eine mit einem irdischen Körper. Es ist keine, nach der du vielleicht die Hand ausstrecken und sie berühren könntest, denn deine Hand würde durch sie hindurchgehen.*
D: Aber sie konnten sie sehen?
S: *Ja. Um zu wissen, dass es wahr war.*
D: Hat er noch irgendwelche Spuren am spirituellen Körper? (Ich dachte an die Stelle, wo sie die Nägel hindurchgetrieben hatten.)
S: *Ja, für eine Weile wird er die Dinge widerspiegeln, die ihm angetan wurden. Weil dies eine Möglichkeit war, es ihnen zu beweisen. Die Zweifel auszuräumen, ob er wohl derjenige war, für den er sich ausgab.*
D: Zweifelten manche?
S: *Wie kann es keinen Zweifel im Menschen geben? Denn es ist seine Natur.*
D: Deshalb trug er sozusagen immer noch das Abbild von den Spuren? Um zu beweisen, wer er war?
S: *Ja.*
D: Und andere sahen ihn auch? Wir haben viele Geschichten gehört. Einige von ihnen sagen, dass er als sein physischer Körper erschien und auf der Erde wandelte.
S: *Es ist er, wie er wirklich ist, und nicht, wie sie ihn kannten.*
D: Und der physische Körper wurde sozusagen komplett zerlegt.
S: *Wieder zu Staub und Asche gemacht, ja*
D: Das macht mehr Sinn, wieder zu Asche gemacht.

Es scheint, dass die Geschichte des Engels und des weggerollten Steins vielleicht eine Vertuschung war, die später von den Soldaten erfunden wurde, um ihre eigene Haut zu retten. In den im Laufe der Jahre zirkulierenden Geschichten scheint das wahre Wunder an der Wiederauferstehung verdunkelt worden zu sein. Meiner Meinung nach war dieses Wunder der Zerfall des physischen Körpers und das Erscheinen des spirituellen Körpers. Da es von so vielen Menschen gesehen wurde, hoffte er, das Weiterleben nach dem Tod zu beweisen, denn sein physischer Körper war nicht mehr da. Dieser Hauptpunkt scheint in dem religiösen Dogma, das im Laufe der Jahre um dieses Thema herum entstanden ist, getrübt und durcheinandergebracht worden zu sein. Suddi hatte Recht, Hunderte von Menschen sind in ihren physischen Körper zurückgekehrt, nachdem sie für tot erklärt wurden. Dieses Phänomen ist nicht so einzigartig, wie die Kirchen behauptet haben. Die Meister versuchten anscheinend auch, die Unwichtigkeit des physischen Körpers zu zeigen.

D: Du erwähntest die Wesen des Lichts. Was bedeutet das? Ist das die Natur des Menschen, wenn er den physischen Körper verlässt?
S: Es sind diejenigen, einige von denen, die die Notwendigkeit einer erneuten Rückkehr überwunden haben. Die der nächste Schritt auf dem Weg sind, wieder eins mit Gott zu sein. Sie sind diejenigen, die kommen und uns in vielerlei Hinsicht helfen und leiten, indem sie uns unseren Weg weisen.
D: Was geschah mit Jeschua?
S: Er ging schließlich zurück, um bei den anderen zu sein. Bei den Meistern und unserem Gott, wie wir ihn kennen.
D: Hat irgendjemand dieses Ereignis gesehen?
S: Man sagt, dass seine Mutter dort war. Und sie sahen, dass es eine Vermischung von Licht gab, und dann war es fort.
D: Er ging zur anderen Ebene. Wäre das eine Art, es auszudrücken?
S: Ja..
D: Wo ist Jeschua jetzt? Ist er auf der selben Ebene, wie du?
S: Er ist bei den Meistern. Er ist nicht hier. Ich bin nicht annähernd auf dieser Ebene.
D: Weißt du, auf welcher Ebene das ist?
S: Mindestens die neunte. Sehr nahe an Ebene zehn.
D: Wie viele Ebenen sind da insgesamt?
S: Zehn ist Perfektion.
D: Wenn er auf jener Ebene ist, hast du jetzt keine Möglichkeit, ihn zu sehen. Ist das richtig?
S: Wenn er nicht auf unsere kommt, nein.
D: Ich verstehe... Wir haben Geschichten gehört, in denen Leute sagen, sie haben ihn gesehen.
S: Ich zweifle nicht daran.
D: Ich meine, viele Jahre nachdem er gegangen war, die Erde verlassen hat.
S: Aber für uns ist ein Jahr nur ein Augenblick, also wieso soll das nicht möglich sein?
D: Würde er dann zulassen, dass die Menschen auf der Erde ihn sehen?

S: *Wenn er es wollte. Vielleicht, wenn es für diese Individuen etwas gäbe, das getan werden müsste und sie immer noch Zweifel hätten. Würde er sich ihnen nicht offenbaren? Um sie wissen zu lassen, dass sie an die Wahrheit glauben.*

D: Würde es ihnen in ihrem Glaubenssystem helfen?

S: *(Er zeigte Spuren von Frustration und versuchte, es uns begreiflich zu machen.) Ich stoße auf große Schwierigkeiten. Wenn es eine große Aufgabe für eine solche Person gäbe, z.B. das Wort zu verbreiten, dass er lebte, und andere darüber zu informieren, würde er sich ihr dann nicht offenbaren? Damit sie wüssten, dass das, was sie glaubten, richtig ist.*

D: Ich dachte, dass er vielleicht auf der anderen Ebene beschäftigt sei. Er würde für so etwas nie auf die Erde kommen.

S: *Wenn er nicht Sorge um den Menschen hätte, wäre er gar nicht erst gekommen.*

D: Kannst du uns die Gründe für seinen Tod durch Kreuzigung nennen? In unserer Zeit oder von dort aus, wo wir es betrachten, heißt es, dass er für unsere Sünden gestorben sei. Darüber gibt es einige Meinungsverschiedenheiten. Sind wir nicht für unser eigenes Handeln verantwortlich?

S: *(Seufzer) Das ist eine sehr gewichtige Frage.*

D: Ich schätze, es gibt darauf viele Antworten.

S: *Es gibt viele Einwirkungen auf diese Antworten. Er sollte gekreuzigt werden, um von anderen verspottet zu werden. Um uns zu zeigen, dass er, als er wieder lebte, in der Lage war, darüber hinauszugehen und dass wir auch in der Lage sind, darüber hinauszugehen. Das ist etwas, was er sowohl für seine eigene Lernerfahrung, als auch für die anderen Bedeutungen durchmachen musste. Dass er nicht so perfekt war, ist nicht in dem Sinne perfekt, wie andere vielleicht annehmen würden. Dass er bereit war, die Strafen zu zahlen und uns zu zeigen, dass wir vor ihnen ebenfalls keine Angst haben sollten. Und indem wir für das, was wir getan haben, bezahlen, können wir dann darüber hinausgehen. Das ist Teil der Logik dahinter. Um zu zeigen, dass es vom Menschen getan werden kann, dass der Mensch solche Dinge tun kann.*

D: Wenn sie also sagen, dass er für die Sünden aller Menschen auf der Welt gestorben sei, macht das Sinn?

S: *Wie kann er für die Sünden eines anderen sterben? Ihr alle müsst für euch selbst bezahlen. Wenn nicht diesmal, dann vielleicht das nächste, oder sogar das übernächste Mal. Aber letztendlich musst du das durchleiden, was andere wegen dir erlitten.*

D: Dann löscht sein Leben, sein Sterben nicht die Sünden anderer Menschen aus?

S: *Es existiert ein Gesetz der Gnade. Aber nicht, weil er für eure Sünden bezahlt hat, sondern weil ihr ihn als würdig und vielleicht als einen Gesandten Gottes annehmt. Und das Gesetz der Gnade hat zu tun mit der Liebe Gottes zu euch und nicht damit, dass er für die Sünden gestorben ist.*

D: Nun, dann interpretieren die Leute das falsch, nicht wahr?

S: *Es ist durchaus möglich. Der Mensch interpretiert viele Dinge falsch.*

D: Wir sollten versuchen, so zu sein wie er. Das bedeutet aber nicht zwingend, dass wir ihm auf eine Weise folgen müssen, dass wir ihn anbeten. Es ist der Weg, den er uns gezeigt hat, dem wir nacheifern müssen. Ist das richtig?

S: *Das ist richtig. Er ist ein Punkt, den man beinahe anbetet, weil er es tun konnte. Und er zeigte, dass es machbar war. Dafür soll er bewundert werden, aber nicht angebetet. Dem können wir uns nicht widersetzen, denn wir alle sind Teil von Gott.*

D: Glaubst du, er will verehrt werden?

S: *Er will, dass man sich an ihn erinnert, aber vielleicht nicht so, wie sich viele an ihn erinnern werden. Was er vor Augen hatte, war im Grunde genommen ein Konzept, das einem Führer ähnelt, einem Geistführer, der die Menschen zu größerer Erleuchtung führt, um ihnen zu helfen, höhere Kräfte zu erlangen. Um ihnen zu helfen, in ihren Wahrnehmungen spiritueller zu werden. Er betrachtete sich vor allem als ein Helfer, ein Führer, ein Vorbild, wie ein guter Freund, der einem mit Rat und Tat zur Seite steht.*

D: Es gibt viele Menschen, die ihn als eigenständigen Gott betrachten. Es ist schwer, ihn als Menschen zu betrachten.

S: *Wir sind alle Teil von Gott. Einige von uns sind sich dessen mehr bewusst als andere. Ich würde sagen, dass er einer dieser Menschen ist. Aber ihn zu betrachten und ihn eigenständig zu vergöttlichen, und zwar abgetrennt, das ist falsch.*

D: Das ist es, was ich fürchte, dass die Menschen in Zukunft tun werden. Ihn zu vergöttlichen und auch seine Mutter, weil sie seine Mutter war.

S: *Wenn das bedeutet, dass sie dabei so leben werden wie sie, dann ist das gut. Aber wenn das bedeutet, dass sie sie stattdessen zu Göttern machen und dann sagen: „Weil sie so weise sind, werden sie mir alles vergeben, was ich tue." und weitermachen und es trotzdem tun, das ist ein großes Unrecht. Er war nur bewusst, und sie war auch in vielerlei Hinsicht bewusst, was für uns alle möglich ist. Es braucht nur viel Anstrengung, um es zu erreichen.*

D: Ist er jemand, er die Menschen ermutigt, selbst zu denken oder eher, ihm blind zu folgen?

S: *Niemals blind zu folgen! Immer in Frage zu stellen. Selbstständig nachzudenken bedeutet, die Entscheidung umso großartiger zu machen. Weil sie getroffen wurde, anstatt nur überreicht wurde. Wenn einer nicht fragt, hat er keinen Glauben. Denn man kann nicht über Dinge nachdenken, wenn man sie nicht in Frage stellt und aus allen Blickwinkeln betrachtet. Und wenn man das dann getan hat, wenn man glaubt, wenn man es für gut befindet, dann ist es wert, daran zu glauben.*

D: Manche Leute sagen, dass, wann immer man etwas in Frage stellt, dies das Werk des Teufels sei... wenn man einen Teufel in seiner Gesellschaft hat.

S: *(Seufzer) Es gibt keinen Teufel! (Sanft, aber standfest, wie wenn man mit einem dickköpfigen Kind spricht.) In einem selbst gibt es zwei Teile. Es gibt den fragenden Teil, der dazu gebracht werden kann, Fehler zu machen. Aber es ist auch ein sehr guter Teil, denn er lässt einen über Dinge nachdenken und lässt einen über Menschen nachdenken. Weil nicht alle Menschen gut sind. Würdest du eine Person für bare Münze nehmen, wenn sie dich anlächelt, dir aber das Messer in deinen Rücken steckt? Du musst Dinge in Frage stellen, aber du musst auch Glauben haben. Es hat sich gezeigt, dass dies wahr ist. Du kannst Glauben an Dinge haben. Das klingt nach einem Paradoxon, aber das ist es in Wirklichkeit... nicht.*

Er wurde frustriert. Er vertrat dies so stark und versuchte so sehr, es uns zu begreiflich zu machen.

D: Ich verstehe schon. Du machst einen wunderbaren Job ... Aber woher wissen wir, wenn wir neues Wissen finden, ob es die Wahrheit ist? Wie können wir das wissen?

S: *(Seufzer)) Die Wahrheit.... es mag dich vielleicht traurig machen. Aber irgendwo tief in dir drin weißt du, dass es die Wahrheit ist. Wenn du dich nur öffnen kannst, dann weißt du, wann die Dinge wahr sind und wann nicht. Denn dies steht dir zur Verfügung.*

D: Manchmal, wenn wir neues Wissen entdecken, sagen uns Leute, dass es schlecht sei.

S. *Tut es irgendjemandem in irgendeiner Weise weh? Ist es schädlich? Das soll nicht heißen, dass es nicht dich traurig macht. Aber wenn es jemand anderen verletzt, kann es nicht wirklich gut sein. Wenn es kein Leid verursacht, nimm es und studiere es. Und finde die Wahrheit. Finde heraus, was gut daran ist.*

D: Ist es nicht wahr, dass während deines Lebens in den Synagogen und den verschiedenen Religionen, einige von ihnen sagten: „Stell die Dinge nicht in Frage, nimm sie einfach an"?

S: *Die meisten von ihnen sagten das, ja. Es wurde gesagt.*

D: Deine Leute waren anders, nicht wahr? Die Essener, stellten gerne in Frage.

S: *Ja.*

D: Kannst du uns sagen, ob der Christus irgendwann in der Zukunft zur Erde zurückkehren wird?

S: *Ja, er wird zurückkehren.*

D: Werden die Menschen sich seines Kommens im Voraus bewusst sein, wie du dir dessen diesmal bewusst warst, oder wird er plötzlich kommen?

S: *Es wird solche geben, die es wissen werden.*

Diese Sitzung schien für Katie sehr schwierig zu sein. Sie war sehr angespannt und emotional, als sie die Kreuzigung miterlebte, als ob es etwas extrem Schmerzhaftes wäre. Als sie in die Zukunft gebracht und geweckt wurde, hatte sie natürlich keine Erinnerung an irgendetwas, das sie gesehen hatte und fühlte sich gut. Mir ist klar, dass diese Sitzung eine Menge Kontroversen aufwirft. Aber ich denke, man sollte es als das betrachten und untersuchen, was es ist, eine alternative Betrachtung einiger der wichtigsten Ereignisse in unserer Kultur.

Was mich an diesem Bericht erstaunt, ist nicht die Ungenauigkeit, sondern die Genauigkeit. Dass die Version, die wir in unserer Bibel haben, über zweitausend Jahre hinweg so intakt bleiben konnte, wie sie ist, ist wirklich bemerkenswert. Dass sie in der Lage war, das Mittelalter zu durchlaufen, in welchem so viel unersetzliches Wissen verloren ging und es trotz verschiedener Schriftgelehrter, Übersetzer und bewusster Ausschlüsse und Einschlüsse zu überstehen, ist wirklich ein Wunder. Kein rationaler, denkender Mensch könnte erwarten, dass es die wortwörtliche Wahrheit ist, wenn schon unsere eigenen jüngsten Geschichtsbücher viele Widersprüche enthalten. Sogar moderne Nachrichtengeschichten variieren je nach Standpunkt des Reporters. Wir sollten nicht über Differenzen herunmstreiten, sondern dankbar sein, dass wir die Geschichte haben. Die Tatsache, dass die Bibel überhaupt überlebt hat, ist wahrlich ein Geschenk Gottes.

KAPITEL 26

Der Zweck von Kreuzigung und Wiederauferstehung

Mir ist klar, dass zu diesem Thema Bände geschrieben wurden und viele weitere in der Zukunft folgen werden. Ich möchte sehen, welche Interpretation ich aus den Informationen gewinnen kann, die in den Rückführungen über Jesus hervorgebracht wurden. Um das zu tun, müsste ich die ganze kirchliche und dogmatische Ausbildung, der ich seit meiner Kindheit ausgesetzt war, auslöschen, ich müsste ihn mit frischen Augen betrachten, seine Geschichte zum ersten Mal sehen und hören. Das würde sehr schwierig sein. Die „Gehirnwäsche" beginnt sehr früh und ist tief verwurzelt. Ich hoffe, ich kann einen Versuch unternehmen, herauszufinden, was Jesus der Menschheit zu sagen hatte.

Was versuchte er wirklich, der Welt durch seine Kreuzigung zu vermitteln? Was war die wahre Botschaft hinter der Auferstehung? Das sind tiefe und schwerwiegende Fragen und ich bin kein Philosoph. Aber ich möchte darlegen, was ich aus der Geschichte herausgeholt habe und welche Lektionen ich gelernt habe. Jemand anderes mag viel mehr sehen als ich, und eine andere Person mag vielleicht etwas ganz anderes sehen. Jeder hat seinen eigenen Standpunkt, der von seinen Lebenserfahrungen geprägt ist, und die Menschen werden nie in der Lage sein, sich auf etwas so Tiefes und Persönliches wie religiöse Überzeugungen einigen zu können. Aber meine Interpretation kann vielleicht jemandem helfen, der in der Dunkelheit der Verwirrung herumtastet.

Wir wurden alle im selben Moment erschaffen und sind in diesem Sinne alle Kinder Gottes. Als wir auf die Erde kamen, um das Leben zu erfahren, wurden wir in das Physische eingefangen. Wir vergaßen, woher wir kamen. Zumindest vergaßen wir die bewusste Ebene. Tief im Inneren erinnerte sich noch ein Funke und sehnte sich danach, „nach Hause" zurückzukehren, zu dem liebenden Vater, der uns erschuf. Er wartete geduldig, weil er so etwas wie Zeit nicht kennt; er wartete darauf, dass seine Kinder wieder ihr wahres Potenzial und ihr Schicksal erkennen. Aber die Menschheit genoss das Leben und wurde aufgesogen von den Wegen der Welt, während sie Fehler um Fehler machte und sich durch das Gesetz des Karmas weiter verstrickte. Gab es irgendeinen Ausweg? Je mehr Leben die Menschen lebten, desto mehr Karma schufen sie sich selbst. Wir können nicht zu Gott zurückkehren, bevor wir nicht wieder vollkommen sind, indem wir für all das Unrecht gesühnt haben, das wir unseren Mitmenschen angetan haben.

Es scheint hoffnungslos zu sein. Für jeden Fehler, den wir getilgt haben, haben wir zwei weitere gemacht. Wir sind auf einem Rad, das sich immer weiter dreht und nirgendwo hinführt, weil wir nicht verstehen, was wir tun müssen, um da herauszukommen. Wie könnte die Menschheit je aufsteigen, wenn sie sich ständig im Kreis dreht? Das war es, wovor Jesus die Menschheit „retten" wollte. Das Menschentum brauchte ein Beispiel, jemanden, der ihm den „Weg" zeigt. Durch den Einsatz des freien Willens hatte sich die Menschheit selbst in das Chaos gebracht, in dem sie sich befand. Gott bestrafte nicht, er liebte seine Kinder dafür zu sehr. Er erlaubte ihnen, ihre eigenen Fehler zu machen, und hoffentlich würden sie schließlich aus ihnen lernen und „das Licht" sehen und den Weg finden, der sie „nach Hause" bringt. Da Gott sich nicht einmischen wird (er kann nur helfen und führen), entschied er sich, jemanden als Beispiel zu senden.

Ich glaube, dass Jesus oder Jeschua ein Meister der zehnten Ebene war. Das bedeutet, dass er nach unzähligen Leben, die von menschlichen Schwächen erfüllt waren, endlich die Vollkommenheit erreicht hatte und zur Seite Gottes zurückgekehrt war, von wo er gekommen war. Nur diese Art von Wesen konnte womöglich widerstehen, in den Sumpf und Morast der menschlichen Existenz hinuntergesogen zu werden. Selbst für einen Meister war es gefährlich, denn der Köder des Fleisches ist sehr verlockend und er könnte seine Bestimmung schon beim Kommen vergessen.

Es war wichtig, dass er kam, wie wir alle in einen menschlichen, physischen Körper kommen und all den Prüfungen ausgesetzt sein müssen, denen der Mensch sich zu stellen hat. Er musste zeigen, dass er darüber hinausgehen konnte. Wenn er es konnte, konnte es auch die ganze Menschheit. Es musste ihm das ganze Wissen der Welt beigebracht werden, damit er die Zeit verstehen konnte, in der er lebte. Er musste in der vollständigen Nutzung des Geistes trainiert werden, um seine fantastischen Fähigkeiten zu zeigen. Um zu zeigen, dass ein Mensch nicht bloß ein tierischer Körper, sondern eine höchste geistige Schöpfung ist.

Er behauptete nie, dass er Wunder vollbringe, sondern sagte den Menschen, dass sie auch diese Dinge tun könnten, und sogar noch wundervollere Dinge. Er musste Meditation erlernen, damit er dicht an der Quelle bleiben konnte, aus der er kam. Auf diese Weise konnte er sein Ziel immer im Blick behalten und sich nicht davon abbringen lassen. Sein Ziel war es, der Menschheit durch sein Beispiel zu zeigen, wie sie leben sollte. Die größte Lektion, die es zu lernen galt, war die Liebe zu ihren Mitgeschöpfen auf Erden. Wenn Liebe vorhanden wäre, könnte kein weiteres negatives Karma erzeugt werden. Wenn die Liebe gegenwärtig wäre, gäbe es keine Kriege und Leiden mehr. Die Menschheit könnte vom Rad des Karmas loskommen und beginnen, wieder die Leiter emporzusteigen. Jesus war das perfekte Beispiel dafür, was jeder Mensch in sich trug und was er erreichen konnte. Aber sie verstanden es trotzdem nicht. Seine Vollkommenheit erschreckte und verwirrte sie. Sie fürchteten ihn, weil er anders war, und ihre einzige Lösung war, ihn zu töten.

Ich glaube, der Zweck der Kreuzigung war es, durch einen lebendigen Kontrast zu zeigen, was aus der Menschheit geworden war, in welche Tiefen sie gesunken war. Ich glaube, Gott bot den Menschen eine Wahl: Bleibt auf eurem jetzigen Kurs und werdet zu diesen gemeinen und minderwertigen Kreaturen ohne Gewissen, die nur an ihre weltliche, irdische Existenz denkt; oder versucht, euer Leben nach seinem schönen Beispiel zu gestalten, und ihr könnt euch über das Chaos der Welt erheben und Vollkommenheit erlangen.

Er hatte Verständnis für den Geist gewonnen und musste daher nicht extrem am Kreuz leiden. Er konnte den Körper nach Belieben verlassen und starb früher als normal. Langes, ausgedehntes Leiden war nicht der Punkt, das Beispiel und der Kontrast waren es. Auf diese Weise ist er wirklich für die ganze Menschheit gestorben. Wenn er nicht gelebt hätte, würde der Mensch immer noch im Dunkeln tappen, ohne das leuchtende Beispiel seines vollkommenen Lebens.

Ich glaube, dass der Zweck der Auferstehung auch durch die Denkweise der Menschen verloren gegangen und durcheinander geraten ist. Gott wollte zeigen, dass die physische Welt nicht alles ist, dass der Mensch mehr sei. Eine ewige Seele, ein Geist, der nicht ausgelöscht werden konnte. Dass der Geist Fortbestand hatte und existieren konnte, nachdem der Körper aufgehört hatte zu funktionieren. Wieder in den Körper einzusteigen, hätte nicht bewiesen, worauf die Meister abzielten. Es würde nur zeigen, dass es möglich ist, im Physischen weiterzuleben. So musste der irdische Körper Jesu vollständig verschwinden.

Der Leichnam war im Grab versiegelt worden. Sowohl römische als auch jüdische Wachen waren vor dem Grab aufgestellt worden. Keiner traute dem anderen und sie wollten sicher sein, dass niemand vorbeikommen und den Körper stehlen konnte. Da das Grab versiegelt und bewacht war, gingen die Meister mit Hilfe Jesu an die Arbeit, um den Körper zu zerkleinern, ihn bis auf die Atome zu zerlegen und ihn wieder in Staub zu verwandeln. Es war, als ob der natürliche Prozess des Zerfalls und der Zersetzung beschleunigt worden wäre, um beinahe augenblicklich zu werden. Die Leinentücher wurden belassen, um zu zeigen, dass der Körper nicht physisch entfernt wurde. Als die Wachen das Grab selbst öffneten und die Leiche vermissten, war klar, dass es keine Möglichkeit gab, dass er gestohlen worden sei. Es hatte nur von der anderen Seite, der spirituellen Seite, erreicht werden können.

Später, als die Gestalt Christi von so vielen Menschen gesehen wurde, musste ihnen klarwerden, dass dies der Teil des Menschen war, der alles überlebte und ewig war. Dass der Geist die wahre Natur des Menschen war und es etwas jenseits der bloßen irdischen Existenz gab, an die sich der Mensch so heftig klammerte. Sie mussten das glauben, denn der Körper konnte unmöglich zurückkehren, er war völlig zerstört worden.

Aber irgendwie ist das im Laufe der Jahrhunderte alles vermischt worden und durcheinander geraten. Die Soldaten wurden unter Androhung des Todes angewiesen, das Grab zu bewachen. Der Sanhedrin und die Römer wussten von den Weissagungen, dass die Auferstehung stattfinden würde. Sie durften nicht zulassen, dass diesem Körper etwas zustößt. Als sie das Grab öffneten und die Leiche fehlte, fürchteten die Soldaten um ihr Leben. Ich kann mir vorstellen, dass sie, um ihren eigenen Kopf zu retten, die Geschichte von dem Engel erfanden, wie er den Stein wegrollte und Christus hinausging.

Es ist eine bekannte Tatsache, dass der Sanhedrin später die jüdischen Soldaten dafür bezahlte, zu sagen, dass jemand in der Nacht an ihnen vorbeigeschlichen sei und den Körper gestohlen habe. Diese Geschichten wurden übernommen und über Jahrhunderte hinweg weitergegeben, weil sie leichter zu verstehen waren. Der eigentliche Zweck hinter der Auferstehung war anscheinend zu kompliziert und unklar für ihren Geist. Es kann auch weitere Gründe für die Leugnung der wahren Geschichte gegeben haben. Angst tut den Menschen seltsame Dinge an.

Wenn man die biblischen Berichte untersucht, wird man feststellen, dass es viele Hinweise darauf gibt, wie Jesus nach dem Tod plötzlich in Menschengruppen auftaucht und plötzlich wieder verschwindet. Diese Geschichten sind eher typisch für den Geist als für den menschliche Körper.

Die Geschichte über das Leben Jesu ist an sich schon ein so schönes Beispiel für vollkommene Liebe, das er uns hinterlassen hat. Ich kann das Bedürfnis nach den übernatürlichen Ausschmückungen, die darauf gehäuft wurden, nicht verstehen. Warum die Geschichte, dass er von einer Jungfrau geboren wurde? Larson sagt in seinem Buch The Essene Heritage (Deutsch: Das Erbe der Essener, *Anm. des Übersetzers), dass dies von dem altägyptischen Glauben komme, dass ein Gott immer unnatürliche Ursprünge haben müsse. Es gibt viele gelehrte Theologen, die nicht an das Konzept der jungfräulichen Geburt glauben. Warum war es notwendig? Er wurde in einen Gott verwandelt von Menschen, die die Gründe hinter seinem Kommen nicht verstanden. Er wollte kein Gott sein, er beabsichtigte nie, verehrt zu werden. Das war das Werk des Menschen. Gibt es einen besseren Weg, ihn zu ehren und in Erinnerung zu behalten, als zu versuchen, so zu leben wie er?

Natürlich ist das nur meine eigene Interpretation und Meinung. Aber wie schrecklich wäre es, wenn er gelebt hätte und gestorben wäre und die wahre Bedeutung all dessen in Vergessenheit geraten sein sollte.

Keine Erklärung wird ausreichen, um zu erklären, wie ein normales junges Mädchen, das im zwanzigsten Jahrhundert lebt, in der Lage ist, ausreichend Informationen über eine verlorene

Zivilisation hervorzubringen, um dieses ganze Buch zu füllen. Eines ist sicher, es wurde mit übersinnlichen Mitteln getan. Es wird zweifellos unzählige Debatten über dieses Phänomen geben, ob es Reinkarnation sei oder Geistbesessenheit oder viele weitere Erklärungen. Ich persönlich bevorzuge die Reinkarnationstheorie. Aber für mich spielt es nicht mehr länger eine Rolle. Während der drei Monate, die ich mit ihm zusammenarbeitete, stellte sich Suddi Benzahmare als eine sehr reale Person heraus. Niemand kann mich jemals davon überzeugen, dass er nicht gelebt habe.

An sich gibt es nichts wirklich Bemerkenswertes oder Aufregendes im Leben von Suddi. Er war ein ruhiger, friedvoller Mensch, voll angeborener Güte und Verständnis, der sein Leben der Bewahrung und Lehre des Wissens widmete. Auf seinen seltenen Reisen in die Außenwelt schien er von der menschlichen Verfassung enttäuscht zu sein. Die Einzigartigkeit seines Lebens kam von den Menschen, unter denen er lebte, und von der Tatsache, dass er in der Lage war, mit dem vielleicht größten Menschen, der je lebte, so vertraut zu werden. Das schien ihn mit Freude zu erfüllen, in der Zeit der Erfüllung der Prophezeiungen gelebt zu haben und eine gewisse Hilfe bei der Lehre (oder Öffnung) des Messias zu sein.

Dieses Kreuzen ihrer Wege in Qumran ist wichtig, denn es beschreibt einen unbekannten Abschnitt im Leben Jesu. Es erlaubte uns, die gänzlich menschliche Seite eines Mannes zu sehen, dessen Vergöttlichung sein Bild überproportional aufgebläht hat. Nach dieser Erfahrung ist er nicht mehr ein Gesicht auf einem Bild, eine kalte Statue oder eine schlaffe Gestalt, die an einem Kruzifix hängt. Er lebt, er liebt und sorgt für die ganze Menschheit. Suddis Verbindung mit ihm erhellte mich auf eine Weise, wie ich es nie für möglich gehalten hatte.

Die Geschichte von Suddis Leben ist auch wertvoll wegen des wunderbaren Wissens, das er uns über zweitausend Jahre hinweg weitergegeben hat. Für diese Teilhabe werden wir ihm auf ewig dankbar sein. Er hat uns eine Seite des altertümlichen Geistes gezeigt, von der wir nicht wussten, dass sie existiert.

Zu Suddi kann ich nur sagen: „Ich bin froh, dass du gelebt hast. Ich bin froh, dass du dich entschieden hast, mit uns zu sprechen. Ich danke dir aus tiefstem Herzen für das Teilen dieser Informationen. Ich werde dich nie vergessen."

NACHTRAG HINZUGEFÜGT 2001

Nachdem „Jesus und die Essener" 1992 in England gedruckt wurde, begann ich zu reisen und Vorträge über das Buch zu halten. Insbesondere sprach ich über mehrere Jahre hinweg auf der Essener Network Summer School in Dorset. Während eines der ersten Vorträge stellte ein Mann im Publikum eine Frage, die mich zum Nachdenken brachte. Ich sprach von Jesu Reisen mit seinem Onkel Joseph von Arimathäa und davon, dass er ein reicher Kaufmann war, der mit Blech und Stoff handelte. Der Mann fragte: „Woher hatte Joseph das Zinn?" Ich antwortete, dass ich es nicht wisse, ich hatte nicht darüber nachgedacht. Dann sagte das Publikum, dass es in diesem Teil Englands viele alte Legenden über die Zinnminen gab und dass Joseph dorthin kam. Ich hatte von seiner Verbindung mit Glastonbury und dem Chalice Well (Dt.: Kelchquelle, Quelle am Fuß des Glastonbury Tor in Somerset, *Anm. des Übersetzers) gehört, aber ich hatte nichts über die Zinnminen gehört. Sie sagten, die Einheimischen dort sängen noch immer ein Lied: „Joseph war ein Zinnmann." Ich fand das faszinierend, weil es einen weiteren Teil der Geschichte verifizierte, die wir erhalten hatten. Ich sagte dem Publikum, dass ich unbedingt mehr über diese Legenden erfahren möchte. So erhielt ich in den nächsten Jahren Bücher und Prospekte von meinen Lesern in England. Die Recherchen der Autoren scheinen auf soliden Aufzeichnungen und auf der Geschichte zu basieren. Ich entschied, dass, wenn dieses Buch jemals in den USA gedruckt würde, ich einen Nachtrag hinzufügen sollte, der diese Recherchen beinhalten würde. Es ist äußerst erstaunlich, wie die gesamte Geschichte weiterhin der genauen Untersuchung standhält und es werden immer weitere Stücke hinzugefügt.

***

THE DRAMA OF THE LOST DISCIPLES (Dt.: Das Drama der verschollenen Jünger) von George F. Jowett, 1993, Covenant Publishing Co. Ltd., London. Dieses Buch wird sehr empfohlen als die vollständigste Geschichte, die ich je gelesen habe. Es war wahrscheinlich die Inspiration für die anderen. Während die anderen Bücher andeuteten, dass die gesamte Geschichte von Joseph in England vielleicht nur ein Mythos oder eine Legende sei, zitiert dieses Buch aus alten historischen Aufzeichnungen, die auf die Römerzeit und Zeiten davor zurückgehen. Seine Quellen sind unbestritten. Es ist eine vergessene Geschichte über die Gründung der christlichen Religion, die neu erzählt und in unsere Zeit zurückgebracht werden muss, auch wenn sie wahrscheinlich viele verärgern wird, die im Dogma der Kirche verwurzelt sind. Es ist ein Privileg und ein gottgegebenes Recht, für sich selbst zu denken und beständig nach Wissen zu suchen. Nur so können wir die Antworten finden, egal wie geschmacklos sie auch erscheinen mögen. Wir müssen uns ständig bemühen, „verlorene" Geschichte wiederherzustellen und für unsere Nachwelt zu bewahren. Diesem Ziel ist meine Arbeit gewidmet.

***

Josef von Arimathäa wird in der Bibel nur beiläufig erwähnt. Er wird als der reiche Mann bezeichnet, der den Leib Christi beanspruchte und sein Grab für die Bestattung nach der Kreuzigung hergab. Nach jüdischem und römischem Recht wurde der Körper, eines hingerichteten Verbrechers, wenn er nicht sofort von den nächsten Angehörigen beansprucht wurde, in eine gemeinsame Grube mit anderen geworfen, wo alle physischen Aufzeichnungen von ihnen vollständig ausradiert wurden. Joseph, der Familienvormund, ging persönlich zu Pilatus, um die Erlaubnis zu erhalten, die Leiche zu beanspruchen, sie vom Kreuz abzunehmen und sie für die Bestattung in seiner privaten Grabstätte auf seinem Anwesen vorzubereiten. Doch in seiner Geschichte steckt noch viel, viel mehr, das vergessen wurde und im Laufe der Zeit „verloren" ging. Die Geschichte ist herrlich und muss zu den Menschen unserer Generation zurückgebracht werden.

Zuerst die Geschichte, wie sie den durch Hypnose-Rückführungen aufgedeckten Informationen entspricht, die in diesem

Buch berichtet werden. Josef von Arimathäa war in der Tat der Onkel Jesu, verwandt mit Maria. Er war der jüngere Bruder ihres Vaters. Er war einer der reichsten Männer der Welt, nicht nur in Jerusalem. Er war ein Metallmagnat, der das Zinn- und Bleigewerbe kontrollierte. Zinn war damals so wertvoll wie Gold, das Hauptmetall bei der Herstellung von Bronze. Es war ein absolut lebensnotwendiges Gut in allen Ländern und von den kriegsführenden Römern sehr begehrt. Josephs weltweite Kontrolle von Zinn und Blei war auf seine riesigen Bestände in den alten Zinnminen Großbritanniens zurückzuführen. Er hatte diesen Handel viele Jahre, bevor Jesus seinen Dienst antrat, erworben und entwickelt. Der weltweit größte Teil des Zinns wurde in Cornwall abgebaut, zu Barren geschmolzen und in die ganze zivilisierte Welt exportiert, hauptsächlich mit Josephs Schiffen. Er besaß eine der größten schwimmenden privaten Handelsschifffahrtsflotten, die in allen Häfen der bekannten Welt handelte.

Joseph war auch ein einflussreiches Mitglied des Sanhedrins und ein gesetzgebendes Mitglied des römischen Senats der Provinz. Er besaß ein palastartiges Haus in der heiligen Stadt und einen vornehmen Landsitz etwas außerhalb Jerusalems. Einige Kilometer nördlich besaß er ein weiteres großzügiges Anwesen in Arimathäa, das an der dichtbevölkerten Karawanenstraße zwischen Nazareth und Jerusalem lag. Er war ein Mann von Bedeutung und Einfluss innerhalb sowohl der jüdischen als auch der römischen Hierarchien.

Nachdem Josef, der Vater Jesu, starb, als Jesus noch recht jung war, wurde Josef von Arimathäa als nächster Verwandter zum gesetzlichen Vormund der Familie ernannt. Dies erklärt die Verbindung Jesu mit seinem Onkel von klein auf und seine Befähigung, auf dessen Reisen mit ihm zu reisen.

Es gibt viele Legenden in England, die besagen, dass Josef, als er auf die Inseln kam, um das Zinn zu beziehen, oft seinen Neffen Jesus mitbrachte. Weniger häufig begleitete Maria, die Mutter Jesu, sie, besonders als Jesus noch jünger war. Dies schien nur ein interessanter Nebenschauplatz zu sein, außer dass wir aus der Geschichte in diesem Buch wissen, dass Jesus mit Josef in alle Länder der bekannten Welt ging unter dem Deckmantel, lediglich auf Handelsmission zu sein. Er wurde tatsächlich mitgenommen, um bei den verschiedenen weisen Lehrern zu lernen und die Geheimnisse der alten Lehren zu studieren. Das passt sehr gut zu den Geschichten, dass Jesus und Josef England besuchten, um das wertvolle Zinn zu fördern. Viele Jahrhunderte lang war Großbritannien das einzige Land der Welt, in dem Zinn abgebaut und veredelt wurde, und wurde „Die Zinninseln" genannt. Bei der Herstellung von Bronze war Zinn das Hauptlegierungsmetall. So kann man mit Sicherheit sagen, dass die Bronzezeit ihre Anfänge in Großbritannien hatte. Der Zinnhandel existierte bereits 1500 v. Chr. und war die Quelle der weltweiten Zinnversorgung. Die Phönizier waren die Ureinwohner Großbritanniens und die Bergbautreibenden von Blei und Zinn. Viele alte Schriftsteller sagen, dass die Phönizier bereits über 4000 Jahre vor der Geburt Christi zum ersten Mal wegen Zinn nach Cornwall kamen. Sie hatten das Monopol auf den Zinnhandel und hüteten eifersüchtig das Geheimnis darüber, wo sich die Zinnminen befanden. Später, als die Römer versuchten, ihren Schiffen zu folgen, um den Ort zu finden, vernichteten die Phönizier absichtlich ihr Schiff.

Die Phönizier waren eine mysteriöse Rasse. Sie waren große Männer mit roten Haaren und blauen Augen - kein mediterranes Volk. Die Gelehrten hatten große Schwierigkeiten, ihren Ursprung zurückzuverfolgen, denn Phönizisch bedeutet „rothaarige Männer" und war nicht das, wie sie sich selbst nannten. Sie waren in verschiedenen Teilen der Welt unter verschiedenen Namen bekannt. In frühen biblischen Aufzeichnungen werden sie als das Volk der Tarsis bezeichnet. Es gibt einige, die glauben, dass sie die Bewohner des verlorenen Kontinents Atlantis waren! Eines ist sicher, wie auch immer sie genannt wurden, sie waren mit dem Zinnhandel aus Großbritannien verbunden. Ein weiteres Rätsel ist, woher sie viertausend Jahre vor der Geburt Christi wussten, dass es in Cornwall Zinn gab. Wie konnten sie unbekannte Meere befahren, ein Land finden, von dessen Existenz sie nicht wussten, und dann nach einem Metall suchen, über das sie nichts wussten? Dann fanden sie heraus, dass die Mischung dieses neuen Metalls mit Kupfer Bronze ergab? Viele Gelehrte glauben, und es gibt viele Beweise, die diese Theorie stützen, dass vor der Sintflut in Großbritannien eine sehr fortschrittliche Zivilisation mit großem praktischem wissenschaftlichem Wissen lebte, die mehr über Metallurgie wusste als wir heute. Daher die Behauptung, dass sie nicht von Europa nach Großbritannien segelten, sondern ursprünglich Bewohner von Atlantis waren und dass ein Teil Großbritanniens der überlebende Überrest dieses verlorenen Kontinents ist. Diese Fakten sind für unsere Geschichte von Jesus und Josef von Arimathäa nicht entscheidend, aber sie sind ein Mysterium und ein interessanter Nebenschauplatz.

Glastonbury, wo sich ein Großteil der Geschichte abspielt, war auch das kulturelle Zentrum der Druiden. Das Druidentum war seit 1800 v. Chr. national organisiert. Die Römer versuchten später, die Leute glauben zu machen, dass es damals nur Barbaren auf den Britischen Inseln gab, und sie verbreiteten die boshaften Gerüchte, dass die Druiden während ihrer religiösen Zeremonien Menschenopfer brachten. Beide Behauptungen haben sich als falsch erwiesen. Die Römer hielten jeden, der nicht römisch war, für barbarisch. Die Wahrheit war, dass es in England große Städte, Kulturzentren, Bibliotheken und vierzig riesige Universitäten (mit manchmal bis zu 60.000 Studenten) gab, die mit allem konkurrieren würden, was wir heute haben, was Wissen und Bildung anbelangt. London wurde 270 Jahre vor Rom im Jahr 1020 v. Chr. gegründet.

Die Druiden hatten Überzeugungen, die den judaischen Überzeugungen bemerkenswert ähnlich waren, und man glaubt, dass sie eine gemeinsame Wurzel haben. Sie hatten nach einem Erlöser, einem Messias gesucht, und sie nannten ihn sogar Jeschu, die einzige urkundliche Erwähnung des Namens. Dies lässt sich erklären, weil man glaubt, dass die Druiden eine Seitenlinie der Juden waren, die sich in der Antike auf den Britischen Inseln niederließen. Sie hatten somit natürlich einige der gleichen Überzeugungen. Sie hatten eine Mysterienschule, die sich mit den Tiefen der Kaballah beschäftigte (neben anderen Fächern wie: Naturphilosophie, Astronomie, Arithmetik, Geometrie, Rechtsprechung, Medizin, Poesie und Rhetorik). Normalerweise dauerte es zwanzig Jahre, um alle Studien abzuschließen, aber wir wissen, dass Jesus nicht der normale Schüler war. Er hatte die Kapazität und die Fähigkeit, Informationen mit einer unglaublich hohen Geschwindigkeit aufzunehmen. Dies wurde in der kurzen Zeit offensichtlich, die er mit den Essenern studierte. Als er nach Jerusalem zurückkehrte, um seinen Dienst zu beginnen, war er bereits von allen weisen Lehrern in allen Mysterienschulen der Welt unterrichtet worden. Es gibt viele andere Geschichten und Legenden aus vielen Ländern, die dies bestätigen. Das war also ein fehlendes Teil des Puzzles, warum er so viel Zeit in England verbrachte.

Doch die bemerkenswerte Geschichte Josefs von Arimathäa und das, was er nach dem Tod Christi vollbrachte, hat noch viel, viel mehr zu bieten. Das ist, wie Paul Harvey sagt, „der Rest der Geschichte". Nach der Kreuzigung fürchteten die Jünger und Anhänger Jesu um ihr Leben. Die Römer hatten Angst, dass seine Anhänger, obwohl sie den Anstifter (Jesus) beseitigt hatten, immer noch die Fähigkeit haben könnten, Aufruhr durch ihre dramatisch unterschiedlichen Lehren zu verbreiten. Viele Anhänger wurden gejagt und getötet. Josef war in den gefährlichen Jahren nach der Kreuzigung der Beschützer der kleinen Gruppe von Jüngern, das Haupt des christlichen Untergrundes in Judäa und der Hüter der Mutter Christi, Maria. Josef war zu reich und mächtig, um unverblümt getötet zu werden, so dass eine einzigartige Methode der Entledigung für ihn und seine Komplizen entwickelt wurde. Er und seine Gruppe wurden in ein offenes Schiff ohne Segel, Steuerruder oder Seitenruder gesetzt und im Mittelmeer ausgesetzt. Unter normalen Umständen ein sicheres Todesurteil, aber nichts in der Geschichte Jesu wurde je als normal angesehen.

Verschiedene bestehende Aufzeichnungen stimmen darin überein, dass sich unter den Insassen des schiffbrüchigen Bootes folgende Leute befanden: Josef von Arimathäa und seine Familie und Diener. Auf der Liste standen: die drei Marias (Maria, Mutter Jesu, Maria Magdalena, und die andere Maria, die Frau Kleopas), Martha, zwei Diener: Marcella und die schwarze Magd Sarah sowie zwölf Jünger (darunter einige der ursprünglichen). Zu der Gruppe gehörten auch Lazarus, Jesu Cousin, den er von den Toten auferweckt hatte, und Maximin, der Mann, dessen Augenlicht Jesus wiederhergestellt hatte. Einige andere aufgelistete Namen waren: Salome, die Frau des Zebedäus und Mutter von James und John. Eutropius, Trophimus, Martial, Clean, Sidonius (Restitutus) und Saturninus. Marcella machte wahrscheinlich weiter in ihrer alten Eigenschaft als Dienstmädchen der Bethanienschwestern und gehörte nicht zu der missionarischen Gruppe. Josef von Arimathäa war bis zu ihrem Tod der Vormund Mariens. Da sie unter seinem Schutz stand, hätte er sie nicht in Jerusalem zurückgelassen, wo sie in extremer Gefahr gewesen wäre. Sie begleitete ihn definitiv, obwohl die Seereise so konzipiert war, dass sie sie alle töten sollte.

Die Römer dachten, dies sei eine einzigartige Methode, diese Unruhestifter loszuwerden, denn es gab keine Möglichkeit, dass sie auf offener See in einem Boot überleben konnten, das nicht manövrierbar war. Aber ein Strom erwischte das Boot und brachte es sicher an der Küste Frankreichs an Land. Der Ort heißt heute Saintes

Maries de la Mer oder Die Heiligen Marien des Meeres. Hier ließen sich Lazarus und einige der anderen nieder und gründeten schließlich die erste Kirche Frankreichs (damals noch „Gallien" genannt). Der Rest der Gruppe ging weiter (in einem weitaus seetüchtigeren Boot) nach Britannien. Ihre Freunde, die Druiden, waren dort, und Joseph hatte Verbindungen zu den herrschenden Familien Britanniens (seine Tochter Anna war mit dem jüngsten Bruder des Königs verheiratet). Sie kehrten nach Glastonbury zurück, wo sie schon viele Male zuvor gewesen waren und erhielten vom König von Britannien Land. Hier gründete Josef die erste christliche Kirche der Welt, innerhalb von drei Jahren nach dem Tod Christi. Erst Hunderte von Jahren später, 250 n. Chr., wurde sie als „christlich" bezeichnet. In jenen frühen Tagen war die Religion als „Der Weg" bekannt, und sie wurden als die „Anhänger des Weges" bezeichnet, weil Jesus gesagt hatte: „Ich bin der Weg". Sie bezeichneten Christus und seine geistliche Philosophie als „den Weg".

Josef sandte die Jünger aus, um die Lehren Jesu zu verbreiten, und durch Lazarus und die anderen auf dem Kontinent etablierten Jünger gelang es, das Christentum in Bitannien, Frankreich und Spanien zu verbreiten. Es waren ihrer immer zwölf und wenn einer starb, nahm ein anderer seinen Platz ein, um die Zahl auf zwölf konstant zu halten. Josef lebte noch 50 Jahre nach der Kreuzigung, und seine Beiträge zu Jesus wurden „Das goldene Zeitalter des Christentums" genannt. Maria lebte bis zu ihrem Tod in Glastonbury und sie ist dort begraben, wo die alte Kirche stand. Als Josef starb, wurde auch er dort begraben und schließlich alle Jünger. Die Grabinschrift auf Josephs Grab lautet: „Ich kam zu den Briten, nachdem ich Christus begraben hatte. Ich lehrte. Ich ruhe." Dieser heilige Boden wird „der heiligste Boden auf Erden" genannt. Johannes war der letzte Apostel, der dort starb und begraben wurde. Er wurde 101 Jahre alt.

Ihre Nachfahren gründeten sogar die erste Kirche in Rom, Hunderte von Jahren, bevor der Vatikan überhaupt existierte. Eine weitere bemerkenswerte Tatsache: Die gesamte königliche Linie der britischen Könige und Königinnen bis hinunter zur heutigen Königin Elisabeth II stammt direkt von Joseph von Arimathäa ab. So sind sie alle durch eine lange, ununterbrochene Abstammungslinie mit Jesus verbunden.

Diese Geschichte hat noch viel, viel mehr zu bieten, aber sie ist zu lang für diesen Nachtrag. Zu jener Zeit in der Geschichte war

Britannien das einzige freie Land der Welt. Die Römer haben England nie erobert. Im Jahre 120 n. Chr. wurde Britannien angeschlossen (durch Vertrag, nicht durch Eroberung). Es gab viele blutige Kriege, als Rom erfolglos versuchte, den Geburtsort des Christentums zu übernehmen und viele falsche Geschichten verbreiteten sich, als Rom dreihundert Jahre später schließlich bekehrt wurde. Sie versuchten, Britannien darin zu übertrumpfen, das erste Land zu sein, das die Lehren Christi annahm.

Viele Jahre später, im fünfzehnten Jahrhundert, gab es eine große Debatte mit dem Vatikan darüber, welches die älteste Kirche oder die erste Kirche war. War es England, Frankreich oder Spanien? Sie alle wurden in dem gleichen Zeitraum innerhalb von drei Jahren nach der Kreuzigung Christi gegründet. Man kam schließlich darin überein und es wurde Teil der vatikanischen Aufzeichnung, dass die Kirche in Glastonbury die erste Kirche war. Sie versuchten, die ganze wunderbare Arbeit zu leugnen, die Joseph von Arimathäa und die Apostel taten, um die Lehren unmittelbar nach seinem Tod so zu verbreiten, wie Jesus es wollte.

Die Geschichte von Josephs Errungenschaften wurde für so wichtig gehalten, dass unmittelbar nach der Erfindung des Druckens, als Bücher noch so rar waren, seine Geschichte gedruckt wurde. (1516 und 1520).

Josef sollte dafür in Erinnerung bleiben und geehrt werden, dass er dem Beispiel Jesu gefolgt ist, als er die erste christliche Kirche der Welt baute. Es war Hunderte von Jahren, bevor der Rest der Welt aufholte, während Joseph und seine Gruppe von 12 Jüngern die Anfänge des Christentums gründeten. Heute kennen nur wenige Menschen diese bemerkenswerte Geschichte und akzeptieren die römisch-katholische Version der Ursprünge des Christentums. Für die gesamte Geschichte, die auf soliden historischen Dokumenten basiert, schlage ich vor: „The Drama of the Lost Disciples" von George F. Jowett zu lesen. Es wird viele Augen für den „Rest der Geschichte" öffnen.

Literaturverzeichnis

Allegro, John, The Treasure of the Copper Scroll, Doubleday Pub., New York, 1960. Überarbeitete Ausgabe, Anchor Books, Garden City, N.J., 1982.

Allegro, John, Dead Sea Scrolls, Penguin Books, Middlesex, 1956.

Allegro, John, Dead Sea Scrolls: A Reappraisal, Penguin Books, Middlesex, 1964.

Allegro, John, Dead Sea Scrolls: The Mystery of the Dead Sea Scrolls Revealed, Gramercy Pub., New York, 198 1.

Allegro, John, Dead Sea Scrolls and the Christian Myth, Prometheus Books, Buffalo, N.Y., 1984.

Dupont-Sommer, A., The Jewish Sect of Qumran and the Essenes. Macmillan Co., New York, 1956.

Fritsch, Charles T., The Qumran Community. Its History and Scrolls, Macmillan Co., New York, 1956.

Ginsburg, Christian D., The Essenes: Their History and Doctrines, Routledge & Kegan Paul Ltd, London, 19Z.

Heline, Theodore, The Dead Sea Scrolls, New Age Bible and Philosophy Center, Santa Barbara, 1957. (Ein interessanter theosophischer Ansatz)

Howlett, Duncan, The Essenes and Christianity, Harper & Brothers, New York, 1957.

Larson, Martin A., The Essene Heritage, Philosophical Library. New York, 1967.

McIntosh and Twyman, Drs., The Archko Volume, ursprünglich gedruckt 1887. Nachgedruckt Keats Publishing Inc., New Canaan, Connecticut, 1975.

Szekely, Edmond Bordeaux, The Gospel of Peace of Jesus Christ, C.W Daniel, Saffron Walden, 1937.

Szekely, Edmond Bordeaux, Guide to the Essene Way of Biogenic Living, International Biogenic Society, Box 205, Matsqui, B.C. VOX 205, Canada, 1977.

Szekely, Edmond Bordeaux, The Gospel of the Essenes, C.W. Daniel. Saffron Walden, 1978.

Szekely, Edmond Bordeaux, The Teachings of the Essenes from Enoch to the Dead Sea Scrolls, C.W. Daniel, Saffron Walden, 1978.

Tushingham, A. Douglas, "The Men Who Hid the Dead Sea Scrolls," National Geographic, pp. 785-808, Dezember 1958.

Es gibt viele andere Bücher, die ich während meiner Recherchen gelesen habe, aber viele von ihnen haben sich wiederholt und nichts Neues gebracht. Auch gab es viele Referenzen in Zeitschriften und Enzyklopädien. Ich kann wärmstens John Allegros Arbeit empfehlen, weil er aus dem Komitee verbannt wurde, da er zu früh zu viele Informationen preisgegeben hatte. Ein weiterer neuer Ansatz ist Martin Larsons The Essene Heritage. In seinen Berichten war er an keine religiöse Organisation gebunden. Ich habe Szekelys Bücher nicht verwendet. Seine Quellen sind ziemlich umstritten. Ich habe seine Titel hauptsächlich deshalb aufgenommen, weil sie in England sehr geschätzt werden. Viele der anderen Autoren hielten sich strikt an religiöse Dogmen und hatten Angst, in ihrem Denken abzuweichen. Sie bieten jedoch interessante historische Einblicke.

ÜBER DIE AUTORIN

Dolores Cannon, eine Rückführungs-Hypnosetherapeutin und parapsychologische Forscherin, die sich der Aufzeichnung von „verlorenem" Wissen widmete, wurde 1931 in St. Louis, Missouri geboren. Sie wuchs in Missouri auf und ging dort zur Schule bis zu ihrer Heirat im Jahre 1951 mit einem Marineberufssoldaten. Die nächsten 20 Jahre verbrachte sie damit, als typische Marinefrau um die ganze Welt zu reisen und ihre Familie großzuziehen.

Im Jahre 1970 wurde ihr Ehemann als dienstuntauglicher Veteran entlassen und sie zogen sich in die Hügel von Arkansas zurück. Sie startete dann ihre schriftstellerische Laufbahn und begann, ihre Artikel an verschiedene Zeitschriften und Zeitungen zu verkaufen. Ab 1968 beschäftigte sie sich mit Hypnose und seit 1979 ausschließlich mit Rückführungstherapie und Regressionsarbeit. Sie hat die unterschiedlichen Hypnosemethoden studiert und so ihre eigene einzigartige Technik entwickelt, die sie in die Lage versetzte, eine höchst effiziente Freigabe an Informationen von ihren Kunden zu erhalten. Dolores unterrichtete ihre einzigartige Hypnosetechnik auf der ganzen Welt. 1986 weitete sie ihre Untersuchungen auf den UFO-Bereich aus. Sie führte Vor-Ort-Studien bei Fällen mit Verdacht auf

UFO-Landungen durch und hat die Kornkreise in England erforscht. Ein Großteil ihrer Arbeit in diesem Bereich bestand in dem Zusammentragen von Beweismitteln vermutlicher Entführter durch Hypnose. Dolores war eine internationale Rednerin, die auf allen Kontinenten dieser Welt Vorträge hielt. Ihre siebzehn Bücher sind in zwanzig Sprachen übersetzt. Sie sprach zu Radio- und Fernsehpublikum weltweit. Und es erschienen Artikel über / von Dolores in mehreren US-amerikanischen und internationalen Zeitschriften und Zeitungen. Dolores war die erste Amerikanerin und die erste Ausländerin, welcher in Bulgarien der „Orpheus Award" für die größten Fortschritte in der Erforschung parapsychologischer Phänomene verliehen wurde. Sie erhielt Auszeichnungen von mehreren Hypnoseorganisationen für ihre herausragenden Leistungen und für ihr Lebenswerk. Dolores' überaus große Familie hielt sie in stabiler Balance zwischen der „realen" Welt ihrer Familie und der „Geisterwelt" ihrer Arbeit. Wenn Sie mit Ozark Mountain Publishing über Dolores' Arbeit oder ihre Schulungen korrespondieren möchten, wenden Sie sich bitte an folgende Adresse: (Bitte legen Sie einen selbstadressierten und vorfrankierten Umschlag für die Rückantwort bei.)

Dolores Cannon, P.O. Box 754, Huntsville, AR, 72740, USA

Oder senden Sie eine Email an das Büro unter decannon@msn.com oder über unsere Website: www.ozarkmt.com

Dolores Cannon, die am 18. Oktober 2014 von dieser Welt gegangen ist, ließ unglaubliche Errungenschaften im Bereich der alternativen Heilung, der Hypnose, Metaphysik und Rückführung zurück, aber am eindrucksvollsten war das ihr ureigene Verständnis, dass das Wichtigste, was sie tun konnte, das Teilen von Information war. Verstecktes oder unentdecktes Wissen aufzudecken, das von entscheidender Bedeutung für die Erleuchtung der Menschheit und unsere Lektionen hier auf der Erde ist. Informationen und Wissen zu teilen lag Dolores am meisten am Herzen. Aus diesem Grunde schaffen es ihre Bücher, Vorträge und die einzigartige QHHT®-Methode weiterhin, so viele Leute auf der ganzen Welt zu verblüffen, anzuleiten und zu informieren. Dolores erkundete all diese Möglichkeiten und noch mehr, während sie uns auf die Fahrt unseres Lebens mitnahm. Sie wollte Mitreisende, die ihre Reisen ins Unbekannte mit ihr teilen.

Other Books by Ozark Mountain Publishing, Inc.

Dolores Cannon
A Soul Remembers Hiroshima
Between Death and Life
Conversations with Nostradamus, Volume I, II, III
The Convoluted Universe -Book One, Two, Three, Four, Five
The Custodians
Five Lives Remembered
Jesus and the Essenes
Keepers of the Garden
Legacy from the Stars
The Legend of Starcrash
The Search for Hidden Sacred Knowledge
They Walked with Jesus
The Three Waves of Volunteers and the New Earth
Aron Abrahamsen
Holiday in Heaven
Out of the Archives – Earth Changes
James Ream Adams
Little Steps
Justine Alessi & M. E. McMillan
Rebirth of the Oracle
Kathryn/Patrick Andries
Naked in Public
Kathryn Andries
The Big Desire
Dream Doctor
Soul Choices: Six Paths to Find Your Life Purpose
Soul Choices: Six Paths to Fulfilling Relationships
Patrick Andries
Owners Manual for the Mind
Cat Baldwin
Divine Gifts of Healing
Dan Bird
Finding Your Way in the Spiritual Age
Waking Up in the Spiritual Age
Julia Cannon
Soul Speak – The Language of Your Body
Ronald Chapman
Seeing True
Albert Cheung
The Emperor's Stargate
Jack Churchward
Lifting the Veil on the Lost Continent of Mu
The Stone Tablets of Mu
Sherri Cortland
Guide Group Fridays
Raising Our Vibrations for the New Age
Spiritual Tool Box
Windows of Opportunity
Patrick De Haan
The Alien Handbook
Paulinne Delcour-Min
Spiritual Gold
Holly Ice
Divine Fire
Joanne DiMaggio
Edgar Cayce and the Unfulfilled Destiny of Thomas Jefferson Reborn
Anthony DeNino
The Power of Giving and Gratitude
Michael Dennis
Morning Coffee with God
God's Many Mansions
Carolyn Greer Daly
Opening to Fullness of Spirit
Anita Holmes
Twidders
Aaron Hoopes
Reconnecting to the Earth
Victoria Hunt
Kiss the Wind
Patricia Irvine
In Light and In Shade
Kevin Killen
Ghosts and Me
Diane Lewis
From Psychic to Soul
Donna Lynn
From Fear to Love
Maureen McGill
Baby It's You
Maureen McGill & Nola Davis
Live from the Other Side
Curt Melliger
Heaven Here on Earth
Henry Michaelson
And Jesus Said – A Conversation
Dennis Milner
Kosmos
Andy Myers
Not Your Average Angel Book
Guy Needler
Avoiding Karma
Beyond the Source – Book 1, Book 2
The Anne Dialogues

For more information about any of the above titles, soon to be released titles,
or other items in our catalog, write, phone or visit our website:
PO Box 754, Huntsville, AR 72740
479-738-2348/800-935-0045
www.ozarkmt.com

Other Books by Ozark Mountain Publishing, Inc.

The Curators
The History of God
The Origin Speaks
James Nussbaumer
And Then I Knew My Abundance
The Master of Everything
Mastering Your Own Spiritual Freedom
Living Your Dram, Not Someone Else's
Sherry O'Brian
Peaks and Valleys
Riet Okken
The Liberating Power of Emotions
Gabrielle Orr
Akashic Records: One True Love
Let Miracles Happen
Victor Parachin
Sit a Bit
Nikki Pattillo
A Spiritual Evolution
Children of the Stars
Rev. Grant H. Pealer
A Funny Thing Happened on the
    Way to Heaven
Worlds Beyond Death
Victoria Pendragon
Born Healers
Feng Shui from the Inside, Out
Sleep Magic
The Sleeping Phoenix
Being In A Body
Michael Perlin
Fantastic Adventures in Metaphysics
Walter Pullen
Evolution of the Spirit
Debra Rayburn
Let's Get Natural with Herbs
Charmian Redwood
A New Earth Rising
Coming Home to Lemuria
David Rivinus
Always Dreaming
Richard Rowe
Imagining the Unimaginable
Exploring the Divine Library
M. Don Schorn
Elder Gods of Antiquity
Legacy of the Elder Gods
Gardens of the Elder Gods
Reincarnation...Stepping Stones of Life
Garnet Schulhauser

Dance of Eternal Rapture
Dance of Heavenly Bliss
Dancing Forever with Spirit
Dancing on a Stamp
Manuella Stoerzer
Headless Chicken
Annie Stillwater Gray
Education of a Guardian Angel
The Dawn Book
Work of a Guardian Angel
Joys of a Guardian Angel
Blair Styra
Don't Change the Channel
Who Catharted
Natalie Sudman
Application of Impossible Things
L.R. Sumpter
Judy's Story
The Old is New
We Are the Creators
Artur Tradevosyan
Croton
Jim Thomas
Tales from the Trance
Jolene and Jason Tierney
A Quest of Transcendence
Nicholas Vesey
Living the Life-Force
Janie Wells
Embracing the Human Journey
Payment for Passage
Dennis Wheatley/ Maria Wheatley
The Essential Dowsing Guide
Maria Wheatley
Druidic Soul Star Astrology
Jacquelyn Wiersma
The Zodiac Recipe
Sherry Wilde
The Forgotten Promise
Lyn Willmoth
A Small Book of Comfort
Stuart Wilson & Joanna Prentis
Atlantis and the New Consciousness
Beyond Limitations
The Essenes -Children of the Light
The Magdalene Version
Power of the Magdalene
Robert Winterhalter
The Healing Christ

For more information about any of the above titles, soon to be released titles,
or other items in our catalog, write, phone or visit our website:
PO Box 754, Huntsville, AR 72740
479-738-2348/800-935-0045
www.ozarkmt.com

www.ingramcontent.com/pod-product-compliance
Lightning Source LLC
Chambersburg PA
CBHW050124170426
43197CB00011B/1710